Kohlhammer

Die Autorin

Prof. Dr. Etta Wilken ist Sonderschullehrerin und Diplom-Sprachtherapeutin. Sie war bis zu ihrer Pensionierung an der Leibniz-Universität Hannover tätig im Lehrgebiet Allgemeine und integrative Behindertenpädagogik.

Etta Wilken hat bereits 1973 erstmalig zur Sprachförderung von Kindern mit Down-Syndrom publiziert. Sie besitzt langjährige Erfahrungen in der Ausbildung von Sonderpädagogen und Diplompädagogen sowie in der Elternarbeit und in der Therapie von Kindern mit Down-Syndrom. Die Gebärden-unterstütze Kommunikation (GuK) wurde von ihr entwickelt. Weitere Forschungsgebiete sind Unterstützte Kommunikation und Frühförderung.

Etta Wilken

Kinder und Jugendliche mit Down-Syndrom

Förderung und Teilhabe

Mit Beiträgen von Matthias Gelb,
Gerhard Hammersen, Ruth Kamping,
Christiane Müller-Zurek und Udo Wilken

2., aktualisierte Auflage

Verlag W. Kohlhammer

Dieses Werk einschließlich aller seiner Teile ist urheberrechtlich geschützt. Jede Verwendung außerhalb der engen Grenzen des Urheberrechts ist ohne Zustimmung des Verlags unzulässig und strafbar. Das gilt insbesondere für Vervielfältigungen, Übersetzungen, Mikroverfilmungen und für die Einspeicherung und Verarbeitung in elektronischen Systemen.

Die Wiedergabe von Warenbezeichnungen, Handelsnamen und sonstigen Kennzeichen in diesem Buch berechtigt nicht zu der Annahme, dass diese von jedermann frei benutzt werden dürfen. Vielmehr kann es sich auch dann um eingetragene Warenzeichen oder sonstige geschützte Kennzeichen handeln, wenn sie nicht eigens als solche gekennzeichnet sind.

Es konnten nicht alle Rechtsinhaber von Abbildungen ermittelt werden. Sollte dem Verlag gegenüber der Nachweis der Rechtsinhaberschaft geführt werden, wird das branchenübliche Honorar nachträglich gezahlt.

Dieses Werk enthält Hinweise/Links zu externen Websites Dritter, auf deren Inhalt der Verlag keinen Einfluss hat und die der Haftung der jeweiligen Seitenanbieter oder -betreiber unterliegen. Zum Zeitpunkt der Verlinkung wurden die externen Websites auf mögliche Rechtsverstöße überprüft und dabei keine Rechtsverletzung festgestellt. Ohne konkrete Hinweise auf eine solche Rechtsverletzung ist eine permanente inhaltliche Kontrolle der verlinkten Seiten nicht zumutbar. Sollten jedoch Rechtsverletzungen bekannt werden, werden die betroffenen externen Links soweit möglich unverzüglich entfernt.

2., aktualisierte Auflage 2020

Alle Rechte vorbehalten
© W. Kohlhammer GmbH, Stuttgart
Gesamtherstellung: W. Kohlhammer GmbH, Stuttgart

Print:
ISBN 978-3-17-039508-4

E-Book-Formate:
pdf: ISBN 978-3-17-039509-1
epub: ISBN 978-3-17-039510-7
mobi: ISBN 978-3-17-039511-4

Inhaltsverzeichnis

Vorwort 9

1 **Familiäre und gesellschaftliche Aufgaben der Erziehung von Kindern** 13

2 **Basisinformationen** 16
   2.1 Down-Syndrom oder Trisomie 16
   2.2 Ursache 18
   2.3 Häufigkeit 20

3 **Teilhabe und Förderung in der Familie** 24
   3.1 Eltern 26
   3.2 Diagnosemitteilung 28
   3.3 Neuorientierung und Bewältigung der Familiensituation 30
   3.4 Selbsthilfe 32
   3.5 Geschwister 34
   3.6 Familienangehörige, Freunde, Nachbarschaft 44

4 **Förderung in der Familie und durch Therapie** 47
   4.1 Entwicklungsfördernde Bedingungen und therapeutische Maßnahmen 50
   4.2 Behandlung und Therapie 51
   4.3 »Normalisierungsversprechen« und Therapietourismus 53
   4.4 Fördern mit Programmen 54
   4.5 Kriterien zur Beurteilung von Therapien und Förderkonzepten 58

5 **Die Entwicklung von Kindern mit Down-Syndrom** 60
   5.1 Babys und Kleinkinder 62
   5.2 Ernährung 65
   5.3 Motorik 68
   5.4 Förderung von Kommunikation und Sprache 72
   5.5 Selbstständigkeitsentwicklung 78

6 **Kindergartenalter und Vorschulzeit** 81
   6.1 Spiel- und Lernverhalten 81
   6.2 Inklusion und Teilhabe im Kindergarten 86

	6.3	Motorik	91
	6.4	Sprachverständnis und Sprechen	94
	6.5	Frühes Lesen zur Förderung von Sprache und Sprechen	98
	6.6	Selbstständigkeit	101
7	**Die Schulzeit**		**103**
	7.1	Motorische Fähigkeiten	104
	7.2	Hören und Sehen	109
	7.3	Sprache und Sprechen	111
	7.4	Intelligenz und Lernen	115
	7.5	Unterricht	120
	7.6	Lesen	126
	7.7	Schreiben	131
	7.8	Mathematik	133
	7.9	Selbstversorgung und lebenspraktische Selbstständigkeit	137
	7.10	Schulische Förderung und Inklusion	139
8	**Pubertät und Jugendalter**		**149**
	8.1	Körperliche Entwicklung	151
	8.2	Freizeitverhalten	152
	8.3	Sprache	154
	8.4	Selbstgespräche	156
	8.5	Identität und Selbstkonzept	157
	8.6	Pubertät und Sexualerziehung	161
	8.7	Soziale und lebenspraktische Kompetenzen	167
9	**Arbeit, Freizeit und Wohnen (Udo Wilken)**		**171**
	9.1	Berufstätigkeit als Entwicklungschance	172
	9.2	Aufbau von Freizeit- und Lebensführungskompetenzen	177
	9.3	Wechsel in ein neues Zuhause	179
10	**Perspektiven für das Leben als Erwachsene**		**184**
	10.1	Wohnen und arbeiten	185
	10.2	Freundschaft und Partnerschaft	187
	10.3	Elternschaft	190
	10.4	Ausblick auf das Älterwerden	195
11	**Von der Frühförderung zu einem selbstbestimmten Leben – Erfahrungen einer Mutter (Christiane Müller-Zurek)**		**199**
12	**Gesundheit und Krankheit bei Kindern und Jugendlichen mit Down-Syndrom**		**207**
	12.1	Medizinische Aspekte beim Down-Syndrom (Gerhard Hammersen)	207
	12.2	Nahrungsmittelergänzung – targeted nutritional Intervention (TNI) (Matthias Gelb)	229

12.3 Orthopädische Probleme bei Kindern und Jugendlichen
mit Down-Syndrom (Ruth Kamping) 231

Literatur **242**
    Literatur Medizinischer Teil 251

Autorinnen und Autoren **252**

Vorwort

Die Lebensbedingungen und Perspektiven für Kinder und Jugendliche mit Down-Syndrom haben sich in den letzten Jahrzehnten kontinuierlich günstiger entwickelt. Nicht nur die Lebenserwartung ist sehr deutlich gestiegen, sondern auch die Lebensqualität hat sich erfreulich verbessert. Menschen mit Down-Syndrom erleben heute in unserer Gesellschaft eine größere Akzeptanz. Die Inklusion in Kindergarten und Schule sowie die Teilhabe an verschiedenen sozialen Kontexten des Alltagslebens hat sich erheblich ausgeweitet.

Aber während die intensivere ärztliche Versorgung zu besserer Gesundheit und günstigeren Lebensbedingungen für alle Menschen mit Down-Syndrom geführt hat, bedeutet der medizinische Fortschritt hinsichtlich der pränatalen Diagnostik eine neue gesellschaftliche Herausforderung, die gerade für werdende Eltern oft konflikthaft erlebt wird.

Auch die positiven Erfahrungen mit der Integration und Inklusion von Kindern mit Down-Syndrom dürfen nicht darüber hinwegtäuschen, dass manche Entwicklungen kritisch begleitet werden müssen, damit Inklusion nicht durch veränderte sozialpolitische Rahmenbedingungen zu einem Sparmodell wird und die berechtigten Ansprüche auf syndrom-angemessene individuelle Förderung auf nicht hinreichend qualifizierte Begleitung reduziert wird.

Es ist gleichwohl beeindruckend, rückblickend festzustellen, was alles in den letzten Jahren erreicht wurde. Als ich Ende der sechziger Jahre eine Sonderschule leitete, begegneten mir viele Schülerinnen und Schüler mit Down-Syndrom, die damals noch keine Frühförderung erhalten hatten. Von etlichen Schwierigkeiten, die sie zeigten, nahm ich an, dass zumindest einige durch frühe Hilfen hätten vermindert werden können. Besonders die orofazialen Beeinträchtigungen und die großen Sprachprobleme erschienen mir als Herausforderung, in intensiver Zusammenarbeit mit den Eltern Wege zu finden, um durch frühe Förderung eine günstigere Entwicklung zu ermöglichen. So entstanden erste Elterngruppen und ein Buch zur »Sprachförderung bei Kindern mit Down-Syndrom« (1973). Seit den siebziger Jahren an der Leibniz Universität Hannover, begann ich mit Forschungen zu syndromspezifischen Aspekten, insbesondere zur Sprachförderung und Sprachtherapie. Auch entstanden Projekte, die sich auf die Ausprägung syndromtypischer Merkmale und Verhaltensweisen bezogen (Wilken 1977) sowie zur schulischen Förderung von Kindern mit Down-Syndrom (Wilken 1999b), die gemeinsam mit Studierenden realisiert wurden.

Die wissenschaftliche Begleitung von Schulversuchen zur Integration und zur Fortbildung von Pädagogen, die in diesen Klassen tätig waren, in der Zeit von 1986 bis 1996 hat viele grundlegende Erkenntnisse erbracht in Bezug auf die Möglichkeiten und Chancen eines gemeinsamen Unterrichts und die dafür erforderlichen Bedingungen (Wilken 1991).

Besonders wichtig war mir immer die Kooperation mit den Eltern. So habe ich seit 1978 über 25 Jahre hin regelmäßig einwöchige Seminare für Eltern und ihre Kinder mit Down-Syndrom im Internationalen Haus Sonnenberg im Harz durchgeführt. Dadurch sind viele persönliche und auch internationale Kontakte entstanden, von denen einige bis heute bestehen und zu anregendem Erfahrungsaustausch geführt haben. Oftmals waren Eltern nach diesen Seminaren hoch motiviert, eigene regionale Elternselbsthilfegruppen zu gründen, zu denen dann langjährige Verbindungen entstanden. Eine besonders nachhaltige Zusammenarbeit hat sich so mit Cora Halder entwickelt, die 1988 mit ihrer damals zweijährigen Tochter an einem solchen Seminar teilnahm. Seit dieser Zeit haben wir viele gemeinsame Aktivitäten im In- und Ausland durchgeführt, und die Zusammenarbeit mit dem von ihr gegründeten Down-Syndrom InfoCenter hat zu etlichen wichtigen Projekten geführt. Dazu zählt vor allem die Entwicklung der Gebärdenunterstützten Kommunikation – GuK (Wilken (2000c). Auch die seit langem bestehende kollegiale Zusammenarbeit mit Babara Jeltsch-Schudel von der Universität Freiburg (Schweiz) und mit Bernadette Wieser vom österreichischen Down-Syndrom-Zentrum in Leoben hat sich immer wieder als anregend erwiesen. Besonders danken möchte ich meinem Mann Udo Wilken für gemeinsame Erfahrungen in vielen Seminaren, spannende Diskussionen und für fast fünfzig Jahre gute Zusammenarbeit.

Seit Ende der achtziger Jahre finden bei der Bundesvereinigung Lebenshilfe in Marburg regelmäßig mehrtägige Seminare für Eltern und ihre Kinder mit Down-Syndrom statt und zwar für Eltern kleiner Kinder, für Eltern, deren Kinder in die Schule kommen, und ein weiteres Seminar für Eltern von Teenagern. Zudem wurden auch Seminare durchgeführt für Jugendliche und junge Erwachsene in Zusammenarbeit mit regionalen Elterngruppen in Deutschland, der Schweiz und in Österreich (Wilken 1999a).

Alle in diesem Buch zitierten Berichte stammen aus diesen verschiedenen Seminaren oder sind mir nachträglich zugeschickt worden. Die Namen der Kinder wie auch einige spezielle Angaben zur persönlichen Situation oder zum Wohnort wurden von mir anonymisiert. Die in diesem Buch abgedruckten Bilder und Texte wurden von den Eltern für die Veröffentlichung zur Verfügung gestellt. Dafür möchte ich mich herzlich bedanken.

Für die vielen vertrauensvollen Gespräche mit den Eltern und für die bereichernden Erfahrungen mit den Kindern und Jugendlichen bin ich sehr dankbar. Dabei waren für die Zusammenarbeit Freundlichkeit und Zugewandtheit sowie soziale Werte leitend und nicht primär die ›Optimierung‹ von Entwicklung oder das üblich gewordene Leistungsstreben – auch wenn es durchaus um gute Förderung ging.

So haben diese Begegnungen über viele Jahrzehnte auch mein Leben geprägt und mir ermöglicht, ›die Welt mit anderen Augen zu sehen‹.

Dieses Buch möchte deshalb über die aktuellen wissenschaftlichen Informationen hinaus die über die Jahre gesammelten vielfältigen Erfahrungen weitergeben und damit beitragen, syndromspezifische Fragen zu klären.

Bedanken möchte ich mich für die gute Zusammenarbeit bei den Autorinnen und Autoren der Beiträge. Sie alle fühlen sich einem Menschenbild verpflichtet, das den grundsätzlichen Anspruch auf gute familiäre, pädagogische und gesundheitliche Entwicklungsbedingungen betont und weitestgehende Selbstbestimmung ermöglichen möchte.

Gerade die aktuellen Entwicklungen der Pränataldiagnostik und die kontroversen Diskussionen zu diesem Thema zeigen, dass es wichtig ist, den Wert und die Würde von Menschen mit Down-Syndrom unabhängig von ihrer individuellen Leistungsfähigkeit anzuerkennen.

Hildesheim, im Jahr 2020
Etta Wilken

1 Familiäre und gesellschaftliche Aufgaben der Erziehung von Kindern

Die veränderten Lebensbedingungen in unserer Gesellschaft haben dazu geführt, dass auch die familialen Lebensformen und die Lebenswirklichkeit von Familien von diesem Wandel betroffen sind. Zwar wachsen die meisten Kinder noch in traditionellen Familienstrukturen mit Mutter und Vater auf (70 %), aber es gibt zunehmend auch andere Formen des Zusammenlebens mit Kindern, wie Eineltern- (20 %), Scheidungs- und »Patchwork«-Familien (Stat. Bundesamt 2014) oder Zwei-Mütter-Väter-Familien. Hinzu kommen Familien aus anderen Kulturen und mit anderer Muttersprache sowie Eltern, die verschiedenen Ethnien angehören. Diese unterschiedlichen Bedingungen wirken sich auch auf die Vorstellungen und Aufgabenzuweisungen von Mutter und Vater in einer Familie und auf die Rolle von Kindern aus. In vielen Familien haben Kinder heute »vorwiegend eine ›psychologische Nutzenfunktion‹. Mit Kinderhaben verbindet sich zunehmend der Wunsch nach Sinn und Verankerung und gleichzeitig ein Glücksanspruch« (Beck-Gernsheim 1990, 138). Eine Folge dieses Anspruchs an das Kind ist, dass seine Erziehung und optimale Förderung als eine besondere Aufgabe angesehen wird. »Überidentifikation, Überbehütung und Übergratifikation werden zu einem zunehmenden Problem« für unsere Gesellschaft (Kraus 2013) und können zu einem überzogenen Kontrollbedürfnis führen. An diese so genannten »Helikopter-Eltern« ergeht deshalb die Aufforderung »Schluss mit Förderwahn und Verwöhnung« (ebd.). »Die Geburtenzahlen gehen zurück. Die Bedeutung des Kindes aber steigt« (Beck 1990, 55). Im Jahr 2012 wurden im Vergleich zu 1960 etwa 50 % weniger Kinder geboren und die durchschnittliche heutige Familiengröße wird mit 1,4 Kindern angegeben. In etwa 42 % Familien lebt danach nur ein Kind und in 42 % Familien leben zwei Kinder, während nur 16 % der Familien drei und mehr Kinder haben (Stat. Bundesamt 2014). Eltern richten deshalb ihre Wunschvorstellungen bezüglich Entwicklung und Leistung oftmals auf diese ein oder zwei Kinder. »Als Resultat dieser vielfältig erkennbaren Ansprüche an Kinder und Eltern verstärkt sich der kulturell vorgegebene Druck: Das Kind darf immer weniger hingenommen werden, so wie es ist, mit seinen körperlichen und geistigen Eigenheiten, vielleicht auch Mängeln« (Beck-Gernsheim 1989, 92). Daraus leitet sich für Eltern eine neue Verantwortung für eine gelingende Entwicklung und bestmögliche Förderung von Kindern ab. »Und schnell nehmen die neuen Möglichkeiten den Charakter neuer Verpflichtungen an« (ebd.). Vor allem Mütter empfinden diese gesellschaftlich vermittelten Erwartungen als neue Aufgabenzuweisung und »die wachsende Verantwortung wirkt sich nun aus als Belastung (…), je mehr das Gebot der optimalen Förderung sich ausbreitet« (Beck-Gernsheim 1990, 142). Entsprechend wurde als Ergebnis einer größeren Umfrage (BiB) festgestellt, dass Eltern heute der zunehmend »hohe Anspruch an sich selbst« zu schaffen macht. Sie »wollen unbedingt gute moderne Eltern sein. Mit ihren überzogenen Idealbildern setzen sie sich aber unnötig selbst unter Druck« und »am Ende stehe das Gefühl, nicht zu genügen« (SZ, 20.3.15).

> Eltern macht der hohe Anspruch an sich selbst zu schaffen.

Wenn solche veränderten Anforderungen schon allgemein für Eltern und Kinder heute gelten, ist verständlich, welche besonderen Schwierigkeiten Eltern zu bewältigen haben, deren Kind das Down-Syndrom hat. Seine optimale Förderung mit speziellen Angeboten und Maßnahmen sowie verschiedenen Therapien von Geburt an und über die Kindergarten- und Schulzeit hinaus bedeutet für die Familie immer wieder altersspezifische Anpassungsprozesse zu leisten, um die besonderen Aufgaben zu bewältigen. »Das Zusammenleben mit einem beeinträchtigten Kind verschärft die Herausforderungen der Alltagsgestaltung und Lebensplanung … und erfordert häufig einen erhöhten Kraftaufwand der Eltern, oftmals am Rande der Belastbarkeit«, und »es besteht die Gefahr, dass sich die sozialen Kontakte im Falle einer Überlastungssituation reduzieren und sich die Familie isoliert« (Bundesministerium 2013, 67 f). Deshalb gilt es nicht nur die Förderung des Kindes in den Blick zu nehmen, sondern es sind auch die Konsequenzen für die Mutter zu sehen und die familiären Bedürfnisse anzuerkennen.

> »Je mehr verschiedene Therapeuten in unser Haus gekommen sind, umso mehr Ideen haben diese Leute gehabt, was mein Mann und ich alles mit unserem Sohn machen sollten, um ihn optimal zu fördern. Würde ich all diesen Anweisungen nachkommen, würde ich mein Kind von morgens bis abends nur noch therapieren. Aber ich möchte Willis Mama sein und nicht seine Therapeutin, und diese

1 Familiäre und gesellschaftliche Aufgaben der Erziehung von Kindern

> ganzen Mutmaßungen, was für meinen Sohn angeblich gut ist, sind wiederum für mich nicht gut, denn sie lösen ein permanent schlechtes Gewissen bei mir aus, weil ich gar nicht alles tun KANN, was ich tun sollte.« (Müller 2011, 58)

Aber nicht nur die familiären Bedingungen sind zu berücksichtigen, sondern nachdrücklich zu betonen sind auch die gesellschaftlichen Verpflichtungen. So ist die Durchsetzung von sozialen Leistungsansprüchen zu gewährleisten, damit Exklusionsrisiken vermieden und Teilhabechancen für das Kind und seine Familie verbessert werden.

Mit dem Heranwachsen ihres Kindes und den individuellen Lebensbedingungen der Familie verändern sich auch die erforderlichen Verarbeitungsmöglichkeiten und Bewältigungsstrategien von Eltern, die ein Kind mit Down-Syndrom haben. Sie machen immer wieder entsprechende Anpassungsleistungen und eine Umorientierung ihrer Lebensplanung notwendig. Dabei wirkt sich in altersspezifischer Weise die veränderte Bewertung der Rolle von Kindern, der Anspruch auf optimale Förderung und die allgemeine Lebensperspektive aus. Aber die tendenziell positiveren gesellschaftlichen Einstellungen gegenüber behinderten Kindern führen zu insgesamt vielfältigeren und günstigeren Bedingungen. Dazu beitragen können zudem die neuen rechtlichen Grundlagen der Inklusion in den verschiedenen Lebensbereichen über Kindergarten und Schule bis hin zur Berufstätigkeit (UN-Behindertenrechtskonvention).

> »Das Leitbild der Behindertenrechtskonvention ist ›Inklusion‹. Es geht also nicht darum, dass sich der oder die Einzelne anpassen muss, um teilhaben, ›mithalten‹ zu können. Es geht darum, dass sich unsere Gesellschaft öffnet. Dass unser selbstverständliches Leitbild Vielfalt wird und die Grundhaltung, dass jede und jeder Einzelne wertvoll ist mit den jeweiligen Fähigkeiten und Voraussetzungen. Dafür müssen wir in vielen Bereichen neu denken.« (Bentele 2014, 3)

Aber auch den verschiedenen neuen familialen Lebensformen und Lebensbedingungen, der zunehmenden Berufstätigkeit von Müttern, der relativ häufigen Ein-Elternfamilie bei Kindern mit Behinderung (20 %, Bundesministerium 2013, 69) kommt eine große Bedeutung zu, weil Teilhabechancen abhängig sind sowohl von individuellen und familienbezogenen als auch von allgemeinen Umweltfaktoren. Um die Lebenswirklichkeit eines Kindes und Jugendlichen mit Down-Syndrom umfassend zu verstehen, gilt es deshalb, die »Gesamtheit der Ressourcen und Beschränkungen« einer Familie in den Blick zu nehmen. Die Unterstützungs- und Förderangebote müssen »sich auf die wirtschaftliche Lage, auf die Bildung und die soziale Einbindung beziehen« und zwar bezogen auf die ganze Familie (Bundesministerium 2013, 10), damit Förderung und Teilhabe gelingen kann. Zunehmend wichtig wird es auch, die besonderen Bedingungen eines Kindes mit Down-Syndrom zu berücksichtigen, das zweisprachig aufwächst und/oder in einer Familie lebt mit anderen kulturellen und ethnischen Vorstellungen.

2 Basisinformationen

2.1 Down-Syndrom oder Trisomie

Langdon Down war als Arzt und Leiter einer großen Anstalt für Menschen mit geistiger Behinderung tätig, als er 1866 eine Schrift verfasste zur »ethnische(n) Klassifizierung von Schwachsinnigen«, um durch eine solche Zuordnung nach äußeren Merkmalen sichere Prognosen für die Entwicklung geben zu können.

Die auffällige Lidfalte (Epikanthus) bei einigen seiner Patienten veranlasste ihn anzunehmen, dass bei diesen Menschen ein »mongolischer Typus« der geistigen Behinderung vorliege (Down 1866, 261), und er wählte deshalb für diese Form der Intelligenzbeeinträchtigung die Bezeichnung Mongolismus. Seine Beschreibung enthält jedoch nicht nur Angaben zum Erscheinungsbild, sondern auch zu charakteristischen Verhaltensweisen und er verweist auf die Bedeutung von Behandlung und systematischen Übungen.

> »Sie haben Humor und einen lebhaften Sinn für das Spaßige ... Gewöhnlich können sie sprechen, die Sprache ist jedoch oft verwaschen. Beachtliche Fertigkeiten können durch systematisches Training erreicht werden. Der Fortschritt, der durch Übung erreicht wird, ist beachtlich größer als das, was vorausgesagt

> würde, wenn einem die charakteristischen Eigenheiten dieses Typus nicht bekannt wären.« (Down 1866, 261)

Die von Langdon Down geprägte Bezeichnung Mongolismus wird heute abgelehnt, da die zugrunde liegende historisch zu verstehende Annahme über die Entstehung dieser Behinderung falsch und diskriminierend ist. Die typischen klinischen Merkmale des Down-Syndroms sind bei allen Rassen gleich und immer deutlich als pathologisch zu erkennen.

In Anerkennung der Bemühungen aber von Langdon Down, Übungen und Fördermöglichkeiten für diese behinderten Menschen zu gestalten, hat sich heute zunehmend die Bezeichnung Down-Syndrom durchgesetzt. Daneben werden andere Begriffe wie (Langdon) Down('s)-Syndrom oder Down Anomalie, Morbus Down und – vor allem im französischen Sprachraum – auch Trisomie 21 benutzt.

Von betroffenen Menschen und von Angehörigen wird der Begriff Down-Syndrom wegen der negativen Konnotation von »down« (= nieder) oft abgelehnt. Es ist deshalb zu überlegen, wie der Anspruch der Betroffenen auf begriffliche Mitbestimmung respektiert werden kann und welcher Begriff neutraler, aber doch allgemein verständlich wäre. So mag die Bezeichnung »Menschen mit dem gewissen Extra«, wie sie von Down-Syndrom Österreich oft verwendet wird, zwar freundlicher klingen, aber nur in einem entsprechenden Kontext ist zu verstehen, welche Personen damit gemeint sind (vgl. LLL, Leoben).

Manchmal werden Bezeichnungen wie »Down-Baby«, »Down-Kind«, »Down-Syndrom-Kind« oder »Trisomie-Kind« benutzt – und manchmal auch die meist freundlich gemeinte, aber unpassende Verniedlichung »Downie«. Dagegen ist einzuwenden, dass durch solche Begriffe die Behinderung zur dominierenden Kennzeichnung der Person wird.

Aber auch Kinder mit Down-Syndrom sind vor allem Kinder, mit den ganz normalen Bedürfnissen, die alle Säuglinge und Kinder haben, sind Jugendliche und Erwachsene, zeigen als Kinder ihrer Eltern familientypische Vorlieben und Gewohnheiten, sind Bruder oder Schwester ihren Geschwistern. Deshalb ist auch problematisch, von »Kindern, die unter den Bedingungen einer Trisomie 21 leben« (vgl. Zimpel 2016), zu sprechen, weil – wie bei allen Menschen – nicht allein die genetischen Bedingungen bestimmend sind. Vielmehr spielen der familiäre, soziale und kulturelle Kontext, die individuellen Fähigkeiten, Schwächen und gesundheitlichen Beeinträchtigungen sowie zusätzliche Behinderungen eine wesentliche Rolle und aufgrund wechselseitiger Beeinflussung dieser Faktoren ergeben sich sehr unterschiedliche Lebensbedingungen für die Kinder. Dadurch entsteht auch ein so vielfältiges Bild des Down-Syndroms, das sich keineswegs allein mit der Trisomie erklären lässt.

> Das gleichzeitige Vorliegen verschiedener Merkmale oder Symptome wird als *Syndrom* bezeichnet.
> Wir sprechen deshalb von Säuglingen, Kindern und Erwachsenen mit Down-Syndrom.

Es ist wichtig, sich deutlich zu machen, dass trotz der syndrombedingten Gemeinsamkeiten Menschen mit Down-Syndrom eine sehr heterogene Gruppe bilden. Das individuelle Potential ist recht verschieden, die gesundheitlichen Beeinträchtigungen und zusätzliche Behinderungen können unterschiedlich ausgeprägt sein und zudem können die verschiedenen Lebens- und Sozialisationsbedingungen eine weite Streuung von Kompetenzen und Interessen bewirken.

Eine ganzheitliche Förderung der Kinder mit Down-Syndrom muss deshalb individuelle und syndromspezifische Aspekte im systemischen Kontext berücksichtigen und durch eine lebensbegleitende Förderung den Kindern, Jugendlichen und Erwachsenen helfen, ihr individuelles Potential optimal zu entfalten und zu erhalten. Dazu ist auch notwendig, eine alters- und syndromspezifische gesundheitliche Betreuung anzubieten, um spezielle Probleme rechtzeitig zu erkennen, zu behandeln und mögliche Folgebeeinträchtigungen zu verringern.

Die Feststellung von Langdon Down, dass durch Übung mehr erreichbar ist als vielleicht angenommen wird, ist noch immer aktuell. Es ist deshalb wichtig, bewährte therapeutische und pädagogische Konzepte der Förderung weiter zu entwickeln, aber auch neue Möglichkeiten zu entdecken und die Grenzen des Erreichbaren offener zu sehen, damit ein insgesamt differenzierteres und positiveres Bild von Menschen mit Down-Syndrom entstehen kann.

2.2 Ursache

Die Ursache des Down-Syndroms war lange Zeit nicht bekannt. Zahlreiche Vermutungen und absurde Theorien wurden geäußert (z. B. Alkoholismus, Tuberkulose, Regression in der menschlichen Entwicklung), die zeitweise zu problematischen Einstellungen gegenüber Betroffenen und ihren Familien führten. Obwohl schon 1932 aufgrund der Vielzahl auftretender Veränderungen vermutet wurde, dass beim Down-Syndrom eine Chromosomenstörung vorliegen müsse (Waardenburg), gelang erst 1959 einer französischen Forschergruppe (Lejeune, Gautier, Turpin) der Nachweis, dass dem Auftreten des Down-Syndroms eine Trisomie zugrunde liegt.

Beim Down-Syndrom ist das Chromosom 21 nicht zweimal, sondern dreimal vorhanden. Dieses zusätzliche dritte Chromosom bewirkt erhebliche Störungen des normalen biochemischen Gefüges und führt zu deutlichen Abweichungen in der Entwicklung aufgrund eines direkten Effektes durch die 1,5 fache Gendosis und eines indirekten Effektes durch eine veränderte Regulation der verschiedensten Gene auf anderen Chromosomen.

Obwohl das Chromosom 21 zu den kleinsten gehört (nur 1,5 % der menschlichen Erbinformation liegen darauf), sind die auftretenden prä- und postnatalen Veränderungen sowie die Beeinträchtigungen in der gesamten Entwicklung vielfältig.

Das Entstehen der chromosomalen Fehlverteilung erfolgt fast immer zufällig. Allerdings nimmt die Wahrscheinlichkeit für das Auftreten mit höherem Lebensalter der Mutter zu. Selten spielen auch genetische Faktoren eine Rolle. Immer wieder werden aber Vermutungen geäußert, dass zudem auch eine Vielzahl unterschiedlicher exogener Risiken wie Strahlenschädigungen oder Umweltbelastungen eine auslösende Wirkung haben könnten. Bisher gibt es aber noch keine gesicherten Erkenntnisse über solche möglichen Ursachen. Auch für regionales oder zeitlich erheblich verstärktes Vorkommen (Halder 2009, 16) oder untypisches häufigeres Auftreten in manchen Ländern (z. B. im Oman mit einer Relation von 1:391 Geburten) sind wahrscheinlich bisher nicht bekannte »exogene Noxen« zu vermuten (Sperling 2007, 42 f.). Auch in Europa gibt es erhebliche Unterschiede zwischen den einzelnen Ländern. So wurde bei 10.000 Geburten in Schweden 22,12-mal, in England jedoch nur 10,5-mal das Down-Syndrom (lebend und tot geborene plus Abbrüche) ermittelt (Gocchi et.al. 2011, 35).

Beim Down-Syndrom liegen verschiedene genetische Befunde vor, von denen zum Teil auch der Grad und die Ausprägung der Beeinträchtigung abhängen:

- Freie Trisomie 21 (ca. 95 Prozent der Fälle)
- Translokation (ca. 3 Prozent)
- Mosaik (ca. 2 Prozent)
- Partielle Trisomie (sehr selten).

Bei der häufigsten Form, der Freien Trisomie, ist das 21. Chromosom selbst unverändert, es kommt aber dreimal statt zweimal vor. Als Translokation wird die Verlagerung eines Chromosomenbruchstücks an ein anderes Chromosom bezeichnet. Ein Mosaik ist ein Chromosomenbefund, bei dem sowohl trisome (dreimal vorhandene) als auch normale (zweimal vorhandene) Chromosomen 21 in verschiedenen Zellen festzustellen sind. Die Ausprägung des Down-Syndroms ist in diesem Fall abhängig vom Verhältnis der normalen zu den trisomen Zellen und den davon betroffenen Bereichen. Deshalb ist es möglich, dass beim Vorliegen eines gering ausgeprägten Mosaiks sich in seltenen Fällen kein Down-Syndrom (als spezifischer Symptom- und Merkmalskomplex) entwickelt, wie der Bericht einer betroffenen Frau zeigt.

»Ich hatte drei Fehlgeburten, wobei in einem Fall eine freie Trisomie festgestellt wurde. Nach der Geburt meiner Tochter mit Down-Syndrom wurde bei mir eine Blutuntersuchung durchgeführt – ohne Befund. Nach der Geburt eines gesunden Sohnes hatte ich wieder eine Fehlgeburt – wieder lag eine Trisomie 21 vor. Dann wurde unser zweiter Sohn mit Down-Syndrom geboren. Eine erneute Untersuchung von mir (FISH) ergab in 60 % der untersuchten Hautzellen eine Trisomie.

Als ich klein war, sah ich ein wenig wie ein Down-Mädchen aus. Ich hatte auch die schräge Augenstellung. Meine Tochter sieht genauso aus wie ich früher. Ich bin froh, dass es damals nicht entdeckt wurde, ich wäre sonst nicht da, wo ich jetzt stehe. Ich habe meinen erweiterten Realschulabschluss gemacht und bin Zahnarzthelferin geworden.« (Friedrichs 2009)

Die Verfasserin äußert hier die Vermutung, dass eine frühe Diagnose ihre normale Entwicklung wahrscheinlich wesentlich verändert hätte. Dass sie mit dieser Vermutung Recht hat, macht ein Bericht über eine andere Frau mit einer Mosaikform der Trisomie 21 deutlich, deren Eltern nach der Geburt die Information erhielten, ihre Tochter würde sich »ein bisschen besser entwickeln als ein Durchschnittskind mit Down-Syndrom«. Unter der Überschrift »So geht Inklusion« wird diese mittlerweile »junge Frau mit Down-Syndrom« vorgestellt. Sie »hat Mittlere Reife, arbeitet heute Vollzeit im Schreibdienst der Verkehrspolizei-Inspektion in Erlangen und gehört ganz selbstverständlich zur 80-köpfigen Dienststelle« (de Bruyn 2016, 15). Sollte man bei dieser jungen Frau wirklich vom Down-Syndrom sprechen oder doch eher von einer Mosaikform, die in diesem Fall eben nicht zur Ausprägung der entsprechenden Behinderung führte?

Die partielle Trisomie ist extem selten. Dabei ist nur ein Teil eines Chromosoms 21 verdoppelt und dieses zusätzliche Stück befindet sich innerhalb eines anderen Chromosoms. Aber die Erbinformationen dieses Abschnittes liegen dann ebenfalls dreifach vor und können sich abhängig vom jeweiligen Umfang entsprechend auswirken.

2.3 Häufigkeit

Das Down-Syndrom gehört zu einem der häufigsten angeborenen Syndrome. Überall auf der Welt, auf allen Kontinenten und in allen Ländern leben Menschen mit Down-Syndrom, allein in Europa sind es etwa 600.000 und insgesamt wahrscheinlich etwa vier Millionen. Weltweit werden jährlich über 200 000 Kinder mit Down-Syndrom geboren, allein in Deutschland ist jährlich mit etwa 1000 Geburten zu rechnen bei der aktuell ermittelten jährlichen Geburtenzahl von durchschnittlich 670 000 Kindern (vgl. LmDS 2009, 6). Allerdings ist damit zu rechnen, dass aufgrund vermehrter Anwendung von pränataldiagnostischen Verfahren, insbesondere dem nicht invasiven Bluttest (Pränatest), sich langfristig deutliche Veränderungen ergeben werden.

Wahrscheinlich hat es Menschen mit Down-Syndrom schon immer gegeben. Wie hoch ihr Anteil in unserer Gesellschaft in Zukunft sein wird, ist abhängig von den möglichen Auswirkungen verschiedener Entwicklungen in der Diagnostik, der gesundheitlichen Betreuung und der sozialen Akzeptanz.

Immer mehr Frauen nehmen neue und differenziertere Verfahren der vorgeburtlichen (pränatalen) Diagnostik in Anspruch und bei einem pathologischen Befund entscheiden sich viele für einen Schwangerschaftsabbruch. Daher könnte die Häufigkeit der Geburten von Kindern mit Down-Syndrom langfristig erheblich abnehmen. Eine umfangreiche Datenauswertung prä- und postnatal erfasster Fälle von Trisomie 21 in der Deutsch-Schweiz ergab allerdings, dass »die Häufigkeit der mit Trisomie 21 geborenen Kinder seit 1985 konstant ist, obwohl in der Periode 1992 bis 1996 rund ein Drittel aller Fälle infolge Schwangerschaftsabbruch nach pränataler Diagnose nicht zur Welt kamen« (Binkert, Mutter, Schinzel 1999, 19). Dass trotzdem nicht weniger Kinder mit Down-Syndrom geboren wurden, wird begründet mit einer »Rechts-Verschiebung der Altersverteilung der Mütter bei der Geburt« (ebd.). Diese Tendenz hat sich weiter fortgesetzt, so dass im Jahr 2012 in Deutschland Frauen ihr erstes Kind mit durchschnittlich 29,2 Jahren bekamen und 2.011 Mütter 45 Jahre oder noch älter waren (Stat. Bundesamt 2014). Mit diesem heute insgesamt erhöhten Lebensalter von Müttern nimmt die relative Wahrscheinlichkeit für die Geburt eines Kindes mit Down-Syndrom deutlich zu. Auch bewirkt eine insgesamt positivere Einstellung zu Menschen mit Down-Syndrom, dass mehr Mütter bzw. Eltern nach pränatal festgestelltem Down-Syndrom eine Beratung in Anspruch nehmen und sich dann bewusst für ihr Kind entscheiden (vgl. Hennemann 2014, 77).

Bei einer Schweizer Untersuchung wurden von insgesamt 1.118 Fällen von Down-Syndrom 396 pränatal und 722 postnatal erkannt. Der Anteil der pränatalen Erfassung stieg dabei mit zunehmendem Alter der Mutter (Binkert, Mutter, Schinzel 1999), weil in dieser Gruppe vermutlich eine erhöhte Bereitschaft zur Inspruchnahme entsprechender Angebote besteht. Durch Ultraschall- und Serum-Screening-Methoden sowie Bluttests werden mittlerweile auch bei den 25 bis 29-Jährigen schon ein Viertel und bei den 30- bis 34-Jährigen ein Drittel der Fälle pränatal diagnostiziert (ebd.). Diese Entwicklung wird sich durch den angebotenen und zunehmend in Anspruch genommenen Bluttest (Praenatest) weiter erheblich verstärken. Im Gegensatz zu den bisherigen invasiven Tests (Fruchtwasseruntersuchungen, Chorionbiopsie) ist damit kein spezielles Risiko mehr für das Kind verbunden. Bedenkt man, dass bisher trotz der bekannten möglichen Risiken der invasiven Tests nach den vorliegenden Daten in Deutschland jährlich 30 000 – 60 000 dieser pränatalen Untersuchungen durchgeführt wurden, wird deutlich, welche Veränderungen sich durch den »Praenatest« (LifeCodexx-Bluttest) vermutlich ergeben werden. Mit der Aufnahme in den Leistungskatalog der gesetzlichen Krankenkassen wird er für alle Schwangeren bezahlt, bei denen »ein erhöhtes Risiko für ein Kind mit Down-Syndrom besteht, etwa weil sie älter als 35 Jahre sind, wegen eines auffälligen Ultraschallbefunds oder verdächtiger Laborwerte« (Bahnsen 2015, 33). Es ist davon auszugehen, dass ein solcher »risikoloser Test« auch die Inspruchnahme durch Schwangere ohne ein spezielles Risiko deutlich erhöhen wird und dass die Abbruchquote vermutlich entsprechend steigen wird (Berndt 2008). Die damit verbundenen ethischen Fragen verlangen deshalb unbedingt nach Klärung und eindeutiger Positionierung in Bezug auf Lebenswert und Würde von Menschen mit dieser Behinderung.

Von 1976 bis zum Jahr 2005 stiegen – so wurde in einer Untersuchung festgestellt – die mit pränataler Diagnostik erfassten Fälle von 1796 auf 130.000 an. Das könnte eine Abnahme der Geburten von Kindern mit Down-Syndrom erwarten lassen, aber tatsächlich ist die Zahl der mit Trisomie geborenen Kinder unverändert geblieben (vgl. v.Voss u. a. 2007, 92). Nach pränataler Diagnose des Down-Syndroms und Beratung trugen nach den bisher vorliegenden Erhebungen 5,5 Prozent der Frauen die Schwangerschaft aus. In einer internationalen Studie zu mütterlichem Alter, pränataler Diagnostik und Schwangerschaftsabbrüchen in europäischen und fünf außereuropäischen Ländern wurde festgestellt, dass sich »das durchschnittliche Auftreten von DS (lebend und tot geboren plus Schwangerschaftsabbrüche) auf 10.000 Geburten ... von 13,17 im Jahre 1993 bis auf 18,2 im Jahr 2004« erhöhte (Gocchi et al. 2011, 34). Außerdem endeten 1993 nach dieser Studie »fast zwei Drittel aller Down-Syndrom-Schwangerschaften mit der Geburt des Kindes, während aber 2004 ... zwei Drittel dieser Schwangerschaften mit einem Abbruch endeten« (ebd.).

Eine andere Entwicklung, die Auswirkungen auf den Anteil der Menschen haben wird, die mit Down-Syndrom leben, betrifft ihre zunehmend günstigere Lebenserwartung. Durch eine verbesserte entwicklungsbegleitende Vorsorge und medizinische Betreuung und Behandlung können lebensbedrohende Krankheiten und Beeinträchtigungen erfolgreicher als früher therapiert und geheilt werden. Das betrifft besonders die typischen Atemswegserkrankungen und Herzfehler, aber auch andere bei Menschen mit Down-Syndrom häufiger auftretende Erkrankungen wie Leukämie oder Zöliakie. Daher werden sie bei besserer Lebensqualität heute zunehmend älter und erreichen durchaus ein Alter von 60 oder sogar 70 Jahren. Die älteste Frau mit Down-Syndrom, die beschrieben wurde, erreichte ohne deutliches Nachlassen ihrer geistigen Fähigkeiten (die zwar behinderungstypisch eingeschränkt waren) 84 Jahre (McGuire, Chicoine 2008, 354).

Welche demographischen Auswirkungen sich aus diesen verschiedenen Entwicklungen für die Gesamtpopulation der Kinder, Jugendlichen und Erwachsenen mit Down-Syndrom langfristig ergeben werden, ist zwar noch nicht sicher, aber verschiedene vorliegende Erhebungen machen mögliche langfristige Tendenzen sichtbar.

Als J. Langdon Down 1866 seine Erstbeschreibung derjenigen Menschen mit einer geistigen Retardierung vornahm, welche wir heute als Menschen mit Down-Syndrom bezeichnen, stellte er fest, dass ihr Anteil an dieser Gruppe mehr als 10 Prozent betrug (Down 1866, 261). Untersuchungen vom Ende der sechziger Jahre bis Ende der achtziger Jahre des 20. Jahrhunderts, die sich auf Kinder im Schulalter bezogen, kamen relativ übereinstimmend auf etwa den doppelten prozentualen Anteil:

- 1969 ermittelte Eggert im Rahmen einer Erhebung an Sonderschulen, dass 25,1 Prozent der Schüler das Down-Syndrom hatten (Eggert 1969).
- 1970 ging Speck von einem Anteil von etwa 20 Prozent aus (Speck 1975).
- 1972 stellte Dittmann als Ergebnis einer umfangreichen Erhebung an Sonderschulen für geistig Behinderte in allen (alten) Bundesländern einen durchschnittlichen Anteil von 21 Prozent fest (Dittmann 1975, 146).
- 1974 ermittelte Wilken an neun verschiedenen Sonderschulen in Niedersachsen einen Anteil von 21 Prozent (Wilken 1977, 54).
- 1989 stellte Dittmann bei einer Erhebung an Sonderschulen für geistig Behinderte in Baden-Württemberg fest, dass 20 Prozent der Kinder das Down-Syndrom aufwiesen (Dittmann 1992, 12).
- 2000 konnte Wilken in einer Untersuchung an Sonderschulen und Tagesbildungsstätten in Niedersachsen nur noch einen Anteil von 11,2 Prozent ermitteln (Wilken 2000 b).

- 2013 fanden Ratz u. a. in einer repräsentativen Gruppe von Schülern mit geistiger Behinderung in Bayern (1629 Kinder) einen Anteil von 12 %, die das Down-Syndrom hatten (Ratz 2013, 4506).

Diese Zahlen zeigen, dass sich im Vergleich zu den früheren Erhebungen der Anteil der Kinder mit Down-Syndrom am Gesamtanteil der geistig behinderten Schüler offensichtlich fast halbiert hat – selbst wenn berücksichtigt wird, dass bei den Erhebungen aus den Jahren 2000 und 2013 die integriert beschulten Kinder mit Down-Syndrom nicht erfasst wurden. Auch aktuelle Berichte aus Frühförderstellen und Schulen bestätigen diese deutliche Abnahme, selbst wenn es immer wieder einmal zu einer zeitweise regionalen Häufung von Geburten kommt, so dass nach Jahren, in denen kein Kind mit Down-Syndrom gemeldet wurde, plötzlich für mehrere Kinder Frühförderung beantragt wird.

Auffällig ist das unausgeglichene Verhältnis von Jungen und Mädchen beim Down-Syndrom. Schon in verschiedenen älteren Publikationen wurde darauf hingewiesen, dass es mehr männliche als weibliche Menschen mit Down-Syndrom gibt. Dittmann ermittelte in seiner Stichprobe 47 Prozent Mädchen und 53 Prozent Jungen (1975, 148). Bei der Untersuchung von Wilken (1974) betrug das Verhältnis 57,1 Prozent Jungen zu 42,9 Prozent Mädchen und 2000 wurde eine Relation von 54 Prozent Jungen zu 46 Prozent Mädchen festgestellt. In der Erhebung von Ratz waren von den 188 Schülern mit Down-Syndrom nur 39,8 % Mädchen, aber 60,2 % Jungen.

> Innerhalb der Gruppe von Menschen mit geistigen Beeinträchtigungen haben etwa 10 % das Down-Syndrom – mit deutlich abnehmender Tendenz. Der Anteil der männlichen Personen ist deutlich erhöht.

Während in der Gesamtgruppe aller Schüler mit intellektueller Beeinträchtigung die noch deutlicheren prozentualen Unterschiede zwischen Jungen und Mädchen durch zumeist bekannte geschlechtstypisch recht unterschiedliche genetische und schädigungsspezifische Faktoren verursacht werden, lässt sich die zufällig erfolgende chromosomale Fehlverteilung beim Down-Syndrom für diese prozentualen Unterschiede zwischen männlichen und weiblichen Personen nicht schlüssig erklären.

3 Teilhabe und Förderung in der Familie

Die Familie bietet dem Kind den natürlichen sozialen Raum für *Entwicklung* und *Geborgenheit* und vermittelt sowohl Fähigkeiten, Interessen und Motivationen als auch soziokulturelle und ethnische Einstellungen und Werte. Die meisten Kinder wachsen trotz einer zunehmenden Vielfalt unterschiedlicher Lebensformen in Familien mit Mutter und Vater auf. Unabhängig von den individuell verschiedenen Bedingungen hat jede Familie elementare Bedeutung für die Sozialisation und Enkulturalisation des Kindes, für materielle und emotionale Sicherung seiner Bedürfnisse, für Partizipation in einem familien- und freundschaftlichen Netzwerk.

»Eingebettet in übergreifende gesellschaftliche Werteordnungen, Normen- und Regelsysteme und gesetzliche Rahmungen stellt die Familie die erste und zentrale gesellschaftliche Sozialisationsinstanz dar« (v. Kardorff, Ohlbrecht 2014, 15). Zudem bestimmt sie auch ganz wesentlich die Chancen des Einzelnen, die »vom emotionalen Klima in der Familie, dem milieuabhängig vermittelten sozialen und kulturellen Kapital, der finanziellen Ausstattung und der gesellschaftlich bestimmenden Statusposition der Eltern« abhängig sind (ebd). Auch milieutypische Einstellungen zu bestimmten Kompetenzen und Aktivitäten wie Lesen, Klavierspiel oder Fußball, eine allgemeine Anstrengungsbereitschaft und wertschätzende Interessenförderung sowie genderspezifische Verhaltensweisen und spezifische sprachliche Kommunikations- und Interaktionsstile werden familienabhängig geprägt. Förderung und professionelle Unterstützungsangebote müssen sich deshalb sowohl an der Lebenswelt des Kindes und seinen speziellen Bedürfnissen als auch an der individuellen Lebenslage der Eltern und ihren materiellen sowie sozialen Bedingungen und Ressourcen orientieren.

> Für die Sozialisation des Kindes sind sowohl die individuellen Bedingungen als auch die familiären Ressourcen bedeutsam.

Es ist deshalb wichtig, sich mit den aktuellen Entwicklungen der unterschiedlichen Lebensbedingungen von Familien und den teilweise konträren Erziehungshaltungen zwischen Verwöhnung und Vernachlässigung auseinanderzusetzen und daraus Konsequenzen zu ziehen für die Förderung der Kinder in familiären, aber auch in institutionellen Bereichen. Dazu gehört zu reflektieren, wie und was Kinder in ihrem normalen Lebensalltag lernen, wie sie durch Übernahme von Pflichten in der Familie und durch Spielen allein und mit anderen wesentliche natürliche Anregungen und Impulse erfahren.

Gerade dem so genannten inzidentellen Lernen, das sich nebenbei und eher zufällig in Alltagshandlungen und familientypischer Lebensgestaltung ergibt, kommt dabei eine wesentliche Bedeutung zu. »Im Verlauf der ›beiläufigen‹ familialen Sozialisationsprozesse und gezielter Erziehungsbemühungen werden dem Einzelnen die für das (Über-)Leben in der jeweiligen Gesellschaft wesentliche Grundlagen vermittelt« (v. Kardorff, Ohlbrecht 2014, 15). Insofern ist es problematisch, wenn »im Bestreben ihren Kindern das Beste zu ermöglichen ... die große Mehrheit der Eltern ihre Kinder vor allem von Alltagspflichten« entbindet (Konrad-Adenauer-Stiftung 2014, 4) und durch diese »Entpflichtung« das Lernen von Verantwortung und Leistungsbereitschaft ihrer Kinder gerade in verstehbaren Alltagszusammenhängen einschränkt. Auch bedeutet die Übernahme von Aufgaben und das Helfen-müssen nicht nur eine lästige Pflicht, sondern es eröffnet dem Kind in konkreten Situationen die wichtige Erfahrung von Helfen-können. Dadurch erlebt es unmittelbar die Bedeutung eigener Kompetenzen und das fördert sein Selbstbewusstsein und die Entwicklung von Selbstwertgefühlen.

Auch für das Aufwachsen von Kindern mit Behinderung ist es wichtig zu reflektieren, wie der gemeinsame Familienalltag zu gestalten ist und welche Möglichkeiten der normalen Teilhabe an Tagesabläufen und an Übernahme von Alltagpflichten und Einbindung in Routinen erfolgen kann. Damit kann ohne Therapeutisierung des Alltags natürliches inzidentellen Lernen gelingen. Gerade bei Kindern mit Down-Syndrom sind nicht nur die durch die Trisomie verursachten Schwächen zu betonen und zu behandeln, sondern auch die individuellen Stärken und famliengebundenen Möglichkeiten und Kontextfaktoren sind zu berücksichtigen. »Das durch die genetischen ›Baupläne‹ vorhandene individuelle Entwicklungspotential kann indes nur durch das Erfahren von förderlichen Umweltbedingungen (enriched environment) und in der Regel zuerst in der Eltern-Kind-Beziehung ausgeschöpft werden« (Peterander 2013, 2). Zwar sind auch die spezifischen Förderbedürfnisse des Kindes mit Down-Syndrom zu sichern, aber ohne das Kind oder das Familiensystem durch zu enge Vorgaben und rigide

Förderpläne zu überlasten und die Chancen und Ressourcen des familiären Alltagslebens gering zu achten.

3.1 Eltern

Die meisten Eltern haben – trotz zunehmend häufigeren Angeboten der pränatalen Diagnostik – vor der Geburt ihres Kindes nichts von seinem Down-Syndrom gewusst. Nur wenn besondere gesundheitliche Probleme oder spezifische Abweichungen aufgefallen sind oder wenn aufgrund des mütterlichen Alters entsprechende pränatale Diagnoseverfahren in Anspruch genommen wurden, sind manche Eltern schon vorgeburtlich informiert. Die Mitteilung über die Behinderung ihres Kindes ist – unabhängig vom Zeitpunkt der Diagnose – für alle Eltern eine traumatische Erfahrung. Bei einer pränatalen Diagnose kommt aber noch hinzu, dass ein Entscheidungsdruck entsteht, welche Konsequenzen die Eltern aus dieser Information ziehen wollen und wie die Beratung erfolgt.

»Mit 43 Jahren ist Claudia noch einmal schwanger. Es ist ein Wunschkind, das sich da ankündigt ... In der 12. Schwangerschaftswoche weist Claudias Frauenarzt sie darauf hin, dass sie zur Nackenfaltenmessung zu einem Pränataldiagnostiker gehen kann. Sie lässt sich eine Überweisung ausstellen und vereinbart einen Termin ... Claudia berichtet von einem mulmigen Gefühl während der Untersuchung. Ihre Befürchtungen bewahrheiten sich ... Der Arzt erklärt ihr, dass die Nackenfalte auffällig verdickt sei, eventuell sei ein Herzfehler nicht auszuschließen, und er vermute, dass das Kind ein Down-Syndrom oder ›Schlimmeres‹ haben könnte ... Sie vereinbaren einen Termin zur Fruchtwasseruntersuchung ... und haben dann die Gewissheit, ihr Kind hat das Down-Syndrom ... Sie entscheiden sich für ihr Kind.« (Hennemann 2014, 16)

Die Auseinandersetzung mit der Mitteilung, dass ihr erwartetes Kind das Down-Syndrom haben wird, kann den Eltern erschweren, einen positiven Bezug zum Kind zu behalten und die Schwangerschaft auszutragen. Oft sind die erlebten emotionalen Belastungen und auch die empfundenen sozialen Erwartungszwänge sehr schwer auszuhalten (vgl. Stockrahm 2015, 35). Zudem wird das Kind durch die Aufzählung der erkannten Abweichungen oft zu einem Mängelwesen. Die Unsicherheit über die möglichen Ausprägungen der Behinderung und eventuelle zusätzliche gesundheitliche Beeinträchtigungen können weitere erhebliche Ängste verursachen. Aus diesem Grund sollte man gerade diesen Eltern – wenn sie es wünschen – Kontakt zu anderen betroffenen Familien vermitteln und eine ethisch verantwortete Beratung und Begleitung anbieten. Auf der Grundlage einer eigenen positiven Einstellung zu Menschen mit Behinderung sind die Eltern bei ihrer individuellen Entscheidungsfindung zu unterstützen und ihnen ist ein realistisches Bild vom Leben mit einem Kind, das das Down-Syndrom hat, zu vermitteln.

Wichtig ist auch, subtilen Zuweisungen von Mitverantwortung für eine selbst gewählte besondere Familiensituation in der Öffentlichkeit entschieden entgegen zu treten. Solche Einstellungen erschweren nicht nur den Eltern, eine Entscheidung zu treffen oder ihre neue Lebenssituation zu bewältigen, sondern können auch zu einer Entsolidarisierung von Hilfe und Verantwortung für behinderte Menschen und ihren Familien führen.

Wenn keine sichtbaren Beeinträchtigungen oder deutliche spezifischen Veränderungen vorliegen, werden die meisten anderen Behinderungen erst erkannt, wenn das Kind schon einige Wochen alt ist oder noch erheblich später, wenn die Entwicklung abweichend erfolgt oder auffällig wird. Die Eltern hatten dann aber die Möglichkeit, eine Beziehung zu ihrem Kind aufzubauen, die noch nicht von einer Diagnose überschattet ist. Eltern von Kindern mit Down-Syndrom dagegen erfahren zumeist unmittelbar nach der Geburt oder wenige Tage danach die Diagnose, und damit wird ihnen oft die Freude über das neugeborene Kind genommen und Verzweiflung und Angst vor der ungewissen Zukunft überschatten den Beginn ihrer Elternschaft.

> »Ich nahm ihn in meine Arme ... und dann lag ich da, sah ihn an und dachte, die Welt geht unter! Ich konnte überhaupt nicht sprechen, ich habe sofort angefangen zu heulen. Immer nur der Gedanke, jetzt ist die Welt zu Ende, jetzt ist alles vorbei.« (Bundesvereinigung Lebenshilfe 1998, 7)

Kinder mit Down-Syndrom werden relativ häufig einige Wochen früher geboren. Dann werden manchmal die typischen Merkmale nicht sicher erkannt oder man zögert eine klare Diagnosestellung hinaus, um den Eltern diese erste gemeinsame Zeit nicht noch zusätzlich zu erschweren.

> »Unsere Zwillinge Luis und Ben kamen ... zehn Wochen zu früh auf die Welt. Eine Zeit voller Hoffen und Bangen begann für uns ... Wir freuten uns schon auf die Entlassung. Endlich würden wir eine Familie sein, endlich zu Hause, endlich Normalität ... es sollte anders kommen: In der letzten Krankenhauswoche kam die Diagnose, dass Ben das Down-Syndrom hat, und die Nachricht brachte zunächst einmal unsere ganze Welt ins Wanken. Plötzlich war da die Angst, niemals wieder glücklich sein zu können! ... Nach drei tränenreichen Tagen und Nächten stellten wir uns den Tatsachen und entschieden, einfach das Beste aus der Situation zu machen.« (Bodensteiner 2013, 69)

Oft werden bei den neugeborenen Kindern mit Down-Syndrom zusätzliche gravierende gesundheitliche Beeinträchtigungen festgestellt, die manchmal lebensbedrohend sind. Dann haben die Eltern nicht nur die unerwartete Diagnose zu bewältigen, sondern müssen auch noch schwierige Entscheidungen treffen bezüglich notwendiger Behandlungsmaßnahmen. Zu den großen Sorgen um das Überleben ihres Kindes und den unsicheren Prognosen für die weitere Entwicklung kommen dann für die Eltern noch Ängste und Unsicherheit über die daraus folgenden Konsequenzen für die Zukunft ihrer Familie.

> »Unser Sohn ist mit einem schweren angeborenen Herzfehler zur Welt gekommen. Er wurde am 7. Lebenstag mehrstündig am offenen Herzen operiert und nach vielen kritischen Momenten (Nierenversagen, Lungenriss, Zwerchfelllähmung, Lungenhochdruck) und dreimonatigen Aufenthalt auf der Intensivstation … mit Sauerstoffgerät, Monitor und Magensonde nach Hause entlassen.« (LmDS 2013, 39)

Es ist verständlich, dass Eltern in dieser Belastungssituation einfühlsame Begleitung, aber auch konkrete Hilfen benötigen, um ihren schwierigen Alltag zu bestehen. Es ist wichtig, ihnen Zeit zu geben, damit das Kind in der Familie ankommen kann, während Ansprüche auf spezielle Förderung des Kindes dagegen nachrangig sind und sogar die Belastungen verstärken können.

3.2 Diagnosemitteilung

Es ist wichtig, bei der Diagnosemitteilung und in der weiteren Begleitung der Eltern nicht nur die besonderen Förderbedürfnisse des Kindes anzusprechen, sondern auch den Eltern selbst angemessene Hilfen zur Verarbeitung ihrer neuen Situation zu geben. »Da die Eltern Teil der sozialen Umgebung und der Gesellschaft sind, unterscheidet sich ihre Grundhaltung zu der Behinderung zunächst nicht wesentlich von den diesbezüglichen Einstellungen ihrer Beziehungspersonen« (Hinze 1993, 15). Deshalb löst die Mitteilung über die Behinderung ihres Kindes bei den Eltern oft tief greifende Krisen aus. »Dabei erleben Eltern starke Gefühle von Bedrohung, Unsicherheit und Angst. Ihr Selbstverständnis ist erschüttert, ihre Lebenseinstellung, ihre Wertorientierung sowie ihr Lebenssinn sind grundsätzlich in Frage gestellt« (ebd., 14).

Die Art und Weise, wie den Eltern die Diagnose vermittelt und dabei über das Kind gesprochen wird, welche Informationen über das Down-Syndrom gegeben werden, wie auf ihre Fragen und Sorgen eingegangen wird, erinnern die Eltern oft noch nach Jahren. Diese Erfahrungen beeinflussen die Einstellungen der Eltern erheblich und prägen nachhaltig, wie sie sich mit ihrer neuen Lebenssituation auseinandersetzen und wie es ihnen gelingt, ihren veränderten Lebensalltag und die besonderen Herausforderungen zu bewältigen. Deshalb kommt der Haltung des Arztes und seiner Fähigkeit, den Eltern die Diagnose einfühlsam zu vermitteln, eine große Bedeutung zu. Wichtig ist auch, angemessene zeitliche und räumliche Bedingungen zu finden, und auch »verbal sollte ein wertschätzender Sprachstil gewählt werden, der eine Orientierung auf Defizite vermeidet« (Seidel 2014, 88). Vor allem stigmatisierende Bezeichnungen spezifischer Merkmale des Down-Syndroms werden von Eltern als emotional belastend erlebt und als deutliche Abwertung ihres Kindes empfunden.

3.2 Diagnosemitteilung

> »Der Arzt untersuchte unseren Sohn und stellte dann lapidar fest, dass er vermute, das Kind hätte eine Trisomie, aber das könnte erst die Chromosomenanalyse klären. Aber diese Kinder seien immer so lieb und heute können manche sogar studieren, wenn man genug mit ihnen übt. Der Arzt war freundlich und bemüht, aber seine Informationen halfen uns überhaupt nicht.
> Trisomie – Down-Syndrom! Wir waren fassungslos. Was bedeutete das alles für uns! Das konnte doch nicht wahr sein! Unser Sohn, auf den wir uns so gefreut hatten! Die Vorsorgeuntersuchungen waren doch unauffällig gewesen. Was hatten wir falsch gemacht?«

In den letzten Jahren erfolgte eine zunehmend bessere Information der Eltern, und es ist positiv festzustellen, dass problematische Erfahrungen erheblich abgenommen haben. Bei einer früheren Elternbefragung (Wilken 2001a) bezeichneten nur insgesamt 30,6 Prozent der befragten Eltern die erhaltene Erstinformation als bzw. sehr gut, während 19,6 Prozent sie als sehr schlecht erlebten. Diese Situation hat sich deutlich verbessert, aber es besteht – wie Berichte von Eltern in Elternseminaren zeigen – weiterhin die Notwendigkeit, diese für die meisten Eltern belastende Erstberatung differenzierter und angemessener zu gestalten.

Für die Befundübermittlung ist wichtig, dass sie »einfühlsam und verständnisvoll sein sollte, verbunden mit Hilfsangeboten und der Vereinbarung weiterer Gespräche. Dabei sollte dieses erste Gespräch nicht von Daten und Informationen überfrachtet sein und Gelegenheit bieten, den Emotionen freien Lauf zu lassen« (Sperling 2007, 48). Auch ist zu bedenken, welche allgemeinen Informationen in den Beratungsgesprächen über Entwicklungsbedingungen beim Down-Syndrom gegeben werden und wie über die verschiedenen Therapien bzw. Behandlungen gesprochen wird, ohne einerseits falsche Grenzen zu beschreiben oder andererseits unrealistische Erwartungen zu wecken. Auch wenn das Down-Syndrom keine Krankheit ist und nicht mit bestimmten Medikamenten geheilt werden kann, sondern eine Lebensbedingung ist, die angenommen und gemeinsam gelebt werden muss, gibt es doch Maßnahmen und Möglichkeiten, die Entwicklung positiv zu beeinflussen. Eltern müssen deshalb angemessen beraten werden, um dann für sich Möglichkeiten zu finden, sich mit ihrer besonderen Situation zu arrangieren und für das Kind, für sich und die Familie passende Lösungen zu finden.

Als hilfreich haben sich bei der notwendigen Neuorientierung die von den verschiedenen Selbsthilfegruppen entwickelten Informationsmappen, Materialien, Ratgeber und Bücher erwiesen, die mit Texten und Bildern den Eltern ein positives Bild vermitteln und Zuversicht für die gemeinsame Zukunft geben wollen. Auch der Austausch in speziellen Internetforen ermöglicht neu betroffenen Eltern, sich zu informieren und Beratung und Hinweise von anderen Eltern zu erhalten, die selbst ein Kind mit Down-Syndrom haben. Oft werden Fragen gestellt zu allgemeinen gesundheitlichen, pädagogischen oder therapeutischen sowie zu rechtlichen Problemen, aber auch bezogen auf sehr individuelle Schwierigkeiten mit dem Kind und in der Familie. Mögliche Lösungen, die andere Eltern für sich und ihr Kind gefunden haben, werden oft differenziert beschrieben und offen, aber zumeist wertschätzend diskutiert.

3.3 Neuorientierung und Bewältigung der Familiensituation

Familien sind komplexe Systeme, in denen viele Faktoren miteinander verflochten sind und sich wechselseitig beeinflussen. So können Sorgen, die das Kind und seine behinderungsspezifischen Probleme betreffen, sowie besondere Belastungen der Partnerschaft, schwierige Bedingungen allein erziehender Eltern oder eine fehlende soziale Akzeptanz in der weiteren Familie oder in der Nachbarschaft sich erheblich auf das innerfamiliäre Gleichgewicht auswirken. Aber auch die möglichen physischen, psychischen und finanziellen Konsequenzen für die Familie bewirken oftmals starke Belastungen und können eine Bewältigung der neuen Lebensumstände erschweren. In vielen alltäglichen Situationen erleben die Eltern immer wieder, welchen neuen und besonderen Anforderungen sie sich stellen müssen, weil sie ein behindertes Kind haben und welche spezifischen Probleme ihr Kind aufgrund seiner Behinderung hat. Das beginnt mit der Organisation des Familienalltags, setzt sich fort mit der Orientierung, welche und wie viele der verschiedenen angebotenen Therapien wirklich nötig sind, belastet die Suche nach geeigneten Angeboten in Krippe und Kindergarten. Es erschwert das Finden einer individuell angemessenen Schule und führt später zur oft mühsamen Suche nach guten Bedingungen für das Erwachsenenleben. Die Herausforderungen und Belastungen in diesen verschiedenen »Lebenszyklusphasen« verändern sich, aber »das Vorschulalter, die Zeit des Schuleintritts, die beginnende Adoleszenz und die Erreichung des Erwachsenenalters gelten als kritische Übergangspunkte« (Retzlaff 2010, 49), die individuelle Bewältigungsstrategien und oft eine Neuorientierung der Lebensperspektive verlangen.

Auch wenn ein Kind mit Down-Syndrom heute insgesamt in der Familie, in der Verwandtschaft und im Freundeskreis eine bessere Akzeptanz findet und die Familien eher spontane Hilfen von Angehörigen und Freunden erhalten, benötigen die Eltern oft auch professionelle Unterstützung bei der Bewältigung ihrer besonderen Familiensituation und den speziellen Bedürfnissen ihres Kindes sowie den Herausforderungen des Familienalltags. Dazu gehört die Beratung über Rechtsansprüche genauso wie konkrete Maßnahmen bei Schwierigkeiten in der Betreuung oder gesundheitlichen Versorgung des Kindes, spezielle Hilfen wie die familienentlastenden Dienste oder besondere Kuren für Mutter und Kind. Dadurch können Stress und häufige Überforderung zwar nicht aufgehoben werden, aber es ist eher möglich, einer kritischen Entwicklung aufgrund der ständigen Belastungen vorzubeugen.

3.3 Neuorientierung und Bewältigung der Familiensituation

> »Zu sagen, dass es mir nicht gut geht, wäre aber auch vollkommener Quatsch. Einige Menschen denken ja anscheinend, dass es einem mit einem behinderten Kind die ganze Zeit schlecht geht. Als wir letzen Sommer auf Kur waren, gab es da einen kleinen Jungen, der mich durchgehend mit Fragen zu Willi bombardierte: ›Warum macht er so komische Geräusche?‹ – ›Warum sitzt er unterm Tisch?‹ – ›Warum zieht er immer die Schuhe aus?‹ … Allesamt sehr berechtigte Fragen, auf die ich auch ganz gerne Antworten hätte. Seine Mutter versuchte, ihn sofort wegzuzerren, und sagte in allen erdenklichen Varianten sinngemäß: ›Die Frau hat doch schon genug zu leiden.‹ Komisch, ich kam mir eigentlich gerade ganz glücklich vor, ich hätte auf der Kur sogar glatt auf die Wie-geht`s-Frage mit ›gut‹ antworten können.« (Müller 2015, 11)

Die alterstypischen Neuorientierungen in den verschiedenen Lebensphasen erfordern immer wieder Auseinandersetzungen mit den vorhandenen Möglichkeiten, den individuellen Voraussetzungen und den familiären Bedingen und verlangen nach entsprechenden Lösungen. Ein Gelingen dieser Prozesse hängt wesentlich von den Fähigkeiten der Familien ab, ihre Lebensumstände eigenaktiv zu gestalten und Normen und Werte für sich neu und unabhängig zu definieren. Dann empfinden Familien »das Kind mit Down-Syndrom, wie jedes andere Kind und wie jede andere Lebensaufgabe auch, (als) sinnstiftend und in diesem Sinne bereichernd für die persönliche Lebenssituation« (Klatte-Reiber 1997, 189). Bei einer entsprechenden Befragung zur Bewertung von Sinnerfüllung für das eigene Leben nach der Geburt ihres Kindes mit Down-Syndrom sagte die Hälfte der Eltern, dass sie ihr Leben dadurch als sinnerfüllter erlebten, während 44 Prozent keine Veränderungen sahen – nur sechs Prozent der Eltern schätzten ihre Situation insgesamt negativer ein (ebd).

Auch in einer neueren Befragung wurde festgestellt, »dass den meisten Eltern eine befriedigende Gestaltung der Interaktion im Alltag gelingt …, ihre persönlichen und zukunftsbezogenen Sorgen nehmen aber doch im Verlauf der ersten Lebensjahre signifikant zu. Es ist anzunehmen, dass sich darin die zunehmende Sorge der Eltern um die zukünftige Teilhabe ihrer Kinder widerspiegelt, wenn der Unterschied im Entwicklungstempo der Kinder mit den Jahren zunehmend deutlich wird« (Sarimski 2015, 18 f).

Immer wieder betonen Eltern auch, wie die gefundenen Alltagsstrategien zur Bewältigung der besonderen Familiensituation aus dem Gleichgewicht geraten können durch überraschende Ereignisse. Die Erkrankung eines Elternteils oder der Tagesmutter, Veränderungen in der Betreuung im Kindergarten, Kürzung der Stunden für die Schulassistenz, Probleme mit den Fahrdiensten und viele weitere unterschiedliche Schwierigkeiten verlangen immer wieder kreative und oft anstrengende Lösungen. Deshalb ist es wichtig, konkrete Hilfen oder spezielle Unterstützung für Ausnahmesituationen anzubieten, aber auch Beratung über Leistungen der Kranken- und Pflegeversicherung sowie der Jugend- und Sozialhilfe, wie und wo Anträge zu stellen sind und welche besonderen Rechte bestehen.

3.4 Selbsthilfe

Eltern von Kindern mit Down-Syndrom haben viele regionale und überregionale Selbsthilfegruppen gebildet, um Erfahrungen auszutauschen, Informationen zu vermitteln, Unterstützung und konkrete Hilfen anzubieten. Mittlerweile gibt es allein in Deutschland rund 250 solcher Selbsthilfegruppen (vgl. Verzeichnis medandmore 2016). Einige haben Broschüren zur Information neu betroffener Eltern erstellt, um ihnen die schwierige erste Zeit der Auseinandersetzung zu erleichtern und selbst erlebte problematische Erfahrungen zu erleichtern. Eltern, die aufgrund eigener Betroffenheit bereit sind, anderen Eltern beim Beginn des Zusammenlebens mit ihrem behinderten Kind zu begleiten, können wesentliche Hilfen zur Verarbeitung der besonderen Situation vermitteln und positive, aber realistische Perspektiven aufzeigen.

Das machen entsprechende Texte sehr deutlich: »Wir wissen, ein behindertes Kind anzunehmen ist schmerzhaft, doch lassen Sie sich versichern, die meisten Eltern schaffen es! Wir möchten Ihnen (…) über die Unsicherheit der ersten Zeit hinweghelfen und Ihnen eine Orientierung geben (…). Außerdem wollen wir Ihnen Mut machen, sich auf Ihr besonderes Kind einzulassen (…). Sie werden durch dieses Kind sehr bereichert, mehr als Sie sich jetzt vorstellen können.« (Bundesvereinigung Lebenshilfe 1998, 2)

> »Aber dann drängte sich dieses Häuflein Kind, das uns zuerst so unglücklich gemacht hatte, immer mehr in unser Leben hinein und wurde zu einem quirligen Mittelpunkt, ohne den wir um keinen Preis mehr sein wollen!« (Halder 1999, 4)

Gerade die Aufklärungsarbeit und das Engagement betroffener Eltern können helfen, nicht nur die schwierige erste Zeit mit dem Kind weniger belastend zu erleben, sondern auch bei sehr speziellen Schwierigkeiten zu unterstützen und angemessen zu beraten. Auch das angebotene vielfältige Bild-, Text- und Filmmaterial für die Eltern ermöglicht, dass erforderliche Informationen und Beratung heute insgesamt differenzierter und einfühlsamer erfolgen als früher. Es gibt zahlreiche Publikationen von verschiedenen regionalen Selbsthilfegruppen, spezielle Zeitschriften mit differenzierten Berichten von Fachleuten und von Eltern (Leben mit Down-Syndrom, Kids Aktuell, Leben Lachen Lernen-Österreich) und weitere informative Broschüren, Lern- und Fördermaterial, Bücher und Filme.

Die Erfahrung, dass das eigene Kind anders als erwartet ist und sich deutlich abweichend entwickelt, wird immer schwer zu verarbeiten sein. Die Bewältigungsprozesse, welche die Eltern zu leisten haben, werden jedoch ganz wesentlich beeinflusst von den Informationen und Hilfen, die sie erhalten und von den Möglichkeiten, gute Bedingungen für ihr Kind zu finden und passende Lösungen für ihre Familie. Zudem spielt eine wesentliche Rolle, welche Einstellung zur Behinderung ihres Kindes sie im Lebensalltag, beim Arzt oder in der Öffentlichkeit erleben.

Langfristig beeinflusst werden dadurch auch die familiären Möglichkeiten, neue Lebensperspektiven mit dem Kind aufzubauen und andere, nicht überwiegend leistungsorientierte Wertvorstellungen zu entwickeln sowie das eigene Familienleben selbstbestimmt zu organisieren und weniger abhängig von Durchschnittserwartungen und Normen zu sein.

Vor allem können Begegnungen mit anderen Eltern und ihren Kindern mit Down-Syndrom, der Erfahrungsaustausch mit ihnen und intensive Gespräche über aktuelle Probleme und Schwierigkeiten im Familienalltag oder auch der Austausch in Internetforen sehr hilfreich sein. Manchen Eltern gelingt es dadurch, ihre oft sprachlose Betroffenheit zu überwinden, über ihre Situation und über ihre Schwierigkeiten zu sprechen und ihre bisherige Lebensplanung den veränderten Bedingungen anzupassen.

Die kooperative Elternarbeit, wie sie in speziellen Familienseminaren erfolgt (Wilken 2014, 214 ff) oder von den verschiedenen regionalen Elternselbsthilfegruppen angeboten wird, vermittelt nicht nur differenzierte Informationen über die Behinderung des Kindes und über Ziele und Möglichkeiten der Förderung, sondern bietet den Eltern vor allem einen wichtigen allgemeinen Erfahrungsaustausch. Auch die gemeinsame Reflektion verschiedener medizinischer und therapeutischer Angebote und die Diskussion eigener Ziele bezogen auf das Kind und die Familie vermag ihnen wesentliche Orientierungshilfen zu geben.

Teilnehmer eines solchen Seminars für Eltern von kleinen Kindern mit Down-Syndrom stellten bei der abschließenden Diskussion fest: »Es war mein erster Kontakt mit Eltern, die dasselbe Problem wie ich haben. Das hat mir sehr geholfen, über alles zu reden.« »Für mich war die Erfahrung wichtig: Ich bin nicht allein! Der Austausch mit den anderen Eltern gibt Mut und neue Motivation.« »Es erleichtert und ist gut zu erfahren, dass auch andere Eltern denken, dass man nicht alles tun muss, was man machen kann.«

Die allgemeinen erheblichen Veränderungen der Lebens- und Familienformen haben deutliche Auswirkungen auf den Lebensalltag aller Familien sowie auf die Möglichkeiten der verwandtschaftlichen Unterstützung und spontanen Hilfe bei Bedarf. Immer mehr Familien sind angewiesen auf externe Betreuung ihrer Kinder schon im Babyalter und auf entsprechende Angebote im Kindergarten- und Schulalter. Das gilt zunehmend auch für Kinder mit Down-Syndrom. Im Unterschied zu früher wollen heute immer mehr Eltern sich die Familienaufgaben möglichst teilen, und die Verantwortung für die gelingende Entwicklung gerade des behinderten Kindes wird nicht vorwiegend der Mutter zugewiesen. Im Mittelpunkt steht dabei nicht mehr allein das Wohlergehen des behinderten Kindes, sondern es geht den Eltern auch um »eine Wiedereroberung von Normalität« (Sarimski 2016, 17).

> »Seit drei Monaten arbeite ich wieder. Das haben viele Bekannte nicht verstanden und sehr negativ kommentiert. Aber mein Kind geht gern in die Krippe und fühlt sich wohl zwischen den anderen Kindern. Und ich habe wieder täglichen Kontakt mit Kolleginnen und Kollegen. Das tut mir gut. Das bedeutet jetzt für mich Integration!« (Mitteilung einer Mutter)

In einem »Rechtsratgeber für Mütter mit besonderen Herausforderungen« (Kruse 2015) wird betont, dass zu einem gelingenden Familienleben beiträgt, wenn »die Mutter und der Vater ein erfülltes Leben führen können. Dazu gehört auch die Verwirklichung eigener Lebensvorstellungen, eine eigene Berufstätigkeit«. Allerdings werden die besonderen Probleme von Familien mit einem behinderten Kind gesehen, die »die ohnehin vorhandenen Schwierigkeiten noch verschärfen« (ebd. 3). Die Informationsschrift bietet deshalb einen differenzierten Überblick über rechtliche und finanzielle Hilfen.

Es ist wichtig zu betonen, wie viel Kinder im normalen Familienalltag, im Zusammenleben mit Geschwistern, in der Kindertagesstätte, aber auch bei zufälligen Kontakten auf dem Spielplatz oder in der Nachbarschaft lernen. Nicht alles ist nur durch spezielle Förderung zu erreichen, sondern kann durchaus auch bei gemeinsamen Tätigkeiten und in kindgemäßen Spielen gelernt werden. Gerade die Teilhabe am normalen Familienleben, gemeinsames Spielen mit anderen Kindern in der Krippe oder bei der Tagesmutter, im Kindergarten oder in der Schule bieten vielfältige Lernmöglichkeiten – auch wenn die besonderen Unterstützungsbedürfnisse nicht ausgeblendet werden sollten.

Die gemeinsame Diskussion solcher Fragen ermöglicht den Eltern, eigene Entscheidungen für das Kind und für sich selbst zu treffen und entlastet sie von dem oft empfundenen Druck, das Kind ständig fördern zu müssen und trotzdem nicht genug zu machen.

3.5 Geschwister

Geschwister zu haben ist nicht mehr selbstverständlich. Immer weniger Kinder werden in immer weniger Familien geboren! Die Zunahme von Einzelkindern (in Großstädten beträgt ihr Anteil bis zu 50 %) bewirkt, dass Eltern alle ihre Erwartungen auf dieses Kind konzentrieren und sie tendieren dadurch oft sowohl zu Überförderung als auch zu Verwöhnung und Überbehütung (Kraus 2015).

Dem Einzelkind fehlen vor allem Möglichkeiten, soziale Kontakte mit anderen nicht gleichaltrigen Kindern in der Familie einzuüben: Erfahren von Konkurrenz und Teilen, geschwisterliches Rivalisieren, das Aushandeln und Durchsetzen von Interessen, aber auch die Solidarität und die wechselseitige Unterstützung der Geschwister untereinander und gegenüber Fremden. Deshalb ist es in Zukunft stärker eine gesellschaftliche Aufgabe, entsprechende Möglichkeiten für solche Kontakte zwischen Kindern in durchaus altersheterogenen Gruppen zur Verfügung zu stellen.

Zu der »Verinselung« in der Familie mit den eingeschränkten oder nicht gegebenen Peerkontakten tritt die »Verinselung« des Kindes in der Wohnumgebung. Auch hier erscheint die Situation von Kindern in Großstädten besonders prekär, da die Familienhaushalte im Vergleich zu Single- oder Paarhaushalten dort oftmals nur noch eine kleine Minderheit sind. Die »Verinselung« und »Verhäuslichung« vor allem des städtischen Kinderalltags löst den Lernort »Straße« ab. An die Stelle von eigenständigem und selbst gewähltem Spielverhalten treten Freizeitangebote und -formen, die vorweg zu organisieren und pädagogisch arrangiert sind und vor allem in speziellen öffentlichen »Räumen«, wie Vereinen oder Clubs, in Sporthallen oder auf Spielplätzen stattfinden. Zunehmend fehlen vielen Kindern spontane Kontakte mit anderen nicht gleichaltrigen Kindern, und für sie ist deshalb ein achtsamer Umgang mit anderen und Rücksichtnahme nicht selbstverständlich und angemessenes Helfen und Helfen-können im Alltagsleben ist eine seltenere Erfahrung geworden.

Familien ohne und mit einem Kind mit Down-Syndrom unterscheiden sich hinsichtlich der Anzahl ihrer Kinder. Abweichend zu den heute sonst häufigen Einzelkindern in der Gesamtbevölkerung, wachsen Kinder mit Down-Syndrom selten ohne Geschwister auf. So ergab eine Schweizer Untersuchung zur Familiensituation von Kindern mit Down-Syndrom im Vergleich mit durchschnittlichen Familien: »Es gibt weniger Einzelkinder mit DS, etwas weniger Zweikindfamilien, dafür deutlich häufiger Familien mit drei und mehr Kindern« (Jeltsch-Schudel 1999, 57). Auch eine japanische Untersuchung kommt zu einem entsprechenden Ergebnis. Danach war das Kind mit Down-Syndrom in 40 % der Familien das erste Kind, in 48 % das zweite; 40 % der Familien hatten nach der Geburt eines Kindes mit Down-Syndrom noch weitere Kinder. Die durchschnittliche Kinderzahl betrug 2,3 (Tatsumi-Miyajima u. a. 1997). Auch in einer Reutlinger Befragung lag der Anteil der Drei-Kind-Familien bei 21 % im Gegensatz zu den durchschnittlichen 16 % in anderen deutschen Familien (Klatte-Reiber 1997, 198). Eine eigene Befragung von ca. 300 Familien, die ein Kind mit Down-Syndrom haben (Wilken 1999a), ergab, dass 18 % der Familien drei und mehr Kinder hatten. Wenn Kinder mit Down-Syndrom als erste oder zweite Kinder geboren werden, besteht bei den Eltern offenbar öfter der Wunsch nach einem dritten Kind. Auch eine weitere Erhebung bei über 700 Eltern bestätigte diese Tendenz (Wilken 2001a). Die Anzahl der Kinder in den Familien betrug 1 bis 8 Kinder. Davon hatten 42 % der Familien zwei Kinder und 23 % drei Kinder.

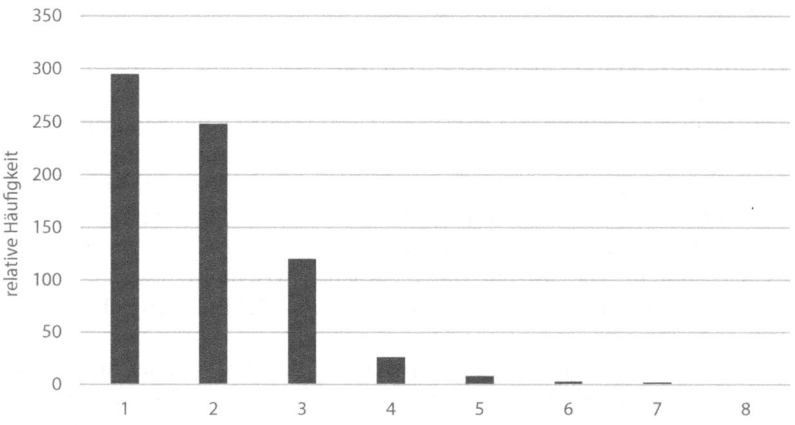

Abb.1: Stellung des Kindes mit Down-Syndrom in der Geschwisterreihe

Für die Familiensituation von Kindern mit Down-Syndrom ergibt sich aus den Daten der Erhebung, dass sie zwar etwas öfter in größeren Familien aufwachsen, dass es insgesamt aber nur wenige Unterschiede zu anderen durchschnittlichen Familien gibt. Sowohl die ermittelte Altersstruktur der Eltern als auch die Stellung in der Geburtenfolge der Kinder zeigt überwiegend keine speziellen Besonderheiten.

Durch die normale Einbindung der Kinder mit Down-Syndrom in ihre Geschwisterreihe – selbst wenn sie die Jüngsten sind, besteht meistens kein übergroßer Altersabstand zu den anderen Kindern – sind sie auch in die normalen Spielaktivitäten und Freundschaften ihrer Geschwister oftmals einbezogen. Sie erhalten so vielfältige Anregungen und sind auf selbstverständliche Art in die Familie und ihr soziales Umfeld eingebunden. Allerdings kann diese größere Nähe im Lebensalter der Geschwister auch zu unmittelbarem Vergleichen von Kompetenzen und stärkerer Rivalität führen.

Insgesamt bewerten Eltern in Gesprächen und Diskussionen ihre Erfahrungen mit dem gemeinsamen Aufwachsen ihrer Kinder überwiegend positiv. Auch bei einer neueren Elternbefragung »ergaben sich keine Hinweise auf bedeutsame Belastungen« für die Geschwister (Sarimski 2015, 17). Allerdings wird darauf verwiesen, »dass negative Auswirkungen auf die Geschwister nur dann auftreten, wenn die Kinder mit Behinderungen ausgeprägte Verhaltensproblem zeigen« (ebd.,7).

Als belastend wird, vor allem von den Müttern, oftmals der Anspruch an sich selbst empfunden, allen Kindern in der Familie gerecht zu werden. Auch durch das oft mühsame und fragile Zeitmanagement können Probleme entstehen. Trotzdem ist es wohl eher selten, dass man sich nicht hinreichend um die Geschwisterkinder kümmert – wie manchmal befürchtet wird –, sondern »eigentlich sehe ich immer nur Frauen, die höchstens sich selber vernachlässigen« (Müller 2015, 72).

Viele Eltern wünschen sich, dass ihr behindertes Kind die im Familienalltag gegebene selbstverständliche Teilhabe auch in anderen sozialen Bezügen außerhalb der Familie erleben kann. Sie möchten deshalb entsprechende Rahmenbedingungen und gute Unterstützung für ihr Kind im Kindergarten und in der Schule, damit es nicht nur dabei ist, sondern damit gemeinsames Spielen und Lernen sowohl von ihrem behinderten Kind als auch von den anderen Kindern als positiv erlebt wird.

Auch für ihre erwachsenen Söhne und Töchter mit Down-Syndrom wünschen Eltern sich zunehmend nicht nur spezielle behinderungsorientierte Angebote, sondern geeignete, den unterschiedlichen individuellen Fähigkeiten und Interessen entsprechende angemessene berufliche Tätigkeiten, Freizeitaktivitäten und Wohnangebote, die mehr Teilhabe ermöglichen. Dabei werden diese Ansprüche an die Gesellschaft gestellt, die sowohl die rechtlichen Voraussetzungen als auch die sozialen Bedingungen entwickeln muss (vgl. UN- Behindertenrechtskonvention 2006).

Das hat auch dazu geführt, dass der »psychologische Druck«, der für Geschwister entstehen kann, mit »dem Wunsch und der Erwartung vieler Eltern, dass das gesunde Kind nach dem Tod der Eltern für das behinderte Geschwister sorgt« (Diehl 1999, 49), im Vergleich zu früher sich erheblich verändert hat. Solche Aufgabenzuweisung der Eltern an die Geschwister im Hinblick auf zukünftige Verantwortung ist tendenziell deutlich weniger geworden – obwohl viele Geschwister selbst durchaus bereit sind, sich im Erwachsenenalter um das Geschwister zu kümmern. Selbst wenn die Erwachsenen mit Down-Syndrom in einem Wohnheim leben, sind es oft die Geschwister, die sie zu Festen abholen oder zu einem Wochenendbesuch, sie kümmern sich um besondere Wünsche, regeln aber auch viele Alltagsfragen. Für manche erwachsenen Geschwister ist ein Erfahrungsaustausch mit gleich Betroffenen hilfreich. Einige erwachsene Geschwister nehmen die behinderte Schwester oder den Bruder zu sich nach Hause und es gibt beeindruckende Beispiele fürsorglicher Pflege und Begleitung (LmDS 2015, Nr. 79, 74).

Geschwisterbeziehungen

Die besondere Familiensituation von Geschwistern behinderter Kinder hat zunehmend Beachtung gefunden, und es gibt bereits vielfältige Literatur zu diesem Thema. Häufig wird jedoch die Auffassung vertreten, »dass Familien mit behinderten Kindern sich untereinander weitgehend ähneln. Dementsprechend wird in vielen Studien darauf verzichtet, Differenzierungen der betroffenen Familien zum Beispiel nach Art und Ausmaß der Behinderung, Schichtzugehörigkeit, Familiengröße, Geschlecht und Altersabstand der Geschwister vorzunehmen« (Kasten 2001, 177). Aber es ist wichtig zu reflektieren, wie unterschiedliche Ausprägungen und Ursachen von Behinderungen mit entsprechendem besonderen Hilfebedarf sich auswirken und wie spezielle Vorurteile oder Annahmen über einige Behinderungen nicht nur zu verschiedenen physischen und psychischen Belastungen der Eltern führen, sondern auch für die Geschwister unterschiedliche Konsequenzen haben. Auch individuelle Faktoren und Ressourcen spielen bei der Verarbeitung der Familiensituation eine Rolle. Achilles (2014, 36) berichtet von ihrer Erfahrung mit betroffenen Geschwistern, »wie unterschiedlich sich die Belastung durch die Behinderung auswirkt. Für manche Geschwister war die besondere Situation in der Familie eine Chance zu persönlichem Wachstum. Sie wurden lebenspraktischer, sozial kompetenter, selbstbewusster. Für andere war der Alltag mit der behinderten Schwester oder dem Bruder eine Bürde, an der sie vermutlich lange tragen«. Aber auch bei dieser Aussage ist unbedingt zu berücksichtigen, dass die Belastung zwar nicht nur von der Art und Schwere der jeweiligen Behinderung abhängig ist, dass aber manche gravierenden Beeinträchtigungen und vor allem ausgeprägte Verhaltensstörungen sich oft erheblich auswirken.

Deshalb ist es wichtig, differenziert zu ermitteln, was es bedeutet, einen Bruder oder eine Schwester mit Down-Syndrom zu haben und welche besonderen Erfahrungen die Geschwister mit ihrer Familiensituation erlebten. Allerdings gibt es bisher wenige behinderungsspezifische Studien, die die besonderen Bedingungen bei den verschiedenen Behinderungsursachen differenziert erfassen.

Bei Kindern mit Down-Syndrom führt das erkennbar abweichende Aussehen oft zu Neugierverhalten und Stigmatisierung. Auch wenn sich das alte stereotype Bild über die Behinderung deutlich verbessert hat, erleben viele Geschwister noch immer, dass unbekannte Menschen ihren Bruder oder ihre Schwester undistanziert anstarren. Manchmal werden ihnen dumme und verletzende Fragen gestellt oder sie hören negative Kommentare, mit denen sie sich auseinander setzen müssen.

> »Wir wurden immer angegafft, manche Leute drehten sich um oder blieben stehen mit offenem Mund. Manche verglichen uns miteinander. Glotzten uns nacheinander ins Gesicht, so als überlegten sie, ob wir wohl beide geistig behindert seien oder nur eine von uns.« (Neumann, 2001, 88)

Die besondere Situation von Brüdern und Schwestern der Kinder mit Down-Syndrom sowie ihre Erfahrungen in ihrer Familie und in der Gesellschaft zu kennen ist wichtig, um eine angemessene Beratung sowohl den Kindern als auch den Eltern anbieten zu können.

Aus diesem Grund habe ich eine entsprechende Erhebung bei Geschwistern durchgeführt, die sich ausdrücklich nicht allgemein an Geschwister behinderter Kinder, sondern speziell an Geschwister von Kindern mit Down-Syndrom richtet (Wilken 2002a). Die Fragebögen wurden über die Zeitschrift ›Leben mit Down-Syndrom‹ verschickt. Insgesamt kamen 207 auszuwertende Fragebögen zurück, davon 116 von Schwestern und 91 von Brüdern. Das Alter der Geschwister lag zwischen 12 und 49 Jahren, ihre Brüder oder Schwestern mit Down-Syndrom waren zwischen sechs und 46 Jahre alt. Einige Geschwister haben ergänzend zum Fragebogen noch ihre Erfahrungen und ihre Meinung ausführlich dargestellt.

Die Antworten von Brüdern und Schwestern unterschieden sich kaum in der Bewertung der Geschwisterbeziehungen, allerdings wurden die Auswirkungen und das Erleben der besonderen Familiensituation deutlich unterschiedlich wahrgenommen.

Im Fragebogen wurde ausgeführt, dass Kinder mit Behinderung oft besondere Therapien und Hilfen benötigen und danach gefragt, ob die Geschwister sich dadurch benachteiligt fühlten. Diese Frage haben die Geschwister überwiegend verneint. Interessant waren besonders einzelne ergänzende Anmerkungen dazu.

Ein Bruder (36 Jahre) stellte fest: »Erst heute verstehe ich richtig, welche Leistung meine Eltern geschafft haben, unsere behinderte Schwester so gut zu fördern und uns nicht zu vernachlässigen!«

Und eine Schwester (20 Jahre) schrieb: »Ich habe zwei Brüder, einer hat `nen Fußballfimmel und der andere das Down-Syndrom. Ich fand Fußball meistens nerviger als Down-Syndrom!«

Nur wenige Geschwister fühlten sich *manchmal* benachteiligt. Sie verstehen durchaus, dass das behinderte Kind mehr Unterstützung benötigt. »Ungleichbehandlung ist also die Regel. Zur Gefahr wird sie, wenn sie ständig zu Lasten des nicht behinderten Geschwisters geht« (Achilles 2014, 37). Als häufigster Grund für erlebte Benachteiligung wurde genannt, dass die Mutter oder die Eltern insgesamt zu wenig Zeit haben.

Gefühl der Benachteiligung:

	nein	ja	manchmal
Gesamt (207)	169	3	35
Brüder (91)	77	2	12
Schwestern (116)	92	1	23

Viele Antworten betonten, dass das Geschwisterkind mit Down-Syndrom oft im Mittelpunkt steht und mehr Aufmerksamkeit erhält, Leistungen der Geschwister würden dagegen weniger oder gar nicht beachtet.

In der Häufigkeit von Streit mit Geschwistern wurde überwiegend kein Unterschied zu anderen Familien festgestellt.

Eine Schwester (drei Mädchen im Alter von 18, 17 und 15 Jahren, die älteste hat das Down-Syndrom) meinte jedoch: »man streitet anders. Wenn ich mich über meine jüngere Schwester ärgere, sage ich ganz locker ›dumme Kuh‹, bei meiner älteren Schwester habe ich dann gleich ein schlechtes Gewissen«.

Eine andere Schwester berichtete, dass es zwar nicht häufiger Streit gab, dass aber die Gründe andere waren. Sie war der Meinung, ihre Eltern wären der Schwester mit Down-Syndrom gegenüber zu tolerant gewesen und hätten ihr zu viel durchgehen lassen: »Auch von uns wurde viel Rücksicht gefordert, wenn sie z. B. Sachen kaputt gemacht hat, oder wenn Freunde da waren und sie immer mitspielen wollte (...) man wollte mal einfach in Ruhe gelassen werden.«

Ein Bruder stellte fest, dass es keine wirklichen Konkurrenzsituationen gab und deshalb wohl weniger Streit. »Natürlich konnte ich schneller laufen, besser rechnen als mein Bruder – obwohl er älter war …, deshalb spielten bei uns irgendwie andere Dinge eine Rolle …, aber die Eltern waren gerecht – meistens, wohl wie bei anderen auch.«

> Geschwister verstehen durchaus, dass das behinderte Kind mehr Unterstützung benötigt und fühlen sich deshalb selten benachteiligt.

Oft betonen die Geschwister, dass die Sturheit ihres Bruders, ihrer Schwester mit Down-Syndrom »nervig« sein kann. Interessant war die Feststellung, dass nach Meinung vieler Geschwister die Eltern sich häufig von dem behinderten Kind »austricksen« lassen und ihm unnötige Hilfe geben.

Übereinstimmend antworteten alle Geschwister, dass sie bei Einladungen von Freunden keine negativen Reaktionen erlebt haben und dass sie auch keine abfälligen Bemerkungen über die behinderte Schwester oder den behinderten Bruder hörten. Ein Grund dafür ist sicher, dass bereits bei der Auswahl der Freunde deren Einstellung eine Rolle spielte: »Bestimmte Typen wollte ich gar nicht als Freund haben!«

3 Teilhabe und Förderung in der Familie

Probleme bei Einladungen von Freunden:

nein	ja	selten
185	5	17

Negative Bemerkungen von Freunden:

nein	ja	selten
157	9	41

Auch sonst haben die Geschwister relativ wenig negative Reaktionen erlebt, aber fast alle haben einzelne Erfahrungen dieser Art gemacht – zumeist auf der Straße, beim Einkaufen oder ganz allgemein mit Fremden.

Negative Reaktionen im sozialen Umfeld:

nein	oft	selten
81	11 (B9 – S2)	115

Ein Bruder berichtet über unerfreuliche Reaktionen in seiner Schule, die auch von seiner Schwester mit Down-Syndrom in einer Integrationsklasse besucht wurde. Ein anderer Bruder hörte in der Schule öfter abfällige Bemerkungen über Behinderte – auch von Lehrern; die waren zwar nicht persönlich gemeint, aber er erlebte sie als beleidigend.

Vor allem die Art, wie manche Leute sie anstarren, wird von etlichen Geschwistern als unangenehm empfunden – selbst wenn einige schreiben, sie hätten sich daran gewöhnt und hätten sich eine »Elefantenhaut« zugelegt.

Interessant ist, dass etliche Schwestern in der Pubertät Schwierigkeiten hatten – aber nur ein Bruder. Ihre Probleme konnten diese Jugendlichen zwar nach einigen Jahren überwinden, aber es verdeutlicht, dass manche Geschwister besonders in diesem Alter einfühlsame Unterstützung benötigen, weil in der Pubertät gerade die Wertschätzung in der Peergruppe eine besondere Bedeutung hat und Abgrenzung von der Familie zur Entwicklung einer eigenen Identität wichtig ist.

Die Frage, ob das Aufwachsen mit einem behinderten Bruder oder einer Schwester besondere Probleme bereitet, wurde von fast allen Geschwistern bejaht. Dabei nannten sie vor allem die vermehrte Rücksichtnahme auf den behinderten Bruder bzw. die Schwester und die besondere Aufmerksamkeit, die dem behinderten Geschwister entgegen gebracht wird.

Ein Bruder hatte »diffuse Schuldgefühle, weil der Bruder weniger konnte«, aber auch wegen »unklarer Vorstellungen über die Genetik«.

Ein Bruder fand, dass »das Dauerthema Down-Syndrom manchmal nervig« war.

Eine Schwester schrieb: »Einige Probleme, die sich unter anderen Geschwistern ergeben können, treten bedingt durch seine Behinderung bei uns gar nicht auf, dafür aber möglicherweise andere Schwierigkeiten. Insgesamt sehe ich unser Verhältnis jedoch als unproblematisch an.«

Eine Schwester (16 Jahre älter als die Schwester mit Down-Syndrom) schrieb, sie hätte »schmerzlich« gelitten und »viel geweint«, als sie beim Vergleich mit anderen kleinen nicht behinderten Kindern verstanden hätte, wie behindert ihre Schwester ist.

Ein Bruder meinte: »Vieles in unserer Familie war durch die behinderte Schwester schon anders – aber das war nicht nur problematisch.«

Dem entspricht, dass 89 Prozent der Schwestern und 80 Prozent der Brüder in ihrer besonderen Familiensituation auch positive Aspekte sehen. Während einige die entsprechende Frage lediglich bejahen, haben etliche ergänzende Anmerkungen dazu gemacht. »Mein Bruder und ich haben uns eigentlich immer gut verstanden. Ich hab durch ihn gelernt, eher über manches nachzudenken.«

Ein Bruder, der zwei Schwestern mit Down-Syndrom hat, schrieb: »Ich würde meine Geschwister gegen nichts in der Welt eintauschen.« Auch andere Geschwister betonten positive Aspekte. »Ich habe früher gelernt, Verantwortung zu übernehmen. Das sehe ich heute zwar nicht nur positiv, aber insgesamt schon.« »Man gewinnt andere Perspektiven.« Ein Bruder stellte fest, dass er durch seine Schwester mit Behinderung den »Blick für das Wesentliche im Leben« entwickelte.

> Das Aufwachsen mit einem Geschwisterkind mit Down-Syndrom wird überwiegend als Chance gesehen – auch wenn es manchmal Probleme gibt.

Einige Geschwister haben sehr ausführliche ergänzende Briefe geschrieben, die beeindruckende Erfahrungen und Einstellungen vermitteln.

> »Mein Bruder benötigte viel Aufmerksamkeit, aber ich wurde dadurch nicht benachteiligt ... Außerdem wurden mir andere Aufmerksamkeiten zuteil, an denen er nicht beteiligt war. Dass das so gewesen ist, liegt jedoch an meinen Eltern und an der Art und Weise, wie sie mit meinem Bruder und mir umgegangen sind. Insgesamt denke ich, sind wir mit allem normal umgegangen. Seine Behinderung und die notwendigen Therapien waren, so habe ich es zumindest empfunden, weder ständiges Thema bei uns, noch war mir seine Behinderung immer bewusst. Er ist eben so wie er ist.«

Einige kritische Anmerkungen betrafen die Unterschiede zwischen der Alltagserfahrung innerhalb der Familie und der Einstellung außenstehender Menschen zur Behinderung. »Weder meine Eltern noch ich fühlten uns dazu berufen, das Down-Syndrom meines Bruders übermäßig zu problematisieren, geschweige denn, seine Behinderung zum Anlass zu nehmen, uns selbst zu verwirklichen.«

> »Mir erschien und erscheint es auch heute vielfach so, dass Mitmenschen von mir erwarten, bedingt durch die Behinderung meines Geschwisters, Probleme zu haben. So

wurde ich häufig von anderen gefragt, ob ich mich benachteiligt fühle. Verneinte ich diese Frage, wurde mir gesagt, ich könne es doch ruhig zugeben, nur hatte ich nichts zuzugeben. Diese Erwartungshaltung anderer kann mitunter störender sein als die Behinderung eines Geschwisters – die für einen selbst zum Alltag gehört.«

Auch wenn viele Geschwister eines Kindes mit Down-Syndrom feststellten, dass es in der Familie spezielle Probleme geben kann, ist doch offensichtlich, dass die meisten ihre besondere Familiensituation gut verarbeitet haben.

Oft wird vermutet, dass Geschwister behinderter Kinder häufiger einen sozialen Beruf wählen. Entsprechend sahen die befragten Brüder und Schwestern die Auswirkung ihrer Familiensituation auf ihren Berufswunsch bzw. ihre Berufswahl unterschiedlich.

Während nur ein Bruder schrieb, dass seine Familiensituation seine Berufswahl beeinflusst hat, bestätigten 34 Prozent der Schwestern eine solche Auswirkung. Vergleicht man jedoch die tatsächlich gewählten Berufe von Brüdern und Schwestern mit der allgemein typischen Berufswahl von Männern und Frauen, so zeigen sich keine entsprechenden deutlichen Unterschiede in der sozialen Ausrichtung. Es handelt sich somit eher um eine subjektiv andere Wahrnehmung der beeinflussenden Wirkung.

Vielen Geschwistern war es wichtig, ihre Erfahrungen noch differenzierter zu kommentieren. Dabei beschrieben sie sowohl positive als auch negative Aspekte. Bedeutsam erscheinen mir der häufig betonte Zeitfaktor und die erlebte elterliche Aufmerksamkeit bezogen auf eigene Bedürfnisse. Wenn so viele Geschwister das Gefühl haben, ihre Mutter bzw. ihre Eltern hätten zu wenig Zeit für sie gehabt, dann sollten die Familien versuchen, dieses Problem zu besprechen und machbare Lösungen zu finden. Auch Achilles (2014, 45) hält den Zeitfaktor für wesentlich: »Kinder sollten möglichst nie zu hören bekommen: ›Ich habe jetzt keine Zeit‹ – die Geschwister behinderter oder chronisch kranker Kinder erst recht nicht. Sie stecken so oft zurück, da ist die Ansprechbarkeit der Eltern für sie von allergrößter Wichtigkeit.«

Solche Forderungen sind jedoch zu relativieren, damit nicht unangemessene Ansprüche entstehen und noch mehr Druck auf die Eltern erfolgt. Auch in anderen Familien ist Zeit nicht beliebig verfügbar und oft müssen für unvorhersehbare Probleme mühsam kreative Lösungen gefunden werden.

Einige Geschwister berichteten von interessanten Ideen, die ihre Familien entwickelt haben. So schrieb eine Schwester, dass sie mit ihrer Mutter einmal in der Woche ihren gemeinsamen Frauentag gestalteten, an dem sie beispielsweise ins Kino gingen oder zum Schwimmen und in die Sauna. Manchmal verlebten sie miteinander auch nur einen ungestörten (!) Klönabend zu Hause. Alle Freundinnen hätten sie um diesen besonderen Abend beneidet. Oft spielt eben nicht nur die tatsächlich miteinander verbrachte Zeit eine Rolle, sondern wichtig ist die Qualität der gemeinsam gestalteten Zeit.

Ähnliches gilt für die Aufmerksamkeit gegenüber den Kindern. Es lohnt schon, über die Reihenfolge nachzudenken, in der sie Zuwendung oder Aufmerksamkeit erhalten. So ist es zum Beispiel nicht nötig, dass jeder Besuch sich zuerst dem behinderten Kind widmet oder sich nach ihm erkundigt (»*selbst meine Patentante*«). Oder dass die Großeltern, wenn sie kommen, sich zuerst dem behinderten Kind zuwenden und danach erst den übrigen Geschwistern.

3.5 Geschwister

Auch das Verhalten und die einzelnen Leistungen der Geschwisterkinder sollten angemessen beachtet und gelobt werden. So erfreulich Entwicklungsschritte eines behinderten Kindes sind, die Geschwisterkinder brauchen in gleicher Weise die Erfahrung, dass ihre Leistungen entsprechend gewürdigt werden.

Von erwachsenen Geschwistern wurden öfter Fragen gestellt, die sich auf altersbedingte Veränderungen in der Familiensituation bezogen und auf mögliche neue Verantwortung und Pflichten, die sich daraus für sie ergeben. So können alt gewordene Eltern manchmal nicht mehr alles für das behinderte Geschwister regeln. Es gibt Schwierigkeiten bei der Alltagsgestaltung zu Hause. Krankheit oder Tod eines Elternteils erfordern oft neue Regeln des Miteinanderlebens. Es sind Entscheidungen über den künftigen Lebensort zu treffen. Manchmal kommen gesundheitliche Probleme des behinderten Geschwisters hinzu und erfordern spezielle Lösungen. Einige Geschwister wünschen sich einen Themen bezogenen Austausch – vor allem wenn sie keine weiteren nicht behinderten Geschwister haben und sich allein für ihre Familiensituation verantwortlich fühlen. Es kann deshalb sinnvoll sein, dass Geschwister sich in bestehenden Internetforen austauschen (www.erwachsene-geschwister.de) oder speziell angebotene Veranstaltungen für erwachsene Geschwister zum Austausch von Erfahrungen und aktuellen Fragen nutzen.

Die Antworten in den Fragebögen weisen ganz deutlich darauf hin, welche Schritte und Einstellungen für die Familien hilfreich sind: Je besser es den Eltern gelingt, ihre besondere Familiensituation zu bewältigen, um so mehr können sie auch den Geschwistern vermitteln, ihre Familie als »normal« zu erleben und mit auftretenden Schwierigkeiten umzugehen. Dazu gehört auch, den Geschwistern in altersangemessener Form Informationen über das Down-Syndrom und die damit verbundenen Beeinträchtigungen zu vermitteln.

Hilfreich können für jüngere Geschwister die verschiedenen angebotenen Bilderbücher sein. Geeignet sind z. B. *Planet Willi* (Müller, 2012) oder *Einfach Sontje* (Irl, Sattler, Hilgner 2014). Für größere Kinder können Broschüren, die von den verschiedenen Selbsthilfegruppen herausgegeben wurden, Basisinformationen bieten. Auch das Heft »Down-Syndrom und ich«, das eigentlich vor allem für Jugendliche und Erwachsene mit Down-Syndrom geschrieben wurde, kann – gerade mit der beiliegenden DVD – auch Geschwistern gute Informationen vermitteln (Halder 2011).

Ohne mögliche Probleme zu verdrängen, ist die besondere Situation mit dem behinderten Bruder oder der Schwester für die meisten Geschwister keine zu große Belastung, wenn es den Eltern gelingt, die verschiedenen Bedürfnisse und Ansprüche in der Familie hinreichend ausgewogen zu berücksichtigen. Die Geschwister akzeptieren fast immer nötige Mehrbelastungen und die Übernahme zusätzlicher Verantwortung. Allerdings sollte man ihnen nicht zu große Verpflichtungen oder zu häufige Rücksichtnahme zumuten und ihnen ein Anrecht auf »eigenes Leben« zugestehen. Wenn Geschwister dagegen erleben, geliebt und gleichberechtigt zu sein, ist eine Haltung möglich, wie sie ein 15-jähriges Mädchen bezüglich ihres älteren Bruders mit Down-Syndrom zum Ausdruck bringt: »Ich sehe das Leben mit meinem Bruder als Herausforderung und Bereicherung an« (Wilken 2001a).

3.6 Familienangehörige, Freunde, Nachbarschaft

Durch Berichte in den Medien und entsprechende Öffentlichkeitsarbeit vor allem von Selbsthilfegruppen hat sich eine bessere Akzeptanz von Kindern mit Down-Syndrom sowohl in der erweiterten Familie und im Freundeskreis als auch in der Gesellschaft insgesamt entwickelt. Dadurch gelingt es den Eltern heute besser, ihre besondere Aufgabe anzunehmen, und den Geschwistern wird erleichtert, sich positiv mit ihrer Familiensituation auseinanderzusetzen – ohne bestehende mögliche Schwierigkeiten zu verdrängen.

»Jede Behinderung hat erhebliche psychosoziale Folgen für die Angehörigen; die maßgebliche Betrachtungseinheit ist deshalb nicht allein das von einer Behinderung betroffene Kind, sondern sein soziales und insbesondere sein familiäres Umfeld« (Retzlaff 2010, 37). Deshalb ist verständlich, dass Berichte betroffener Familien ganz deutlich zeigen, »wie sehr eine ablehnende Haltung der Umgebung die Fähigkeit der Familie beeinflusst, mit dem behinderten Kind (…) umzugehen. Wie es gerade für Kinder schwer ist, in einer feindseligen oder verachtungsvollen Umwelt selbstbewusst zum ›merkwürdigen‹ Bruder oder zur Schwester zu stehen. Das bedeutet umgekehrt, dass wir alle es den Kindern leichter machen können, indem wir uns gegenüber ihnen und ihren Geschwistern anders, ›normaler‹ verhalten« (Fischer 2001, 10). Besonders das Verhalten der Großeltern im Umgang mit dem behinderten Kind bedeutet für die Eltern oft eine wesentliche Hilfe – während Ablehnung tief greifende Konflikte auslösen kann.

> »Als ich meiner Mutter vom Down-Syndrom unserer Tochter berichtete, war ihre erste spontane Antwort. ›Das du mir das auch noch antun musstest!‹ Das war schon schlimm. Meine Mutter hatte es wirklich schwer in ihrem Leben. Ich habe ihre Erwartungen wohl auch manchmal enttäuscht, aber ich hatte trotzdem immer eine enge Beziehung zu ihr. Und sie hatte sich sehr auf ihr erstes Enkelkind gefreut. Was jetzt? Ich wollte diese Beziehung behalten – aber ihre spontane Ablehnung unserer Tochter war für mich ganz schrecklich zu erleben.« (Bericht einer Mutter)

Da heute immer weniger Kinder geboren werden, führen diese Veränderungen in der Familiengröße auch zu anderen Konsequenzen für die Großeltern. Sie haben oft nur wenige Enkelkinder und setzen große freudige Erwartungen in die Geburt eines Kindes, besonders wenn es das erste Enkelkind ist. Umso mehr sind sie enttäuscht, wenn sie von der Behinderung erfahren. »Oft sind sie verunsichert, wie sie ihren Sohn oder ihre Tochter bzw. den Schwiegersohn oder die Schwiegertochter entlasten können. Manche Großeltern fühlen sich überfordert, mit einem optisch auffälligen Kind spazieren zu gehen, dass sie nicht stolz der Öffentlichkeit vorzeigen können. Für die Eltern des behinderten Kindes sind ablehnende Reaktionen durch die eigenen Eltern und Schwiegereltern, Verleugnungstendenzen und Bagatellisieren eine erhebliche Belastung« (Retzlaff 2010, 55). Aber überwiegend berichten Eltern heute von der wichtigen Unterstützung, die sie von den Großeltern sowohl im Familienalltag als auch bei schwierigen besonderen Situationen wie z. B. Krankheit oder Umzug erfahren. Auch das Ermöglichen eines kinderfreien Wochenendes oder Kurzurlaubs werden als besondere Hilfe erlebt. Großeltern kommen zu Vorträgen, um sich über Down-Syndrom spezifische Fragen zu informieren, Großmütter begleiten ihre Töchter bzw. Schwiegertöchter zu Seminaren und Therapien, um sie kompetenter unterstützen zu können. Großeltern sind meistens weniger förderorientiert als die Eltern und können deshalb liebevoll auf das behinderte Kind eingehen und mit ihm spielen. Das kann nachhaltig noch die Beziehung des Jugendlichen zur Großmutter oder zum Großvater positiv prägen.

> »Seit meine Mutter im Betreuten Wohnen lebt, ist wohl unsere Tochter mit Down-Syndrom ihre wichtigste Besucherin. Während die anderen Enkelkinder nicht mehr an unserem Wohnort leben und in berufliche und familiäre Verpflichtungen eingespannt sind, hat sie Zeit. Sie liebt es, die Oma zu besuchen, sich mit ihr zu unterhalten, Musik zu hören, Karten- und Brettspiele wie immer mit ihr zu spielen, gemeinsam Puzzle zu legen. Die beiden haben viel Freude zusammen und meine Mutter liebt gerade diese Enkelin ganz besonders.« (Bericht eines Vaters)

Es ist auch wichtig, wie die erweiterte Familie das Kind akzeptiert und mit ihm umgeht. Aber trotz überwiegend positiver Annahme des Kindes zeigen Berichte von Eltern immer wieder, wie durch unerwartete spontane Reaktionen oder durch Kommentare manchmal eine unterschwellige Ablehnung deutlich wird. So berichtete eine Mutter, wie verletzend sie es gefunden habe, als ihre Schwester, die eigentlich immer recht liebevoll mit ihrer Nichte umging, als sie selbst schwanger war, »diese neue Untersuchung« gemacht habe, weil sie »natürlich so ein Kind nicht wollte. Sie weiß ja, was das an Stress bedeutet«. Auch Kommentare über die heute gegebenen guten Möglichkeiten der pränatalen Diagnostik, »mit denen man sowas verhindern kann«, werden von Familien als direkte Ablehnung ihres Kindes und als Ausgrenzung empfunden, besonders wenn solche Bemerkungen von nahen Angehörigen kommen.

Insgesamt hat sich die Akzeptanz und positive Einstellung zu Kindern mit Down-Syndrom aber sehr deutlich verbessert. Das bestätigte auch eine größere Befragung von Eltern, die ein Kind mit Down-Syndrom haben (Wilken 2001a). So bezeichneten 91,6 Prozent die Akzeptanz in der Familie und 89 Prozent die im Freundeskreis als sehr gut bzw. gut. Auch die Frage, ob die Eltern diskriminierende Situationen mit ihrem Kind erlebt haben, verneinten 55,4 Prozent, während 18,5 Prozent selten und nur 1,3 Prozent öfter schon unangemessene Reaktionen in der Öffentlichkeit erlebten.

Einen günstigen Einfluss auf zunehmend freundlichere Einstellungen in der Öffentlichkeit gegenüber Menschen mit Down-Syndrom haben sicherlich die häufigeren positiven Berichte in Zeitungen, Zeitschriften und Bilder in Werbemagazinen für Mode oder Spielzeug. Auch Fernsehsendungen und Filme, in denen Kinder, Jugendliche oder Erwachsene mit Down-Syndrom eine Rolle spielen und ihr

Können sichtbar wird, verbessern deutlich das alte negative Bild über diese Behinderung. Auch wenn Eltern einige der Berichte als zu positiv empfinden, werden die Auswirkungen solcher Beschreibungen oft als hilfreich für spontane Kontakte gewertet. Ob auf dem Spielplatz, auf der Straße, im Bus oder an anderen öffentlichen Plätzen erleben sie mittlerweile eine zunehmend freundlichere Einstellung zu ihrem Kind und eine größere Toleranz selbst bei manchmal auffälligem Verhalten.

> Ein Vater erzählte eine besonders positive Erfahrung:
> »In einem Restaurant bat ein Ehepaar den Kellner, dass er doch die Familie mit dem behinderten Kind auffordern solle, diesen Jungen so hinzusetzen, dass er zur Wand und nicht in den Raum blickt. Sein Anblick würde sie stören. Der Kellner informierte daraufhin den Restaurantbesitzer. Dieser teilte dann dem sich beschwerenden Ehepaar mit, dass sie gern seine Gäste sein dürfen. Die andere Familie und deren behinderter Sohn aber gleichfalls – wenn ihnen das nicht recht sei, wäre es ja für sie sicher kein Problem, sich ein anderes Restaurant zu suchen.«

In der Nachbarschaft gibt es meistens gute Kontakte zu den Nachbarskindern. Mit Unterstützung durch Geschwister oder auch durch Mütter bzw. andere Erwachsene gelingt das gemeinsame Spielen überwiegend problemlos. Kinder mit Down-Syndrom haben Freunde im Kindergarten und in der Schule, sie werden eingeladen, sie nehmen teil an Angeboten im Schwimm- oder Sportverein, besuchen Freizeitclubs, die Musikschule oder andere, auch integrative Vereine. Allerdings ist es oft nötig, solche Möglichkeiten bewusst zu organisieren und durch entsprechende Planung von begleitenden Hilfen zu unterstützen. Ein naives generelles Vertrauen auf spontane Lösungen der Kinder bei auftretenden Schwierigkeiten kann dagegen problematisch sein und dann zum Abbrechen eigentlich positiver Kontakte führen.

Menschen mit Down-Syndrom sind als Besucher von Kino, Theater oder Oper, bei Sportveranstaltungen oder anderen öffentlichen Veranstaltungen ihren individuellen Interessen entsprechend zunehmend selbstverständlich dabei. Mittlerweile sind auch mehr Jugendliche und Erwachsene in der Lage, selbständig den öffentlichen Nahverkehr zu nutzen, sich zu verabreden und gemeinsam etwas mit anderen Gleichaltrigen zu unternehmen.

Diese größere Selbständigkeit und Normalisierung im Lebensalltag bedeutet nicht nur für die behinderten Menschen, sondern auch für ihre Familie eine vielfältigere Teilhabe am normalen Leben in der Gesellschaft und eine deutliche Verbesserung der Lebensqualität für alle Familienmitglieder.

4 Förderung in der Familie und durch Therapie

Die meisten Kinder mit Down-Syndrom erhalten Angebote der »interdisziplinären Frühförderung«, um die kindliche Entwicklung zu fördern und mögliche sekundäre Beeinträchtigungen zu vermeiden (Wilken 2002b, 143). Eine neuere Heidelberger Studie ergab, dass in den erfassten 45 Familien »etwas mehr als die Hälfte der Kinder eine pädagogische Frühförderung erhielten«. Etwa 90 % erhielten anfangs Physiotherapie, aber mit zunehmendem Alter nahm »der Anteil der Kinder, die physiotherapeutisch behandelt wurden, deutlich ab, während der Anteil der Kinder, die logopädisch behandelt wurden, deutlich zunahm« (Sarimski 2015, 10).

In den einzelnen Bundesländern ist die Frühförderung unterschiedlich organisiert, ob als Hausfrüherziehung oder institutionsgebunden in einem Sozialpädiatrischen Zentrum. Diese verschiedenen Organisationsformen haben jedoch nach bisherigen Untersuchungen keine erkennbaren unterschiedlichen Effekte, wesentlich ist vielmehr die interdisziplinäre Zusammenarbeit aller Beteiligten. Dadurch können die Eltern begleitet und unterstützt werden und haben nicht die Aufgabe, eine problematische undifferenzierte Addition selbst ausgewählter Therapiemaßnahmen zu treffen. Allerdings kommt es oft aufgrund überlanger Wartezeiten bis zum Beginn der Frühförderung in guter Absicht zur Verordnung einzelner Therapien, um auf keinen Fall etwas zu versäumen und »rechtzeitig« mit der Förderung anzufangen. Das betrifft – wie auch die Heidelberger Studie zeigt – vor allem die Physiotherapie. Aber ohne eine ganzheitliche Sicht auf die Familiensituation können in dieser frühen Phase der Auseinandersetzung mit der Behinderung die elterlichen Bedürfnisse, aber auch die kindlichen Ansprüche auf liebevolle Zuwendung, erheblich beeinträchtigt werden.

> »Während der radikalen Physiotherapie, zu der uns Oskars Fachärztin unmittelbar nach der Entlassung verdonnert hat, hören wir Oskar endlich mal richtig schreien … Drei- bis viermal am Tag muss ich auf bestimmte Punkte seines schlaffen Körpers drücken, damit er reflexartig jene Bewegungen ausführt, die er noch nicht bewusst beherrscht … Erst wenn Oskar in ein infernalisches Weltuntergangsgebrüll ausbricht, ist der ›gewünschte Aktivierungszustand‹ erreicht. Mein Mann findet: ›Das grenzt an Kindesmisshandlung.‹ Die dreijährige Schwester sagt: ›Mama, das darfst du nicht.‹ Ich bleibe stur: ›Wir müssen dem Oskar auch Sachen beibringen, die er gar nicht lernen will.‹« (Flamm 2015, 14)

Für eine ganzheitliche Förderung ist wichtig, sowohl die »Entwicklungsbedürfnisse des einzelnen Kindes« mittels »Diagnostik, Planung, Förderung und Therapie« differenziert zu erfassen als auch die »Zusammenarbeit mit den Bezugspersonen und die Lebenswelt des Kindes bzw. die Kontextbedingungen entsprechend der ICF[1]« einzubeziehen (Kühl 2012, 34). »In der Praxis haben sich unterschiedliche Methoden von Förderung und Therapie bewährt … Diese professionell begründeten ›exklusiven‹ Vorgehensweisen sind für das einzelne Kind unverzichtbar, es scheint aber sinnvoll zu sein, fachspezifische Erfordernisse notwendiger Unterstützung im Sinne der Inklusion neu zu positionieren« (ebd.). Dazu müssen die Bedürfnisse des Kindes und seiner Familie mit den Eltern ermittelt werden, um zu reflektieren, wo im Lebensalltag spezielle Unterstützung notwendig ist, damit Teilhabe und gemeinsames Leben miteinander gelingt.

Eltern benötigen auch Informationen über spezifische Aspekte der Entwicklung von Kindern mit Down-Syndrom und allgemein über ein angemessenes entwicklungsorientiertes Kommunikations- und Erziehungsverhalten. Dazu ist wichtig, nicht nur typische Defizite aufzuzeigen, sondern eine positive Erwartungshaltung zu vermitteln und auf Möglichkeiten zu verweisen, was Eltern selbst in ihrem Alltag tun können, um ihr Kind zu fördern. Besonders eine feinfühlige Eltern-Kind-Interaktion und Anregungen für gemeinsame freudige Kommunikation haben sich als wichtiger erwiesen als zu viele spezielle Maßnahmen. Auch Kontakte zu anderen Eltern und der gemeinsame Austausch von Erfahrungen werden von vielen Eltern als hilfreich erlebt.

---

1 Die Internationale Classifikation of Functioning, Disability and Health (ICF) wurde von den Mitgliedstaaten der Weltgesundheitsorganisation (WHO 2001) entwickelt und 2007 um eine Kinder- und Jugendversion ergänzt. Danach werden zur Beurteilung des Gesundheitszustandes einer Person die mögliche oder beeinträchtigte Teilhabe am Leben in der Gemeinschaft und mögliche Einschränkungen bzw. Ressourcen im Bereich der Kontextfaktoren berücksichtigt.

Ein wichtiger Aspekt ist die Dauer verordneter besonderer Therapien. Dabei geht es auch um die Frage, wann hinreichende Förderung und positive Anregungen überwiegend durch gemeinsame Aktivitäten in der Familie und in außerhäuslichen Institutionen mit anderen Kindern erfolgen können. Das schließt durchaus ein, dass beim Vorliegen eines spezifischen Problems eine fachkundige Diagnose erfolgen muss und dann eine entsprechende Behandlung erfolgen sollte, um anschließend eine entsprechende Behandlung einzuleiten.

Die Lebensbedingungen und Entwicklungsperspektiven von Kindern mit Down-Syndrom haben sich durch die Behandlung rechtzeitig erkannter gesundheitlicher Beeinträchtigungen und durch spezielle Therapien erheblich verbessert, aber es ist oft schwierig für Eltern zu entscheiden, was und wie viel tatsächlich erforderlich ist. Das bestehende vielfältige Angebot an Therapien und Fördermaßnahmen macht es nötig, sich genau zu orientieren. Trotzdem ist es relativ schwierig, eine Entscheidung zu treffen. Die unterschiedlichen Therapieansätze lassen oft nicht deutlich erkennen, ob die Wirkungen bestimmter Verfahren eher spekulativ oder wirklich gesichert sind und welche Entwicklung das Kind ohne diese Maßnahmen tatsächlich nehmen würde. Eltern benötigen deshalb einfühlsame Beratung und Kriterien, um das vielfältige Angebot an Therapien und Förderkonzepten kritisch zu reflektieren und auch die theoretischen Grundlagen und Methoden für ihr Kind und ihre Familie bewerten zu können.

> »Der Fördermarathon, durch den wir Oskar im ersten Lebensjahr gejagt haben, kommt mir inzwischen irre vor. Ging es um ihn oder um mich? Habe ich versucht seine Defizite wegzutherapieren, anstatt sie zu akzeptieren?« (Flamm 2015, 14)

Ohne die Bedeutung der verschiedenen Förderangebote, welche die Eltern dabei unterstützen können, günstige Entwicklungsbedingungen für ihr Kind mit Down-Syndrom zu gestalten, gering zu achten, ist doch darauf hinzuweisen, dass viele Ratgeber und Informationen insgesamt oft den Eindruck vermitteln, dass die kindliche Entwicklung ganz wesentlich von der Durchführung bestimmter Fördermaßnahmen abhängig sei. Aber Entwicklung ist nicht vor allem machbar! Durch eine zu enge Orientierung an solchen Ratgebern, die überwiegend beschreiben, was man mit oder gar an dem Kind alles tun muss, damit es sich »optimal« entwickelt, wird oft ausgeblendet, welche wesentliche Bedeutung die kindliche Eigenaktivität und Neugier hat. Gerade die wichtige Fähigkeit des Kindes, selber Erfahrungen zu machen, aus eigenem Antrieb etwas zu wiederholen und zu lernen, kann dadurch irritiert werden.

> Die Entwicklung der Kinder ist nicht von uns »machbar«! Wichtig ist vielmehr die Förderung der kindlichen Eigenaktivität.

Problematisch ist zudem, dass Eltern dadurch überfordert und verunsichert werden können und sich Sorgen machen, weil sie sich nicht in der Lage sehen, genug für die nötige Förderung ihres Kindes zu tun.

Die Entwicklung eines jeden Kindes verläuft sehr individuell, sie folgt in gewissem Ausmaß ihren eigenen Gesetzmäßigkeiten. Und nicht jede Abweichung von der durchschnittlichen Entwicklung verlangt nach therapeutischer Korrektur! Es besteht vielmehr eine große Variabilität im Entwicklungstempo und in der Abfolge der einzelnen Entwicklungsschritte – das gilt gerade auch für Kinder mit Down-Syndrom. Allerdings ist es wichtig, problematische Abweichungen mit möglichen Folgebeeinträchtigungen rechtzeitig zu erkennen und möglichst zu vermeiden.

Die erforderliche Gelassenheit und das notwendige Vertrauen in die Entwicklung des Kindes drückt ein afrikanisches Sprichwort treffend aus: »Das Gras wächst nicht schneller, wenn man daran zieht!« Aber – so ist zu ergänzen – es ist natürlich möglich, ein günstiges Klima und gute Bedingungen zu schaffen, damit das Kind sich seine Welt aneignen kann. Das bedeutet für Eltern von Kindern mit Down-Syndrom, einen sinnvollen Weg für sich zu finden, ihrem Kind einerseits die wichtigen Entwicklungsanregungen zu bieten und andererseits abzuwägen, was und wie viel an besonderer Förderung individuell wirklich sinnvoll und familiär leistbar ist.

4.1 Entwicklungsfördernde Bedingungen und therapeutische Maßnahmen

Alle Kinder entwickeln sich durch eigene Aktivität und positive Erfahrungen. Sie sind angewiesen auf die Erfüllung physischer und psychischer Grundbedürfnisse. Sie benötigen Anregung und Ermutigung zu eigenmotiviertem Erkundungs- und Betätigungsverhalten. Förderung bedeutet deshalb nicht vor allem ein Antrainieren von Fertigkeiten, sondern Hilfe zur Entwicklung von Neugier, Erkundungsverhalten und selbstmotivierter Lernaktivität. Bei gemeinsamen Aktivitäten und in familiären Alltagssituationen, die dem Kind und den Bezugspersonen Freude bereiten, können die Eltern die kommunikativen Angebote und aktuellen Interessen ihres Kindes wahrnehmen, um dann mit responsivem Verhalten sensibel darauf einzugehen und neue Lernschritte zu unterstützen. Dabei meint Responsivität die Fähigkeit, kindliche Aktivität sensibel wahrzunehmen und darauf verbal und mit antwortendem Verhalten einzugehen – in Abgrenzung zur Direktivität, die durch Anweisung, Aufforderung und Korrektur in der Interaktion zuvor festgelegte Ziele erreichen will.

Vor allem im häuslichen Bereich erfahren die Kinder in wechselseitigem Austausch mit den sie umgebenden Personen und Dingen die Bedeutsamkeit ihres eigenen Handelns. Dabei lernen sie gerade durch die normalen gemeinsamen Tätigkeiten bei Ernährung und Pflege und können sich zunehmend mitbeteiligen und selbstständig werden. Förderung erfolgt dann ganz selbstverständlich in diesen Alltagssituationen und ist keine isolierte »Übungsmaßnahme«. Auch kann das Kind in den verschiedenen Alltagshandlungen seine Kompetenzen erleben, wenn es bei der Selbstversorgung oder bei Mithilfe in der Familie seinen Möglichkeiten entsprechend beteiligt ist. Solche Erfahrung eigener Fähigkeiten ist zwar für die Entwicklung aller Kinder wichtig, aber gerade Kinder mit Behinderung benötigen dieses Erleben eigener Kompetenzen immer wieder in besonderem Maß. Dagegen kann eine überzogene Betonung der ›noch nicht‹ erreichten Entwicklungsschritte sowohl für die Eltern als auch für das Kind frustrierend sein und sein Selbstwertgefühl erheblich schwächen.

Allerdings ist damit kein Verzicht auf spezielle Hilfen und Anregungen gemeint! Kinder mit Down-Syndrom haben Schwierigkeiten, aus Erfahrungen in zufällig erlebten Situationen zu lernen (inzidentelles Lernen) und daraus neue Erkenntnisse zu gewinnen. Daher wiederholen sie manchmal gleiche Handlungen immer wieder, ohne die nötigen Schlussfolgerungen zu ziehen, um das nächste Mal eine ähnliche Situation besser meistern zu können.

Deshalb benötigen Kinder mit Down-Syndrom strukturierte, aber möglichst in motivierende Alltagshandlungen integrierte Hilfen. Eine solche entwicklungsbegleitende Förderung ermöglicht dem Kind, seine Kompetenzen zunehmend zu erweitern. Alters- und entwicklungsgemäße Spiele, verschiedene Lernangebote, spezielle Förderung und Therapien können dann begleitend helfen, individuelle oder syndromtypische Probleme zu verringern und die individuellen Fähigkeiten und Interessen des Kindes zu fördern.

4.2 Behandlung und Therapie

Es ist verständlich, dass Eltern mit Behandlung und besonderen Therapien Erwartungen und Hoffnungen auf positive Veränderungen verbinden. Bei der Auswahl einer Therapie müssen sie jedoch beachten, welche speziellen Methoden jeweils angewendet und welche realistischen Ziele damit tatsächlich erreicht werden können. Sie müssen zudem kritisch reflektieren, ob die gemachten Versprechungen glaubhaft sind. Das Down-Syndrom selbst kann nicht mit Medikamenten oder speziellen Therapien geheilt werden. Es ist keine Krankheit. Aber die verschiedenen möglichen gesundheitlichen Beeinträchtigungen, die häufig mit dem Down-Syndrom verbunden sein können, sind behandelbar. Entsprechende medizinische Maßnahmen haben nicht nur die gesundheitliche Situation der Kinder deutlich verbessert, sondern auch die Lebensqualität und Lebensperspektive nachhaltig verändert. Ob vielleicht irgendwann einmal auch die speziellen Auswirkungen der Trisomie auf die kognitiven Fähigkeiten mit entsprechender Medizin verbessert werden können, ist noch völlig offen (Flamm 2015, 13 ff). Allerdings besteht »ein wachsender Optimismus in der neurowissenschaftlichen und medizinischen Fachwelt, dass … medikamentöse Therapien entwickelt werden können, die die kognitive Funktion von Menschen mit Down-Syndrom verbessern« (Garner 2015, 20). Aber es ist auch »sehr gut möglich, dass Versuche, eine neurologische Funktion in einem Teil des Gehirns zu normalisieren, sich als nachteilig für andere Gehirnfunktionen herausstellen« (Buckley 2013, 27). Ob der von zunehmend mehr Eltern ihren Kindern gegebene Grüntee-Extrakt, ob als Kapseln oder als Pulver (nicht als Getränk!), die Hirnaktivität tatsächlich aufgrund einer regulierenden Wirkung durch das enthaltene EGCG nachweislich positiv zu beeinflussen vermag, ist fraglich. Kritisch gesehen werden vor allem mögliche ungünstige Langzeiteffekte aufgrund dieser nicht nur jahrelangen, sondern eigentlich lebenslänglichen medikamentösen Behandlung.

Differenzierte Förderung und geeignete Therapien können aber – wie langjährige Erfahrungen zeigen – die Entwicklung von Kindern mit Down-Syndrom günstig beeinflussen und ihnen helfen, ihr individuelles Potential besser zu entfalten.

Neben konkreten medizinischen, therapeutischen und pädagogischen Maßnahmen für das Kind sind auch Angebote wichtig zur Unterstützung und Beratung der Eltern. Zudem sind angemessene Hilfen zur Integration und Partizipation des Kindes und seiner Familie im erweiterten sozialen Umfeld anzubieten.

Kindern mit Down-Syndrom haben oft verschiedene syndromspezifische, die Entwicklung beeinträchtigende Probleme, die allerdings individuell sehr unterschiedlich ausgeprägt sein können. Die meisten Kinder erhalten deshalb auch entsprechende Therapien, nicht nur im Kindesalter, sondern auch darüber hinaus.

Eine Befragung von über 700 Eltern zu den in Anspruch genommenen Therapien (Wilken 2002b, 144) zeigte eine große Vielfalt und spiegelte die ganze Fülle des »Angebotmarktes« wider. Insgesamt wurden 46 (!) verschiedene »Therapieformen« genannt, allerdings erhielten die meisten Kinder nur die üblichen »Standardtherapien« wie Physiotherapie (Krankengymnastik), Logopädie (Sprachtherapie) und Ergotherapie. Überwiegend hatten die Kinder wöchentlich zwei Therapieangebote.

Als problematisch ist jedoch anzusehen, wenn einige der Kinder drei bis fünf unterschiedliche Therapien in der Woche erhalten. Solche häufigen Termine belasten nicht nur das Kind erheblich, sondern auch die gesamte Familie, sowohl zeitlich als manchmal auch finanziell! Darüber hinaus können sie tendenziell dazu führen, die Verantwortung für die Entwicklung des Kindes an Professionelle zu delegieren und die wichtige Förderung im Alltagsleben zu vernachlässigen.

> Förderung bedeutet nicht, alles zu machen, was man machen kann. Viel bringt nicht viel!

Aber selbst dann, wenn jede einzelne Maßnahme durchaus hilfreich sein könnte, stellt sich durch eine unreflektierte Addition mehrerer Therapien nicht unbedingt ein größerer Erfolg ein. Eine solche Therapievielfalt kann vielmehr dazu führen, dass die natürlichen Ressourcen der Familie zu wenig beachtet werden. Auch macht es wenig Sinn, eine Fähigkeit vorwiegend isoliert in besondere Therapiesituationen zu üben und zu trainieren, ohne einen Alltagsbezug herzustellen. Auch eine enge Orientierung an der durchschnittlichen Entwicklung anderer Kinder ist nicht unbedingt hilfreich, sondern kann im Gegenteil durchaus frustrierend sein. Sinnvoll ist vielmehr eine ganzheitliche, systemische Förderung der individuellen Fähigkeiten des Kindes bezogen auf seine aktuellen nächsten Entwicklungsschritte, eingebettet in Alltagshandlungen und Spiele sowie eine therapeutische Unterstützung bei aktuellen besonderen Schwierigkeiten oder Beeinträchtigungen.

4.3 »Normalisierungsversprechen« und Therapietourismus

Erfolgsberichte über sehr positive Entwicklungen von einzelnen Personen mit Down-Syndrom, ob im Fernsehen gezeigt, in Zeitungen und Zeitschriften beschrieben oder in Elterngruppen mitgeteilt, erwecken oft Hoffnungen, dass auch für das eigene Kind durch gleiche Maßnahmen ähnliche Erfolge zu erzielen seien. Selbst Hochschulreife scheint dann durchaus »machbar«.

Es ist dagegen festzustellen, dass selbst wenn eine spezielle therapeutische Maßnahme bei einem bestimmten Kind hilfreich war, ein solches Ergebnis meistens nicht undifferenziert auf andere Kinder übertragen werden kann, und eine Generalisierung von Einzelerfahrungen oft problematisch ist. Gerade die große individuelle Streubreite bei Kindern mit Down-Syndrom lässt solche Verallgemeinerungen ohne klare theoretische Begründung im jeweiligen Fall selbst bei vermeintlich sichtbarem Erfolg kaum zu. Bei den Eltern entsteht aber durch solch unmittelbares Vergleichen ihrer Kinder, z. B. in Selbsthilfegruppen, die verständliche Hoffnung, mit gleichen Therapien eine ähnlich günstige Entwicklung auch bei ihrem eigenen Kind zu erreichen. »Der Run auf die neueste Methode ist ungebrochen« (Speck 1995, 116), und eine Orientierung »in dem industriellen Dschungel wachstumssicherer Therapiebranchen« (Beck 1990, 62) ist oft ausgesprochen schwierig.

Jedes Jahr werden neue Therapien aktuell, verlieren dann aber oft schon nach kurzer Zeit oder nach mehrjährigen Erfahrungen an Bedeutung oder spielen gar keine Rolle mehr. Manchmal können sie aber nach Jahrzehnten plötzlich wieder aktuell werden. So wird in manchen Elterngruppen oder Internetforen wieder die Therapie nach Doman diskutiert – und selbst die bei diesen therapeutischen Maßnahmen besonderen Übungen von täglich vielen Stunden werden von einigen Eltern akzeptiert und eher wenig problematisiert. Auch die Frage, was eigentlich aus den Kindern geworden ist, die schon vor zwanzig Jahren mit dieser Maßnahme therapiert wurden, wird eher selten gestellt.

Die operative Verkürzung der Zunge wurde dagegen von Anfang an überwiegend kritisch gesehen, da Menschen mit Down Syndrom keine wirklich zu große Zunge haben. Eine spezielle operative Reduktion kann zwar den Mundschluss verbessern und den Speichelfluss vermindern, aber erhebliche Funktionsbeeinträchtigungen z. B. beim Ablecken der Lippen sind durchaus möglich. Die vor allem aber angestrebten positiven Auswirkungen auf das Sprechen ließen sich jedoch bei entsprechenden Kontrolluntersuchungen nicht nachweisen (Bundesvereinigung Lebenshilfe 1983).

Eine differenzierte und kritische Diskussion erfolgte auch bezüglich der operativen Beseitigung einiger syndromtypischen Merkmale durch die Plastische Chirurgie bei Menschen mit Down-Syndrom. Die damit versprochenen positiven Auswirkungen auf das Selbst- und Fremdbild bestätigten sich nicht. Weder konnte, wie behauptet, die soziale Integration verbessert noch negative Reaktionen der Umwelt vermindert werden. Auch die angenommenen positiven Auswirkungen auf die Entwicklung des betreffenden Kindes durch ein günstigeres Selbstbild ließen sich objektiv nicht nachweisen (ebd.). Diese Maßnahmen werden heute fast gar nicht mehr diskutiert oder gar durchgeführt.

Auch die oft beschriebenen besonderen Erfolge mit der Gaumenplatte nach Castillo-Morales, die zeitweise fast allen Kindern mit Down-Syndrom verordnet wurde, waren nicht sehr überzeugend. Während in den neunziger Jahren noch sehr viele Kinder eine Gaumenplatte erhielten, geht man heute davon aus, dass von den »orofazial behandlungsbedürftigen Kindern mit Trisomie 21 nur etwa 5 % zusätzlich eine Gaumenplatte« benötigen (Limbrock 2011, 16).

In den verschiedenen Elternseminaren wurden immer wieder Listen erstellt über die durchgeführten aktuellen Fördermaßnahmen und Therapien. Diese jährlichen »Hitlisten« zeigen erstaunliche Veränderungen und machen deutlich, wie schwierig es oft für die Eltern ist, sich bei der gegebenen Angebotsvielfalt zu orientieren und für das eigene Kind die richtige Entscheidung zu treffen und selbstbewusst manche Therapieangebote abzulehnen.

Der gemeinsame Erfahrungsaustausch in Selbsthilfegruppen und das fachlich begleitete Abwägen ermöglichen den Eltern jedoch, problematische Methoden zu hinterfragen und eine kritische Distanz zu »Therapietourismus« und überzogenen »Normalisierungsversprechen« zu gewinnen. Eine kritische Bewertung der theoretischen Grundlagen von Therapiekonzepten, der angewendeten Methoden und der versprochenen Ziele hilft, die tatsächliche Wirksamkeit solcher Maßnahmen nüchterner zu sehen. So können die mitgeteilten Erfahrungen mit manchen Therapien und die zwar oft behaupteten, aber selten erkennbaren Auswirkungen auf die Entwicklung der Kinder sowie der fehlende Langzeiteffekt die häufig überzogenen Erfolgsberichte über einzelne Kinder oder Erwachsene relativieren.

4.4 Fördern mit Programmen

Bei Kindern mit Down-Syndrom ist die Streubreite in der Entwicklung besonders groß – deutlich größer als in der Entwicklung anderer Kinder. Auch die syndromtypischen Beeinträchtigungen sowie die möglichen zusätzlichen Behinderungen sind sehr unterschiedlich ausgeprägt. Es ist deshalb wichtig, die individuellen Behandlungsmaßnahmen und Förderbedürfnisse differenziert zu ermitteln.

Die angebotenen verschiedenen Förderprogramme können den Eltern dabei eine gewisse Orientierungshilfe bieten. Es ist aber wichtig, die diagnostischen Kriterien und die vorgeschlagenen Übungen nicht zu eng zu interpretieren, sondern kind- und familienbezogene Aspekte zu berücksichtigen.

Für die Förderung von Kindern mit Down-Syndrom werden von Eltern und Professionellen überwiegend die beiden Programme »Kleine Schritte« (Pieterse, Treloar 2001 – als CD 2015) oder »Frühförderung konkret« (Straßmeier 2007) benutzt. Beide Programme beziehen sich auf Kinder im Vorschulalter (0-5/6 Jahre).

»Kleine Schritte« bietet in 8 Heften Übungsbeispiele zu Feinmotorik, Grobmotorik, Persönliche und soziale Fähigkeiten, Rezeptive Sprache, Expressive Sprache, ein Einführungsheft und ein Diagnoseheft sowie ergänzend 3 Hefte mit schulvorbereitenden Übungen (9-11).

Im Buch »Frühförderung konkret« erfolgt eine ähnliche Aufteilung in fünf Förderbereiche: Selbstversorgung/Sozialentwicklung, Feinmotorik, Grobmotorik, Sprache, Denken und Wahrnehmung.

Hinsichtlich der Planung und der verwendeten Methoden weisen beide Programme viele Übereinstimmungen auf: Die Grundlage der Förderung des Kindes bildet die Einschätzung seines bisher erreichten Entwicklungsstandes, der – meist im Vergleich zur Normalentwicklung – erfasst und daraufhin geprüft wird, in welchen Bereichen relative Leistungsstärken oder Verzögerungen ausgeprägt sind und welche speziellen Defizite sich zeigen. Daraus ergibt sich ein Profil für die verschiedenen Fähigkeitsbereiche, das dann zur Erstellung eines entsprechenden individuellen Förderprogramms führt.

Es kann jedoch problematisch sein, wenn die verwendeten Testaufgaben undifferenziert als Förderaufgaben benutzt werden. »Die Aufgaben, die der Entwicklungstest prüft, sind aber auch als Ziele zu sehen, die angestrebt werden können, wenn das Kind die Fertigkeit noch nicht beherrscht« (Straßmeier 2007, 9). So wird vorgeschlagen, den Pinzettengriff (Kneifzangengriff) mit Rosinen und anderen kleinen Teilen zu üben, die das Kind evt. mit Hilfe aufheben soll (ebd., 88). Das ist eine typische Testaufgabe. Es ist allerdings fraglich, ob sie in der vorgeschlagenen Form als Übungsaufgabe hinreichend motivierend ist. Auch im Programm »Kleine Schritte« finden sich die Rosinen (Pieterse, Treloar 2001, 5/17). Wie viele Möglichkeiten ergeben sich dagegen im Lebensalltag, um das Kind anzuregen, kleine Teile wie Keksstücke, Nudeln und anderes aufzunehmen. Auch viele weitere Aufgaben weisen in den verschiedenen Entwicklungsbereichen ein solches überwiegend testbezogenes Vorgehen auf. Es ist deshalb sinnvoll, sich nicht zu eng an die vorgeschlagenen Aufgaben zu halten, sondern die Übungen so zu erweitern, dass die Interessen und Vorlieben des individuellen Kindes berücksichtigt werden.

Die in beiden Programmen vorgenommene Orientierung an einer Durchschnittsnorm und die Aufgliederung in die verschiedenen Entwicklungsbereiche bieten zwar einen Überblick, haben aber einige zu bedenkende Nachteile. Sie können dazu verleiten, Wahrnehmung, Motorik, Kognition, Gedächtnis, Sprache und Sozialverhalten als isolierte Funktionen zu üben. Auch die theoretische Grundlage, dass »alle Kinder ihre Fertigkeiten mehr oder weniger auf die gleiche Art und Weise und in der gleichen Reihenfolge erlernen« (Pieterse, Treloar 2001, 2/5), entspricht nicht den Erkenntnissen über die natürliche Variabilität in der kindlichen Entwicklung. Es ist auch wenig sinnvoll, die einzelnen mit dem Programm ermittelten Förderaufgaben für die verschiedenen Entwicklungsbereiche nach erfolgter »Einschätzung« isoliert dem Kind anzubieten, ohne einen Alltagsbezug oder einen Bedeutungszusammenhang herzustellen. Durch Hinweise und Querverweise auf zusätzliche Aufgaben können bei kreativer Nutzung trotzdem mögliche Ideen für die Förderung des Kindes in den ersten Lebensjahren abgeleitet werden und das kann durchaus hilfreich sein. Allerdings ist es wichtig, die angebotenen Aufgaben und die damit angestrebten Ziele durchaus kritisch zu reflektieren.

Die Programme sind im Übungsteil fast wie Kochbücher aufgebaut: es wird angegeben, was gebraucht wird, es erfolgt eine klare Anleitung, was zu machen ist und welches Ergebnis herauskommt. So wird z. B. für den Bereich Feinmotorik im Alter von sechs bis neun Monaten als Aufgabe angegeben: »Hebt zwei Gegenstände auf und hält sie.« Als benötigtes Material werden zwei kleine Bauklötze angegeben. Zum methodischen Vorgehen wird ausgeführt: »Legen Sie die Bauklötze vor ihr Kind auf den Tisch und sagen Sie ›Nimm‹. Bewerten Sie diese Fertigkeit mit Plus, wenn Ihr Kind die beiden Bauklötze aufhebt und gleichzeitig einen in jeder Hand hält« (Pieterse, Treloar 2001, 5/18). Das ist ein sehr formales Training und es ist zu fragen, ob das Kind die Aufforderung versteht und wie man reagieren soll, wenn das Kind die Bauklötze schieben, damit klopfen oder daran lutschen möchte oder nur einen Klotz und nicht beide aufnimmt. Gerade in diesem Alter – unterhalb der Einjährigkeit – benötigt das Kind vor allem responsives Förderverhalten und nicht direktive Verfahren. Das würde bei der beschriebenen Aufgabe bedeuten, das Ziel, mit beiden Händen etwas zu halten, nicht zu eng zu interpretieren, sondern zu schauen, was das Kind spontan macht, um dann durch angebotene Variation im gemeinsamen Spiel auch beidhändiges Halten und Manipulieren zu unterstützen.

Eine andere Aufgabe im Programm »Kleine Schritte« betrifft die Bereiche Sozialisierung und Spiel im Alter von neun bis zwölf Monaten: »Aufgabe: Macht mit beim ›Guck-Guck‹-Spiel. Materialien: Ein Bogen festes Papier, ca. 30 mal 30 cm, mit einem kleinen Loch in der Mitte. Methode: Während Ihr Kind Sie anschaut, verstecken Sie Ihr Gesicht hinter dem Papier. Schauen Sie dann seitlich daran vorbei und sagen Sie ›Guck-Guck!‹ Wiederholen Sie dies und tauchen Sie wieder auf derselben Seite des Papiers auf. Jetzt verstecken Sie sich noch einmal und schauen durch das Loch, um festzustellen, ob Ihr Kind auf dieselbe Seite des Papiers schaut, wo Sie vorher immer aufgetaucht sind. Bewerten Sie diese Fertigkeit mit Plus, wenn Ihr Kind auf dieselbe Seite schaut, wo Ihr Gesicht vorher aufgetaucht ist« (Pieterse, Treloar 2001, 7/12). Hier wird deutlich, wie formal eine solche Übung ist und welche mechanistische Vorstellung darüber besteht, wie das Kind die so genannte ›Objektpermanenz‹ erwirbt, d. h. die Fähigkeit, sich Personen, Objekte und Handlungen vorstellen zu können, auch wenn es sie nicht sieht. Wie viel sinnvoller und schöner sind dagegen die üblichen Guck-Guck-da-Rituale und andere kindgemäßen Spiele zum Verstecken und Wiederentdecken im Lebensalltag.

Es ist deshalb kritisch zu reflektieren, was das Kind bei den in den Programmen angebotenen »Übungsaufgaben« tatsächlich lernt. Denkbar sind durchaus auch nicht geplante, negative Fördererfahrungen, wenn das Kind z. B. rigoros angehalten wird, die geforderten Aufgaben in der vorgegebenen Weise auszuführen. Aber andererseits ist es durchaus möglich, dass die Bedeutung solcher Spiele den Bezugspersonen erst durch diese Ausführungen bewusst wird und die Beschreibung sie anregt, kreativ damit umzugehen und eigene passendere Ideen zu entwickeln.

> »Als ich das Paket mit den acht Einzelheften von ›Kleine Schritte‹ erhielt, war ich begeistert. Jetzt konnte ich loslegen! Zuerst wollte ich alles lesen. Schnell merkte ich aber, dass ich das gar nicht schaffen konnte. Frustriert legte ich das Material weg.
> Nach Monaten begann ich dann wieder darin zu blättern. Jetzt fand ich einige Ideen gut. Zunehmend entdeckte ich, wie ich Anregungen übernehmen und variieren konnte. Mir gibt das Programm jetzt eine Orientierung und bietet Hinweise auf Förderideen.« (Bericht einer Mutter)

Die aufgeführten Beispiele aus den Programmen verdeutlichen, wie wenig interessant viele Übungen konstruiert sind und wie starr das methodische Vorgehen manchmal ist. Vor allem, wenn die Übungen trotz häufiger Wiederholungen nicht zum angestrebten Lernziel führen, können frustrierende Interaktionen und Kommunikationsprozesse entstehen. Möglich ist auch, dass die oft rigiden Durchführungsanweisungen sich störend auf den normalen, emotionalen Umgang mit dem Kind und auf das spontane Eingehen auf seine Äußerungen und Bedürfnisse auswirken und dadurch die wichtige Responsivität verhindern. Die Eigenaktivität und das selbstbestimmte Neugierverhalten des Kindes können dann sogar als hinderlich empfunden werden, weil es ja abweichend und nicht in der erwünschten Weise reagiert.

Es besteht mittlerweile große Einigkeit, Hilfen für das Kind so anzubieten, dass es seine eigene Handlungsfähigkeit in der Auseinandersetzung mit Dingen und Personen seiner Umwelt erweitern kann.

Allerdings kann die Förderpraxis sowohl durch einschränkende Übungsangebote auf der Basis eines naiven Verständnisses von der »Machbarkeit« der kindlichen Entwicklung bestimmt sein als auch durch ein zu offenes Angebot, das eine klare Struktur vermissen lässt und eher als planloses »Spielen« und nicht als hilfreiches Förderangebot erlebt wird.

> Förderprogramme können Anregungen für viele verschiedene Entwicklungsbereiche bieten. Sie erfordern aber eine kreative Anpassung an die individuellen kindlichen Fähigkeiten und Bedürfnisse.

Deshalb können Förderprogramme, wenn sie nicht zu direktiv gehandhabt werden, sondern individuelle kindliche Bedürfnisse beachten, durchaus eine sinnvolle Hilfe darstellen. Sie geben den Eltern und Früherzieherinnen eine Orientierung über typische aufeinander folgende Entwicklungsschritte und bieten Anregungen für eine kreative Umsetzung in entsprechende Spielsituationen im Alltag mit dem Kind. Diesbezüglich zeigte die kritische Auswertung einer umfangreichen Studie zu Fördererergebnisse mit dem Programm »Kleine Schritte« nach einem Jahr »eine kontinuierliche relevante und statistisch signifikante Steigerung« nicht nur bei den Fertigkeiten, sondern »auch im Hinblick auf den Entwicklungsquotienten« (Havemann 2007, 134). Es wird deshalb als Ergebnis dieser Studie festgestellt, »dass das Programm ›Kleine Schritte‹ die Entwicklungsverzögerungen bei Kindern mit Down-Syndrom effektiv reduziert« (ebd.142). In ähnlicher Weise können auch die »lebenspraktischen Übungen«, wie sie im Buch »Frühförderung konkret« dargestellt werden, den Eltern und Früherzieherinnen ermöglichen, Informationen über wichtige Entwicklungsschritte zu erhalten und hilfreiche Ideen für die Förderung ihres Kindes im familiären Alltag umzusetzen.

4.5 Kriterien zur Beurteilung von Therapien und Förderkonzepten

Bei der Auswahl und Anwendung von Therapien und Förderkonzepten und zur Beurteilung der verschiedenen Verfahren sollten Eltern, Pädagogen und Therapeuten eine kritische und reflektierte Haltung einnehmen.

Für eine Beurteilung der verschiedenen Verfahren sind vor allem folgende Aspekte wichtig zu beachten:

- Das methodische Vorgehen und die theoretischen Begründungen sowie die Erreichbarkeit der angegebenen Ziele sind kritisch zu hinterfragen. Positiv sind Anregungen und Hilfen zu bewerten, die die Handlungsfähigkeit des Kindes erweitern und sich an seinen Interessen orientieren.
- Es ist abzuklären, welches Verständnis der kindlichen Entwicklung der jeweiligen Methode zugrunde liegt. Fragwürdig sind Verfahren, die von der Machbarkeit der Entwicklung bei der Wahl der richtigen Mittel und Methoden ausgehen. Positiv sind Angebote zu werten, die dem Kind ermöglichen, gemäß seinen Interessen, seinen Fähigkeiten und seinem Zeitbedürfnis zu lernen.
- Kritisch ist nach dem Menschenbild der verschiedenen Methoden zu fragen und nach den psychischen Auswirkungen für das Kind und seine Bezugsperson. Problematisch kann eine enge Normorientierung und rigider Förderoptimismus sein. Günstig ist dagegen zu werten, wenn eine responsive Haltung ermöglicht wird, die eine kindbezogene und familienorientierte Förderung erlaubt.
- Ein Kind erlebt sich nicht als Defizit-Wesen; es erlebt aber, wie man mit ihm und seinen Möglichkeiten umgeht. Bei der Durchführung von Therapie und Förderung ist daher sein subjektives Befinden von Bedeutung und die Wertschätzung, die ihm als Person dabei direkt oder indirekt vermittelt wird.

Eine Therapie für das Kind kann sich in vielerlei Hinsicht auf die gesamte Familie auswirken. Die Eltern müssen also reflektieren, inwieweit der erforderliche Aufwand und die Einflüsse der verschiedenen Therapien auf das Familienleben insgesamt eher als Beeinträchtigung oder als Entlastung empfunden werden.

Eine kritische Kontrolle der Entwicklung des Kindes sowie des versprochenen Erfolgs der angewandten Therapie sind notwendig – auch wenn sich Wirkungen von Therapien nur schwer objektiv beurteilen lassen. Vor allem müssen kurzzeitige Trainingseffekte von dauerhaften positiven Auswirkungen auf die Entwicklung getrennt werden. Es ist nicht entscheidend, ob ein Kind eine Fähigkeit etwas früher erwirbt.

Therapie und Förderung sind Mittel zur Unterstützung der Entwicklungs- und Partizipationsmöglichkeiten des behinderten Kindes in seiner Familie und in seiner Lebenswelt. Die Auswirkungen einzelner Fördermaßnahmen müssen deshalb in diesem individuellen Bedeutungszusammenhang gesehen werden und sich dort positiv bewähren. Entsprechend sind Therapiemethoden und Verfahren sowie die jeweiligen Begründungen und die angegebenen Ziele kritisch zu hinterfragen:

- Geben sie nur Anweisungen oder bieten sie wichtige Anregungen?
- Ermöglichen sie dem Kind seine Handlungspläne zu aktivieren und zu erweitern?
- Regen sie Eltern und Kind an, das gemeinsame Handeln als bedeutsam, fröhlich und angenehm zu erleben?
- Können sie das emotionale Interesse des Kindes wecken?

Dann können entwicklungsfördernde Interaktionen gelingen und das Kind erlebt sich kompetent und nicht defizitär. Es fühlt sich angenommen, wie es ist, und nicht, wie es erst werden soll. Auf dieser Grundlage kann das Kind ein gutes Selbstwertgefühl entwickeln und sein individuelles Entwicklungspotential günstig entfalten.

5 Die Entwicklung von Kindern mit Down-Syndrom

Es ist immer wieder faszinierend zu erleben, wie verschieden Kinder sind und sich entwickeln. Auch bei Geschwistern gibt es oft große Unterschiede im Aussehen, im Verhalten, in den Fähigkeiten und den Interessen. Aber gleichzeitig kann man ebenso mehr oder minder deutlich ausgeprägte Ähnlichkeiten entdecken sowie familientypische Gewohnheiten und Vorlieben. Das gilt ebenso für Kinder mit Down-Syndrom. Das stereotype Bild von Menschen mit Down-Syndrom, die »sich alle so ähnlich sehen wie Geschwister«, trifft deshalb trotz erkennbarer, syndrombedingter Ähnlichkeiten so nicht zu. Es ist deshalb wichtig, das individuelle Kind auch mit seinen Stärken und Interessen zu sehen und nicht das Down-Syndrom zum bestimmenden Merkmal werden zu lassen.

Entwicklung ist ein lebenslanger Prozess, beeinflusst von vielen Faktoren wie genetischen Grundlagen, Gesundheit, Ernährung, familiären und sozialen Bedingungen, Erwartungen und Einstellungen. Dabei ist besonders die Kindheit eine Zeit sehr schneller Entwicklung. Das zeigt sich am körperlichen Wachstum und am Erwerb der verschiedenen Kompetenzen im Bereich der Bewegung, der Sprache und in der kognitiven Entwicklung.

Kinder mit Down-Syndrom entwickeln sich – wie andere Kinder auch – nach ihren individuellen Möglichkeiten und den Bedingungen in ihrem sozialen Umfeld, jedoch auch beeinflusst von der anderen genetischen Ausstattung und den dadurch bedingten syndromspezifischen Besonderheiten und möglichen gesundheitlichen Beeinträchtigungen.

Auf Grund der sichtbaren typischen Merkmale wird oft von einer großen syndrombedingten Homogenität in der Entwicklung und Ausprägung der verschiedenen Kompetenzbereiche durch die Trisomie ausgegangen, aber tatsächlich sind die Unterschiede zwischen den Menschen mit Down-Syndrom besonders groß. Verschieden sind nicht nur Ausprägung und Kombination der einzelnen syndromtypischen Merkmale, sondern auch die gesundheitlichen Bedingungen sowie Körpergröße und relatives Gewicht. Aber auch Entwicklungstempo und Temperament, Ausdauer und Ermüdbarkeit, die Aktivität und das Neugierverhalten variieren bei den einzelnen Kindern sehr stark.

Die Intelligenz entwickelt sich bei Kindern mit Down-Syndrom nach den gleichen Gesetzmäßigkeiten wie bei nicht behinderten Menschen, jedoch in einem verlangsamten Tempo. Das heißt, Kinder und Jugendliche mit Down-Syndrom erreichen und durchleben die verschiedenen kognitiven Entwicklungsabschnitte im Vergleich zu Kindern ohne Behinderung immer mehr zeitverzögert und im jeweiligen Abschnitt länger verweilend. Dadurch erreichen sie im Vergleich zur durchschnittlichen Entwicklung die verschiedenen, sich nacheinander entwickelnden kognitiven Kompetenzstufen deutlich später und erlangen nicht die oberen Fähigkeitsstufen (vgl. Dittmann 2004, 52).

Durchschnittlich ist davon auszugehen, »dass sich Kleinkinder mit Down-Syndrom im Vergleich zu Kindern ohne Einschränkung mit etwa halbem Entwicklungstempo entwickeln« (Rauh 1992, 212). Allerdings ist zu betonen, dass die individuelle Entwicklung von diesem durchschnittlichen Wert erheblich abweichen kann. Auch verläuft die Entwicklung beim einzelnen Kind nicht in allen Kompetenzbereichen gleich.

Nach der Kleinkindphase vermindert sich das Entwicklungstempo auf etwa ein Drittel, wahrscheinlich im Zusammenhang mit den besonderen Problemen im sprachlichen Bereich. »Das in den ersten Jahren vergleichsweise zügigere, dann aber langsamere Entwicklungstempo scheint für Kinder mit Down-Syndrom charakteristisch zu sein und unterscheidet sie von geistig behinderten Kindern anderer diagnostischer Gruppen« (Rauh 1999, 2). Die kognitiven Fähigkeiten können jedoch – trotz dieser mit zunehmendem Alter verringerten Zuwachsraten – durchaus bis ins mittlere Erwachsenenalter steigen (Berry et al. 1984), in einzelnen Fällen sogar bis in das fünfte Lebensjahrzehnt (Fenner et al. 1987; Hewitt et al. 1985). Allerdings ist dieser Langzeitanstieg der Intelligenz nur bei einigen Erwachsenen mit Down-Syndrom zu beobachten, keineswegs kann dieser Effekt verallgemeinert werden.

Kleinkinder mit Down-Syndrom entwickeln sich durchschnittlich mit halbem Entwicklungstempo.
Ihre kognitiven Fähigkeiten nehmen zwar langsam, aber dennoch kontinuierlich zu.

In jedem Lebensalter weist die Intelligenz von Menschen mit Down-Syndrom eine große Streubreite auf. Dabei ist jedoch zu reflektieren, dass »Intelligenz eine höchst komplexe Erscheinung ist, und es lässt sich denken, dass bei geistiger Behinderung nicht immer alle Teilbereiche gleichermaßen ein wenig gemindert sein müssen, sondern dass Störungen dabei ganz unterschiedlich verteilt sind« (Zerbin-Rüdin 1990, 28). Das gilt es besonders für Kinder mit Down-Syndrom zu bedenken. Darüber hinaus aber zeigen sie ganz typische Stärken und Schwächen in unterschiedlichen Fähigkeitsbereichen und eine charakteristische Dissoziation zwischen den verschiedenen Entwicklungsbereichen, die syndromspezifisch ist und so nicht bei anderen Ursachen der geistigen Beeinträchtigung besteht.

Untersuchungsergebnisse zur Entwicklung von Kindern und Erwachsenen mit Down-Syndrom aus verschiedenen Ländern (Australien, England, Kanada, USA, Deutschland) zeigen ganz wesentliche Übereinstimmungen im typischen Entwicklungsprofil und trotz großer individueller Unterschiede auch in ihren durchschnittlich erreichbaren Kompetenzen (Rauh 1999, 1). Auch neuere Untersuchungen bestätigen ein syndromspezifisches Profil, das typische Schwächen vor allem bei den sprachlichen Fähigkeiten, besonders in der verbalen Sprache zeigt, während »der Erwerb sozialer und lebenspraktischer Fertigkeiten zur Selbstversorgung im Alltag wesentlich leichter gelingt« (Sarimski 2015, 6).

Bei der Förderung von Kindern mit Down-Syndrom muss deshalb sowohl die große individuelle Streubreite in den verschiedenen Fähigkeitsbereichen berücksichtigt werden als auch die syndromspezifischen Gemeinsamkeiten.

5.1 Babys und Kleinkinder

Schon in der pänatalen Entwicklung von Babys mit Down-Syndrom können sich manchmal typische, durch die Trisomie bedingte Veränderungen zeigen (z. B. Fehlbildungen des Herzens, vom Magen-Darm- oder Nackenbereich). Auch in der Entwicklung von Hirnvolumen und -gewicht können von der zweiten Hälfte der Fetalzeit an erste Abweichungen auftreten.

Nach der Geburt und mit zunehmendem Alter werden neben einer Verlangsamung der Hirnentwicklung auch Veränderungen in der Struktur und bei der Differenzierung deutlich. Die Zell- und Synapsendichte bleibt bei vielen Menschen mit Down-Syndrom geringer und die Myelenisierung ist verzögert (Wishart 1996, 174). Der Kopfumfang ist meistens kleiner und besonders Hirnstamm und Kleinhirn sind geringer entwickelt und »die Gesamtzahl der Nervenzellen (ist) etwas geringer. Es bestehen auch Unterschiede bei den Anteilen der primären Sinneszellen, die das Gehirn insgesamt, aber auch die Lern- und Gedächtnisfunktionen kontrollieren. Diese Unterschiede führen zu einer verlangsamten Informationsverarbeitung« (Garner 2015, 19).

Häufig kommen Kinder mit Down-Syndrom etwa zwei bis drei Wochen vor dem normalen Geburtstermin zur Welt; Körpergröße und Gewicht liegen meistens etwas unter dem Durchschnitt. Aber das hat für die weitere Entwicklung keine Bedeutung.

Bei vielen Kindern mit Down-Syndrom werden schon unmittelbar nach der Geburt zusätzliche Beeinträchtigungen festgestellt. Oft sind dann baldige medizinische Maßnahmen erforderlich. Einige Kinder leiden in der frühen Kindheit unter typischen Erkrankungen, vor allem im respiratorischen Bereich. So ergab eine entsprechende Befragung von über 700 Eltern (Wilken 2001a), dass fast 80 % ihrer Kinder sowohl für das Down-Syndrom typische als auch davon unabhängige zusätzliche gesundheitliche Beeinträchtigungen hatten. Allerdings führen viele der genannten Abweichungen nicht unbedingt zu Beeinträchtigungen der Entwicklung, aber einige der gesundheitlichen Probleme können vor allem in den ersten Lebensmonaten oder Jahren belastend sein und die Entwicklung erheblich verzögern.

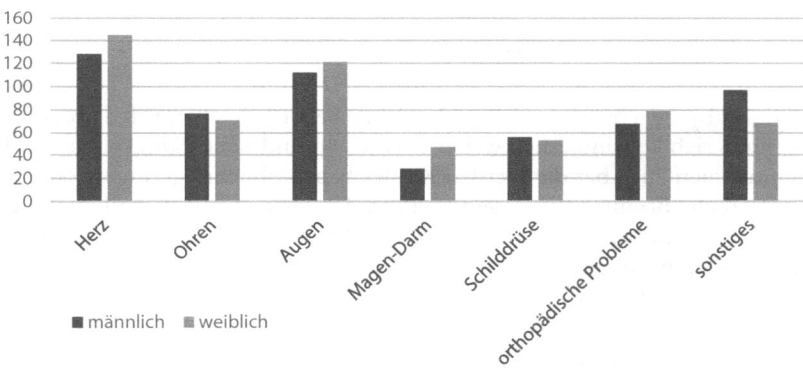

Abb. 2: Beeinträchtigungen, nach Geschlecht unterschieden

Vor allem schwere Herzfehler schränken oft die allgemeine Aktivität und die motorische Belastbarkeit des Kindes ein. Auch die Nahrungsaufnahme kann dadurch wesentlich erschwert sein.

Insgesamt sind kleine Kinder mit Down-Syndrom meistens weniger lebhaft, verhalten sich stiller und weinen seltener als andere Babys. Die individuell unterschiedlich ausgeprägte Hypotonie und die leichtere Ermüdbarkeit der Babys können ihre Möglichkeiten reduzieren, selbst aktiv Erfahrungen zu sammeln. Es ist deshalb sinnvoll, bei der Pflege, beim Essen oder beim Tragen angemessene Formen der Unterstützung zu geben. So kann das Kind dann durch Hinschauen und Hinhören, durch Kopfwendung oder Greifen sein Interesse zeigen. Es ist allerdings zu berücksichtigen, dass viele Kinder bei gemeinsamen Handlungen und nach Ansprache oftmals langsamer, z. B. mit Lächeln, Lautieren oder Strampeln antworten und leichter ablenkbar sind. Oft sind die Bewegungen, mit denen die Kinder reagieren, auch schwächer und weniger deutlich zu verstehen, und Eltern und Kind können sich in Aktivität und Responsivität weniger gut aufeinander abstimmen. Deshalb müssen im Spiel und bei der Pflege diese zeitlichen Verzögerungen berücksichtigt werden. Zu schnelle erneute Impulse können dagegen zu Diskrepanzen im gemeinsamen Handeln und bei der »Protokonversation« (präverbale Kommunikation) führen und damit beim Kind ein eher abwartendes Verhalten und Passivität verstärken (Horsch u. a. 2008, 17).

In den ersten Jahren bereiten einigen Eltern bevorstehende Operationen ihres Kindes – vor allem Herzoperationen – große Sorgen.

> »Anna-Lena wurde zwei Wochen vor dem errechneten Termin geboren. Der schwere Herzfehler war uns Eltern zuvor bekannt, nicht aber das Down-Syndrom. Sie hatte einen kompletten atrioventrikulären Septumdefekt (AV-Kanal). Mit 4 Monaten erfolgte die Herzoperation. Dabei gab es einige Komplikationen. Sie erhielt deshalb einen Herzschrittmacher. Vier Wochen nach der Operation wurde sie entlassen. Ihre Entwicklung verlief danach sehr günstig und mit einem Jahr konnte der Herzschrittmacher sogar entfernt werden.« (Mitteilung einer Mutter)

Wenn das Baby die schwierige Zeit nach solchen belastenden Eingriffen überwunden hat, kann es sich kontinuierlich weiter entwickeln und seine Fähigkeiten und Leistungen nehmen zu. Aber die meisten Kinder haben ohnehin geringere oder keine gesundheitliche Beeinträchtigungen und ihre Entwicklung ist deshalb nicht durch zusätzliche gesundheitliche Probleme belastet. Typische Entwicklungsstillstände, auf die in der älteren Literatur noch hingewiesen wird, finden sich bei neueren systematischen Untersuchungen nicht mehr. Zwar ist das Entwicklungstempo von Kindern mit Down-Syndrom mehr oder minder deutlich verzögert, aber die individuellen Unterschiede sind doch erheblich.

Durchschnittlich benötigen sie für einzelne Entwicklungsschritte in den ersten Jahren etwa doppelt und danach etwa dreimal so viel Zeit wie Kinder ohne Behinderung. Typisch ist aber nicht nur diese zunehmende Verzögerung, sondern auch die im Vergleich mit anderen Kindern asynchron verlaufende Entwicklung von Bewegung, Sprache und Kommunikation. Dabei geht die motorische Entwicklung in den ersten Jahren langsamer voran als die kognitive. Das ändert sich nach dem dritten Lebensjahr, nun nehmen die motorischen Kompetenzen rascher zu als die geistigen Fähigkeiten (Rauh 1999, 1).

Für das Erreichen der einzelnen typischen Entwicklungsschritte sind die zeitlichen Unterschiede zwischen den Kindern mit Down-Syndrom auffallend groß. So lernen sie durchschnittlich im Alter von zehn Monaten zu sitzen, aber die Streubreite dabei beträgt acht bis 28 Monate. Das Laufen lernen sie im Durchschnitt mit etwas über zwei Jahren, aber die individuellen Unterschiede liegen zwischen 14 und 65 Monaten. Noch größer ist die Streubreite beim Sprechen. Einige beginnen erste Wörter schon mit 16 oder 18 Monaten zu sprechen und äußern erste kleine Sätze mit etwa zwei Jahren, während die meistens Kinder erst zwischen vier und fünf Jahren zu sprechen beginnen und manche noch später. Einige sind auch gar nicht in der Lage, sich verbal zu verständigen und benötigen alternative Kommunikationshilfen.

Auch beim einzelnen Kind zeigen sich zwischen den verschiedenen Entwicklungsbereichen oft große zeitliche Diskrepanzen. Dadurch kann die wichtige wechselseitige Verstärkung motorischer, sprachlicher und kognitiver Fähigkeiten bei Kindern mit Down-Syndrom in besonderer Weise beeinträchtigt sein.

Obwohl die Verzögerungen in der Entwicklung insgesamt zwar syndromtypisch sind, ist nachdrücklich zu betonen, dass die sehr großen individuellen Unterschiede nicht allein mit unterschiedlichen Bedingungen oder bestimmten Therapien zu erklären sind, sondern dass viele noch unbekannte Faktoren eine Rolle spielen können. Besonders für Eltern, deren Kind sich extrem langsam entwickelt, ist es oft schwer zu akzeptieren, dass ihr Kind trotz all ihrer Bemühungen so ausgeprägte Probleme hat. Diese sind weder allein mit den verschiedenen gesundheitlichen Bedingungen zu erklären noch mit dem Verzicht auf bestimmte Therapien oder besondere Fördermaßnahmen. Wahrscheinlich führen die Trisomie sowie noch nicht hinreichend entschlüsselte Wirkungen des überzähligen Chromosoms bereits in der pränatalen Entwicklung zu ganz verschiedenen Folgebedingungen, aus denen sich dann auch entsprechende Auswirkungen auf die weitere Entwicklung ergeben. Es ist ja nicht nur das Chromosom 21 dreimal vorhanden und in seiner Wirkung isoliert zu betrachten, sondern die darauf liegenden Gene stehen in einem Wechselbezug zu vielen anderen Genen.

Auch die verschieden ausgeprägten zusätzlichen Beeinträchtigungen sowie die sozio-ökonomischen Lebensbedingungen und die familiären Ressourcen können die individuelle Entwicklung deutlich beeinflussen. Es ist deshalb von multifaktoriellen Ursachen für die große Heterogenität in der Entwicklung und im Kompetenzprofil von Kindern mit Down-Syndrom auszugehen.

Alle Kinder erwerben in den ersten Lebensjahren in den verschiedenen Entwicklungsbereichen wesentliche Grundfähigkeiten wie groß- und feinmotorische Kompetenzen, sprachliche Kommunikation, einfache Vorstellungen über gut und böse sowie eine erste Vorstellung über sich selbst. Aber auch Vorlieben, Gewohnheiten und Verhaltensweisen prägen sich aus. Das gilt – trotz einiger typischer Abweichungen und möglicher Verlangsamung – ebenso für Kinder mit Down-Syndrom. Förderung in den ersten Jahren bedeutet deshalb vor allem unterstützende Begleitung dieser Entwicklung unter Berücksichtigung der syndrombedingten Beeinträchtigungen und individuellen Förderbedürfnisse. Dazu gehört die Reflexion der möglichen oder beeinträchtigten Teilhabe am Leben in der Gemeinschaft und die Berücksichtigung möglicher Einschränkungen aber auch der Ressourcen in der Familie und im Bereich anderer Kontextfaktoren.

5.2 Ernährung

Viele Babys mit Down-Syndrom haben eine mehr oder minder herabgesetzte Muskelspannung (Hypotonie). Dadurch kann auch das Saugen anfangs Mühe bereiten, aber meistens gelingt es, ein Baby mit Down-Syndrom zu stillen. Manchmal benötigt es dazu etwas mehr Zeit, vielleicht auch eine anregende Unterstützung der Zungenbewegung oder zum Mundschluss. So können wir dem Baby beim Trinken helfen, indem wir mit leichtem, dem Saugrhythmus angepassten Druck oder leichtem Streichen unter dem Kinn die Zungenhebung beim Saugen unterstützen. Durch Streichen über die Wangen und leichten Druck auf die Mundwinkel kann man die richtige Mundstellung vorbereiten. Wenn das Baby beim Saugen die Brust verliert, kann man ihm evt. mit dem DanCer-Griff helfen, indem man mit Daumen und Zeigefinger ein »U« um den Unterkiefer des Kindes bildet (vgl. Afgan 2012, 21). Manchmal ist es auch hilfreich, zuerst ein wenig Milch auf den Zeigefinger zu tropfen und den Finger mit leichtem Hin- und Herbewegen zwischen die Lippen zu schieben, um den Saugreflex anzuregen. Erst dann wird dem Kind die Brust gegeben. Auch zwischendurch kann durch Stimulation mit dem Finger die Entwicklung des Saugens gefördert werden. Wenn das Baby nicht gleich gestillt werden kann, gibt es die Möglichkeit, durch Abpumpen der Milch und anschließende Flaschenfütterung die gerade bei Babys mit Down-Syndrom gesundheitlich wichtige Wirkung der Muttermilchernährung zu erreichen. Oft gelingt es dann der Mutter nach einigen Wochen doch noch, das Baby zu stillen. Aber auch bei der Flaschenfütterung sind wichtige emotionale und motorische Erfahrungen möglich. Beim Trinken sollte das Baby nicht zu flach liegen, sondern in leichter Schräglage gehalten werden. Das Saugerloch soll nur so groß sein, dass die Milch langsam tropfend ausfließt, aber das Baby noch aktiv saugen muss.

Breiförmige Nahrung kann man, wie bei anderen Kindern auch, ungefähr ab einem halben Jahr ergänzend anbieten – und dieses Lernen sollte man möglichst nicht zu lange hinauszögern. Auch Babys mit Down-Syndrom sind in der Lage, etwa mit acht bis zehn Monaten beginnend, Erfahrungen mit unterschiedlicher Konsistenz und mit unterschiedlichem Geschmack von Nahrung zu machen und zunehmend zu lernen, vom Löffel zu essen. So kann auch vermieden werden, dass das Baby nur einen bestimmten Geschmack (nur eine bestimmte Gläschenmarke) akzeptiert. Außerdem gilt mittlerweile als gesichert, dass für das Baby abwechslungsreiche frühzeitige Beikost gut ist, während übervorsichtige Ernährung eher Allergien fördert als vermeidet. Um das Kauen entwicklungsgemäß günstig zu lernen, ist zu beachten, dass das so genannte »biologische Zeitfenster« dafür etwa bei der Einjährigkeit liegt. Das heißt aber nur, dass diese Fähigkeit später oft mühsamer gelernt wird, allerdings nicht, dass ein Kind, das aufgrund spezieller Probleme (z. B. Sondenernährung) in diesem Alter noch nicht dazu in der Lage ist, dies später nicht auch noch lernen kann. Aber unter normalen Bedingungen sollte nicht überlange gewartet werden in der Hoffnung, dass diese Fähigkeit sich irgendwann plötzlich einstellt.

Um dieses Lernen zu ermöglichen, können wir dem Baby, nachdem es selbst schon gegessen hat, wenn es z. B. bei uns auf dem Schoß sitzt und wir noch essen, ihm immer wieder geeignete kleine Bröckchen von unserem Essen anbieten, z. B. sehr kleine Toast- oder Kuchenstückchen. Man kann auch den Finger in Soße, Marmelade oder Quark tippen und ablecken lassen, um das Baby an verschiedenen Geschmack zu gewöhnen.

5.2 Ernährung

> Der einjährige Lukas hat seinen Brei gegessen und sitzt in seinem Hochstuhl am Esstisch. Er hat seinen Löffel noch in der Hand und lutscht daran. Die Eltern und seine beiden Geschwister essen Nudeln mit Tomatensoße. Seine Schwester nimmt den Löffel, taucht ihn ein wenig in die Soße und gibt ihm den Löffel zurück. Er steckt den Löffel wieder in den Mund, verzieht überrascht das Gesicht und lutscht dann den Löffel begeistert ab. Die Mutter gibt ihm ein kleines Stückchen von einer Nudel. Er lutscht und »kaut« daran. Dann öffnet er den Mund erneut und sieht die Mutter an. Eindeutig: Er will noch mehr!

Zwischen den Mahlzeiten kann man dem Baby einen Zwieback, eine Reiswaffel oder eine Dinkelstange zum Lutschen und Kauen in die Hand geben, damit es so Zungenbewegungen und erstes Kauen übt.

Das Baby sollte auch nicht zu lange ausschließlich aus einer Flasche mit Sauger trinken. Etwa mit einem Jahr kann man ihm immer mal einen Schluck aus einem Becher oder einem Glas anbieten. Dazu benötigt das Kind eine gute Sitzhaltung auf seinem Stuhl, evt. kann eine Sitzverkleinerung dazu hilfreich sein. Oder es sitzt auf unserem Schoß. Den Becher sollte man am besten an die obere Lippe halten und darauf achten, dass das Kind nicht die Zunge vorstreckt oder den Kopf stark nach vorne beugt.

Babys machen nicht nur beim Essen verschiedene Munderfahrungen. Die Kinder saugen an Fingern und Daumen, stecken sich Spielzeug in den Mund, kauen auf Beißring oder Schmusetuch. Weil ihr Muskeltonus aber meistens schlaffer ist, können solche Aktivitäten für Kinder mit Down-Syndrom anstrengend sein, deshalb machen sie von sich aus oft weniger »Mundspiele«. Diese Erfahrungen sind allerdings von Bedeutung, weil sie vielfältige Bewegungen von Zunge und Lippen ermöglichen und frühkindliche Mundreflexe (Saug-, Beiß-, Schluck- und Würgereflex) entwicklungsgemäß abbauen.

Die Kinder lutschen und schmatzen und erwerben dadurch auch mundmotorische Fähigkeiten, die für das Sprechen notwendig sind. Wir sollten daher das Baby bei der Mund-, Hand- und Auge-Hand-Koordination unterstützen. Dazu können wir es anfangs in Seitenlage legen oder später in einen Babysitz setzen, weil es dann die Hände nicht gegen die Schwerkraft heben muss. Ob es für sehr hypotone Kinder auch hilfreich ist, ein Schultertuch zu benutzen, das um Schultern und Oberarme des Kindes gelegt wird, um ihm zu erleichtern, die Hände nach vorne zu bringen und die Hand-Mund-Koordination zu erlernen, kann individuell ausprobiert werden (Kienzle-Müller 2009, 31), aber meistens sind solche speziellen Hilfen nicht erforderlich. Beim kleinen Kind kann auch ein Schnuller durchaus geeignet sein, das Saugen zu kräftigen und den Mundschluss zu fördern – aber wie bei allen Kindern ist ein Sauger für einen »Säugling« sinnvoll, nicht mehr für größere Kinder.

5.3 Motorik

Menschen mit Down-Syndrom haben eine mehr oder weniger deutlich ausgeprägte niedrige Muskelspannung, die als Hypotonie bezeichnet wird. Dieser geringere Muskeltonus verbessert sich zwar im Laufe der Entwicklung und ist durch Übung gut zu beeinflussen, aber die zu Grunde liegende Hypotonie bleibt bestehen.

Beim Baby wird das Problem bereits deutlich, wenn man es hochnimmt. Oft ist es sehr schlaff und braucht haltende Unterstützung. Wenn das kleine Kind auf dem Rücken liegt, dreht es den Kopf zur Seite, weil es ihn anfangs nur mühsam in Mittellage halten kann. Die Arme werden dabei weit auseinander gestreckt und auch die Beine liegen meistens mit auswärts gedrehten gebeugten Knien auf der Unterlage. Auch wenn man beim einzelnen Kind oft deutliche Unterschiede in der Ausprägung der Hypotonie zwischen den verschiedenen motorischen Bereichen feststellen kann, sind zumeist sowohl Arm-, Bein- und Rumpfmuskulatur betroffen als auch Finger- Hand-, Gesichts- und Zungenmuskulatur.

Grobmotorik

Es besteht bei Kindern mit Down-Syndrom eine größere Beweglichkeit der Gelenke auf Grund allgemein lockerer Bänder. Dadurch können ungewöhnliche Haltungen eingenommen werden, die sich ungünstig auf ihre weitere motorische Entwicklung auswirken. So lernten deshalb viele Kinder früher nicht, richtig zu krabbeln, sondern rutschten stattdessen auf dem Gesäß und übten weder das Stützen mit den Armen noch die Wechselbewegungen von Armen und Beinen beim Krabbeln. Auch das wichtige spontane Abstützen beim Hinfallen kann dadurch weniger gelernt werden. Einige Kinder kompensieren ihre motorischen Schwächen, indem sie Bewegungen einsetzen, die anfangs zwar leichter sind, aber langfristig sich ungünstig auswirken (Winders 1997, 10). So drücken manche Kinder beim Stehen ihre Knie durch, um eine größere Stabilität zu erlangen, langfristig ist diese Haltung aber nachteilig für das Laufenlernen.

Die allgemeine Muskelschwäche kann durch Therapie und Übung positiv beeinflusst werden. Deshalb erhalten heute fast alle Kinder mit Down-Syndrom frühzeitig Physiotherapie. Sie können dadurch in der normalen Bewegungsentwicklung unterstützt werden. Nicht so entscheidend ist dabei, nach welcher Methode gearbeitet wird, sondern wie Mutter und Kind die Zusammenarbeit mit der Therapeutin erleben und wie gut es gelingt, Anregungen in sinnvolle Bewegungserfahrungen im Alltag umzusetzen. Bewährt haben sich Verfahren auf neurophysiologischer Grundlage wie Bobath, Vojta oder Castillo-Morales. Allerdings wird die Vojta-Therapie oft kritisch gesehen, weil es manchmal nicht gelingt, die möglichen problematischen Auswirkungen dieser Therapie auf die emotionalen Beziehungen von Mutter und Kind aufzufangen. Besonders belastend wird dabei meistens erlebt, dass das Schreien des Babys lediglich als ein in diesem Lebensalter wichtiges und adäquates Ausdrucksmittel angesehen wird, mit dem es auf die therapeutisch gewünschte, aber ungewohnte Aktivierung reagiert (vgl. Flamm 2015, S. 48).

Aber nicht nur die therapeutische Behandlung ist wichtig, sondern es sind im Lebensalltag interessante Situationen zu gestalten, die das Kind unterstützen, das zu tun, was es gern machen möchte, aber aufgrund seiner motorischen Einschränkungen spontan noch nicht kann.

> Lilly hat noch Mühe, in Bauchlage den Kopf zu heben. Die Mutter legt ihr deshalb ein kleines Kissen so unter den Brustkorb, dass es ihr das Abstützen und Kopfheben erleichtert. Um Lilly zu motivieren, hat die Mutter eine Spieluhr aufgezogen, auf der eine kleine Puppe sich zur Musik bewegt und diese so vor sie hingestellt, dass Lilly immer wieder versucht, den Kopf zu heben, um die kleine Tänzerin zu sehen.

Gerade durch die Gestaltung interessanter Bedingungen und alltagsintegrierter Hilfen wird eine positive motivierende Unterstützung von Lern- und Reifungsprozessen in der motorischen Entwicklung begünstigt. So kann man beim Tragen des Kindes darauf achten, dass es zunehmend lernt, seinen Kopf zu halten und sich interessanten Angeboten zuzuwenden. Halbliegend kann man auf dem Sessel sitzend sich das Baby in Bauchlage auf Oberschenkel und Bauch legen und es immer wieder ansprechen, damit es sich abstützt, den Kopf hebt und uns anschaut. Wir können das Baby etwas erhöht, z. B. auf ein Sofa, legen und uns davor knien, ihm etwas zeigen und so motivieren, den Unterarmstütz zu üben. Wir helfen und motivieren das Kind zu krabbeln, indem wir interessante Gegenstände etwas aus seiner Reichweite legen. Wir motivieren das Kind, den Kniestand zu üben, sich hoch zu ziehen und zu stehen, um etwas Gewünschtes vom Tisch zu nehmen und unterstützen, dass es lernt, die Knie zu beugen und sich wieder hinzusetzen. Wir helfen und motivieren das Kind, an Tisch oder Sofa seitwärts entlang zu gehen, an unserer Hand zu laufen oder beim Schieben eines Puppen- oder Bauwagens, bis es schließlich selbständig seine ersten freien Schritte macht.

Mit zunehmendem Alter und wachsenden Fähigkeiten werden viele der üblichen entwicklungs- und altersangemessenen Spiele und Bewegungsanregungen möglich. Dabei gilt auch für die Auswahl von Spielzeug, dass es die aktuellen Fähigkeiten hinreichend berücksichtigen sollte, aber auch Anreize geben muss, um Neues zu lernen. Dabei handelt es sich um solche Spiele, die wir mit allen kleinen Kindern machen, wie Schaukel- und Bewegungsspiele, einfache Ballspiele, erstes Hüpfen auf einer geeigneten Unterlage (Sofa, Matratze). Auch kann das Kind verschiedenes Spielzeug wie Holztiere oder Autos schieben oder ziehen, sich bücken, um etwas aufzuheben und beim Laufen mit beiden Händen einen Gegenstand tragen. Es lernt, eine Stufe oder eine Treppe hoch zu krabbeln, auf eine Kiste oder auf das Sofa zu klettern, um etwas zu erreichen. Dazu gehört auch, dass das Kind mit unserer Hilfe lernt, sich umzudrehen und dann bäuchlings vom Sofa zu rutschen und schließlich auch eine Treppe so abwärts zu krabbeln. Für Kleinkinder mit Down-Syndrom sind viele reflektierte Angebote besonders wichtig, um sie zu motivieren und zu vermeiden, dass die motorischen Schwächen zu eingeschränkten Erfahrungen führen.

Die syndromspezifischen Abweichungen und Fehlhaltungen zu erkennen und zu reduzieren ist dagegen eher im therapeutischen Kontext möglich, allerdings ist auch dann eine Übertragung in den Lebensalltag nötig, um hinreichende Übung zu gewährleisten.

Das Ziel der motorischen Förderung ist aber nicht, eine allgemeine Beschleunigung der Entwicklung. Es ist nicht so wichtig, ob ein Kind etwas früher sitzen oder laufen kann, entscheidend sind vielmehr die Qualität und die Koordination der Bewegungen und das Vermeiden problematischer Abweichungen. Allerdings benötigen die Kinder vielfältige Bewegungsangebote, die sie motivieren, ihre erlangten Fähigkeiten öfter einzusetzen, da Kinder mit Down-Syndrom für das motorische Lernen nicht nur mehr Zeit benötigen, sondern auch mehr Übung als andere Kinder.»Das sehr häufige Wiederholen von Bewegungen und Bewegungsübergängen ist für sie eine unabdingbare Voraussetzung, um bestimmte Fähigkeiten sicher zu beherrschen« (Kienzle-Müller 2009, 27).

Durch das gemeinsame Spielen mit anderen Kindern – ob zu Hause mit den Geschwistern oder in Krippe bzw. Kita – kann das Kind motiviert werden, sich nach seinen Möglichkeiten zu beteiligen. Wiederholung und Übung ergibt sich dann aus der Spielsituation ganz natürlich und es bereitet dem Kind Freude, mitmachen zu können.

Bei Kindern mit Down-Syndrom sind Arme und Beine im Verhältnis zum Körper etwas kürzer. Im Sitzen stützen sie sich deshalb gern mit den Händen auf den Oberschenkeln ab, oft auch mit deutlicher Reklination (Zurückbiegen) des Kopfes und Vorschieben des Unterkiefers. Durch das Abstützen kann die Balance im Sitzen zwar stabilisiert werden, aber gleichzeitig sind damit beidhändige Spielmöglichkeiten wie mit Klötzchen oder Becherturm zu bauen erheblich beeinträchtigt. Für manche Kinder kann deshalb sinnvoll sein, sie beim Spielen auf dem Boden in ein stützendes hufeisenförmiges Schaumstoffkissen zu setzen (man kann alternativ auch eine entsprechend ausgestopfte Jeanshose nehmen) oder solche Aufgaben an einem kleinen Tisch auf dem Kinderstuhl sitzend zu machen.

Die Angewohnheit vieler Kinder mit Down-Syndrom, bevorzugt im Schneidersitz zu sitzen, ermöglicht ihnen zwar durch Vergrößerung ihrer Sitzfläche die Stabilität zu erhöhen, ist aber als dauerhafte Sitzhaltung für die weitere Entwicklung ungünstig. Es ist deshalb wichtig, dass beim Sitzen auf einem Stuhl die Füße aufgestellt werden können. Möglicherweise ist es auch nötig, die Sitzfläche durch Kissen zu verkleinern und den Rücken zusätzlich abzustützen (es gibt auch fertige Sitzverkleinerungen für Hochstühle).

Da die Kinder schlaffe Bänder haben und sehr hypoton sein können, ist auf die Fußstellung zu achten, wenn sie anfangen zu stehen und zu laufen. Bei ausgeprägten Problemen kann es sinnvoll sein, besondere Einlagen zu tragen.

Wie bei allen Kindern erfolgt nach dem Laufenlernen die weitere Entwicklung der motorischen Fähigkeiten vor allem eingebunden in die üblichen Kinderspiele, die Rennen, Klettern oder Hüpfen erfordern. Gut zu motivieren sind die Kinder durch das Vorbild anderer Kinder, weil das gemeinsame Spielen Spaß macht. Sie wollen mitspielen und sind deshalb eher bereit, sich anzustrengen.

Auch beim Mitmachen bei der »Hausarbeit«, z. B. beim Holen und Tragen, beim Sich-Bücken, Aufheben und Aufräumen, lernt das Kind die Koordination von Bewegungsabläufen, übt seine Fähigkeiten und verbessert sie.

Feinmotorik

Die feinmotorische Entwicklung von Kindern mit Down-Syndrom ist – trotz großer individueller Verschiedenheit – doch von einigen syndromspezifischen Veränderungen betroffen. Kinder mit Down-Syndrom haben etwas kleinere Hände, und die Finger sind im Vergleich zur Handfläche kürzer. Der Daumen sitzt ein wenig seitlicher, und um das Gleichgewicht in der Hand zu kompensieren, spreizen viele Kinder den kleinen Finger ab. Bei einigen sind die Handwurzelknochen unterentwickelt (Bruni 1998, 15), und deshalb bereitet es den Kindern oft Mühe, das Handgelenk zu stabilisieren, wenn sie etwas tragen. Diese besonderen Bedingungen für die feinmotorische Entwicklung sind zu reflektieren, um ihre möglichen Auswirkungen durch angemessene Übungen zu vermindern.

Das kleine Kind lernt feinmotorische Fähigkeiten in vielen alltäglichen Aktivitäten. Wir können bei der Pflege das Baby anregen und darin unterstützen, Dinge zu halten, sie von einer Hand in die andere zu nehmen, sie zu schütteln, zu drehen und damit zu klopfen. Wenn es stabil sitzt, können wir interessante Dinge seitlich hinlegen, damit es sich dreht und die Rotation übt. Es lernt beidhändige Koordination, indem es einen Gegenstand von einer Hand in die andere gibt, es übt, zwei Klötzchen gleichzeitig mit beiden Händen aufzunehmen und gegeneinander zuschlagen, es steckt farbige Scheiben auf eine Stange, klatscht in die Hände, steckt zwei große Perlen zusammen und trennt sie wieder. Es greift Dinge wie Ball, Gummiring oder Löffel unterschiedlich und hält sie anders. Das ermöglicht ihm, angepasstes Bewegungshandeln spielerisch zu lernen und sensorische Vorstellungen zu entwickeln. Dazu können wir auch in einen Stoffbeutel oder einen anderen Behälter verschiedene Alltagsdinge wie Becher, Löffel, Schnuller oder Spielsachen wie Bauklotz, Ball, Rassel oder Plastiktiere »verstecken« und das Kind auffordern, über das Fühlen etwas Bestimmtes zu finden und herauszuholen. Gleichzeitig können wir die Dinge benennen und dazu gebärden. Das Kind entwickelt so handlungsbezogen Vorstellungen, wie sich die Dinge anfühlen, übt Sprachverständnis und Gebärden.

Zunehmend wird es ihm gelingen, die Tätigkeiten beider Hände zu differenzieren, in dem eine Hand überwiegend haltende und die andere Hand aktive Funktionen übernimmt. So kann eine Hand die Flasche halten und mit der anderen wird der Verschluss aufgedreht. Eine Hand hält das Papier, mit der anderen wird gemalt, mit einer Hand wird ein Bauklotz oder Legostein gehalten und mit der anderen Hand der zweite Klotz bzw. Stein vorsichtig darauf gesetzt. Große Perlen können mit Schnürband aufgefädelt oder Steckperlen auf einem Brett in Mustern angeordnet werden. Im Sandkasten werden Förmchen gefüllt und ausgeschüttet. Wenn das Kind dazu neigt, den kleinen Finger dabei abzuspreizen, können wir es immer wieder darauf hinweisen, dass der »kleine Schlingel« auch mitmachen muss.

Durch die geringere Stabilität beim Sitzen und aufgrund der Schwierigkeit vieler Kinder, die Körpermitte zu kreuzen, neigen sie oft dazu, Dinge, die rechts liegen, mit der rechten Hand und Dinge, die links liegen, mit der linken Hand zu greifen. Dadurch kann die Entwicklung der Differenzierungsprozesse beeinträchtigt werden und die Händigkeitsentwicklung sich erheblich verzögern. Zudem gibt es Hinweise, dass zwischen Händigkeits- und Sprachentwicklung eine Wechselbeziehung besteht, die gerade bei Kindern mit Down-Syndrom in der Förderung zu bedenken ist. Deshalb ist es wichtig, die Rotation zu üben und auf lageabhängiges mögliches Ausweichverhalten beim Benutzen der Hände zu achten. Wir können das Kind unterstützen, die bevorzugte Hand der Tätigkeit entsprechend und nicht positionsabhängig differenziert einzusetzen.

In vielen alltäglichen Situationen können wir das Kind zur Mithilfe bei einfachen Tätigkeiten motivieren. Es hebt kleinere Dinge auf, trägt schwerere Gegenstände, holt uns nach Aufforderung verschiedene Sachen, beteiligt sich bei »Arbeiten« im Haushalt. Durch das Einbeziehen mancher spezieller Übungen – wie Bücken und Aufrichten, Rotation, beidhändiges Tragen – in solche Alltagshandlungen erhalten diese Tätigkeiten für das Kind eine sinnvolle Bedeutung und natürliche Wiederholungen ergeben sich ganz selbstverständlich im Tagesablauf.

Zunehmend lernt das Kind, selbständig zu essen und zu trinken. Es kann seine Flasche halten und trinken, später dann auch den Becher. Es wird mit den Fingern kleine Brotstückchen oder Nudeln essen, dann auch den Löffel benutzen können. Bei der Körperpflege können wir es beteiligen und mitmachen lassen und es auch beim Aus- oder Anziehen zum Mithelfen motivieren. Dadurch wird das Kind nicht nur geschickter, sondern zunehmend selbstständiger.

5.4 Förderung von Kommunikation und Sprache

Die syndromtypische Hypotonie bei Kindern mit Down-Syndrom wirkt sich auch im Mundbereich aus und führt zu motorisch-funktionellen Beeinträchtigungen. Lippen- und Wangenmuskulatur sind schwächer entwickelt, der Mundschluss ist erschwert, die Zunge stützt sich oft gegen die Unterlippe ab oder schaut etwas aus dem Mund heraus, vor allem wenn der Gaumen eng und hoch ist. Viele Babys mit Down-Syndrom lallen nicht so intensiv wie andere Babys, und Variationen bei den einzelnen Lauten sowie in der Lautstärke oder Tonhöhe sind meistens geringer. Oft hören vor allem kleine Kinder nicht gut aufgrund von Infekten und Flüssigkeitsansammlung im Mittelohr.

Auch die kognitiven und sozio- emotionalen Fähigkeiten weisen einige typische Veränderungen auf. So schaut das Baby die Mutter (oder eine andere Bezugsperson) zwar an, aber bei der Entwicklung des referentiellen Blickkontaktes, der Fähigkeit, die Aufmerksamkeit der Mutter auf eine gewünschte Sache oder Handlung zu lenken, benötigt es Unterstützung. Auch das hinweisende Zeigen als eine erste Möglichkeit, auszuwählen und Wünsche deutlich zu machen, wird wenig spontan eingesetzt. Beeinträchtigt scheint demnach vor allem die Fähigkeit, intentionales kommunikatives Verhalten zu entwickeln. Gut lernt das Kind in konkreten Alltagssituationen seinen allgemeinen kognitiven Fähigkeiten entsprechend Rituale und Tagesabläufe zu verstehen und den Ankündigungscharakter bestimmter Handlungen wie die Vorbereitungen zum gemeinsamen Essen oder von typischen Abfolgen vor dem Schlafengehen zu erfassen. Auch das kontextbezogene Sprachverständnis weist keine wesentlichen Verzögerungen gegenüber der allgemeinen kognitiven Entwicklung des Kindes auf.

Die wesentlichen Schwierigkeiten beim Sprechenlernen werden meistens um die Einjährigkeit erkennbar und zeigen sich dann zunehmend deutlich in der weiteren Entwicklung. Die Ursache dieser syndromspezifischen Probleme sind multifaktoriell bedingt. Sie werden sowohl in Beeinträchtigungen der motorisch-funktionellen Fähigkeiten gesehen als auch in der kinästhetisch-motorischen Steuerung bei der Lautbildung, d. h. in der Eigenwahrnehmung von Zungen- und Mundbewegungen in Verbindung mit den produzierten Lalllauten. Hinzu kommen Schwächen in der Wahrnehmungsverarbeitung, insbesondere im Bereich des Hörens sowie ein vermindertes Kurzzeitgedächtnis.

Oft bereitet es den Kindern große Schwierigkeiten, sich zu erinnern, wie bestimmte Laute gebildet werden oder wie ein Wort gesprochen wird. Deshalb können sie manchmal ein Wort an einem Tag richtig sprechen und am nächsten Tag gelingt es ihnen nicht mehr. Das Problem liegt somit nicht allein in motorischen Unzulänglichkeiten, sondern offenbar in speziellen Schwierigkeiten, sich an das Wort und die dazu gehörenden Sprechbewegungen zu erinnern.

Während sowohl das präverbale Verstehen als auch das Sprachverständnis meistens weniger beeinträchtigt sind, ist das wesentliche Problem der Kinder, sich mitzuteilen und Wünsche und Bedürfnisse aktiv deutlich zu machen. Aus der Diskrepanz zwischen ihren allgemeinen kognitiven Fähigkeiten, dem Sprachverständnis und der Mitteilungsfähigkeit und dem Mitteilungsbedürfnis ergibt sich ein syndromspezifisches Sprachprofil. Deshalb ist es wichtig, eine entsprechende spezielle entwicklungsbegleitende Sprachförderung zu gestalten (Wilken 2014, 128 ff.). Gerade für die Teilhabe in der Familie, in Krippe und Kita ist es für die Kinder entscheidend, dass die Entwicklung allgemeiner kommunikativer Verhaltensweisen mit speziellen Verfahren gefördert werden, aber auch basale Möglichkeiten der Verständigung erlernt und die Mitteilungsbereitschaft und Mitteilungsfähigkeit systematisch unterstützt werden.

Um wichtige motorische und wahrnehmungsmäßige Grundlagen für das Sprechen zu fördern, sollten wir die Kinder in der frühen Entwicklung unterstützen, während des Essens und Trinkens, beim Zähneputzen, Mundausspülen, Pusten und Saugen vielfältige Munderfahrungen zu machen. Außerdem üben wir im Spiel durch wechselseitiges Imitieren von Lauten, durch Lippenbrummen, Küsschen geben das Nachahmen und sprechmotorische präverbale Fähigkeiten. Besonders die Förderung der auditiven Aufmerksamkeit ist für Kinder mit Down-Syndrom wichtig. Da das Kind Fähigkeiten am besten entwickelt, wenn es deren Bedeutung erlebt und den Gebrauch subjektiv als sinnvoll empfindet, fördern wir Aufmerksamkeit und Hören in vielen Alltagsituationen. Gemeinsame Handlungen und gemeinsames Spiel werden immer sprachlich begleitet, um die »Weckfunktion« der Lautsprache für die auditive Wahrnehmung und die lautsprachliche Orientierung zu fördern. Das Kind wird immer wieder angeregt, selbst Laute zu bilden. Durch Wiederholen dieser Laute durch eine Bezugsperson wird es ermuntert, in einen »Dialog« zu treten. Es lernt die typischen Laute seiner Umgebungssprache differenzierter wahrzunehmen und sie dann auch zunehmend genauer wiederzugeben.

Eine besondere Bedingung für die sprachliche Entwicklung ergibt sich, wenn die Eltern verschiedene Muttersprachen haben oder wenn die gemeinsame Familiensprache abweichend von der Umgebungssprache ist. Dann ist es wichtig für ein Kind mit Down-Syndrom, eine verstehbare Trennung beider Sprachen vorzunehmen – entweder personenbezogen (Muttersprache und Vatersprache) oder lebensweltabhängig (zuhause, in Krippe oder Kita) und beide Sprachen nicht ständig zu mischen. Die Erfahrungen zeigen, dass auch Kinder mit Down-Syndrom bei insgesamt günstiger Entwicklung durchaus in der Lage sein können, Zweisprachigkeit erfolgreich zu bewältigen. Vorliegende Berichte von Eltern und Ergebnisse entsprechender Untersuchungen (Wilken 2014, 112 ff.) machen deutlich, dass der noch oft erteilte Rat, dem Kind nur Einsprachigkeit zuzumuten, weil sonst der Spracherwerb nachhaltig beeinträchtigt würde, nicht haltbar ist. Zudem berücksichtigt er weder die lebensweltbezogene Notwendigkeit für die Kinder und ihre Familien noch ist eine solche pauschale Ablehnung aufgrund vorliegender Erkenntnisse tatsächlich gerechtfertigt. Allerdings ist es wichtig, eine angemessene Unterstützung zu gestalten und förderliche, aber auch abträgliche Bedingungen zu reflektieren.

Im Entwicklungsalter von etwa acht bis neun Monaten werden für alle jungen Kinder einfache Gesten interessant. Kinder mit Down-Syndrom sind dann meistens 14 bis 20 Monate alt. Sie sind jetzt in der Lage, auf einfache Fragen, beispielsweise »Wie groß bist du?« oder »Wie gut hat es geschmeckt?«, mit entsprechendem Verhalten zu antworten oder nach Aufforderung auf einzelne Körperteile (Nase, Ohren) zu zeigen sowie Handlungen (mit dem Löffel im Glas klingeln, mit einem Klotz klopfen) und einfache Gesten (»Winke-Winke« machen oder »essen« Hand auf den Bauch legen) nachzuahmen und eventuell dazu begleitend zu lautieren (da-da, mm). Wir können sie jetzt auffordern, auf Personen (Papa, Mama, Bruder), konkrete Dinge (Lampe, Fenster, Telefon) oder eventuell schon Bilder zu zeigen und so ihr Sprachverständnis erweitern. Wir können das Kind auch ermuntern, eine Auswahl zwischen zwei Dingen (Honig oder Nutella, Wurst oder Käse) zu treffen und sich mit Zeigen mitzuteilen.

Bei gemeinsamen Handlungen oder beim Spielen können wir auch beginnen, die Kommunikation mit einzelnen Gebärden als sich wiederholendes Ritual zu unterstützen. So kann man nach jedem Essen sich die Hände geben und gemeinsam die Gebärde für *fertig* machen. Beim Spielen mit dem Rutscherauto kann man die Hände auf das Lenkrad legen und gemeinsam die Lenkbewegung durchführen und dann die entsprechende Gebärde für *Auto* einführen. Meistens ist das Kind in solchen konkreten Situationen leicht zu motivieren, eine Gebärde mit- bzw. nachzumachen. Förderlich ist besonders – anders als beim Sprechen –, dass wir das Kind bei der Ausführung von Gebärden direkt unterstützen können. Für Kinder mit Down-Syndrom hat sich die »Gebärden-unterstützte Kommunikation (GuK)« seit vielen Jahren bewährt (Wilken 2000 c). Bei diesem Verfahren wird die Lautsprache keineswegs ersetzt, sondern nur einzelne wichtige Wörter werden mit Gebärden verdeutlicht.

Alle Kinder lernen Gebärden früher und leichter als die Lautsprache, weil sie die motorische Kontrolle der Hände eher beherrschen als die viel differenzierteren Sprechbewegungen. Deshalb können sich alle Kinder früher durch Gebärden mitteilen als mit Lautsprache. Viele Gebärden enthalten auch deutliche Merkmale des Bezeichneten bezogen auf die Form (z. B. *Ball*), die Tätigkeit (z. B. *trinken*) oder auf ein wesentliches Merkmal (z. B. *Vogel*). Diese teilweise Ähnlichkeit von Gebärde und dem damit bezeichneten Gegenstand oder der Handlung erleichtert den Kindern nicht nur das Verständnis, sondern vor allem auch das Erinnern. Es entspricht den üblichen lautmalerischen Bezeichnungen, wie »Wau-wau« für Hund oder »Tick-tack« für Uhr. Die einzelnen Gebärden können wir gut in konkreten Situationen einführen und dabei die inhaltliche Verbindung von Zeichen und Wort verdeutlichen. Zusätzlich können wir die Gebärden mit typischen Lauten koppeln (»brm« für Auto, »wau-wau« für Hund, »piep-piep« für Vogel). Durch die Gebärde wird den Kindern auch erleichtert, sich an diese begleitenden Laute zu erinnern und sie einzusetzen.

Weil die durch Gebärden unterstützten Wörter nach den Interessen des Kindes ausgewählt und in Situationen angeboten werden, die für das Kind von alltäglicher Bedeutung sind, ergeben sich Wiederholungen in natürlichen Alltagskontexten. Bei Gebärden ist – anders als beim gesprochenen Wort – ein längeres Betrachten des Zeichens oder eine langsamere oder mehrfache Ausführung möglich. So kann die verzögerte Verarbeitungsfähigkeit der Kinder mit Down-Syndrom besser berücksichtigt und ausgeglichen werden. Aber nicht alle Wörter in einem Satz sollten mit Gebärden unterstützt werden, sondern nur solche, die für das Verstehen von Bedeutung sind. Das erleichtert dem Kind das Erfassen der wesentlichen Mitteilung und erleichtert das Lernen der inhaltlich wichtigen Gebärden im jeweiligen Kontext: So wird z. B. der Satz gesprochen: »Wir gehen nach Hause« – gebärdet wird aber nur Haus. Dadurch wird dem Kind möglich, selber die Gebärde einzusetzen, um eine entsprechende Mitteilung zu machen, z. B. die Gebärde Haus für »ich will nach Hause«.

Gerade für behinderte Kinder mit stark verzögerter Sprachentwicklung ist wichtig, dass Gebärden vielfältige differenzierte sprachgebundene Leistungen unterstützen. Sie ermöglichen das kognitive Verarbeiten und Speichern von Erfahrungen, die Bildung von Kategorien und bieten für das Vergleichen und bedeutungsbezogene Bewerten sprachliche Symbole. Gebärden können sowohl eine quantitative Zunahme von Wissen ermöglichen durch Vergrößerung des passiven und aktiven (Gebärden-)Wortschatzes als auch eine qualitative Reorganisation des Wissens fördern durch das Lernen von Oberbegriffen, Vergleichen und Relationen. Das ist auch mit einfachen Spielen zu üben, wie z. B. »alle Tiere fliegen hoch« (Katze, Hund …, Fliege, Vogel), und entsprechend dann auch, welche Tiere oder Dinge schwimmen (Fisch, Ente, Kuh …) oder welche Tiere klein sind (Maus, Biene) oder welche groß (Elefant, Pferd, Kuh …).

> Ein kleines zweijähriges Mädchen legte immer die Hand auf den Bauch und sagte dazu »mm«, wenn sie etwas essen wollte. Dann lernte sie die Gebärde für »trinken«. Sie zeigte auf die verschiedenen Dinge auf dem Tisch und lernte, bei welchen Begriffen »essen« und bei welchen »trinken« gebärdet werden muss. Mit den GuK-Karten lernte sie dann, spielerisch Bilder zu ordnen, was sie gern essen und was sie trinken mag.

Viele wesentlichen Funktionen von Sprache sind nicht an die verbale Sprache gebunden, wohl aber an ein differenziertes Kommunikationssystem. Deshalb können Gebärden sich aufgrund der strukturellen Ähnlichkeit zwischen den beiden Symbolsystemen – Sprache und Gebärde –, wie langjährige Erfahrungen mittlerweile zeigen, positiv auf die Entwicklung des symbolischen Denkens auswirken und damit den Spracherwerb unterstützen.

Gebärden bewirken auch eine erhöhte wechselseitige Aufmerksamkeit von Kind und Bezugsperson, und das langsamere Sprechen und die visuelle Betonung der Schlüsselwörter erleichtern dem Kind das Verstehen, während sonst in einem längeren gesprochenen Satz oftmals die entscheidenden Informationen untergehen können.

In der allgemeinen Sprachentwicklung gehen Kinder kreativ mit Wörtern um und klassifizieren u. a. nach Ähnlichkeit im Aussehen oder in der Funktion (z. B. Mond als Lampe, Luftmatratze als Bodenbett). Solche generalisierenden Klassifikationen ermöglichen auch Gebärden und manchmal erfinden die Kinder für Begriffe selber spontan eine eigene Gebärde zur Bezeichnung. Dabei wird deutlich, welches Merkmal oder welche Eigenschaft aus ihrer Sicht relevant ist. So bezeichnete ein Kind ein Eichhörnchen mit »Baumkatze« – es gebärdete Baum und Katze. Ein anderes Kind gebärdete »Erde« und »Bär« und bezeichnete damit »Erdbeeren«.

> Ein 2 ½ jähriger Junge zeigte auf die Kekskrümel auf dem Teppich und machte mit dem Arm eine pendelnde Bewegung und sagte dazu »rr-rr«. Damit meinte er den Staubsauger!

Kindern mit Down-Syndrom lernen relativ gut Gebärden und erhalten damit die Möglichkeit, sich nicht nur eher und besser verständigen zu können, sondern auch die Entwicklung wichtiger basaler sprachgebundener kognitiver Strukturen wird unterstützt.

Da Gebärden dem noch nicht sprechenden Kind ermöglichen, sich mitzuteilen, bewirkt diese konkrete Erfahrung, etwas Gewünschtes zu erhalten, Einfluss zu nehmen und damit eine positive Verstärkung der Eigenaktivität. Dadurch wird die Mitteilungsbereitschaft gefördert und sonst häufige frustrierende Kommunikationssituationen werden verringert. Die Kinder können mit Gebärden Wünsche deutlich machen und Fragen stellen. Im Alter von 20 Monaten gebärdete ein Junge »Oma« und zeigte auf die Autoschlüssel (er wollte mit dem Auto zur Oma fahren). Auch einfache Dialoge sind mit Gebärden möglich. Auf die Frage, was er essen möchte, gebärdete ein Junge im Alter von 23 Monaten »Keks«. Die Mutter antwortete, dass er zum Abendessen keinen Keks haben kann. Darauf entschied sich der Junge für »Brot« und »Wurst«.

Die Gebärden-unterstützte Kommunikation hat für die meisten Kinder mit Down-Syndrom nur eine vorübergehende Bedeutung, weil Gebärden mit zunehmenden Fähigkeiten im Sprechen überflüssig werden. Entsprechende Untersuchungen bestätigen, »je älter die Kinder sind, desto mehr Worte gebrauchen sie, und je mehr Worte sie gebrauchen, desto weniger Gebärden setzen sie ein« (Wagner, Sarimski 2013, 21). Überwiegend sind für die meisten Kinder mit Down-Syndrom Gebärden zwischen dem zweiten und fünften Lebensjahr zur Verständigung wichtig. Allerdings sollten sie auch immer ermutigt werden, sich ihren Möglichkeiten entsprechend lautsprachlich zu äußern. Jedes Kind, das sich hinreichend verbal verständlich machen kann, verzichtet dann zunehmend auf Gebärden. Deshalb verzögern Gebärden auch nicht den Spracherwerb.

> **Gebärden haben positive Auswirkungen auf die Kommunikation und den Spracherwerb:**
>
> - Gebärden sind früher und leichter zu lernen als Lautsprache
> - basale kognitive Strukturen entwickeln sich früher
> - die visuelle Verdeutlichung der Schlüsselwörter erleichtert das Verstehen der wichtigen Informationen
> - die oft gegebene Ähnlichkeit der Gebärde mit dem bezeichneten Gegenstand oder der Handlung erleichtert das Verständnis
> - die Gebärden-unterstützte Kommunikation (GuK) fördert den Spracherwerb. Es gibt keine nachteiligen Auswirkungen auf den Spracherwerb und das Sprechen lernen
> - bei Zweisprachigkeit können Gebärden eine »Brücke« für das Verstehen und zum Mitteilen sein

Gerade für Kinder mit Down-Syndrom ist die Gebärden-unterstützte Kommunikation (GuK) eine wichtige Hilfe, um den Spracherwerb zu unterstützen und die Kluft zwischen Mitteilungsbedürfnis und Verständigungsfähigkeit zu überbrücken.

Für die Teilhabe am Gruppengeschehen ist es für Kinder, die eine Krippe, einen Kindergarten oder eine Kita besuchen, hilfreich, wenn sie auch dort in der Lage sind, sich verständlich zu machen. Deshalb ist es wichtig, dass ihr besonderes Kommunikationssystem auch dort verstanden und unterstützt wird. Oft sind dann die bei Spielliedern, Sprechversen und in allgemeinen Ritualen eingesetzten Gebärden auch für andere Kinder interessant und fördern deren sprachlichen Fähigkeiten – das gilt zunehmend auch für kleine Kinder, die noch nicht deutsch sprechen können. Ein kleines entsprechend gestaltetes Buch (GuK mal!) kann einige Anregungen dafür geben (Wilken 2018).

> Leonie ist 2 Jahre alt. Sie kennt bereits viele Gebärden, benutzt zur Mitteilung aber erst wenige. Sie spricht »Mama« und »da«. Ihre Gebärdenkarten wurden kopiert und hängen als Bilder in der Kita, die sie seit einigen Monaten besucht. Auch für zwei weitere Kinder, die eine erhebliche Sprachentwicklungsverzögerung aufweisen, sind die Gebärden hilfreich – und den anderen Kindern machen sie Spaß. Viele Lieder und Tätigkeiten werden mit Gebärden begleitet. So sitzen die Kinder im Kreis und singen: »Alle Kinder essen, essen, essen, alle Kinder essen, essen, essen – gern!« Dazu wird die Gebärde für »essen« gemacht. Entsprechend werden dann andere Tätigkeiten wie spielen, malen, singen eingesetzt.
>
> Das Morgenlied (»Guten Morgen in diesem Haus«) und das Abschlusslied (»Alle Leut`, alle Leut` geh`n jetzt nach Haus«) werden immer mit Gebärden begleitet.

Die besondere Bedeutung der unterstützten Kommunikation für die Teilhabe von Kindern mit Down-Syndrom zeigt auch eine vergleichende Untersuchung zu den Entwicklungsstufen der Spiel- und Sprachentwicklung, die ergab, dass »die sprachlichen Äußerungen nicht ihrer kognitiven Entwicklungsstufe entsprachen, die sie im Spiel zeigten« (Kiesel u. a. 2009, 1). Ohne ein non-verbales sprachliches System zur Verständigung können diese Diskrepanzen deshalb dazu führen, die tatsächlichen Fähigkeiten der Kinder zu unterschätzen, und Spielangebote entsprechen dann oftmals nicht ihren wirklichen Interessen und ihrem kognitiven Niveau. Gebärden ermöglichen ihnen dagegen, uns ihre tatsächlichen Kompetenzen deutlich zu machen. Als verblüffend wird von den Eltern manchmal erlebt, dass die Kinder sogar mit Gebärden »Witze« machen. So gebärdete ein kleines Mädchen »Wurst« und zeigte lachend auf eine Banane! Gebärden sind – so erleben wir es immer wieder – »ein Fenster zum Denken des Kindes«.

Als besonders hilfreich für die noch nicht sprechenden Kinder hat sich erwiesen, dass sie mit Gebärden auf Fragen antworten können und in der Lage sind, Wünsche und Bedürfnisse mitzuteilen, und dass vor allem frustrierende Kommunikationssituationen verringert werden können.

5.5 Selbstständigkeitsentwicklung

Jedes Kind gewinnt mit zunehmendem Alter mehr Kompetenzen und wird selbstständiger, sowohl in seinen alltäglichen Fertigkeiten der Selbstbesorgung als auch in seinen sozialen und lebenspraktischen Fähigkeiten. Selbstständig zu sein und etwas allein zu können ist eine wichtige Grundlage für die Entwicklung des Selbstbewusstseins. Obwohl es meistens einfacher ist und schneller geht, viele Handlungen *für* das Kind zu tun, ist es langfristig wirksamer, schon dem kleinen Kind zu helfen, seinen Möglichkeiten entsprechend etwas selber zu tun, z. B. selber zu essen, zu trinken, sich aus- bzw. anzuziehen, auch wenn es diese Tätigkeit noch nicht »perfekt« beherrscht. Auch das alleine Spielen oder das Spiel mit anderen Kindern ist eine wichtige soziale Kompetenz, die wir bewusst unterstützen sollten.

Selbstbestimmung und Selbstständigkeitsentwicklung sind nicht unbedingt abhängig vom Erreichen bestimmter Basiskompetenzen. Sie werden aber ermöglicht durch Bedingungen, die dem Kind erlauben, sich bei gemeinsamen Alltagshandlungen seinen Fähigkeiten entsprechend zu beteiligen. So kann schon das junge Kind durch Blickkontakt sein Interesse zeigen, das dann beantwortet wird. Es kann beim Essen durch Öffnen des Mundes mitbestimmen, wann es den nächsten Löffel haben will, oder es verdeutlicht mit der Gebärde »fertig«, wenn es mit etwas aufhören möchte.

> Der 18 Monate alte Lukas liegt auf dem Wickeltisch und die Mutter zieht ihn aus. Sie unterstützt ihn, die Beine anzuheben, damit er seine Füße anfassen kann. Dazu sagt sie »aus«, und er zieht seine Strümpfe aus und lacht.

In der Selbstständigkeitsentwicklung spielt auch eine Rolle, in wie weit die Eltern ihr Kind etwas ausprobieren lassen und ihm so helfen, neue Kompetenzen zu erlernen. Erste Versuche, alleine zu essen, werden sicher mit Kleckern verbunden sein, beim Trinken ist mit verschüttetem Getränk zu rechnen – und alles benötigt mehr Zeit und erfordert Geduld. Aber das Zutrauen in die sich entwickelnden Fähigkeiten des Kindes ist wichtig. Dadurch wird das Kind bestärkt, sich immer wieder anzustrengen, eine Wiederholung zu wollen und sich dann über das Gelingen zu freuen.

Die Sauberkeitserziehung ist ein wichtiger Bereich, in dem viele Kinder mit Down-Syndrom besonderer Unterstützung bedürfen. Sie können oft weniger deutlich spüren, wann sie zur Toilette müssen und haben aufgrund der Hypotonie auch größere Probleme bei der Blasen- und Darmkontrolle. Außerdem erschweren die heutigen supertrockenen Einwegwindel die Wahrnehmung von Nässe zusätzlich. Es hat sich als hilfreich erwiesen, schon das kleine Kind – wenn es selbständig sitzen kann – etwa mit zweieinhalb oder drei Jahren regelmäßig zu bestimmten Zeiten als Ritual und noch erfolgsunabhängig auf den Topf zu setzen oder an die Toilettenbenutzung (mit Sitzverkleinerung und Fußschemel) zu gewöhnen. Eine günstige Voraussetzung besteht, wenn die Windel schon zeitweilig länger trocken bleibt und sich bereits eine gewisse Regelmäßigkeit bei der Stuhlentleerung eingestellt hat. Ein entsprechendes Tagesprotokoll über Häufigkeit und Uhrzeit von Einnässen und Stuhlgang, über einige Zeit geführt, kann eine gewisse Orientierung bieten. In diesem Alter ist aber das wesentliche Ziel die Gewöhnung an die Regelmäßigkeit, z. B. immer nach dem Essen auf dem Topf zu sitzen und noch nicht unbedingt das Erreichen von sicherer Blasen- und Stuhlkontrolle. Durchschnittlich sind die Kinder mit Down-Syndrom etwa vier bis fünf Jahre alt, bis sie überwiegend sauber und trocken sind – aber wann ein Kind diese Fähigkeit erlernt, ist sehr unterschiedlich. Die ermittelte Streubreite liegt für die Stuhlkontrolle bei 28–90 Monaten und für die Blasenkontrolle bei 20–95 Monaten, abhängig von vielfältigen individuellen, gesundheitlichen und familiären Bedingungen.

Im Kleinkindalter ist die Selbständigkeitsentwicklung vor allem eingebunden in unterschiedliche Alltagshandlungen in der Familie oder auch in Routinen in der Krippe. So kann das Kind lernen, auf eine Bitte hin etwas zu holen, verschüttetes Wasser mit einem Tuch aufzuwischen, beim Aufräumen mitzuhelfen oder sich die Zähne zu putzen, die Hände zu waschen und abzutrocknen. Auch beim Ausräumen der Spülmaschine kann es mitmachen, es kann mithelfen beim Tischdecken und vielleicht auch bei anderen Tätigkeiten wie z. B. Blumengießen. In Krippe oder Kita ist ebenfalls immer wieder zu reflektieren, was das Kind bereits allein kann und wo es noch Unterstützung benötigt. Gerade das Vorbild der anderen Kinder wirkt dabei oft motivierend, sich allein auszuziehen oder die Jacke zu holen, um sich beim Anziehen helfen zu lassen. Manche kleine Kinder zeigen in der Kita eine größere Selbständigkeit als zu Hause. Sie akzeptieren dort auch eher die geltenden Regeln. So gab ein etwa zweieinhalb jähriges Mädchen morgens bei der Ankunft in der Kita unaufgefordert seinen Schnuller der Erzieherin, weil es in dieser Einrichtung üblich ist, dass der Schnuller nicht beim Spielen, sondern erst wieder beim Mittagsschlaf benutzt wird. Selbst die Bereitschaft, zur Toilette zu gehen, ist oft weniger ein Problem, wenn alle Kinder das auch machen.

Für viele Eltern ist in diesem Alter ihrer Kinder hilfreich, Kontakt mit anderen Familien aufzunehmen, die gleichfalls ein Kind mit Down-Syndrom haben und in Selbsthilfegruppen sich auszutauschen über aktuelle Fragen und Probleme, aber auch um über positive Erfahrungen zu sprechen. Wichtige Themen sind zudem Informationen über bestehende Rechtsansprüche, das Pflegetagebuch und die Eingruppierung in eine Pflegestufe, die Beantragung von begleitender Unterstützung in der Kita oder durch Familien unterstützende Dienste. Aber auch die Diskussion von gemeinsamen Überlegungen zu Entwicklungsperspektiven und Fördermöglichkeiten ist hilfreich und ermöglicht, eigene Standpunkte zu finden. Das vermag den Eltern Zuversicht zu vermitteln und gibt ihnen mehr Sicherheit für die Gestaltung des Alltags und für die weitere Begleitung ihres Kindes.

6 Kindergartenalter und Vorschulzeit

Kinder mit Down-Syndrom zeigen im Kindergartenalter ein sehr heterogenes Bild bezogen auf die erreichten verschiedenen Fähigkeiten. Besonders im sprachlichen Bereich, aber auch im allgemeinen Verhalten und in der Selbständigkeit sowie in der Grob- und Feinmotorik sind die individuellen Unterschiede sehr groß. Während einige der drei- bis vierjährigen Kinder schon in der Lage sind, in kleinen Sätzen zu sprechen, gebrauchen die meisten Einwortsätze oder sprechen gerade erst einzelne Wörter. Andere Kinder haben in diesem Alter noch gar nicht mit dem Sprechen begonnen, können sich aber vielleicht schon mit Gebärden verständigen. Einige Kinder sind schon recht selbständig, andere brauchen in vielen Alltagsaktivitäten noch intensive Unterstützung.

6.1 Spiel- und Lernverhalten

Oftmals beschäftigen sich Kinder mit Down-Syndrom in diesem Alter noch wenig konstruktiv mit einer bestimmten Sache, sondern spielen stärker funktionsorientiert: Sie räumen gern aus, schütteln die Dinge oder klopfen damit und werfen sie dann einfach weg, ohne jedoch genau hinzusehen. So-tun-als-ob-Spiele und Rollenspiele, die entsprechende Vorstellungen voraussetzen, sind eher selten. Manche Kinder wechseln ihre Aktivitäten ständig, sind gern in Bewegung und mögen weniger Spiele am Tisch und im Sitzen. Andere verharren lange bei einer sehr gleichförmigen Wiederholung derselben Tätigkeit und beobachten lieber die anderen Kinder, als dass sie selbst aktiv werden (Winders 1997, 13).

> Manche Kinder mit Down-Syndrom sind motorisch recht unruhig und bleiben weniger bei einer Beschäftigung, andere Kinder neigen eher zum Beobachten und Abwarten.
> In beiden Fällen benötigen die Kinder Unterstützung, damit ausdauernde Aktivität gelingt oder damit Teilhabe und Mitspielen erfolgt.

Puzzle oder andere Legespiele sowie Bauen mit Lego bzw. Duplo überfordern manche Kinder, weil sie noch feinmotorische Schwierigkeiten haben. Auch spielen einige Kinder weniger zielorientiert und können sich selten länger intensiv mit einer Sache beschäftigen. Manchmal gibt es auch Kinder, die sich zurückziehen und dazu neigen, stereotyp mit Bändern, einem bestimmten Tuch oder einem anderen bevorzugten Gegenstand zu wedeln und solche wiederholenden Tätigkeiten über eine relativ lange Zeit beibehalten und dann keinen Kontakt zu anderen aufnehmen wollen.

Kinder mit Down-Syndrom sind auch in ihrer Wahrnehmungsfähigkeit beeinträchtigt und reagieren deshalb oft erheblich zeitlich verzögert. Da Wahrnehmung die bedeutungsbezogene Verarbeitung der mit den Sinnesorganen (Sehen, Hören, Fühlen, Riechen) aufgenommenen Eindrücke ist und eine Verknüpfung dieser Informationen mit Erfahrung verlangt, ist es wichtig, den Kindern die dafür nötige Zeit zu geben und durch strukturierte Angebote solche Lernerfahrungen zu unterstützen. Viele Kinder lassen sich leicht ablenken und wechseln immer wieder gerade begonnene Tätigkeiten. Sie verlieren auch leicht die Lust, wenn eine Aufgabe etwas schwierig ist und ihnen nicht gleich gelingt. Oftmals orientieren sich die Kinder stärker an den Erwachsenen als an den Gleichaltrigen, eine Tendenz, die durch eine zu enge Zuordnung von Betreuungsassistenz noch ungünstig verstärkt werden kann.

Spielen ist für alle Kinder eine wichtige Grundlage, um Erfahrungen zu machen, zu erinnern, zu wiederholen und immer wieder neue Variationen zu entdecken. Kinder mit Down-Syndrom benötigen dazu differenzierte Hilfen, um so neue Spiele und die entsprechenden motorischen und kognitiven Grundlagen zu erlernen. Ohne solche ermutigenden Hilfen neigen einige Kinder dazu, weniger Neues auszuprobieren und vorschnell aufzugeben. Sie verharren dadurch unnötig auf einem niedrigeren Spielniveau, das nicht ihren allgemeinen kognitiven Fähigkeiten entspricht. Bei konkreten Forderungen, die ihnen etwas zu schwierig oder anstrengend erscheinen, verweigern sich die Kinder leicht, weil sie mögliche Misserfolge vermeiden möchten. Es ist wichtig, ihnen dann durch begleitende Unterstützung sichtbare Erfolge zu ermöglichen – und nicht auf das Ausweichverhalten einzugehen und auf solche Aufgaben ganz zu verzichten, weil die Kinder sonst sich selbst unnötig einschränken und damit unter ihren eigentlichen Fähigkeiten verbleiben.

Manchmal versuchen die Kinder sogar, durch soziale Zuwendung wie Küsschen geben, lächeln, streicheln oder andere Strategien ihre Bezugspersonen von der eigentlichen Anforderung abzulenken. Diese Tendenz zum vorschnellen Aufgeben bei Anforderungen und eine »erfinderische Vermeidungsstrategie« (Rauh 1996) können neue Erfahrungen und Lernen erheblich einschränken. Die Kinder benötigen deshalb einfühlsame Ermutigung und angepasste Hilfen, damit für sie eine gestellte Aufgabe überschaubar und als zu bewältigen erscheint.

> Kinder mit Down-Syndrom entwickeln erfinderische Vermeidungsstrategien, wenn ihnen Aufgaben etwas zu schwer erscheinen.

Aber so wichtig Lob und Bestärkung ist, kann es doch problematisch sein, wenn die Kinder nach jedem kleinen Teilschritt bereits Zuwendung, direkte Bestätigung oder Lob einfordern. Normale Spielsituationen oder typische Alltagsanforderung können durch ein solches Verhalten gestört und ständig unterbrochen werden. Einige beklatschen und loben sich häufig selbst. Die eigentliche Tätigkeit verliert durch ein solches Verhalten an Bedeutung, und die soziale Abhängigkeit der Kinder vom Lob durch eine erwachsene Bezugsperson wird dadurch ungünstig verstärkt.

Deshalb sollte man dem Kind Aufgaben anbieten, die es zwar nicht überfordern, aber doch anregen, Neues zu versuchen, und ihm dann bei der Bewältigung angemessene Hilfen und Verstärkung bieten. Wichtig ist dabei, Bedingungen zu gestalten, die das Interesse und die Aufmerksamkeit des Kindes fördern, ein Fehler vermeidendes Lernen ermöglichen und häufige Ablenkungen einschränken. Dann kann es gelingen, soziales und sachbezogenes Spielen zu gestalten, bei dem die Aufgaben bedeutsam sind und gemeinsames Spielen freudig erlebt wird. Vor allem in natürlichen Spiel- und Alltagssituationen zu Hause, auf dem Spielplatz oder im Kindergarten, die für das Kind bedeutsam und motivierend sind, gelingen solche wichtigen positiven Erfahrungen zusammen mit anderen Kindern.

Die üblichen, sich wiederholenden Handlungen in den Alltagsroutinen mit immer wiederkehrenden Abläufen und Regeln bieten vielfältige Gelegenheiten zur Gestaltung sinnvoller gemeinsamer Erfahrungen. So ermöglichen die üblichen Abläufe beim Waschen, Essen, An- und Auskleiden und das entsprechende Versprachlichen solcher Handlungen, Regeln zu verstehen. Auch das gemeinsame Spielen mit Autos, mit Bällen, mit Lego oder mit Puppen und das anschließende Aufräumen bieten vielfältige Gelegenheiten zur Gestaltung sinnvoller gemeinsamer Erfahrung und angemessener Beteiligung bei alltagsüblichen Tätigkeiten. In solchen natürlichen Situationen ergeben sich meistens zufällig Variationen im Ablauf, und das kann Kindern mit Down-Syndrom helfen, diese Veränderungen besser zu akzeptieren. Ihre Neigung, relativ unflexibel an bestimmten Gewohnheiten und Abfolgen festzuhalten – und dann aus Sicht vieler Erwachsener als »bockig« und uneinsichtig zu erscheinen –, können sie so lernen, leichter zu überwinden. Sie brauchen dafür aber klare Strukturen, die ihnen Sicherheit geben, um zeitweilige Abweichungen zu verstehen. Das gelingt ihnen am besten bei klar überschaubaren Alltagsaktivitäten.

Bei der Auswahl und Gestaltung spielerischer Angebote und Übungen ist es immer vorzuziehen, sich an den Vorlieben und Gewohnheiten und an den Kompetenzen des Kindes zu orientieren und diese zu erweitern, statt Aufgaben auszuwählen, die aus Entwicklungstabellen abgeleitet werden, um die so ermittelten Schwächen des Kindes durch spezielle Übungen zu vermindern (Pinzettengriff, Schere schneiden, Kneten, Hüpfen). Solche defizitorientierte Förderziele, die sich überwiegend daran orientieren, was das Kind noch lernen soll, führen leicht dazu, dass es ständig etwas üben und wiederholen muss, was es nicht oder noch nicht gut kann – und das macht selten Freude! Dagegen darf das Kind nicht tun, was es vielleicht gern machen möchte, weil die geplanten Förderaufgaben ein bestimmtes Vorgehen verlangen. Dadurch werden beim Kind nicht nur die typischen Vermeidungsstrategien verstärkt, sondern auch sein Selbstwertgefühl kann nachhaltig darunter leiden.

Um das Kind in seiner Entwicklung zu unterstützen und ihm zu helfen, seine Schwierigkeiten zu überwinden, ist es deshalb sinnvoll, von den vorhandenen Interessen auszugehen und dann durch strukturierte Angebote seine Kompetenzen zu erweitern und Neues zu lernen. So können wir vermeiden, dass die Kinder Anforderungen ausweichen oder typische Vermeidungsstrategien einsetzen, weil ihnen eine Aufgabe zu schwierig erscheint.

Durch eine Verdeutlichung des angestrebten Zieles und eine Aufgliederung in überschaubare Teilschritte und mit einfühlsamer Unterstützung ermöglichen wir dem Kind positive Erfahrungen, und ein vorwiegend Fehler vermeidendes Lernen vermag Frustrationen zu vermeiden. Das ist wichtig, weil Kinder mit Down-Syndrom dazu neigen, nach einem Misserfolg ähnliche Aufgaben von vornherein abzulehnen, und es dann schwierig ist, sie zu einem erneuten Versuchen oder einer Wiederholung zu motivieren.

Im Kindergarten- und Vorschulalter werden viele Kinder zunehmend aktiv. Sie sind neugierig, fassen vieles an und probieren unterschiedliche Dinge aus, können sich dadurch aber auch gefährden. Regeln und Grenzen werden oft ausgetestet und wenig akzeptiert, weil den Kindern häufig die notwendige Einsicht fehlt und sie die Begründungen für manche Verbote nicht verstehen oder nicht behalten. Konsequenzen, die aus erzieherischen Gründen erfolgen – wie Handlungsunterbrechung oder eine »Aus-Zeit« (time-out) –, empfinden sie nicht unbedingt als Folge ihres Verhaltens. Deshalb protestieren sie uneinsichtig gegen solche Maßnahmen, oft mit heftigem Geschrei oder sich auf den Boden werfen. Sie können sogar Verbote verbal wiederholen, ohne sich dann entsprechend zu verhalten. Hilfreich können manchmal einfache Bildergeschichten oder Comics sein, die dem Kind das gewünschte Verhalten durch die Visualisierung und eine ergänzende sprachliche Begleitung verdeutlichen (vgl. Bernard-Opitz 2013).

> Ein vierjähriges Mädchen, das einen Regelkindergarten besucht, schubst oftmals ohne erkennbaren Grund die anderen Kinder. Besonders problematisch ist aber das heftige Ziehen an den Haaren. Immer wieder ist mit ihr darüber gesprochen worden, dass dieses Verhalten den anderen Kindern weh tut. Manchmal kündigt sie jetzt sogar an, was sie vor hat, und sagt: »Nicht Haare reißen, nein, nein, nein!« Und dann macht sie es trotzdem.

Ein besonderes Problem kann im Kindergartenalter auch das Weglaufen sein – manchmal ist es allerdings ein spontanes Hinlaufen zu etwas Interessantem, ohne dass das Kind dabei die daraus entstehenden Konsequenzen zu bedenken vermag.

Viele Kinder verstehen noch nicht Ursache und Wirkung in Alltagssituationen, und es fällt ihnen schwer, verschiedene Erfahrungen zu verknüpfen. Aufgrund ihres eingeschränkten Kurzzeitgedächtnisses und der verlangsamten Verarbeitung, vor allem von verbalen Informationen, erkennen sie seltener Bestrafung als Konsequenz ihres Fehlverhaltens – vor allem, wenn die Folgen nicht unmittelbar eintreten. Aber auch dann, wenn sie z. B. beim Einkaufen weglaufen und deshalb in den Einkaufswagen gesetzt werden oder wenn sie an einem Herdknopf drehen, eine Kochplatte anstellen und deshalb in den Hochstuhl gesetzt werden, protestieren sie oftmals und verstehen diese Konsequenzen kaum, weil der Bezug ihnen oftmals nicht deutlich oder nicht mehr gegenwärtig ist. Es ist darum wichtig, solche Zusammenhänge immer wieder mit möglichst denselben Wörtern und mit denselben Gebärden deutlich zu machen: »Nein! Nicht weglaufen! Das ist verboten!« »Nein! Nicht den Herd anfassen! Das ist gefährlich!« »Nein! Nicht wegwerfen!« »Nein! Nicht an den Haaren ziehen!« Die unmittelbaren, deutlichen Konsequenzen müssen immer direkt und keinesfalls mit zeitlichem Abstand erfolgen, sie sollten aber nur so kurz andauern, dass das Kind den Zusammenhang noch erinnern kann.

Auch in neutralen Alltagssituationen müssen die Kinder vielfältige Gelegenheiten erhalten, Handlungsfolgen in überschaubaren Zeiteinheiten zu erleben, um Ursache-Wirkungs-Zusammenhänge zu erkennen und einfache Formen des vorausschauenden Denkens zu erlernen. So kann man in Alltagssituationen bestimmte Ereignisse und die Folge oft konkret verdeutlichen: Wenn es klingelt, können wir sagen: »Horch! Was war das? Es klingelt. Wer kommt jetzt wohl?« Wir machen dem Kind deutlich, wenn wir auf den Lichtschalter drücken, geht das Licht an; wenn das Spielauto fahren soll, müssen wir es aufziehen.

Wenn eine Handlungsabfolge dem Kind bereits bekannt ist, sollten wir zwischen den einzelnen Schritten eine Pause einlegen und eine Reaktion des Kindes abwarten, wie Zeigen, Gebärden oder Sprache. Tätigkeiten können wir begleitend benennen, damit das Kind die verschiedenen Begriffe bedeutungsbezogen hört und so Handlungen und Konsequenzen erinnern, vorausschauend denken und sich vorstellen kann (noch nicht – aber gleich! warten! anfangen! Hör auf, sonst...!). Ergänzend können wir auch verschiedene Dinge oder auch Bildkarten verstecken, und das Kind muss sich erinnern, suchen und die Sachen oder Bilder benennen (verbal oder mit Gebärde). Beim Erzählen einer bekannten Geschichte oder beim Betrachten eines Bilderbuches können wir kurz innehalten und fragen, was als nächstes passiert, um das Erinnern und Vorstellen zu fördern. Bei solchem dialogischen Bilderbuch ansehen können wir das Kind auffordern, mit Gebärden oder verbal mitzuteilen, wie die Geschichte weitergeht und was es noch weiß. So können wir bei der »Raupe Nimmersatt« fragen, was sie wohl frisst, oder bei der Geschichte vom »Maulwurf, der wissen will, wer ihm auf den Kopf gemacht hat«, können wir fragen, welches Tier der Maulwurf als nächstes trifft. Wenn das Kind dann »Kuh« gebärdet, antworten wir vielleicht »Genau! Der Maulwurf fragt die Kuh!« Es liegt auch ein entsprechendes Bilderbuch mit GuK-Gebärden vor (Wilken/Halder 2013 »Was nun?«).

6.2 Inklusion und Teilhabe im Kindergarten

Die UN-Behindertenrechtskonvention hat das Ziel, die inklusive Bildung für Menschen mit Behinderung deutlich weiter zu entwickeln. Gerade im Vorschulbereich ist die Umsetzung dieses Anspruchs schon relativ weit gediehen. Angestrebt wird dabei, »dass Kinder mit und ohne Behinderungen früh lernen, miteinander umzugehen, dass Förderkonzepte die unterschiedlichen und sich verändernden Bedarfe der Kinder abbilden« (Bundesjugendkuratorium 2012, 23). Erforderlich ist jedoch, auch »die strukturellen Bedingungen zu schaffen, die es Einrichtungen und den dort tätigen Fachkräften ermöglichen, sich sensibel und offensiv den Herausforderungen der Inklusion anzunehmen« (ebd., 25). Zudem bedarf eine solche »Umstellung auf ein inklusives Fördersystem der intensiven Konzipierung und begleitenden Planung, damit negative Auswirkungen für die Betroffenen möglichst gering gehalten werden« (ebd. 16).

Mittlerweile hat die Entwicklung der inklusiven Förderung dazu geführt, dass heute etwa zwei Drittel der Kinder mit unterschiedlichen Behinderungen allgemeine Einrichtungen des Elementarbereichs besuchen. Dabei werden die meisten Kinder im Rahmen der Einzelintegration aufgenommen, aber etliche besuchen auch besondere integrative Kindergärten mit behinderten und nicht behinderten Kindern. In solchen integrativen Einrichtungen haben in den jeweiligen Gruppen meistens ein Drittel der Kinder einen unterschiedlichen sonderpädagogischen Förderbedarf, während zwei Drittel der Kinder keine Beeinträchtigung haben. »Personalausstattung, Versorgung mit Unterstützungssystemen (heil- und sonderpädagogische Förderung, Physio- oder Ergotherapie, Sprachtherapie), Kooperationsbeziehungen zu anderen Einrichtungen (z. B. Frühförderstellen) und Finanzierungsstrukturen sind in den einzelnen Bundesländern dabei allerdings unterschiedlich geregelt« (Sarimki 2016, 28).

Aufgrund politischer Entscheidungen wurden in einigen Bundesländern Sonderkindergärten weitgehend aufgelöst, während in anderen Bundesländern die Eltern nach ihren individuellen kind- und familienbezogenen Bedürfnissen wählen können zwischen Regelkindergarten oder sonderpädagogischer Fördereinrichtung. Aber oft ist es schwierig zu beurteilen, was der richtige Weg für das einzelne Kind ist. Es gilt deshalb, Kriterien zu beschreiben und Bedingungen zu entwickeln, die wichtig sind, damit sowohl die angestrebte soziale Teilhabe wirklich gelingt als auch die nötige besondere individuelle Förderung gewährleistet ist.

Kinder mit Down-Syndrom besuchen heute überwiegend einen wohnortnahen Regelkindergarten. Einige erhalten dort ergänzende zusätzliche Unterstützung, andere haben keinerlei begleitende Hilfe. Von der personellen und sächlichen Ausstattung und von den pädagogischen Konzepten sind die Rahmenbedingungen regional sehr unterschiedlich. Manchmal verbindet sich mit dem Begriff der »Inklusion« auch die Illusion, dass Teilhabe sich allein schon durch »Dabei-sein« ergibt und dass eine zusätzliche (sonder)pädagogische Förderung nicht nötig sei. Es ist auch zu reflektieren, dass ohne Einbindung in ein ausgewiesenes pädagogisches Konzept die wesentliche Aufgabe von Inklusionsbegleitung oder Integrationsassistenz darin gesehen werden kann – und manche Arbeitsplatzbeschreibung machen das sehr deutlich –, nur das behinderte Kind zu unterstützen. Eine solche enge personelle Zuordnung kann die mögliche Fixierung des Kindes auf eine erwachsene Bezugsperson verstärken und somit Kontakte zu den anderen Kindern beeinträchtigen und dadurch eine durchaus ausgrenzende Wirkung haben. Dagegen können durch eine kreative Gestaltung geeigneter Spielangebote Hilfen von der Inklusionsbegleiterin gegeben werden, die alle Kinder beim gemeinsamen Spielen unterstützen.

Oft besteht die Erwartung, dass in einem »Kindergarten für alle« »Heterogenität und Vielfalt als besonderer Reichtum geschätzt wird ... Die politischen Entscheidungsträger und Verantwortlichen in den einzelnen Bundesländern unterscheiden sich jedoch deutlich in ihren Vorstellungen, wie dieser Anspruch ... verwirklicht werden kann ... und welche Ressourcen dafür erforderlich sind und wie sie finanziert werden« (Sarimski 2016, 27). Es ist deshalb sinnvoll, kritisch zu fragen, welche regionalen Bedingungen tatsächlich vorliegen, um individuell und familienbezogen abzuklären, welche Einrichtung für ein Kind mit Down-Syndrom am besten geeignet ist.

Kinder mit Down-Syndrom, die bereits eine Krippe besucht haben, erlebten dort schon das gemeinsame Spielen und Lernen mit anderen Kindern. Diese zumeist positiven Erfahrungen wünschen sich die Eltern im Kindergarten fortzusetzen. Auch im Freundeskreis und in der Nachbarschaft, auf dem Spielplatz oder beim Kleinkinderturnen haben viele Eltern überwiegend gute Erfahrungen mit dem gemeinsamen Spielen gemacht. Deshalb wünschen sie sich einen Erhalt dieser positiven Beziehungen ihrer Kinder mit anderen nicht beeinträchtigten Kindern und möchten daher fast immer, dass ihr Kind den wohnortnahen allgemeinen Kindergarten besucht, anderen Kindern aus der Nachbarschaft bekannt ist, wechselseitige Einladungen erfolgen können und spontane Kontakte weiterhin möglich sind.

In einer Befragung in Elternseminaren zum Kindergartenbesuch (Wilken, 2002a) gaben 78,6 % an, dass ihr Kind einen allgemeinen Kindergarten besucht. Für die meisten Kinder mit Down-Syndrom gelingt – mit etwas Unterstützung bei unklaren Situationen und bei plötzlichen Veränderungen von Abläufen – eine solche Eingliederung in den Kindergartenalltag ohne besondere Probleme. Allerdings können die oft relativ großen Gruppen und die Wahrscheinlichkeit, dass die aufzunehmende Kinderzahl sich aufgrund des Bedarfs vermutlich noch erhöhen wird, aber auch Kinder mit herausforderndem oder kulturell bedingtem abweichenden Verhalten für das behinderte Kind schwierig sein und eine sensible individuelle Unterstützung durch eine Erzieherin erfordern. Es ist auch wichtig, darauf zu achten, wie das Kind mit Down-Syndrom bei gemeinsamen Spielen seinen Möglichkeiten entsprechend einbezogen wird, damit es nicht überwiegend neben statt mit den anderen Kindern spielt oder sich zurückzieht und nur zusieht. Sinnvoll ist auch, den nicht behinderten Kindern angemessene Erklärungen zu geben, warum Kinder mit Down-Syndrom oft langsamer sind oder noch Mühe mit dem Sprechen haben. Mit geeigneten Bilderbüchern zu diesem Thema ist es möglich, auch weitere verstehbare Informationen und Erklärungen zum Down-Syndrom zu geben, die vielleicht dazu anregen, sich mit den verschiedenen dadurch bedingten manchmal auftretenden Schwierigkeiten auseinanderzusetzen. Allerdings sollte nicht nur über Probleme gesprochen werden, sondern unbedingt auch über positive Erfahrungen und besondere, vielleicht lustige gemeinsame Erlebnisse.

Manchmal besteht bei den anderen Kindergartenkindern die Tendenz, das Kind mit Down-Syndrom in bestimmten Kleinkindrollen zu fixieren, es zu »bemuttern« und gern überflüssige Hilfen anzubieten – oder sogar aufzudrängen, manchmal weil sie selbst sich dabei schon »groß« fühlen. Und Kinder mit Down-Syndrom nehmen Hilfen – auch unnötige – meistens gern in Anspruch! Das kann nicht nur ihre Selbstständigkeitsentwicklung nachhaltig beeinträchtigen, sondern auch ihre wirkliche Teilhabe an normalen Gruppenaktivitäten einschränken. Deshalb ist es wichtig, die anderen Kindergartenkinder darüber zu informieren, wie und wann Hilfen wirklich nötig sind, damit sie Verständnis und Gespür dafür entwickeln können.

Günstig kann es sein, wenn besondere therapeutische Angebote sich nicht nur an das einzelne Kind mit Down-Syndrom richten. Durch das Einbeziehen auch anderer Kinder in solche Fördersequenzen können sich oft auch gute Möglichkeiten ergeben, in diesen kleinen Zweier- oder Dreier-Gruppen Freundschaften anzubahnen und ein besseres Verständnis für das Kind mit Down-Syndrom zu vermitteln. Einige Kinder sind dann in der Lage, als »Spielpaten« die Einbeziehung des behinderten Kindes im Gruppenalltag ganz selbstverständlich mit zu übernehmen.

> Mareile ist vier Jahre alt, sie kann viele Gebärden und spricht wenige Wörter. Sie besucht eine Kindertagesstätte. Zweimal in der Woche kommt eine Logopädin in den Kindergarten. Sie übt öfter mit Mareile zusammen mit einem noch nicht hinreichend deutsch sprechenden, etwa gleichaltrigen Mädchen. Diese gemeinsame Förderung hat zu einer Freundschaft beider Mädchen geführt, und nun wird Mareile von ihrer Freundin auch bei anderen Aktivitäten und beim Spielen mit den anderen Kindern ausgesprochen einfühlsam unterstützt.

Insgesamt sind die in Elternseminaren berichteten Erfahrungen mit dem gemeinsamen Spielen und Lernen ihrer Kinder in einem allgemeinen Kindergarten überwiegend positiv. Als günstig wird dabei das Vorbild der anderen Kinder angesehen, das sich auch positiv auf das Verhalten und insbesondere auf die sprachlichen Fähigkeiten der Kinder mit Down-Syndrom auswirkt. Die anderen Kinder sprechen und erwarten Antworten – und diese erlebte Bedeutung von Kommunikation motiviert das Kind, sich anzustrengen, um verstanden zu werden.

Auch in anderen gemeinsamen Aktivitäten wie Rennen, Klettern und Rutschen, beim Spielen in der Puppen- oder Bauecke, beim Malen und Basteln, beim Essen, An- und Ausziehen, Händewaschen oder bei der Toilettenbenutzung lernt das Kind mit Down-Syndrom viel durch das Vorbild der anderen Kinder – auch wenn es dabei noch öfter Unterstützung benötigt.

Trotzdem ist kritisch zu reflektieren, ob die Kontakte und Interaktionen von Kindern mit und ohne Behinderung tatsächlich so positiv verlaufen wie erwünscht und häufig behauptet. So ergaben verschiedene Untersuchungen zur sozialen Teilhabe im Kindergartenalter, dass die Kinder mit kognitiven Beeinträchtigungen weniger soziale Initiative und Beteiligung am Spiel mit anderen zeigen, sie »spielen häufiger allein, suchen öfter Kontakt zu Erwachsenen in der Gruppe, haben einen niedrigeren sozialen Status sowie weniger Freundschaftsbeziehungen« (Sarimski 2016, 32). Deshalb ist es wichtig, nicht nur die erforderlichen personellen und sächlichen Rahmenbedingungen zu gewährleisten, sondern auch ein differenziertes pädagogisches Konzept zu entwickeln, das geeignet ist, Kindern mit unterschiedlichen Fähigkeiten Teilhabe zu ermöglichen.

Einige Kinder mit Down-Syndrom besuchen spezielle integrative Einrichtungen, von denen viele schon in den siebziger Jahren gegründet wurden. Viele arbeiten deshalb mit langjährig erprobten pädagogischen Konzepten. Allerdings sind solche integrativen Einrichtungen nicht überall vorhanden – und mittlerweile hat die Inklusionsdiskussion die Weiterentwicklung solcher Institutionen gebremst und zu neuen Überlegungen geführt.

Im Gegensatz zur Integration, bei der Kinder mit Behinderung wieder in das Regelsystem eingegliedert werden sollen, ist das Ideal der Inklusion, dass alle Kinder mit ihren unterschiedlichen Kompetenzen und Bedürfnissen von Anfang an überall dabei sein können und deshalb die dafür notwendigen Bedingungen zu schaffen sind. Inwieweit sich auf der Praxisebene tatsächlich ein Unterschied zeigt oder ob es sich oft nur um eine Umetikettierung handelt, wird durchaus kritisch gesehen.

> Die Integration strebt die Wiedereingliederung behinderter Menschen an, das Ideal der Inklusion ist dagegen Teilhabe von Anfang an.

Das Ziel integrativer und inklusiver Einrichtungen ist es, dass sowohl die positiven Aspekte gemeinsamen Lebens und Lernens im allgemeinen Kindergarten ermöglicht werden als auch eine spezielle Förderung den individuellen Bedürfnissen des behinderten Kindes entsprechend stattfindet. Dabei gilt sicherzustellen, dass »inklusionsorientierte Wandlungsprozesse … nicht zu einer Reduzierung von sachlich erforderlichen Förderansprüchen oder zu Abstrichen in der Qualität zu Lasten der betroffenen Personen missbraucht werden« (Bundesjugendkuratorium 2012, 17).

Um gemeinsames Spielen und Lernen zu erleichtern, ist die Gruppengröße in integrativen Einrichtungen oft deutlich reduziert, variiert jedoch in Abhängigkeit von der Anzahl der jeweils aufgenommenen Kinder mit Behinderung. In inklusiven Kindergärten erfolgt dagegen überwiegend die Aufnahme nur eines einzelnen Kindes mit Förderbedarf, und die Gruppengröße ist meistens nicht verringert.

Wenn Sonderkindergärten in integrative Einrichtungen umgestaltet wurden, konnten die besonderen Ausstattungsbedingungen dort weiterhin für behinderte Kinder genutzt werden. Durch die Aufnahme von nicht behinderten Kindern war aber auch gemeinsames Spielen und Lernen von Kindern mit unterschiedlichen Kompetenzen möglich. Meistens erfolgte jedoch eine Umgestaltung bestehender allgemeiner Kindergärten zu integrativen Einrichtungen, indem man personelle und sächliche Hilfen ergänzte.

Für die Weiterentwicklung zu inklusiven Einrichtungen hat besonders die Gestaltung angemessener pädagogischer Konzepte große Bedeutung, damit das gemeinsame Leben und Lernen der behinderten und nicht behinderten Kinder im Vorschulalter gelingt. Dazu gehört, dass alle Kinder durch entsprechend gestaltete

Tagesabläufe, durch strukturierte Projekte und spezielle Maßnahmen ihren Möglichkeiten und Bedürfnissen gemäß individuell gefördert werden und miteinander in sozialer Verantwortung lernen können.

Die berichteten Erfahrungen mit diesen Konzepten sind zwar überwiegend positiv, aber die realen Bedingungen in manchen Einrichtungen können erheblich von den angestrebten und beschriebenen Zielsetzungen abweichen. Das betrifft sowohl die Gruppengröße als auch die personelle und sächliche Ausstattung sowie das praktizierte pädagogische Konzept. Zudem gibt es nur wenige Kindergärten, die mit einem ausgewiesenen Inklusionskonzept arbeiten und wohnortnah sind.

Manche Eltern, deren Kind mit Down-Syndrom aufgrund zusätzlicher besonderer Beeinträchtigungen und größerer Entwicklungsverzögerungen einen hohen speziellen Förderbedarf hat und deshalb verschiedene Therapien benötigt, entscheiden sich – wenn sie die Möglichkeit haben – unter den gegebenen regionalen Bedingungen für einen Sonderkindergarten, wenn dort solche speziellen Angebote erfolgen. In unserer Befragung gaben noch 12,3 % an, dass ihr Kind einen Sonderkindergarten besucht (Wilken 2002 a). Dieser Anteil wird aber zunehmend geringer, zumal es nicht mehr in allen Bundesländern Sonderkindergärten gibt. Wenn Eltern sich jedoch für eine solche Einrichtung entscheiden, erhoffen sie sich dort günstigere Bedingungen sowie individuelle Förderpläne und deutlich kleinere Gruppen als im Regelbereich. Auch die ganztägige Betreuung und die meistens geregelten Fahrdienste zum und vom Kindergarten werden von Eltern sehr schwer beeinträchtigter Kinder als entlastend für die ganze Familie erlebt. Der Bericht einer Mutter verdeutlicht anschaulich die oft bestehenden Probleme dieser Eltern, für ihr Kind einen geeigneten Kindergartenplatz zu finden.

> »Kein integrativer Kindergarten wollte unseren Willi haben. Es war ihnen einfach zu anstrengend, diesen nicht sprechenden, hyperaktiven Jungen aufzunehmen ... Und so kam Willi in eine heilpädagogische Sondergruppe ... Ich weiß noch, wie unendlich gut mir das tat, einen Ort gefunden zu haben, an dem mein Sohn ohne Kompromisse willkommen war! ... Willi und seine Kollegen bekamen, was sie brauchten: weniger ablenkende Reize und eine engmaschige Betreuung ... Sie machten Toilettentraining, übten die Ärmel hoch zu schieben und Hände waschen. Logo- und Ergotherapie kamen in die Kita. (Dann wurde die Gruppe inklusiv). Die Zahl der Betreuer änderte sich nicht ... Der Grund für die plötzliche Inklusionsbestrebung war übrigens nicht gutmenschlich, sondern es war eine rein wirtschaftliche Entscheidung ...Viele (von den behinderten Kindern) zogen sich stark zurück, da die Unruhe sie überforderte. Die Betreuer waren ständig krank (wahrscheinlich auch überfordert.« (Müller 2015b, 2 f)

Allerdings sind die besonderen Hilfen und Therapien auch in heilpädagogischen Kindergärten nicht immer gewährleistet. Kritisch wird von vielen Eltern auch gesehen, dass die ganztägige Betreuung in einer oft entfernten Sondereinrichtung mit manchmal langen Transportzeiten zu einer sozialen Isolierung des Kindes im familiären und nachbarschaftlichen Umfeld führen kann. Darüber hinaus bietet eine

Gruppe sehr unterschiedlich behinderter und retardierter Kinder oft weniger Möglichkeiten eines wechselseitigen positiven Lernens voneinander und miteinander. Vor allem für die soziale und sprachliche Entwicklung fehlt in Sondereinrichtungen oftmals das anregende Vorbild nicht beeinträchtigter Kinder. Allerdings sind sehr schwer beeinträchtigte Kinder mit Down-Syndrom auf eine intensive Unterstützung angewiesen und das Lernen allein über das Imitieren der anderen Kinder gelingt ihnen kaum. Trotzdem ist im begleiteten miteinander Spielen auch ein gemeinsames Lernen möglich – es ergibt sich aber keineswegs von selbst.

Es gilt zu überlegen, welche Möglichkeiten die Eltern haben, dass die bestehenden Angebote ihren Wünschen und den Bedürfnissen aller Kinder entsprechend erweitert werden. Denn bei der inklusiven Förderung muss ein Kind mit Beeinträchtigung nicht bestimmte Voraussetzungen mitbringen, sondern es geht »nachdrücklich darum, die Institutionen den Eigenheiten und Fähigkeiten der Menschen anzupassen und nicht primär die Menschen dahin zu bringen, dass sie den Anforderungen der Institutionen und deren Maßstäbe genügen können« (Bundesjugendkuratorium 2012, 11).

Deshalb ist wichtig, dass für »pädagogische Einrichtungen« notwendige »organisatorische, personelle und finanzielle Mindestbedingungen bestimmt werden sollten, die unverzichtbar sind, wenn verhindert werden soll, dass Inklusion zur Legitimation von Ausschließung wird ..., weil offiziell von Inklusion die Rede ist, aber tatsächlich von inklusiven Strukturen überhaupt nicht die Rede sein kann« (DGfE 2015, 3).

Eltern sollten daher unter Berücksichtigung der gegebenen regionalen Bedingungen, der speziellen Förderbedürfnisse ihres Kindes und der familiären Erfordernisse prüfen, welche vorschulische Einrichtung tatsächlich die insgesamt günstigeren Bedingungen für ihr Kind bietet.

6.3 Motorik

Für alle Kinder spielt körperliche Bewegung nicht nur für ihre motorische Entwicklung eine wichtige Rolle, sondern auch für die Ausbildung sozialer Kompetenzen. Eigentlich haben alle Kinder im Kindergartenalter einen natürlichen Bewegungsdrang, aber die aktuellen Lebensbedingungen führen oft zu erheblichen Einschränkungen. Der »Ganztagsbesuch von Kitas ... geht zu Lasten der Bewegung. Dort sind sie zu lange inaktiv und sitzen zu lange« (Dahlmann 2015, 8). Dadurch wird sowohl das Lernen wichtiger motorischer Kompetenzen beeinträchtigt als auch das wichtige Erproben der eigenen körperlichen Fähigkeiten im sozialen Austausch mit Gleichaltrigen. Bewegung spielt in der Kindheit eine so bedeutende Rolle wie in keiner anderen Lebensphase. Über gemeinsame Bewegungsspiele werden Ausdauer und Schnelligkeit, Geschicklichkeit und Koordination, Balancieren und Klettern auch im Vergleich mit anderen Kindern erlebt und verbessert, und das Erleben von Könnens- und Leistungserfahrungen fördert die Entwicklung eines positiven

Selbstbildes. Es ist deshalb zunehmend wichtig, für alle Kinder motivierende Bewegungsangebote in der Kita oder im Kindergarten zu machen.

Bei der Einbeziehung von Kindern mit Down-Syndrom in solche Angebote sind sowohl die Auswirkungen der speziellen Schwierigkeiten als auch die sehr unterschiedlichen individuellen Kompetenzen zu berücksichtigen. Fast alle Kinder mit Down-Syndrom haben im Kindergartenalter die motorischen Basisfähigkeiten erlernt, aber jetzt ist es wichtig, sie zu unterstützen, in den verschiedenen Bewegungsbereichen ihre Fähigkeiten differenziert zu erweitern.

Die Hypotonie besteht auch weiterhin, aber ihre Auswirkungen sind nicht mehr so offensichtlich. Die Folgen der Bandlaxität sind gleichfalls weniger deutlich erkennbar, zeigen sich vielleicht noch in der imponierenden Fähigkeit, wie die Kinder einen Spagat machen oder wie sie im Schneidersitz auf einem Stuhl sitzen können. Aber es sind vor allem die Einschränkungen in Ausdauer, Schnelligkeit und Koordination, die zu beachten sind, und die möglichen Schwierigkeiten bei der Rotation, beim Gleichgewicht und bei dissozierten Bewegungen (Havemann 2007, 79). Auch das Laufbild ist oft auffällig, weil viele Kinder noch recht breitbeinig gehen und darum bereitet ihnen das Treppensteigen meistens noch Mühe. Für die weitere Entwicklung der Kinder hat deshalb die differenzierte Förderung der groß- und feinmotorischen Fähigkeiten in altersgemäßen Bewegungsspielen und Tätigkeiten eine große Bedeutung.

Für alle Kinder sind in diesem Alter viele verschiedene alte und neue Bewegungsspiele interessant, aber auch einige wichtige Alltagsfähigkeiten sind zu vermitteln. Sie können lernen, den schweren Kasten mit Bausteinen oder einen Wassereimer zu tragen oder ihren Stuhl in den Sitzkreis zu bringen und dabei ihre Körperhaltung anzupassen, aber auch die Handgelenke zu stabilisieren. Mit bloßen Füßen im Sand zu laufen oder auf Gras, auf einer kleinen Mauer oder einem Brett zu balancieren oder die Treppen rauf und runter zu gehen, all das kann bei vielen spontanen Gelegenheiten geübt werden. Rennen ergibt sich natürlich und motivierend beim Fangen-, aber auch beim Versteckenspielen, bei einigen Ballspielen und beim Fußball. Es gibt alterstypische Ruf- und Rennspiele wie »Wer fürchtet sich vor'm braunen Bär?« oder »Fischer, welche Fahne weht heute?«, Laufspiele aus dem Kreis wie »Katze und Maus«, »Der Plumpsack geht um« und andere. Das Hüpfen muss ein Kind mit Down-Syndrom oftmals erst mit unserer Unterstützung lernen. Es kann von einer Stufe springen und wird dabei an beiden Händen gehalten oder es kann auf einer federnden Unterlage hüpfen. Auf einem Trampolin, vielleicht anfangs noch mit Handhalten und gemeinsam mit einem anderen Kind oder einem Erwachsenen, macht das meistens Spaß. Dabei sollte allerdings eine besondere Belastung der Halswirbelsäule z. B. durch Purzelbaum vermieden werden. Die Leiter einer Rutschbahn hoch zu klettern und dann nach unten zu rutschen, motiviert zur Wiederholung. Auch beim Schaukeln werden koordinierte Bewegungen gelernt. Bei Ballspielen wird werfen und fangen geübt, vielleicht anfangs eher mit einem größeren, leichten Ball (Wasserball), aber auch Steine ins Wasser werfen macht Spaß. Laufrad mit vier oder mit zwei Rädern, Dreirad oder Kettcar fahren und vielleicht auch schon Roller oder Fahrrad fahren erfordert beim Erlernen oft intensive Unterstützung durch einen Erwachsenen. Aber die Voraussetzungen für die verschiedenen Bewegungsspiele zu lernen ist wichtig, weil dadurch das gemeinsame

Spielen im Kindergarten und mit Nachbarskindern ermöglicht wird und das Kind dabei unmittelbar erlebt, dass Bewegung Freude macht. Diese Erfahrung motiviert auch Kinder mit Down-Syndrom, sich anzustrengen, nachzuahmen und Neues auszuprobieren.

Bauen, malen und basteln, mit Knete formen, Papier reißen oder etwas ausschneiden sind typische Tätigkeiten im Kindergarten, die die feinmotorischen Fähigkeiten aller Kinder fördern sollen. Kindern mit Down-Syndrom bereiten viele solcher Aufgaben oft besondere Schwierigkeiten. Die kürzeren Finger, die Hypotonie und geringere Kraft erschweren feinmotorische Tätigkeiten. Oftmals haben die Kinder in diesem Alter noch Schwierigkeiten mit koordinierten und beidhändigen Tätigkeiten und meistens hat sich noch keine eindeutige Lateralität entwickelt. Deshalb bevorzugen sie noch nicht unbedingt die linke oder rechte Hand, sondern entscheiden sich oft lageabhängig. Eine Unterstützung der zunehmenden Links-Rechts-Differenzierung und vor allem der Handdominanz ist aber sinnvoll zur Förderung altersgemäßer Reifungs- und Differenzierungsprozesse im Zentralnervensystem. Zudem besteht wahrscheinlich aus diesem Grund ein gewisser Zusammenhang zwischen Händigkeits- und Sprachentwicklung.

Es ist deshalb gut, dem Kind zu helfen, bei typischen Tätigkeiten in Alltagssituationen seine Geschicklichkeit und die Koordination beider Hände zu üben. Zunehmend sind die Kinder in der Lage, sich allein die Hände zu waschen oder die Zähne zu putzen, mit Löffel oder Gabel und vielleicht auch mit Schieber oder Messer zu essen. Mit unserer Unterstützung können sie Tuben, Flaschen oder Gläser aufschrauben, wir können sie bitten, mitzuhelfen beim Zerschneiden von Obst oder Gemüse, ein nasses Tuch auszuwringen oder zu helfen beim Anklammern von einzelnen Wäschestücken. Sie lernen, Kleidungsstücke selbst an- bzw. auszuziehen, den Reißverschluss hochzuziehen, Klettverschlüsse an ihren Schuhen zu öffnen und zu schließen. Bei diesen verschiedenen Tätigkeiten übernimmt eine Hand immer stützende oder haltende Funktionen, während die andere die eigentliche Aktivität durchführt.

Auch beim Spielen können wir das Kind ermuntern, für die feinmotorisch anspruchsvollere Aktivität möglichst dieselbe Hand zu benutzen, damit sich Dominanz entwickeln kann. So sollte beim Malen ein und dieselbe Hand das Papier halten und die andere Hand den Stift, beim Bauen stützt eine Hand den Baustein, die andere dominante Hand setzt die Klötzchen aufeinander. Auch beim Umgang mit Schere und Kleber, mit Buntstift (nicht nur Fingerfarben) und Malbüchern, mit Perlen und Faden, mit Puzzle oder mit den verschiedenen Lego-Bausteinen, mit Steckperlen und Knete verbessert das Kind entwicklungsgemäß seine feinmotorischen Fähigkeiten und seine Koordination. Zu beachten ist auch, dass der kleine Finger bei diesen Tätigkeiten nicht abgespreizt wird, sondern mitmacht. Die Stabilität der Hand ist sonst beeinträchtigt, der Pinzettengriff erschwert und die Handauflage beim Malen und Schreiben ungünstig verändert.

Für die Kinder ist es in diesem Alter wichtig, dass wir motivierende Aktivitäten finden und nicht vorwiegend besondere Übungen durchführen und dass wir die verschiedenen Tätigkeiten mit ihnen so gestalten, dass es den Kindern Freude macht. Deshalb ist die Bedeutung zu betonen, die die Aufgaben für die Kinder haben – und nicht die Funktionsübung. Zudem ist für die Kinder wichtig, das eigentliche Ziel zu kennen und nicht durch pädagogisch vielleicht nötiges kleinschrittiges Vorgehen das Gesamtbild nicht mehr zu erfassen. So werden farbige Papierstückchen geschnitten, um ein buntes Klebebild zu machen und nicht, um das Schneiden zu üben. Das Kind schenkt Wasser in Gläser ein, weil es Durst hat und trinken will und nicht, um koordinative Fähigkeiten zu üben. Bei auftretenden Schwierigkeiten können wir das Kind ermuntern, sich zu bemühen und ihm helfen, damit es dann auch eine Aufgabe erfolgreich bewältigt. Besonders das gemeinsame Lernen mit den anderen Kindern und eine freundliche, aufmerksame Atmosphäre ermöglichen dem Kind mit Down-Syndrom, sich gern zu beteiligen und seine Kompetenzen so zunehmend zu erweitern.

6.4 Sprachverständnis und Sprechen

Viele Kinder mit Down-Syndrom können im Kindergartenalter noch nicht deutlich sprechen. Sie benötigen daher ihrem individuellen Entwicklungsstand entsprechend gestaltete Hilfen, um Sprachverständnis, Mitteilen und Sprechen in strukturierten Spiel- und Alltagssituationen zu erweitern. Bei einigen Kindern liegen oft noch deutliche mundmotorische (orofaziale) Probleme vor, die zu beachten und eventuell auch zu behandeln sind.

Manchmal können die Kinder noch keine feste Nahrung kauen, wenn sie in den Kindergarten kommen. Einige Kinder weigern sich vielleicht, Brot oder unzerkleinerte Nahrung zu essen. Oft liegt die Zunge noch vorne zwischen den Lippen. Beim Essen versuchen manche Kinder, statt zu kauen die Nahrung am Gaumen mit der Zunge zu zerdrücken. Wenn sie aus einem Becher oder einer Tasse trinken, setzen einige Kinder mit Down-Syndrom das Gefäß auf die aus dem Mund herausgestreckte Zunge und nicht an die Lippen. Auch der Mundschluss bereitet vielen zumindest zeitweise noch Schwierigkeiten. Es ist deshalb wichtig, dem Kind die nötigen Hilfen beim Essen und Trinken zu geben und evtl. auch einzelne besondere Übungen anzubieten, um die entsprechenden grundlegenden Fähigkeiten zu entwickeln, wie das Bewegen der Zunge im Mund, Zähneputzen mit der Zunge, Lippen ablecken, Mund ausspülen und ausspucken (vgl. Wilken 2014, 178 f).

Gerade in der Gruppe mit anderen Kindern besteht häufig eine höhere Bereitschaft, bisherige Essgewohnheiten zu verändern und Neues auszuprobieren. Deshalb gelingen Nahrungsumstellungen im Kindergarten oft leichter als zu Hause, einfach weil die Kinder so wie alle anderen am gemeinsamen Essen teilnehmen möchten. Wenn es im Kindergarten die sinnvolle Regel für alle Kinder gibt, dass beim Spielen drinnen und draußen kein Schnuller benutzt wird, sondern höchstens noch bei der Mittagsruhe, hilft das auch dem Kind mit Down-Syndrom, das zu akzeptieren.

Einige Kinder benötigen die professionelle Unterstützung einer Logopädin – im Kindergarten oder in einer begleitenden Therapie. Dabei ist eine gute Kooperation von Therapeutin, Erzieherin und Eltern wichtig, damit das Gelernte in der Gruppe und in der Familie in gleicher Weise übernommen wird.

6.4 Sprachverständnis und Sprechen

Das Erlernen der Sprache können wir in diesem Alter auch noch mit ergänzenden Kommunikationsformen unterstützen. Dabei hat sich für Kinder mit Down-Syndrom im Kindergarten besonders die Gebärden-unterstützte Kommunikation (GuK) bewährt (Wilken 2014, 168 ff). Damit können die noch nicht oder nur wenig sprechenden Kinder nonverbal ihre Wünsche äußern, zwischen verschiedenen Angeboten ihren Interessen entsprechend auswählen, Fragen stellen und von Erlebnissen auf dem Spielplatz oder zu Hause erzählen.

> Luis ist fünf Jahre. Er besucht eine Kita mit 87 Kindern. In seiner Gruppe sind 22 Kinder im Alter von 2 bis 6 Jahren. Vier Kinder sprechen noch kaum deutsch und zwei andere Kinder haben eine deutliche Entwicklungsverzögerung unklarer Ursache. Für alle Kinder werden deshalb begleitend zu Liedern und Sprechversen Gebärden angeboten.
> Die Logopädin kommt zweimal in der Woche zur Sprachförderung in die Kita. Sie übt mit Luis zusammen mit zwei gleichaltrigen Mädchen, die noch wenig deutsch sprechen. Es werden verschiedene Spiele mit den GuK-Karten durchgeführt. So werden die Bildkarten z. B. an eine Wäscheleine geklammert. Nach verbaler Aufforderung und begleitet mit Gebärden werden die Bilder geholt, geordnet und erneut benannt, damit Sprachverständnis und Mitteilungsfähigkeit geübt wird.
> Die Erfahrung zeigt, dass für alle drei Kinder die Gebärden das Erinnern an das dazu gehörige Wort unterstützen – und das gemeinsame Üben macht Spaß und erleichtert eine spielerische Gestaltung.

Die verschiedenen Gebärden lernen die Kinder meistens in konkreten Situationen zu Hause oder auch in der Sprachtherapie. So lernt das Kind die Gebärde für »Ball«, indem es die Hände über einen Ball gleiten lässt, die Gebärde für »bauen« beim Spielen mit Bauklötzen oder die Gebärde für »fertig« mit Handführung als Ritual nach dem Essen oder beim Beenden einer anderen Tätigkeit.

In einem »Kommunikationsbuch« können Kopien dieser Gebärden, die das Kind zur Verständigung nutzt, mit in den Kindergarten genommen werden, damit dort die besondere Mitteilungsform des Kindes verstanden wird. Es ist auch möglich, einfache Kopien von den Bilder- und Gebärdenkarten im Kindergarten aufzuhängen, so dass auch die anderen Kinder immer wieder einmal darauf blicken können, die Gebärden nachzuahmen versuchen und so die Gebärden des noch nicht sprechenden Kindes kennen lernen. Geeignet sind auch Spiele mit den GuK-Gebärden- und Bildkarten in kleineren Gruppen. So kann man z. B. mit den Bild- und Gebärdenkarten Memory spielen, aber auch »Schwarzer Peter« oder Quartett. Spaß machen den Kindern auch verschiedene Ratespiele. Dazu können z. B. zwei oder drei Kinder nach draußen gehen und dann werden ihnen durch die Fensterscheibe mit Gebärden Mitteilungen gemacht, die sie erkennen und sich merken müssen. Wenn sie dann in die Gruppe zurückkommen, müssen sie diese Begriffe gebärden und versprachlichen. Das fördert Aufmerksamkeit und Sprachgedächtnis bei allen Kindern. Die Gebärden für die Farben erleichtern allen

Kindern das Lernen der Bezeichnungen, und mit der Gebärde für »Schmetterling« können die Kinder spielerisch auf verschiedene Farben fliegen und die Begriffe üben. Es gibt viele Sprechverse und Lieder, die einfach mit Gebärden begleitet werden können. Einige sind traditionell, andere kann man selbst mit den Gebärden sehr einfach ergänzen. Bei den bekannten Begrüßungs- und Schlussliedern (»Guten Morgen in diesem Haus« und »Alle Leut' geh' jetzt nach Haus«) ist das mittlerweile in vielen Einrichtungen üblich. Auch Bilderbücher können mit Gebärdenbildern ergänzt werden und so für alle Kinder beim dialogischen Anschauen und Erzählen interessant sein.

Sinnvoll ist auch, wenn das Kind mit Down-Syndrom noch nicht spricht, dass möglichst viele Kinder seiner Gruppe einen Gebärdennamen bekommen. Das können Zeichen sein, die sich auf besondere Merkmale der einzelnen Kinder beziehen (lange Haare, Ohrringe, Brille) oder auf eine Tätigkeit, die das Kind gerne ausführt (Malen, Bauen, Fußball spielen); möglich ist auch der mit dem Fingeralphabet gezeigte Anfangsbuchstabe des Namens.

> Christina, ein vierjähriges Mädchen mit Down-Syndrom, besucht seit einigen Monaten einen integrativen Kindergarten. Sie ist leicht hörbehindert und kann erst wenige Wörter sprechen.
> Aber sie ist zunehmend in der Lage, sich mit Gebärden zu verständigen. Auch für die Namen der Kinder erlernt sie nach und nach Zeichen. An einem Tag kommt sie zur Erzieherin und gebärdet »Michael« und »aua«. Michael hatte sie gekniffen. Als die Erzieherin daraufhin mit dem Jungen spricht, fragt der verblüfft: »Das kann die jetzt petzen?«

Aber neben den Gebärden benötigen noch nicht sprechende Kinder weitere ergänzende Hilfen zum Sprecheintritt. Dazu eignen sich einzelne Laute mit einer bestimmten Bedeutung (wie bei iii, oh, mmm), die man in entsprechenden Erlebnissituationen immer wieder in gleicher Weise einsetzt oder auch lautmalerischen Bezeichnungen für Tiere (wau-wau, miau, piep-piep), Auto (brmm, tut-tut) oder für Tätigkeiten (poch-poch, hop-hop). Auch in Versorgungs- und Pflegesituationen kann man Gebärden in Verbindung mit handlungsbegleitenden typischen Lauten einbeziehen und das Kind zur Nachahmung auffordern.

Für die Sprachförderung bieten besonders natürliche Alltagssituationen viele Möglichkeiten, Verständnis und Mitteilungsfähigkeit zu fördern. Dabei sollte man die individuellen Interessen und Fähigkeiten des Kindes berücksichtigen, um handlungsbezogen wichtige Begriffe zu vermitteln. Auch für angemessenes soziales Verhalten können Gebärden unterstützend sein, wenn sie z. B. für »helfen«, »warten«, »halt« oder »Entschuldigung« immer wieder eingesetzt werden. Durch Melodie und Rhythmus und das Begleiten mit Gebärden können neue und alte Lieder das Verständnis und das Erinnern, aber auch das Mitmachen und Mitsprechen erleichtern. Kreisspiele, Bewegungsspiele und Rollenspiele in kleinen Gruppen haben für die weitere Entwicklung sozialer und kommunikativer Kompetenzen für alle Kinder eine besondere Bedeutung.

6.4 Sprachverständnis und Sprechen

Für manche noch nicht hinreichend sprechende Kinder ist es wichtig, dass wir ihre verschiedenen Spielhandlungen mit Sprache begleiten und ihnen damit Begriffe für Reihenfolgen und Abläufe verdeutlichen, damit sich trotz eingeschränkter eigener Lautsprache Verstehen und innere Sprache entwickeln kann. Für viele Spiele im Kindergartenalter sind sprachliche Wiederholungen und gemeinsames Rufen typisch (z. B. »Wer fürchtet sich vor`m braunen Bär? Wenn er aber kommt? Dann rennen wir!«; »Fischer, Fischer, welche Fahne weht heute?«). Typisch ist auch das alte »Dornröschenspiel« (»Dornröschen war ein schönes Kind, schönes Kind, schönes Kind. Da wuchs die Hecke riesengroß, riesengroß«). Bei solchen Spielen ergeben sich natürliche Möglichkeiten zum Nachmachen und Nachsprechen, ohne dass man die Kinder dazu ausdrücklich auffordern muss.

In gemeinsamen Handlungen zu Hause und im Kindergarten erlernen die Kinder nicht nur viele neue Wörter, sondern auch grammatische (Haus – Häuser; laufen – läuft) und syntaktische Strukturen (ich möchte Saft; wo ist Papa?). Wir können erste Sätze fördern, indem wir die kindlichen Äußerungen in konkreten Situationen auf natürliche Weise erweitern. Wenn das Kind z. B. auf die Puppe zeigt und »haben« sagt, versprachlichen wir, was es damit meint: »Du willst deine Puppe haben? Ich gebe dir die Puppe.« Wenn es auf ein Auto zeigt und »Opa« sagt, ergänzen wir, was es meint: »Ja, das ist Opas Auto!« Begleitende Gebärden können auch helfen, Mehrwortäußerungen vorzubereiten, indem das Kind Wörter und Gebärden kombiniert und damit den zugrunde liegenden Erkenntnisschritt vom Ein- zum Zweiwortsatz versteht. Ergänzend zu den Gebärden können Bildsymbolsysteme eingesetzt werden. Von zunehmender Bedeutung sind die verschiedenen Apps für iPad oder Tablet, die für die Kinder interessant und oft hoch motivierend sind.

Für zweisprachig aufwachsende Kinder mit Down-Syndrom können Gebärden eine Brücke zwischen beiden Sprachen bedeuten und ihre sprachliche Entwicklung unterstützen. Inwieweit es ihnen gelingt, beide Sprachen nur zu verstehen oder auch beide gut zu sprechen, ist individuell sehr verschieden. Vielfältige positive Erfahrungen belegen jedoch, dass es ihnen durchaus gelingen kann, zwei Sprachen erfolgreich zu lernen (Wilken 2014, 112 ff).

Erste Mengenbegriffe wie *viel, wenig, mehr, alles* können bei unterschiedlichen Tätigkeiten im Lebensalltag im Kindergarten und zu Hause vermittelt werden. Auch das Zählen lässt sich in vielen konkreten Situationen üben, indem wir die Zahlwörter z. B. beim Treppenstufen steigen, Ball werfen, Tisch decken benutzen. Das Bauen nach einfachen Abbildungen mit Legosteinen oder Musterlegen mit Steckperlen fördert das Zahl- und Mengenverständnis. Auch viele einfache Würfel- und Kartenspiele erlauben ein zunehmendes Verstehen von Zahlen und Mengen und bieten Möglichkeiten, Begriffe im Kontext zu lernen und in Handlung umzusetzen.

6.5 Frühes Lesen zur Förderung von Sprache und Sprechen

Das Frühlesen für Kinder mit Down-Syndrom hat das Ziel, das Sprechenlernen und die allgemeine Sprachkompetenz zu fördern. Die dazu vorliegenden Programme und Methoden (Oelwein 1978, Buckley 1985, Kleine Schritte 2001) wurden im englischen Sprachraum entwickelt. Diese Verfahren wollen durch eine Visualisierung der zu lernenden Wörter die bei Kindern mit Down-Syndrom nachgewiesenen Schwächen im auditiven Bereich durch Lesen als ein visuelles Lernangebot kompensieren. Bei der Vermittlung dieses Lesens ist somit nicht primär die Kulturtechnik Lesen das Ziel, sondern das Lesen wird als eine wichtige Hilfe auf dem Weg zur Sprache eingesetzt (»a way-in to language«, Buckley 1985).

Die besondere Bedeutung des Lesens für den Spracherwerb ist keine neue Erkenntnis, sondern wurde schon früh in der Gehörlosenpädagogik betont. So stellte Bulwer bereits 1648 fest, dass Lesen »Hören mit den Augen« ist (vgl. Löwe 1983, 14). Zwar ist bei Kindern mit Down-Syndrom weniger das eigentliche Hören betroffen, sondern es ist eher eine Beeinträchtigung der Hörverarbeitung, die ausgeglichen werden soll; trotzdem sind die langjährigen Erfahrungen mit dem Frühem Lesen und die gewonnenen Erkenntnisse mit diesem Verfahren hilfreich.

Kinder mit Down-Syndrom werden als visuelle Lerner bezeichnet, weil ihre verzögerte Wahrnehmungsfähigkeit vor allem auditive Informationen beeinträchtigt. Deshalb können sie besser aufnehmen und verarbeiten, was sie sehen als was sie hören, weil es bei visuellen Angeboten möglich ist, sich die individuell benötigte Zeit zu nehmen. Die vorliegenden Frühleseprogramme arbeiten darum überwiegend mit visuellen Methoden. Ein noch nicht sprechender vierjähriger Junge lernte mit einem solchen Verfahren zuerst seinen Namen, dann die Wörter Mama und Papa und den Namen seines Bruders ganzheitlich optisch zu erfassen. »Ich hörte das erste verständliche Wort von ihm, als er las. Auf Anregung der Logopädin brachten wir ihm bei, die Wörter, die er las, zu gebärden. Wenn er nun las, dann sprach er manche Worte aus, manche gebärdete er und Tiernamen gab er mit dem jeweiligen typischen Laut des Tieres wieder« (Oelwein 1998, 9).

Nach den berichteten entsprechenden Erfahrungen aus England (Bird/Buckley 1994) konnten etwa 20 % der Kinder mit Down-Syndrom im Alter von 3-4 Jahren erfolgreich *einzelne Wörter* wieder erkennen und lesen lernen. Bei dem in England und in Australien (Kleine Schritte) verwendeten Verfahren wird nicht gleich mit Wortkarten gearbeitet, sondern die Kinder üben zuerst das differenzierte optische Unterscheiden und das angestrebte Lernverhalten mit normalen Bilder-Lottos. Es sollen Anweisungen wie »gib«, »zeige«, »nimm« oder »lege« verstanden werden; dann lernt das Kind, Bilder als gleich oder verschieden zu erkennen und entsprechend zuzuordnen. Anschließend lernen die Kinder in entsprechender Weise in einem dreistufigen Verfahren mit Wortkarten (flashcards) das *Zuordnen* von einer Wortkarte zu einem gleichen Wort. Im nächsten Schritt lernen sie das *Auswählen* auf eine entsprechende verbale Aufforderung hin. Wenn das Wortbild gefestigt ist, wird das Kind aufgefordert, die einzelnen Wortkarten zu *benennen*, d. h. zu lesen bzw. zu gebärden. Die einzelnen Wörter werden sorgfältig nach der Bedeutsamkeit für das Kind ausgewählt. Relativ bald werden auch Verben und »kleine Wörter« (auf, zum, mit) nach dem gleichen Verfahren gelernt, damit möglichst früh einfache Sätze geübt werden können. Wenn das Kind noch nicht die Bedeutung solcher Wörter kennt, die aber für das Lesen einfacher Sätze gebraucht werden, ist es sinnvoll, mit verschiedenen Spielen und in konkreten Handlungen dem Kind die Bedeutung zu vermitteln.

> Julian ist fünf Jahre. Er spricht bereits viele Wörter, aber er benutzt überwiegend Ein-Wort-Sätze. Seine Mutter arbeitet mit ihm nach dem Konzept »Frühes Lesen« am Aufbau von Zwei- und Mehrwortsätzen. Als neues »kleines« Wort hat er »zum« gelernt. Damit haben sie einige Modellsätze gebildet und mehrfach gelesen, wie »Julian geht zum Bäcker. Julian geht zum Spielplatz.« Nach einigen Tagen nimmt er morgens seine Brottasche und sagt spontan: »Julian geht zum Kindergarten!«

Es ist zu betonen, dass die einzelnen Wörter nicht erlesen, sondern als ganze Wörter wieder erkannt werden, aber auch dann sind die berichteten Erfolge mit diesem Verfahren oftmals beeindruckend. In einer englischen Studie hatten die Kinder »ein Durchschnittsalter von 4 Jahren und 5 Monaten und waren etwa seit 20 Wochen in einem Übungsprogramm dabei. Der Durchschnitt erkannter Sichtwörter lag bei diesen Kindern bei 29, wobei der Beste 103, der Schlechteste 10 erkannt hatte« (Bird/Buckley 1994, 17). In mehreren anderen Untersuchungen wurden ebenfalls entsprechende gute Ergebnisse ermittelt. Auch die von Eltern berichteten Erfahrungen mit dieser Methode zeigen deutlich den positiven Effekt auf den Spracherwerb und das Sprechen ihrer Kinder. Das eigentliche Ziel dieses Verfahren ist – das muss nachdrücklich betont werden – nicht das eigentliche Lesen lernen, sondern die visuelle Unterstützung beim Sprechen lernen! Und das gelingt oftmals überraschend und manchmal beeindruckend schnell. Meistens übernehmen die Kinder die mit den Wortkarten erlernten Wörter relativ bald in ihre Spontansprache – manchmal noch gestützt mit begleitenden Gebärden. Auch gelesene Zwei- und Dreiwortsätze sowie gelesene grammatische und syntaktische Strukturen können so leichter gelernt und zunehmend spontan gesprochen werden.

Der eigentliche Leselernprozess als Erlesen neuer unbekannter Wörter und Texte erstreckt sich über einige Jahre. Er kann zwar auf Erfahrungen beim Frühlesen aufbauen, bedarf aber eigener differenzierter Verfahren. Deshalb erfolgt der Abschluss des eigentlichen Lesenlernens überwiegend im entsprechenden schulischen Unterricht.

Anders als bei diesem ganzheitlichen Lesen werden auch verschiedene synthetisch arbeitende Verfahren eingesetzt. Bei der sogenannten entwicklungsorientierten Lesedidaktik (Manske 2004), die sich ebenfalls an behinderte Vorschulkinder wendet, wird von Buchstaben ausgegangen, denen eine bestimmte Bedeutung zugeordnet wird. »Das K lernen (die Kinder), wenn sie mit dem Nußknacker Nüsse knacken ... das F wenn sie eine Kerze auspusten, einen Fahrradschlauch aufpumpen ... Wir haben z. B. das I mit einer lebenden Spinne geübt. Eine Lehrerin hat die Kinder einen Katzenhaufen in das Bild des Wohnzimmers malen lassen und ihnen das I auf diese Weise nahe gebracht« (ebd. 75). Mit vergleichbaren Geschichten werden alle »sinngebenden Laute« erarbeitet (ebd. 81-112). Dabei werden jedoch Laute und Buchstaben undifferenziert gleichgesetzt. Problematisch bei diesem Verfahren kann es werden, wenn die Buchstaben dann bedeutungsneutral erlesen werden müssen: dann wird – wenn man ein extremes Beispiel wählt – aus i = igitt und ch = schnarchen jetzt das Wort ich! Die kleinste bedeutungstragende Einheit ist das Wort – und nicht ein Buchstabe und auch nicht eine Silbe! Der Bedeutungsbezug der Buchstaben kann das Erlesen von Wörtern erheblich erschweren. Das Ziel dieses Frühleseverfahrens ist auch, den Spracherwerb und das Sprechen zu fördern.

In einem anderen synthetischen Leselehrgang werden zuerst Einzel*laute* mit entsprechenden Stimuli vermittelt und dann mit Buchstaben unterstützt. Dann werden die Einzellaute zu Silben aufgebaut und danach werden die ersten Wörter erlesen. Beim weiteren Aufbau der Lesekompetenz wird Bezug genommen auf einen Leselehrgang, der mit Silben arbeitet (Iven 2007, 66 f). Bei Leseverfahren mit Buchstaben oder Silben kann sich das spezielle Kurzzeitgedächtnisdefizit ungünstig auswirken, weil jeweils die schon erlesenen Buchstaben oder Silben erinnert und in Beziehung gesetzt werden müssen.

Nach Glenn Doman soll mit den ersten Übungen bereits beim wenige Monate alten Kind begonnen werden. Dazu werden vorbereitend etwa 200 Wortkarten erstellt. Dann zeigt man dem kleinen Kind drei bis fünf Wortkarten und liest die Wörter vor; diese Übung wird dreimal am Tag wiederholt. Relativ schnell werden dann neue Karten eingesetzt und in gleicher Weise angeboten. Bei dieser Methode erfolgt eine problematische und nicht nachvollziehbare Gleichsetzung von Sehen und visueller Wahrnehmung. Sieht das Kind wirklich verschiedene Wörter und erkennt die Unterschiede? Auch das Verstehen der Wortbedeutung wird als unwichtig erachtet. »Es geht nicht darum, den Inhalt der Begriffe zu lernen – die Verknüpfung des Begriffs mit dem Wort erfolgt später ... Ebenso ist es nicht von Vorteil, während einer Leseeinheit die entsprechenden Gegenstände zu zeigen« (Detlefsen o.J., 18). Ein solches Vorgehen widerspricht allen vorliegenden Erkenntnissen, wie Kinder im gemeinsamen Handeln mit uns und mit unserem Benennen von Aktionen und Dingen sich Wortbedeutung erschließen.

Auch wenn die vorliegenden Erfahrungen zeigen, dass Frühes Lesen sich für viele Kinder mit Down-Syndrom positiv auf das Sprechen lernen auswirken kann, sollte man nicht jedes der angebotenen Verfahren unkritisch als sinnvolle Unterstützung akzeptieren. Eine kriteriengeleitete und evidenzbasierte Bewertung ist unbedingt notwendig. Auch sollte individuell entschieden werden, ob ein solches Leseangebot tatsächlich für das individuelle Kind hilfreich ist und vom Übungsaufwand in den Familienalltag zu integrieren ist (Wilken 2014, 98 ff). Einige Kinder sind motorisch recht aktiv und im Vorschulalter wenig für Leseübungen zu motivieren. Sprachförderung kann auch mit anderen Verfahren, die visuelle, motorische und rhythmische Ergänzungen bieten, erfolgreich unterstützt werden, und oft sind solche Angebote kindgemäßer und können eher von den Eltern zu Hause umgesetzt werden. Positive Auswirkungen hat auch das Vorlesen (Havemann 2007, 19). Es fördert die gemeinsame Aufmerksamkeit und das Zuhören und vermittelt in einem angenehm erlebten Kontext die Bedeutung von Büchern und Schrift.

6.6 Selbstständigkeit

Im Kindergarten- und Vorschulalter werden die Kinder in vielen Alltagsbereichen zunehmend selbständiger, auch wenn sie bei einigen Tätigkeiten noch Unterstützung benötigen. Sie lösen sich von der Mutter und spielen mit anderen Kindern in einem neuen Umfeld. Sie müssen lernen, sich in die Gruppe einzufügen und sich räumlich und zeitlich zu orientieren. Sie beginnen Regeln zu verstehen und zu akzeptieren und sich mit anderen verbal oder mit Gebärden zu verständigen. Auch in der Selbstbesorgung lernt das Kind jetzt zunehmend, allein etwas zu können. Dabei ist allerdings zu bedenken, dass Kinder mit Down-Syndrom weniger beiläufig und unstrukturiert etwas lernen können, was sie beobachten. Allein auf den Nachahmungseffekt zu hoffen, reicht oft nicht und ist für sich genommen noch kein angemessenes Vermittlungskonzept (Pueschel 2001, 194). Die verschiedenen relevanten Alltagsfertigkeiten sollten wir deshalb in einzelne überschaubare Lernschritte gliedern, damit sie vom Kind zu bewältigen sind und systematisch geübt und so gelernt werden können. Gerade im Kindergarten geben aber die anderen Kinder vielfältige Anregungen, etwas auch selbst versuchen zu wollen und mit- bzw. nachzumachen. Diese Motivation können wir aufnehmen und verstärken und dann unterstützen, damit das Kind nicht durch Misserfolge entmutigt wird.

Damit das Kind lernen kann, sich allein aus- und anzuziehen, sollte darauf geachtet werden, welche Kleidungsstücke man den Kindern anzieht, um unnötige Schwierigkeiten zu vermeiden: Ein Pulli ist einfacher anzuziehen als eine Bluse, Klettverschlüsse an Schuhen sind leichter zu schließen als Schnallen oder Schnürsenkel, ein Reißverschluss ist einfacher als Knöpfe.

Bei der täglichen Körperpflege ist das Kind anzuleiten und zu unterstützen, bestimmte Aufgaben mitzumachen und dann zunehmend selber zu übernehmen. Das betrifft das Händewaschen und -abtrocknen, das Zähneputzen, das Waschen und eventuell auch schon das Kämmen. Das Kind sollte – in Absprache mit den Eltern – an das regelmäßige Aufsuchen der Toilette gewöhnt werden und vielleicht braucht es nach einiger Zeit nur noch daran erinnert zu werden. Auch wenn es sich vermutlich noch nicht allein säubern kann, ist es doch möglich, mit Hilfe zu lernen, sich danach selber wieder anzuziehen.

Zunehmend ist das Kind in der Lage, mit dem Löffel oder der Gabel selbständig zu essen und vielleicht auch ein Messer zu benutzen. Es kann aus einem Glas trinken oder mit einem Strohhalm aus einer Flasche.

In der Kita oder zu Hause können erste kleine »Pflichten« gemeinsam mit den anderen Kindern oder mit den Eltern oder Geschwistern übernommen werden. Dazu kann gehören das Mithelfen beim Tischdecken, den Geschirrspüler ausräumen, Spielsachen in der Gruppe oder zu Hause aufräumen. Wenn das Kind bei solchen verschiedenen Tätigkeiten die Erfahrung machen kann, das es in der Lage ist zu helfen, erlangt es nicht nur mehr Selbstständigkeit, sondern auch ein entsprechendes Selbstbewusstsein und es ist stolz auf seine Fähigkeiten.

Durch Einbindung in natürliche Aufgaben innerhalb der Gruppe oder in der Familie entwickelt das Kind wichtige soziale Kompetenzen und kann sich zunehmend auch in anderen Situationen, wie etwa auf dem Spielplatz, in einer Sportgruppe oder im Restaurant, angemessen verhalten.

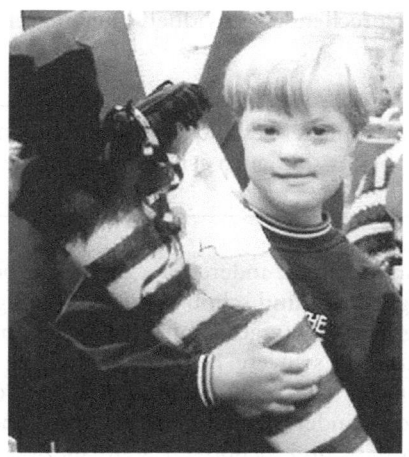

7 Die Schulzeit

Alle Kinder, die in die Schule kommen, bringen ganz unterschiedliche Kompetenzen und Voraussetzungen mit. Zudem gibt es viele Kinder mit einem besonderen Förderbedarf. So ergab eine Schuleingangsuntersuchung in Niedersachsen, die 66.000 angehende Erstklässler erfasste, dass jedes fünfte Kind Defizite in der Sprachentwicklung aufwies, jedes vierte Vorschulkind hatte Beeinträchtigungen im Sehen und jedes zwölfte beim Hören. Etwa ein Drittel der Kinder hatte einen Migrationshintergrund (Christian 2015, 1), wobei dieser Anteil seitdem erheblich gestiegen ist. Eine wesentliche Bedingung für gelingendes gemeinsames Lernen für alle Kinder ist deshalb eine Differenzierung im Unterricht, die diese individuellen Unterschiede und Lebensbedingungen berücksichtigt.

Durch die UN-Behindertenrechtskonvention und deren Umsetzung durch die einzelnen Bundesländer ist auch für Kinder mit Beeinträchtigungen die Grundlage für den Anspruch auf Partizipation am allgemeinen Bildungssystem gegeben. Die dadurch zunehmende Aufnahme von Kindern mit sehr unterschiedlichem sonderpädagogischen Förderbedarf in die allgemeine Grundschule hat die Heterogenität in der Schülerschaft nochmals erheblich vergrößert und zu neuen pädagogischen Herausforderungen geführt.

Da auch innerhalb der Gruppe von Kindern mit Down-Syndrom zum Zeitpunkt ihrer Einschulung sehr große Unterschiede beim erreichten Entwicklungsstand festzustellen sind, haben sie einen unterschiedlichen Förder- und Unterstützungsbedarf und benötigen entsprechende individuell angemessene Bedingungen.

> Bei Kindern mit Down-Syndrom im Schulalter bestehen sehr große Unterschiede in den individuellen Fähigkeiten, aber es sind auch syndromspezifische Besonderheiten zu berücksichtigen.

Einige Kinder sprechen deutlich und in Sätzen, andere sprechen wenig oder noch gar nicht. Manche sind motorisch geschickt und schon recht selbständig, andere haben einen hohen Unterstützungsbedarf. Einige Kinder haben erhebliche gesundheitliche Probleme oder zusätzliche schwere Beeinträchtigungen wie gravierende Hör- oder Sehbehinderungen, Autismus oder erhebliche motorische Einschränkungen. Manchmal haben Kinder mit besonderen gesundheitlichen Belastungen einen hohen Pflegebedarf und benötigen sehr spezielle Hilfen. Die Ermittlung des individuellen Förderbedarfs ist deshalb nicht nur zu Beginn der Schulzeit wichtig, sondern auch in größeren Zeitabständen während der weiteren Beschulung, um die erforderliche personelle und organisatorische Unterstützung zu gewährleisten und die notwendige Bedingung für das schulische Lernen zu schaffen.

Obwohl es große Unterschiede im Fähigkeitsprofil der einzelnen Kinder gibt, sind auch die syndromspezifischen Besonderheiten beim Lernen und im Verhalten zu beachten und im Unterricht angemessen zu berücksichtigen.

7.1 Motorische Fähigkeiten

In der Grundschulzeit erweitern alle Kinder ihre groß- und feinmotorischen Fähigkeiten vor allem bei Alltagsaktivitäten und gemeinsamen Spielen in der Klasse, auf dem Schulhof und im Sportunterricht in der Schule. Mit zunehmendem Alter spielen jedoch weniger spontane Bewegungsspiele eine Rolle als die interessengeleitete Teilnahme an Angeboten in Vereinen oder Jugendgruppen.

Grobmotorik

Bei Kindern mit Down-Syndrom ist zu berücksichtigen, dass aufgrund der Hypotonie und möglicher Gleichgewichtsprobleme, die zwar im Schulalter nicht mehr so auffällig sind, doch spezielle Schwierigkeiten bestehen können. Auch sind im Vergleich zu den anderen Kindern viele motorische Aktivitäten für sie deutlich anstrengender und gerade bei Ausdauerleistungen kommt es bei ihnen zu einer schnelleren Ermüdung und besonders bei koordinativen und feinmotorischen Aufgaben zu einem rascheren Nachlassen von Konzentration und Genauigkeit.

Diese Bedingungen sind zu beachten, sollten aber nicht zu einem reduzierten, sondern zu einem differenzierten Angebot führen, weil motorische Fähigkeiten ganz wesentlich durch entsprechendes Training und eine motivierende Gestaltung gerade auch noch bei Jugendlichen zu verbessern sind.

Bei einer Studie zur Überprüfung der motorischen Leistungsfähigkeit von Kindern mit Down-Syndrom zeigten sich sehr große individuelle Unterschiede, aber »bei den koordinativen Aufgaben taten sich die Teilnehmerinnen und Teilnehmer besonders schwer ... Für den 6-Minuten-Ausdauerlauf waren einige nicht zu motivieren«. Dass »bei der Rumpfbeuge alle getesteten Kinder überdurchschnittlich abgeschnitten haben« (Augste, Bugaj 2015, 374 f), kann allerdings nicht als eine besondere sportliche Leistung interpretiert werden, sondern das liegt an ihren speziellen Körperproportionen und der größeren Dehnbarkeit der Bänder.

Als ein besonders interessantes Ergebnis dieser Studie ist hervorzuheben, wie vielfältig die von den Kindern und Jugendlichen in Vereinen praktizierten Sportarten waren. »So wurden Ballsportarten wie Fußball, Handball, Volleyball und Tennis ausgeübt, aber auch Einzelsportarten wie Schwimmen, Turnen oder Leichtathletik. Kampfsportarten wie Judo, Ringen und Taekwon-Do wurden angegeben, ebenso wie die Teilnahme in Tanzgruppen oder an Skikursen.« Dabei wurde die Inklusion in den Sportvereinen von den Eltern überwiegend kritisch gesehen, während die Teilnahme am schulischen Sportunterricht besser bewertet wurde (ebd.). Wahrscheinlich ist ein differenziertes Angebot in der Schule eher zu gestalten, während in allgemeinen Sportvereinen mit zunehmendem Alter meistens eine Leistungs- und Wettkampforientierung erfolgt, die eine Teilhabe erschwert. Deshalb erfreuen sich spezielle Angebote, wie das jährliche »Down-Sportlerfestival«, steigender Beliebtheit. Aber auch besondere Trainingsangebote von Behinderten-Verbänden für Special Olympics werden gern angenommen – und die Teilnahme an den entsprechenden regionalen, nationalen, aber auch internationalen Wettkämpfen war für einige Personen mit Down-Syndrom sehr erfolgreich.

Für die Förderung der allgemeinen motorischen Fähigkeiten im Schulalter ist aufgrund der großen Heterogenität eine differenzierte Erfassung sowohl der individuellen Kompetenzen und Interessen der Kinder und Jugendlichen als auch der möglichen besonderen Schwierigkeiten wichtig.

Viele Kinder mit Down-Syndrom sind verglichen mit anderen Kindern gleichen Alters relativ klein. Das wirkt sich auch in der Motorik aus. So ist ihre Schrittlänge kürzer und längere Strecken zu gehen ist für sie anstrengender. Manche Kinder laufen im Grundschulalter noch etwas schwerfällig und breitbeinig und sind unsicher im Gleichgewichthalten und Balancieren. Das zeigt sich beispielsweise beim Treppesteigen, besonders beim Abwärtsgehen. Manchmal werden diese Schwierigkeiten noch durch Sehbeeinträchtigungen verstärkt. Auch das Hüpfen und Springen fällt vielen Kindern noch schwer, ebenso kurzzeitiges Stehen auf einem Bein. Andere Kinder mit Down-Syndrom können bereits Radfahren, laufen mit Inlinern, spielen Tennis und einzelne können sogar schon Handstand und Radschlagen.

Rennen, Hüpfen und Springen sind als motorische Basisfähigkeiten eine wichtige Grundlage für viele Alltagskompetenzen und für alterstypische gemeinsame Bewegungsspiele. Durch entsprechende Angebote in der Schule und in der Freizeit können sie in möglichst sinnvollen Zusammenhängen, die dem Kind Freude machen, gefördert werden. Das Kind kann üben, auf einer Linie vor- und rückwärts zu gehen oder über ein auf dem Boden liegendes Brett. Beim Spaziergang kann es auf einem liegenden Baumstamm balancieren, um zu lernen, einen Fuß vor den anderen zu setzen und damit ein insgesamt besseres Gangbild zu entwickeln. Im schulischen Sportunterricht kann gelernt werden, über eine Langbank zu gehen und dann vielleicht auch über den Schwebebalken – erst mit, dann ohne Handhaltung durch die anderen Kinder. Diese Übungen machen jedoch isoliert selten Spaß. Sie können aber einbezogen werden in entsprechende thematische Angebote wie z. B. in ein »Abenteuerspiel«, in ein Zirkusprojekt oder in psychomotorische Bewegungs-Geschichten. Dem Kind ist zunehmend möglich, im Wechselschritt die Treppe sicher rauf und runter zu gehen, erst mit und dann ohne Festhalten am Geländer. In verschiedenen Situationen kann das Hüpfen geübt werden. So können die Kinder von der letzten Treppenstufe mit beiden Füßen gleichzeitig springen oder bei einem Spaziergang von einer niedrigen Mauer, über Hindernisse hüpfen, z. B. über einen Stock oder eine Pfütze oder auf einem Trampolin. Solche kindgemäßen Aktivitäten sollten nicht aufgrund übergroßer Vorsicht unnötig eingeschränkt werden. Auf dem Schulhof in den Pausen motivieren verschiedene Geräte wie Klettergerüst, Rutsche oder Seilbrücke zum Ausprobieren und Mitmachen mit den anderen Kindern. Beim Sportunterricht können durch individuell geeignete Angebote die motorischen Kompetenzen in der Leichtathletik, bei Ballspielen oder auch an typischen Geräten wie Sprossenwand, Kasten oder Ringen verbessert werden.

Bei einem Spaziergang können Steine ins Wasser geworfen werden. Mit einem Kissen, einem Luftballon oder einem Wasserball kann man Werfen und Fangen üben, bis dies auch mit normalen Bällen gelingt. Alterstypische Spiele wie Kästchen- oder Seilspringen, Fangen und Verstecken oder Fußball machen vielen Kindern mit Down-Syndrom Freude, wenn sie sich die dafür notwendige Geschicklichkeit angeeignet und die Spielregeln verstanden haben. Mit zunehmendem Alter werden für die Jugendlichen auch übliche Spiele wie Fußball, Handball, Volleyball, Tennis interessant, aber auch der Besuch eines Fitnessstudios oder das Ausüben einer so genannten Kampfsportart. Dazu benötigen sie allerdings eine differenzierte Unterstützung. Es kann nämlich nicht davon ausgegangen werden, dass allein durch das Vormachen der anderen Kinder koordinative Fähigkeiten gelernt werden können, weil »Menschen mit Trisomie 21 auch beim Imitieren von immer komplexer werdenden Bewegungen signifikant früher Schwierigkeiten haben als Menschen ohne Syndrom« und zwar schon »beim Imitieren von zwei Elementarbewegungen« (Röhm 2016, 149). Durch eine angemessene Gestaltung der Übungen in Verbindung mit motivierenden Bedingungen sind aber durchaus Möglichkeiten gegeben, diese Einschränkungen zu überwinden (ebd.).

Rad fahren und Schwimmen sind wichtige Kompetenzen, um mit der Familie und mit anderen Gleichaltrigen gemeinsam etwas unternehmen zu können. Das ist besonders wichtig nicht nur für Kinder, sondern vor allem für Jugendliche und junge Erwachsene. Deshalb sollten solche Fähigkeit in der Schule und zu Hause möglichst angemessen vermittelt werden. Im Sportunterricht oder im Sportverein, bei gemeinsamen Spielen mit Freunden oder in der Familie kann z. B. Fußball, Federball oder Tennis gespielt werden und beim Wandern und Schwimmen sind Freude an der Bewegung und Ausdauer zu fördern. Die Hypotonie macht zwar viele Aktivitäten anstrengender, aber durch regelmäßiges Training kann sie deutlich verringert werden und durch motivierende Angebote sind die verschiedenen motorischen Kompetenzen erheblich zu verbessern. Für Jugendliche ist wichtig, Möglichkeiten zu finden, wo sie mit Gleichaltrigen gemeinsam etwas unternehmen können. Das kann in kirchlichen Jugendgruppen oder in anderen Vereinen sein. Auch der gesundheitliche Effekt ist wichtig zu betonen – gerade bei der im Teenager-Alter oftmals beginnenden Tendenz, Übergewicht zu entwickeln.

> »Unser Sohn Andy ist jetzt 9 Jahre. Wir haben immer gern Radtouren gemacht, Andy zuerst im Anhänger, dann auf dem angehängten Tandemrad – und seit diesem Sommer fährt er allein! Die gemeinsamen Radtouren im diesjährigen Urlaub hat er genossen und ist unheimlich stolz, dass er jetzt wie sein Bruder auf dem eigenen Rad fährt. Nur verkehrssicher ist er noch nicht, aber das üben wir weiterhin und sind zuversichtlich, das auch noch zu erreichen.«

Kinder mit Down-Syndrom können eine Instabilität der oberen Halswirbel (atlantoaxiale Instabilität) haben, allerdings ist diese Veränderung relativ selten so ausgeprägt, dass sie wirklich problematisch ist. Lassen jedoch Gangstörungen oder neurologischer Auffälligkeiten eine solche Beeinträchtigung vermuten, sollte unbedingt eine entsprechende Abklärung erfolgen. Dann müssen sportliche Aktivitäten, die die Halswirbelsäule besonders belasten, vermieden werden. Es ist dagegen nicht angebracht, bei Kindern mit Down-Syndrom auf Grund von übergroßer Vorsicht auf angemessene Bewegungsangebote generell zu verzichten

Viele Kinder sitzen mit Vorliebe im Schneidersitz, selbst auf dem Stuhl. Das gibt ihnen zwar eine stabilere Sitzposition, ist aber für Knie- und Hüftgelenke nachteilig und wirkt sich zudem ungünstig auf das schulische Arbeiten am Tisch aus. Oft neigen die Kinder aufgrund der Hypotonie dazu, mit sehr rundem Rücken zu sitzen und den Kopf extrem nahe zur Tischoberfläche hinabzubeugen, also gleichsam »mit der Nase zu arbeiten«. Um solche problematischen Haltungen zu vermeiden, ist darauf zu achten, dass Stuhl und Tisch ihrer Körpergröße entsprechen. Oft sind die im Klassenraum vorhandenen Möbel für sie zu groß, weil Kinder mit Down-Syndrom im Durchschnitt deutlich kleiner als ihre Mitschüler sind. Es ist wichtig, dass die Kinder ihre Füße bequem auf den Boden stellen können. Einige Kinder im Grundschulalter benötigen deshalb einen Fußschemel, um die Füße aufzustellen, andere bevorzugen einen entsprechenden Kinder(hoch)stuhl, um mit ihren Mitschülern am gleichen Tisch zu sitzen. Zudem darf der Tisch nur so hoch sein, dass sie ihre Unterarme locker abstützen können. Das ist auch bei älteren Schülern ein gutes Kriterium für das Überprüfen der Sitzposition an ihrem Arbeitsplatz. Für manche Kinder ist eine leichte Schrägstellung der Tischplatte hilfreich (verstellbare Arbeitsplatte oder Klötze unter den hinteren Tischbeinen), um dadurch einen günstigeren Augenabstand zur Arbeitsfläche zu erreichen.

Feinmotorik

Die feinmotorischen Fähigkeiten von Kindern mit Down-Syndrom sind auf Grund der Hypotonie und der typischen Veränderungen der Hand beeinträchtigt. So können die relativ kurzen Finger, die geringere Kraft und die verminderte Stabilität im Handgelenk zu speziellen Schwierigkeiten führen. Die Arbeit mit Blei- bzw. Buntstift, die Benutzung einer Schere, eines Klebers oder eines Radiergummis kann ihnen mehr Mühe bereiten als anderen Kindern. Oft besteht auch zu Schulbeginn noch keine eindeutige Dominanz einer Hand, so dass die Spezialisierung der linken und rechten Hand mit aktiver Tätigkeit der einen und stützender Funktion der anderen Hand noch nicht erkennbar ausgeprägt ist. Mitunter fällt den Kindern der präzise Griff mit Zeigefinger und Daumen noch schwer und beeinträchtigt Malen und Schreiben, besonders wenn sie dazu neigen, den kleinen Finger deutlich abzuspreizen. Dann hilft es, sie daran zu erinnern, dass der »kleine Schlingel« auch mitmachen muss.

Bei den verschiedenen Tätigkeiten ist zu reflektieren, welche möglichen Probleme dabei auftreten können, um die Kinder bei der Entwicklung von Handgeschicklichkeit und Koordination differenziert zu unterstützen und vielfältige alltagsintegrierte Übungen anzubieten.

> Melina besucht als einziges Kind mit Förderbedarf die erste Klasse einer Grundschule. Sie wird von einer Schulbegleiterin unterstützt. Wenn Melina auf ihrem Arbeitsblatt etwas ausradieren will, übernimmt die Schulbegleiterin diese Aufgabe, damit beim Radieren das Blatt nicht geknittert wird und damit es schneller geht.
>
> Grundschullehrerin und Schulbegleiterin beurteilen die Situation verschieden: Ist das eine sinnvolle Hilfe oder wird dadurch eine motivierende Lernsituation nicht genützt?

In sich wiederholenden täglichen Handlungen und Arbeitsabläufen, wie An- und Ausziehen, Sich waschen und abtrocknen, Benutzen von Besteck beim Essen, Ein- bzw. Ausräumen von Geschirr oder Arbeitsmaterialien, werden zu Hause und in der Schule feinmotorische Fähigkeiten gefördert. Auch durch spezielle Angebote in verschiedenen Unterrichtsfächern oder Projekten wie Kochen, Töpfern, Gartenarbeit oder im Kunst- oder Werkunterricht beim Malen, Schneiden, Falten, Sägen, Kleben oder Feilen werden feinmotorische Kompetenzen erworben. Dabei benötigen die Kinder und Jugendlichen unbedingt geeignetes Arbeitsmaterial und gutes Werkzeug, um unnötige Schwierigkeiten zu vermeiden. Erkennbar sinnvolle Angebote sind motivierend und Erfolgserlebnisse verstärken und ermutigen.

Es ist wichtig, dass die Kinder bei konkreten Tätigkeiten erfahren, warum etwas gemacht wird, was das jeweilige Ziel ist, um dann zu erleben, dass sie die Aufgabe allein oder mit anderen geschafft haben und sich über das Ergebnis freuen können.

7.2 Hören und Sehen

Beim schulischen Lernen von Kindern mit Down-Syndrom sollte berücksichtigt werden, dass eventuell Hörbeeinträchtigungen vorliegen können. Auch wenn die Häufigkeitsangaben, die in verschiedenen Untersuchungen ermittelt wurden, schwanken, ist davon auszugehen, dass etwa 30 Prozent der Kinder zeitweise oder dauerhaft unter unterschiedlich stark ausgeprägten Einschränkungen des Gehörs leiden können, überwiegend verursacht durch syndromspezifische Dysfunktionen der Eustachischen Röhre, die oftmals zu Mittelohrentzündung führen und manchmal auch chronisch werden können (vgl. Davies 1996, 103, 106). Oft liegen die Beeinträchtigungen bei etwa 20 Dezibel, aber bei einigen Kindern zeitweise durchaus bei 50 Dezibel. Deshalb kann es Kindern mit Down-Syndrom schwer fallen, Sprache deutlich zu verstehen und auf verbale Mitteilungen angemessen zu reagieren. Auch bei nicht sehr ausgeprägten Hörstörungen ist die Unterscheidung ähnlich klingender Wörter wie Hose – Rose – Dose oder Kopf – Topf schwierig und kann bei Anweisungen zu Verwirrung führen. So reagierte ein Junge auf die Bitte: »Holst du mir die Zeitung?« mit Erstaunen und klopfte verwundert auf die Heizung! »Wenn Kinder mit Hilfe des Kontextes Worte erraten, verstehen sie vielleicht einzelne Instruktionen oder kurze Sätze, geraten aber bei längeren Anweisungen in Verständnisschwierigkeiten« (Bird, Buckley 2000, 47). Es ist deshalb hilfreich für die Kinder, ihnen das Verstehen in konkreten Situations- oder Handlungszusammenhängen kontextgebunden zu erleichtern.

Auch nur geringfügige Hörbeeinträchtigungen können manchmal die Ursache für Lern- oder Verhaltensschwierigkeiten im Unterricht sein, weil das Zuhören anstrengender ist und die Aufmerksamkeit erheblich erschwert ist und dadurch zu Unsicherheit führt. Das Kind beschäftigt sich dann anderweitig, wird vielleicht unruhig, laut und stört. Auch kann es, wenn es nicht richtig hört, was gesagt wird, manche Aufgaben tatsächlich nicht »verstehen«. Bei vermuteten Hörproblemen sollten deshalb immer entsprechende Untersuchungen zur Abklärung veranlasst werden. Im Schulalltag können Unruhe im Klassenraum und Hintergrundgeräusche das Hören und die Aufmerksamkeit noch zusätzlich erschweren. Deshalb ist auch bezüglich der Raumgestaltung zu überlegen, ob und wie Störgeräusche möglichst vermieden und die Akustik insgesamt verbessert werden kann.

Das Sprechverhalten der Bezugspersonen hat für Kinder mit Down-Syndrom – wie bei anderen Menschen, die schlecht hören – große Bedeutung. Es ist wichtig, mit dem Kind langsam und deutlich zu sprechen und es bei Erklärungen und Anweisungen möglichst direkt anzusehen. Zu bedenken ist auch, an welchem Platz im Klassenraum das Kind sitzt. Es muss sowohl den Lehrer oder die Lehrerin als auch die anderen Kinder sehen und verstehen können.

Im Unterschied zum Hören als Sinnestätigkeit ist mit auditiver Wahrnehmung die bedeutungsbezogene Verarbeitung der Sinnesinformation und ihre Verknüpfung mit Erfahrung gemeint. So hören wir das Klirren eines heruntergefallenen Glases und wissen dann aufgrund von Erfahrung, was dieses Geräusch bedeutet, sehen in die vermutete Richtung und können dann entsprechend handeln. Diese bedeutungsbezogene Verarbeitung von Gehörtem und Gesehenen ist bei Kindern mit Down-Syndrom verlangsamt und erschwert deshalb die Koordination mehrerer gleichzeitiger Sinnesinformationen. Zudem hat besonders das auditive Kurzzeitgedächtnis eine deutlich eingeschränkte Aufnahmekapazität. So »wird es ein Kind mit einer Merkfähigkeit von nur zwei Ziffern als äußerst schwierig empfinden, sich mehr als zwei Informationen, die es nacheinander gehört hat, zu merken und darauf zu antworten. Gibt man ihm aber Zeit, das Gehörte zu verarbeiten und hilft man ihm sogar, es sich zu merken, dann wird es auch in der Lage sein, mehr als zwei Informationseinheiten zu verarbeiten« (Bird, Buckley 2000, 49). Eine neue empirische Untersuchung ergab gleichfalls, dass »bei Menschen mit Trisomie 21 der Aufmerksamkeitsumfang konstant auf zwei Einheiten verringert« ist (Zimpel 2016, 99) – und das betrifft nach diesen Ermittlungen sowohl das Hören und Sehen als auch haptische und motorische Fähigkeiten. Es ist deshalb wichtig zu reflektieren, welche Hilfen wir bieten können, um unter Berücksichtigung dieser Begrenzungen günstige Lernbedingungen zu gestalten. Als effektiv hat sich besonders eine multisensorische Vermittlung erwiesen, also eine sinnvoll gestaltete Koppelung von zwei oder mehr Sinnen (Hören, Sehen, Fühlen und Bewegung).

Verschiedene Sehfehler – vorwiegend Kurz- oder Weitsichtigkeit, aber auch andere sehr spezielle visuelle Probleme – treten bei Kindern mit Down-Syndrom häufiger auf. Etwa 50 Prozent der Kinder benötigen deshalb eine Brille. Das ist zwar kein Problem, aber oft verrutscht die Brille und die Kinder blicken dann über den oberen Brillenrand oder sehen zumindest nicht durch den scharfen Bereich. Das räumliche Sehen und auch die optische Trennung von Vorder- und Hintergrund können manchmal erschwert sein. Zudem besteht bei Menschen mit Down-Syndrom eine verringerte Akkomodationsfähigkeit des Auges, d. h. die Anpassung beim Fixieren von Objekten ist erschwert (vgl. Hammond, Millis 1996, 129). Besonders der schnelle Wechsel von Weit- und Nahsehen, wie es beim Abschreiben von der Tafel erforderlich ist, fällt ihnen schwer. Aufgrund der Hypotonie, von der auch das Auge betroffen ist, benötigen sie für die Anpassungsleistung von Fern- und Nahsehen mehr Zeit. Deshalb ist eine solche Aufgabe für sie erheblich schwieriger als für andere Kinder und aufgrund des beeinträchtigten Kurzzeitgedächtnisses und der dadurch eingeschränkten Merkfähigkeit beim Übertragen ins Heft fehleranfälliger. Arbeitsanweisungen und andere visuelle Informationen müssen für die Kinder übersichtlich und klar strukturiert sein. Sowohl im Klassenraum als auch am Arbeitsplatz sollten gute Lichtbedingungen bestehen und das Kind muss so sitzen, dass Gegenlicht möglichst vermieden wird.

Bezogen auf das Lernverhalten von Kindern mit Down-Syndrom ist auch zu berücksichtigen, dass »die Kombination von mäßigen Beeinträchtigungen beim Hören und Sehen in Verbindung mit der Hypertonie zu der falschen Diagnose einer ausgeprägten schweren geistigen Behinderung führen kann. Solche Kinder können schwere Sprachretardierungen und Verhaltensstörungen aufweisen« (Davies 1996, 101, Übers. E.W.). Offenbar bedeutet auch eine nur leichte Beeinträchtigung beider Sinne für das Kind eine erhebliche zusätzliche Anstrengung. Es ist deshalb wichtig, uns bewusst zu machen, wie viele Kinder aufgrund der sehr häufigen Seh- und Höreinschränkungen wahrscheinlich von dieser Problematik betroffen sind.

Nicht nur das Hören und das Sehen selbst, sondern auch die Verarbeitung der aufgenommenen Sinnesinformationen ist bei vielen Kindern mit Down-Syndrom beeinträchtigt. Aus den verschiedenen gleichzeitigen Wahrnehmungen, aus dem Gehörten, dem Gesehenen, dem Gefühlten oder dem Gerochenen müssen die jeweils wichtigen Informationen ausgewählt und in Beziehung gesetzt werden. Diese Verknüpfung und bedeutungsbezogene Auswahl fällt Kinder mit Down-Syndrom schwer, und weil die Verarbeitung langsamer erfolgt, ist die Koordination ungenauer. Deshalb reagieren sie oft eher auf den dominanten Reiz, statt eine bedeutungsbezogene Auswahl zu treffen. »Laute Geräusche, reizüberflutende Umgebungen und andere ›Überstimulierungen der Wahrnehmung‹ können dazu führen, dass sich die Person aufregt, unruhig wird« (McGuire; Chicoine 2008, 44). Normale Aktivitäten im Klassenraum lenken sie stärker ab und sie haben Mühe, Hintergrundgeräusche wie scharrende Stühle oder optische Reize wie blinkende Mobiles oder auch nur herumgehende Kinder auszublenden. Einige »reagieren empfindlich auf das Geschehen um sie herum, während andere einfach ›abschalten‹. Das geschieht meistens aus einer Überstimulierung heraus« (ebd., 43). Oftmals wird das dann als Konzentrationsschwäche und unstetes Arbeitsverhalten der Kinder angesehen, ist aber eher auf ihre empfindlichere Wahrnehmung und ihre speziellen Verarbeitungsmöglichkeiten zurückzuführen. Im Klassenraum sollte deshalb den Kindern ein ruhiger ablenkungsarmer Arbeitsplatz zur Verfügung stehen und unnötige optische oder akustische Störungen müssen möglichst vermieden werden.

Angemessene didaktische und methodische Verfahren erleichtern den Kindern gerichtete Aufmerksamkeit. Deshalb kann auch die zeitweise Arbeit mit dem Computer und mit verschiedenen ausgewählten Programmen hilfreich sein, weil dadurch in besonderer Weise gerichtete Aufmerksamkeit und Motivation unterstützt wird. Vor allem Jugendliche sind dadurch zu motivieren, auch längere Zeit selbständig zu arbeiten.

Um Personen mit Down-Syndrom zu unterstützen, längere verbale Mitteilungen zu behalten, ist es sinnvoll, die Aufgaben zu gliedern und die einzelnen Arbeitsschritte mit Bildern, Symbolen oder Schrift ›überschaubar‹ zu machen. Beim Morgenkreis oder bei der Projektplanung und Projektauswertung ist zu bedenken, wie lange ein Kind mit Down-Syndrom zuhören kann und wie viele Informationen es in der Lage ist zu behalten, aber auch welche visuellen oder haptischen Materialen sinnvoll unterstützend eingesetzt werden können.

7.3 Sprache und Sprechen

Fast alle Kinder und Jugendliche mit Down-Syndrom weisen im sprachlichen Bereich vielfältige typische Beeinträchtigungen auf mit teilweise erheblichen Abweichungen zu ihren sonstigen Kompetenzen. Auch gibt es große Diskrepanzen zwischen Sprechen und Sprachverständnis. So zeigte sich bei einer entsprechenden Untersuchung von 4;6- bis 19;0-jährigen Kindern und Jugendlichen mit Down-Syndrom, »dass die Verstehensleistungen in der Regel den Fähigkeiten von 3- bis 6-jährigen normalentwickelten Vorschulkindern entsprechen« mit besonderen

Schwierigkeiten im Grammatikverstehen (Witecy u. a. 2018, S. 17). Allerdings sind die individuellen Fähigkeiten sehr unterschiedlich.

Während einige Kinder zu Beginn der Schulzeit schon gut verständlich und grammatisch überwiegend richtig sprechen können, weist die Artikulation bei den meisten Kindern typische Fehlbildungen auf, und viele sprechen noch überwiegend in Einwortsätzen. Selbst nach der Grundschulzeit haben noch viele ältere Schüler einen sehr eingeschränkten aktiven Wortschatz. Artikel oder Vorsilben werden häufig ausgelassen (ich kauft), Verben werden oft nur in der Grundform benutzt (ich malen), manche Wörter werden extrem verkürzt und sind dann nur schwer verständlich (Nulla für Nutella).

Bei einem Vergleich mit kognitiv beeinträchtigten Kindern, bei denen andere Ursachen zur Behinderung geführt hatten, wurde deutlich, dass die besonderen Schwierigkeiten der Kinder mit Down-Syndrom nicht allein mit ihren kognitiven Einschränkungen erklärbar sind, sondern dass von spezifischen Sprachproblemen auszugehen ist. Trotz großer Variabilität konnte deshalb für Kinder mit Down-Syndrom ein typisches Sprachprofil ermittelt werden mit Schwächen in der expressiven Sprache, beim Wortschatz und besonders in der Syntax, aber mit deutlichen Stärken im Bereich der Pragmatik (Miller 1999, 29). Auch neuere »Untersuchungen mit Intelligenz- und Sprachtests im Schulalter belegen ebenfalls ein konsistentes Profil mit Schwächen in den semantisch-syntaktischen Sprachfähigkeiten und im auditiven Arbeitsgedächtnis« (Sarimski 2015, 6). Es ist deshalb wichtig, die Konsequenzen aus solchen Erkenntnissen zu ziehen und für eine systematische sprachliche Förderung der Kinder und Jugendlichen zu sorgen.

Einige Kinder antworten nicht gern und fordern dann ihre Bezugpersonen durch Anstoßen auf, für sie zu sprechen. Manche zeigen eine deutliche Sprechunlust, vor allem bei wiederholten Aufforderungen. Oft beruht ihr Ausweichverhalten oder ihre Weigerung auf vorangegangenen negativen Erfahrungen mit Nicht-Verstanden-Werden und verinnerlichten Misserfolgen. Kinder mit Down-Syndrom können einzelne Laute isoliert meistens richtig bilden und auch einzelne Wörter durchaus verständlich sprechen, aber in Sätzen wird die Artikulation oft deutlich schlechter. Besonders ein Wechsel der Artikulationsstelle (k – l, sch – w) bereitet Mühe und führt zu typischem Auslassen oder Ersetzen einzelner Laute. Zudem bestehen nicht nur sprechmotorische Probleme, sondern auch Schwierigkeiten der auditiv-kinästhetischen Erinnerung, wie eine Lautfolge zu produzieren ist. Selbst Kinder, die Wörter und kurze Sätze eigentlich relativ gut sprechen können, haben beim Erzählen eines längeren Berichtes oft Mühe, sich verständlich zu machen. Auch Redeflussstörungen, vor allem Stottern kommt – mit sehr unterschiedlicher Ausprägung – bei Kindern mit Down-Syndrom mit etwa 20 % auch im Vergleich zu anderen Kindern mit kognitiven Beeinträchtigungen deutlich vermehrt vor. Überwiegend tritt es erst mit neun oder zehn Jahren auf und meistens bei Kindern, die eigentlich recht gut sprechen. Es ist allerdings nicht angezeigt, dieses Stottern allein mit motorischen Dysfunktionen und typischen kognitiv bedingten Wortfindungsschwierigkeiten zu erklären, sondern es ist auch von psychischen Faktoren und einem oft deutlichen Störungsbewusstsein auszugehen (Wilken 2014, 143 ff.). Eine entsprechend differenzierte Diagnose ist Vorraussetzung, damit den Kindern angemessene Hilfen angeboten werden können.

7.3 Sprache und Sprechen

> Kinder mit Down-Syndrom haben ein spezifisches Sprachprofil mit Schwächen in der Artikulation, der Grammatik und bei der Satzbildung, aber mit Stärken in den sozial-kommunikativen Kompetenzen.

Das Sprachverständnis ist bei allen Personen mit Down-Syndrom deutlich besser als aufgrund ihrer eingeschränkten Sprechleistung vermutet wird. Vorgelesene Geschichten, Berichte oder Projektbeschreibungen, vor allem mit konkretem Erfahrungsbezug, werden zumeist gut verstanden. Dagegen bereiten den Kindern aufgrund ihres eingeschränkten Kurzzeitgedächtnisses längere verbale Anweisungen und Fragen, die verschiedene Aspekte betreffen und über den Bereich der konkreten Situation hinausgehen, häufiger Schwierigkeiten. Um die Aufnahme und Verarbeitung längerer verbaler Informationen zu erleichtern, sind deshalb multisensorielle, vor allem aber visuelle Unterstützungen hilfreich.

Wenn man die Kinder nicht gut kennt, werden ihre allgemeinen Kompetenzen oft falsch eingeschätzt, weil vorschnell von der Retardierung im Sprechen auch auf die allgemeinen anderen Fähigkeiten geschlossen wird. Für den Unterricht ist deshalb wichtig, die tatsächlichen individuellen Kompetenzen des Kindes im Verstehen von Sprache, in der Merkfähigkeit und im kognitiven sowie im sozialen Bereich zu kennen.

Mit geeigneten Testverfahren oder mit entsprechenden Spielen mit ausgewählten Objekten und mit Bildkarten ist es möglich festzustellen, wie gut die Merkfähigkeit ist, was das Kind kontextunabhängig verstehen und berichten kann, wie gut das Verständnis für Wörter und spezielle Begriffe ist sowie für grammatische und syntaktische Strukturen. Wir können dem Kind auch verschiedene, möglichst einsilbige Wörter vorsprechen, die es dann aus dem Gedächtnis nachspricht, um so den Umfang der erinnerten Informationseinheiten zu erfassen. Spaß macht es vor allem jüngeren Kindern, wenn man »durch das Fenster« spricht. Indem wir ihnen drei oder vier Gebärden durch die Scheibe zeigen, die sie sich merken müssen und dann beim Wiederbetreten des Zimmers in der richtigen Reihenfolge wiederholen, können wir auch die Merkfähigkeit noch nicht sprechender Kinder überprüfen. Zugleich helfen die Gebärden aufgrund ihrer motorischen Ausführung den Kindern, sich besser zu erinnern und wir können damit ihre Gedächtnisleistungen fördern.

Auch in gemeinsamen, strukturierten Spielen, beim Befolgen von Anweisungen in konkreten Handlungszusammenhängen oder mit entsprechenden Angeboten können spezielle Aspekte des Sprachverständnis nicht nur geprüft, sondern auch systematisch gelehrt werden.

Ausgehend von den ermittelten individuellen Kompetenzen des Kindes können wir seine allgemeinen sprachlichen Kompetenzen kontinuierlich erweitern. Es lernt Oberbegriffe (Obst, Gemüse, Tiere) sowie genaue Bezeichnungen für verschiedene Tätigkeiten und die Zeitformen der Verben, Präpositionen (auf, unter, in, neben), aber auch Begriffe wie zuerst, danach, später, Verneinungen und zunehmend differenzierte grammatische und syntaktische Strukturen. Dabei ist eine wichtige Erkenntnis, dass es »Kindern mit Down-Syndrom leichter fällt mit Bildern als mit Gegenständen zu lernen, wahrscheinlich weil die Ablenkung durch Gegenstände zu groß ist und weil mit Bildern in kürzerer Zeit mehr Lernstoff eingeübt werden kann« (Bird, Buckley 2000, 51). Es ist zu betonen, dass ein erweitertes Sprachverständnis sich nachweislich auch positiv auf das Sprechen auswirkt (Miller 1999, 32). Freude bereiten den Kindern meistens interessante Bildergeschichten, die aus 4 oder sogar 12 Einzelbildern bestehen können. Sie werden in eine inhaltsbezogene Reihenfolge gebracht, vom Kind versprachlicht mit Wörtern und eventuell mit Gebärden und von uns ergänzend kommentiert. So können sowohl Verstehen als auch Sprechen und Satzbildung geübt werden. Bei einigen Kindern können damit zusätzliche Leseübungen verbunden werden.

Wenn die sprachlichen Beeinträchtigungen sehr ausgeprägt sind, können sich für Kinder mit Down-Syndrom oftmals frustrierende Kommunikationssituationen ergeben. Deshalb ist eine differenzierte Förderung ihrer Verständigungsfähigkeit notwendig, bei der auch der Einsatz alternativer und ergänzender Kommunikationsformen wie Gebärden, Bilder, Symbole und Schrift einbezogen wird. Manchmal ist es sinnvoll, Kommunikationstafeln bzw. -bücher anzulegen oder auch elektronische Hilfsmittel zu benutzen.

> Brian, ein Junge mit Down-Syndrom, besucht gemeinsam mit 20 Mitschüler (inne)n die dritte Klasse einer integrativen Grundschule. »Brian erzählt gern und wortreich Geschichten von der kleinen Schwester, vom großen Nachbarshund und von dramatischen Unfällen. Damit ihn alle richtig verstehen, begleitet er seine wichtigsten Aussagen mit Gebärden – die hat er schon im Kindergarten gelernt. Wenn die Geschichte sehr kompliziert oder neu ist, dann nimmt Brian sein ›Wörterbuch‹ zur Hilfe und zeigt, was er meint. Das Wörterbuch ist selbst hergestellt. Brian klebt jeden Tag Fotos ein, aber auch Abbildungen und alle Wortkarten, die er schon kennt. Unterstützt von Gebärden, Bildern und Schrift also, berichtet er von den haarsträubenden Ereignissen aus dem Leben des Brian, die anschließend in sein Tagebuch eingeschrieben und mit Bildern ausgeschmückt werden. Die anderen Kinder in der Klasse sehen und hören ihm zu, sie protestieren manchmal, wenn Brian immer wieder dieselbe Geschichte erzählen will, aber er erlaubt ihnen trotzdem, Bilder in sein Tagebuch zu malen, ihm etwas daraus vorlesen oder auch etwas nach seinen Wünschen aufzuschreiben ... . Inzwischen sind alle Kinder an solche anschaulichen oder indirekten Möglichkeiten der Verständigung gewöhnt. Sie verstehen Brian ... meist richtig und übersetzen seine Mitteilungen, die auf so ungewöhnliche Weise zustande kommen, in altersgemäße Sprache. Mit dieser kleinen Unterstützung durch Freunde und Freundinnen erlebt sich Brian verstanden und sprechend« (Hömberg 2014, 135).

Für die sprachliche Förderung im Schulalter benötigen Kinder mit Down-Syndrom individuell sehr unterschiedliche sprachtherapeutische Maßnahmen, die auch alternative und ergänzende Kommunikationsformen einschließen sollten. Eine Kooperation mit den Eltern und mit der Therapeutin ermöglicht, solche spezielle Hilfen wie Kommunikationsmappen oder Talker sinnvoll auch in der Schule einzusetzen. Durch geeignetes Einbeziehen dieser Hilfen in den Unterricht erfährt das Kind nicht nur unmittelbar Sinn und Bedeutung seiner besonderen Kommunikationsform, sondern es erlebt eine Wertschätzung seiner tatsächlichen Fähigkeiten – unabhängig von seinem Sprechvermögen.

Immer öfter werden auch Apps eingesetzt, die auf iPad oder Tablet installiert sind. Das Angebot ist mittlerweile recht groß und bietet differenzierte Übungsmöglichkeiten für verschiedenste Lernbereiche. Zudem kommen diese visuellen Programme dem Lernverhalten der Kinder sehr entgegen und sie arbeiten damit meistens deutlich motivierter und begeisterter als mit traditionellen Materialien (vgl. Zöbl 2016, 25 f.).

Während mit zunehmendem Alter wesentliche Fortschritte bei der Artikulation und beim Satzbau eher mühsam sind, kann der Wortschatz altersunabhängig (!) differenziert erweitert werden und auch dadurch ist die Kommunikation erheblich zu verbessern!

Es ist zu betonen, dass in der Grund-, Mittel- und Oberstufe eine kontinuierliche Sprachförderung gewährleistet werden sollte. Bei der Arbeit in Projekten oder bei speziellen Unterrichtsthemen sowie bei der Wiederholung durchgeführter konkreter Arbeitsaufgaben, bei der bildnerischen Gestaltung oder im Rollenspiel können die Schülerinnen und Schüler unter Berücksichtigung der für sie wichtigen Lernziele ihre sprachlichen Kompetenzen kontinuierlich aufbauen und ihre Kommunikationsfähigkeit in Alltagssituationen themenbezogen erweitern (Wilken 2014, 179 ff.).

7.4 Intelligenz und Lernen

Die kognitiven Fähigkeiten von Menschen mit Down-Syndrom verteilen sich über alle (Minder-) Begabungsniveaus (Pueschel 2001, 88), wobei das durchschnittlich erreichte Intelligenzniveau meistens einer leichten bis mäßigen Form der kognitiven Beeinträchtigung entspricht. Auch eine neuere Untersuchung ergab, dass von den erfassten 188 Schülerinnen und Schülern mit Down-Syndrom etwa 2/3 einen mittleren Grad der kognitiven Beeinträchtigung aufwiesen, während die leichtere Ausprägung und die schwere Beeinträchtigung zusammen sich das übrige Drittel teilen (Ratz 2013, 4506). Für das schulische Lernen bedeutet dies für alle Kinder einen Förderbedarf, der trotz der bestehenden Heterogenität überwiegend dem so genannten Förderschwerpunkt »Geistige Entwicklung« zuzuordnen ist.

Wenn man eine Aufteilung in eine langsame, eine durchschnittliche und eine schnelle Entwicklung vornimmt, ist zu beobachten, dass sich die meisten Menschen mit Down-Syndrom während ihres gesamten Lebenslaufs trotz einiger Abweichungen überwiegend innerhalb desselben kognitiven Niveaubereichs entwickeln (Dittmann 2004, 53). Das bedeutet, nur wenige Kinder und Jugendliche zeigen ein relativ schnelles und nur wenige ein sehr langsames Entwicklungstempo, während die meisten sich kontinuierlich innerhalb eines mittleren Entwicklungsniveaus befinden. Interessant ist aber, warum Kinder mit Down-Syndrom, wie etliche Untersuchungen gezeigt haben, mit zunehmendem Alter ihr Verhalten ändern »von aktiven und relativ kompetenten Problemlösern in zunehmend widerwillige Lerner« (Wishart 1996, 173; Übers. E.W.). Liegt das an Misserfolgserlebnissen, an frustrierenden Lernerfahrungen oder an den sich mit zunehmendem Alter ändernden Bedingungen für soziale und kommunikative Teilhabe?

Die kognitiven Fähigkeiten wachsen zwar in den ersten zehn bis 15 Lebensjahren am stärksten, aber es ist zu betonen, dass auch danach bei Bereitstellung entsprechend motivierender Bedingungen noch eine weitere Zunahme erfolgen kann. Außerdem ist nachdrücklich darauf hinzuweisen, dass Lernen unabhängig vom Lebensalter immer möglich ist, wenn die individuellen Interessen des Jugendlichen oder Erwachsenen berücksichtigt und passende Angebote gemacht werden.

Eine wesentliche Auswirkung auf eine positive oder negative Entwicklung haben auch die verschiedenen individuellen und sozio-ökonomischen Bedingungen:

- die jeweilige Form der Trisomie 21 (Mosaik, Translokation, Freie Trisomie)
- mögliche zusätzliche Beeinträchtigungen
- die Geschlechtszugehörigkeit (Mädchen haben öfter eine etwas höhere kognitive Leistungsmöglichkeit als Jungen, bei allerdings größerer Heterogenität)
- Aktivität, Neugierverhalten und Ausdauer
- die soziale Akzeptanz des Kindes oder Jugendlichen
- schulische Lernbedingungen
- allgemeine kognitive, soziale und emotionale Anregungen.

Vergleicht man die Intelligenzentwicklung der Menschen mit Down-Syndrom mit nicht behinderten Gleichaltrigen, so werden mit ansteigendem Lebensalter – bedingt durch die zunehmende Verlangsamung in der Entwicklung – die Unterschiede in den kognitiven Fähigkeiten größer. »Daraus resultiert, dass der Intelligenzquotient (IQ), der die Intelligenzleistung in Bezug zu Gleichaltrigen angibt, mit zunehmendem Lebensalter scheinbar geringer wird, obwohl die Leistungsfähigkeit der Menschen mit Down-Syndrom nicht ab-, sondern sogar zunimmt. Es handelt sich dabei um ein spezielles Problem der Intelligenzmessung bei der Verwendung jener Testverfahren, die sich auf einen Vergleich mit nicht behinderten Menschen mit durchschnittlichem Entwicklungstempo beziehen« (Dittmann 2004, 54). Verschiedene umfangreiche Untersuchungen ergaben, dass die kognitive Entwicklung bei Menschen mit Down-Syndrom nicht nur erheblich verlangsamt ist, sondern dass die Kinder für jeden neuen Entwicklungsschritt zunehmend mehr Zeit benötigen und sie zeigen deutlichere Schwankungen im Entwicklungstempo als Kinder ohne diese Beeinträchtigung (Rauh 1999, 3). So ist festzustellen, wenn man die von Piaget vorgenommenen Beschreibung der Intelligenzentwicklung zu Grunde legt, dass Babys und Kleinkinder mit einer deutlichen Verzögerung zunächst die so genannte sensomotorische Stufe erreichen und Fähigkeiten wie Raumerfassung, Nachahmung, Ursache-Wirkungs-Zusammenhang, Mittel-Zweck-Relationen und Objektpermanenz erwerben (Rauh 1983, 121). Für die Bewältigung der einzelnen Übergänge innerhalb dieser sensomotorischen Entwicklungsstufen benötigen sie jedoch unterschiedlich lange Zeitspannen, die nicht ausschließlich durch ihre insgesamt verlangsamte Entwicklung erklärt werden können. So brauchen sie für den Aufbau von Mittel-Zweck-Relationen, die eine kognitive Verarbeitung voraussetzen, mehr Zeit als für den Aufbau von Objektpermanenz, die stärker visuell und handlungsgebunden erfolgt (Dunst 1988).

Die Entwicklung setzt sich dann weiter über die so genannte symbolisch-vorbegriffliche Stufe bis zur anschaulich-voroperationalen Stufe fort. Damit wird ein kognitives Entwicklungsniveau erreicht, das nicht behinderte Kindern in der Regel im Vorschulalter bzw. zu Beginn des Schulalters durchlaufen. Viele Menschen mit Down-Syndrom verbleiben jedoch lange oder auch dauerhaft auf diesem Entwicklungsniveau. Dadurch ergibt sich, »dass die kognitive Entwicklung von Kindern mit Down-Syndrom nicht bloß langsamer ist, sondern in wichtiger Hinsicht unterschiedlich von der normaler Kinder« (Morss 1983, 40; Übers. E. W.), aber auch im Vergleich zu Kindern mit anderen kognitiven Beeinträchtigungen zeigen sich syndromspezifische Besonderheiten.

Bei einer Erfassung aller Jugendlichen mit Down-Syndrom im Alter von 14 Jahren in Brisbane (Australien) wurde ein durchschnittliches Entwicklungsalter von etwa fünf Jahren ermittelt (Rauh 1999, 2). Viele Menschen mit Down-Syndrom bleiben deshalb in der Regel in ihrem Denken sehr konkret-anschauungsgebunden und nehmen Ereignisse, Ursachen, physikalische Gesetzmäßigkeiten vorwiegend egozentrisch (auf sich selbst bezogen) wahr. Dieses Verhalten hält oft bis in die mittlere Schulzeit an. Als wesentliche Ursache wird die geringe Leistungsfähigkeit des Kurzzeitgedächtnisses angenommen. Dadurch ist die Anzahl der speicherbaren Inhalte zu klein, um damit die notwendigen operatorischen Beziehungen zwischen differenzierten mehrdimensionalen Inhalten herzustellen. Zudem gelingt es den Personen mit Down-Syndrom nur bedingt, bereits im Langzeitgedächtnis gespeicherte Inhalte sach- und inhaltsbezogen abzurufen und entsprechend mit zu berücksichtigen (Dittmann 2004, 55). Die Fähigkeit zur Verinnerlichung von Handlungen ist oft verlangsamt und sehr an das gegenwärtig Konkrete gebunden. Die Ursachen werden in geringerer Leistung des Kurzzeitgedächtnisses gesehen und in dem auf zwei Einheiten reduzierten Aufmerksamkeitsumfang (Zimpel 2016, 99). Auch die besonderen sprachlichen Probleme, die eine Verbalisierung und innere Sprache zum besseren Merken erschweren, wirken sich ungünstig auf Gedächtnisleistungen aus. Zudem ist ein ungünstiges Lernverhalten von Kindern mit Down-Syndrom zu bedenken, weil sie oft mit zunehmendem Alter »zu ihren ohnehin bestehenden Schwierigkeiten ein kontraproduktives Verhalten annehmen, wenn sich Möglichkeiten bieten für neue und mehr fortgeschrittene kognitive Fähigkeiten« (Wishart 1996, 173; Übers. E.W.) und dass »Kinder mit Down-Syndrom nicht den besten Gebrauch machen von den kognitiven Fähigkeiten, die sie entwickeln« (ebd., 198). Es ist offensichtlich, dass nicht nur aus den typischen Begrenzungen, sondern auch aus den nicht effektiv genutzten individuellen Fähigkeiten entsprechende Konsequenzen für die Gestaltung des schulischen Lernens zu ziehen sind. »Wenn Anstrengungen, den Kindern bei ihrem Lernen zu helfen, irgendeine Chance auf Erfolg haben sollen, dann müssen diese zugrunde liegenden Begrenzungen und ihre speziellen pädagogischen Bedürfnisse genau erkannt werden« (Wishart ebd).

> Kinder mit Down-Syndrom haben beim Lernen nicht nur typische Schwierigkeiten, sondern sie setzen auch ihre tatsächlichen Fähigkeiten oft nicht effektiv ein.

Einige Jugendliche oder Erwachsene mit Down-Syndrom erreichen durchaus das konkret-operationale Niveau, ein Entwicklungsstand, den nicht kognitiv behinderte Kinder etwa zwischen dem siebten und elften Lebensjahr erlangen. Dann ist es möglich, konkrete Denkoperationen vorzunehmen, vorwiegend im Bereich des räumlich-zeitlich Nahen. Das abstrakt-logische Denken, die höchste Form der kognitiven Entwicklung, erreichen Menschen mit Down-Syndrom eher selten (Dittmann 2004, 56). Allerdings sind viele lebensbedeutsame Kompetenzen nicht allein von kognitiven Fähigkeiten abhängig. Es ist deshalb wichtig, dass individuell angemessene Angebote zum weiteren Lernen auch noch im Jugend- und Erwachsenenalter erfolgen, da jedes Lernen ein komplexes Geschehen ist und von vielen Variablen beeinflusst wird.

Die spezifischen sensorischen und kognitiven Informationsverarbeitungsdefizite lassen sich nicht allein durch eine verzögerte kognitive Entwicklung erklären (Lincoln et al., 1985), sondern der Aufbau kognitiver Fähigkeiten ist im Vergleich zu nicht behinderten Kindern in Teilbereichen auch abweichend (Rauh 1992). Hinzu kommt, dass Lernen für Kinder mit Down-Syndrom oftmals anstrengender ist als für andere Kinder, dass der Erwerb vieler Fähigkeiten länger dauert und mit mehr Misserfolgen verbunden ist, bevor etwas gelingt. Das kann die Zuversicht des Kindes in seine Lernfähigkeit deutlich beeinträchtigen, vor allem wenn auch die Eltern oder die Pädagogen wenig Zutrauen in seine sich entwickelnden Kompetenzen haben (vgl. Wishart 1996, 198).

> In einer Elterngruppe wurde intensiv diskutiert, ob der Hinweis auf eine langsamere Entwicklung richtig ist oder ob dadurch nicht die Erwartung entsteht, »wer langsam geht, kommt auch ans Ziel«. Eine Mutter verteidigte diese Beschreibung vehement. Sie möchte sich die Hoffnung nicht nehmen lassen, was noch alles möglich werden könnte. Schließlich haben einige mit Down-Syndrom sogar studiert. Andere Eltern widersprachen und wollten lieber »auf dem Teppich« bleiben und sich realistische Ziele setzen. Die Frage aber, was realistische Ziele für das einzelne Kind sind, ist nicht einfach zu beantworten.

Jedes Kind mit Down-Syndrom hat seine spezifischen Lernpotentiale und Lernzugänge, hat seine individuellen Interessen, Fähigkeiten und Schwächen. Sein Lernen verändert sich nicht nur mit dem Lebensalter, sondern auch von Aufgabe zu Aufgabe und von Situation zu Situation. Es ist allerdings fraglich, ob »bereits ein Gegenbeispiel genügt«, um bisherige Erkenntnisse grundsätzlich infrage zu stellen (Zimpel 2016, 78). In diesem Zusammenhang wird immer wieder auf Pablo Pineda verwiesen, der »erfolgreich ein Universitätsstudium in Erziehungswissenschaften absolvierte« (ebd.). Es ist deshalb wichtig, was Pineda dazu selber auf der Down-Syndrom

Tagung 2015 in Salzburg ausführte: Um Lehrer zu sein, »müsste ich noch viele spezielle Prüfungen machen, die Lehrer in Spanien machen müssen. Obwohl es in Spanien auch Prüfungen gibt, die für Menschen mit Behinderung bestimmt sind. Ich habe mich sogar einer Prüfung als Bibliothekar gestellt. Aber der einzige Mensch mit geistiger Behinderung war dabei ich, alle anderen hatten eine Körperbehinderung. Ich habe diese Tests gemacht und bin bei dieser Prüfung definitiv durchgefallen. Es ist mir bewusst geworden, wie schwierig die Prüfung für das Lehramt sein muss« (LmDS 2016, 67). Seine Ausführungen auf der Tagung zu seinen biographischen Erfahrungen waren beeindruckend, sein Charme und sein Witz erfrischend, auch in der Diskussion mit dem Publikum. Besonders eine Aussage von ihm über Menschen mit Down-Syndrom vermag die häufig unangemessene Überbewertung kognitiver Kompetenzen zu relativieren: »Wir haben vielleicht nicht die Fähigkeit, abstrakt zu denken. Wir haben fundamentale Fähigkeiten. Wir haben die Fähigkeit zu lieben« (ebd.).

Das sollten wir nachdrücklich betonen und das werden auch viele Eltern und Geschwister bestätigen können, die oft darauf hinweisen, wie sie durch Sohn oder Tochter oder Geschwister mit Down-Syndrom gelernt haben, andere Wertmaßstäbe zu entwickeln und die »Welt mit anderen Augen zu sehen« (vgl. Wilken 2014). Deshalb ist es durchaus problematisch, wenn oft in besonderer Weise herausgestellt wird, dass heute Menschen mit Down-Syndrom sogar studieren. Außerdem beziehen sich die berichteten Beispiele nicht auf ein Studium im engeren Sinne, sondern überwiegend auf die Teilnahme an ausgewählten Universitätsveranstaltungen. Auch Karen Gaffney, eine Goldmedaillengewinnerin im Schwimmen bei Special Olympics, die »für ihre besonderen Leistungen die Doktorwürde erhielt« (Zimpel 2016, 79), hat nicht studiert und dann promoviert, wie man aufgrund dieser Formulierung vermuten könnte, sondern hat einen Ehrendoktor erhalten (vgl. Karen Gaffney Foundation 2016). Das ist großartig, aber doch nicht das Gleiche.

Zudem ist der Feststellung von Wishart zuzustimmen, dass »Kinder und Erwachsene, die Leistungsstarke sind (high achiever), eine unangemessene mediale Aufmerksamkeit erhalten und es wichtig ist, nicht aus dem Blick zu verlieren, dass solche Personen nicht repräsentativ für durchschnittliche Kinder oder Erwachsenen mit Down-Syndrom sind ... Lehrer und Eltern können desillusioniert und entmutigt werden, wenn ihre größten Anstrengungen scheitern, solche Superstars zu produzieren, von denen sie lesen und im Fernsehen sehen« (1996, 181; Übers. E.W.).

Es ist zwar wichtig, eine positive Erwartungshaltung und eine offene Zukunftsperspektive zu vermitteln, aber dazu gehört unbedingt, auch die tatsächlichen Schwierigkeiten zu reflektieren, um angemessene Hilfen zu organisieren (vgl. Wilken 2019, S. 18 ff.). Notwendig ist ebenso, dass Menschen mit Down-Syndrom ihren individuellen Interessen und Fähigkeiten entsprechend altersangemessene Lernangebote im Rahmen von Volkshochschulkursen oder in der allgemeinen Erwachsenenbildung gemacht werden und dass generalisierenden Vorurteilen über das, was sie typischerweise doch nicht lernen können, widersprochen wird, um ihnen Chancen nicht unbegründet vorzuenthalten.

7.5 Unterricht

Schüler mit Down-Syndrom benötigen einen Unterricht, der auf ihr besonderes Lernverhalten sowie auf ihre spezifischen Stärken und Schwächen angemessen eingeht – und das unabhängig von der besuchten Schulform. In einem inklusionsorientierten Bildungssystem ergibt sich dabei die Frage, wie diesen individuellen Förderbedürfnissen entsprochen werden kann und wie trotz großer Heterogenität der Schülerinnen und Schüler mit und ohne speziellem Förderbedarf ein gemeinsames Lernen für alle ermöglicht wird. Deshalb besteht die Herausforderung darin, sowohl die pädagogischen Bedürfnisse der Mehrheit der Schülerinnen und Schüler zu reflektieren als auch die individuellen und spezifischen Aspekte von Kindern mit Down-Syndrom zu kennen und für die Gestaltung des Unterrichts zu reflektieren.

Das Verstehen und die Verarbeitung von Informationen weist bei Kindern mit Down-Syndrom typische Veränderungen auf. Vor allem die simultane Aufnahme von verschiedenen Informationen ist begrenzt und oft ist die Wahrnehmungsverarbeitung verlangsamt. Die Ursache wird in unzureichenden kognitiven Strukturierungsprozessen gesehen. Da das Gehirn die verschiedenen sensorischen Eindrücke oder Empfindungen nicht einfach aufnimmt, sondern in Verbindung mit den im Gedächtnis vorhandenen früheren Erfahrungen zur eigentlichen Wahrnehmung gestaltet, ergeben sich erst daraus »Bedeutungen, die das Gehirn einem Sinneseindruck beimisst« (Ayres 1984, 262). Wahrnehmungsleistungen in diesem Verständnis lassen sich deshalb auch nicht vom Gedächtnis, vom Denken oder vom Lernen abtrennen. Das gilt sowohl für Wahrnehmungen im akustischen und visuellen Bereich als auch im Bereich des Tastens sowie beim Riechen und Schmecken. Schülerinnen und Schüler mit Down-Syndrom benötigen deshalb strukturierte klare Informationen und Lernsituationen, die eine solche bedeutungsbezogene Verknüpfung neuer Informationen mit vorhergehenden ähnlichen Erfahrungen erleichtern.

Besonders die Speicherung und Verarbeitung akustischer Informationen ist durch verminderte Speicherleistungen des Kurzzeitgedächtnisses und verlängerter Zeiten zwischen der Aufnahme und der Verarbeitung erschwert. Deshalb sollten wir den Kindern für die Aufnahme und Umsetzung verbaler Informationen nicht nur mehr Zeit geben, sondern ergänzende visuelle und multisensorische Angebote machen, die ein längeres Betrachten und langsameres Verarbeiten erlauben.

Bei der Unterscheidung von intentionalen, d. h. absichtsvoll geplanten und organisierten Lernsituationen sowie inzidentellen, zufällig oder beiläufig sich ergebenden Lernsituationen im Alltagsgeschehen haben Kinder mit Down-Syndrom besonders im Bereich des inzidentellen Lernens Schwierigkeiten, weil es ihnen oft nur unzureichend gelingt, aus solchen sich zufällig ergebenden Lernsituationen einen übertragbaren Lerngewinn zu ziehen. Für den schulischen Unterricht ergibt sich daraus die Notwendigkeit, nicht allein auf einen Nachahmungseffekt zu vertrauen, sondern dem Kind gut geplante, strukturierte Aufgaben anzubieten, die zu den jeweils angestrebten Fähigkeiten des nächsten Lernbereiches führen.

Kinder mit Down-Syndrom haben zwar Mühe, sich länger zu konzentrieren, aber das ist – wie bei den meisten Kindern – auch abhängig von den verschiedenen Situationen und ihrer Motivation für die jeweiligen Aufgaben. Ihre Aufmerksamkeit ist oft weniger zielgerichtet und sie sind leichter ablenkbar. Wird für längere Zeit aufmerksames Verhalten von ihnen gefordert, ermüden sie schneller. Versucht man, ihr Arbeitstempo zu steigern, muss in der Regel mit einem starken Abfall der Genauigkeit bei der Aufgabenausführung gerechnet werden. Es ist deshalb kaum sinnvoll, Kinder mit Down-Syndrom zu »beschleunigen«, es sei denn, man findet einen guten motivierenden Anlass.

> Simon nahm mit Begeisterung am Schwimmunterricht seiner Klasse teil, aber beim Anziehen danach trödelte er und wartete immer, bis ihm jemand half, rechtzeitig fertig zu werden. Dann wurde mit ihm besprochen, dass er so viel früher das Schwimmbad verlassen muss, wie er Zeit gebraucht, um sich anzuziehen. Das wurde ihm auf einer großen Uhr verdeutlicht. Es war erstaunlich, wie schnell er die Konsequenz verstand und lernte, sich angemessen schnell allein anzuziehen.

Viele Schüler haben besonders Schwierigkeiten, einem Unterricht über eine längere Zeit mit Aufmerksamkeit zu folgen, wenn dabei überwiegend verbal und wenig anschaulich oder handlungsbezogen gearbeitet wird. Aber »gelingt es, positive Emotionen für einen Lernbereich zu wecken, können sich Lernende mit Trisomie 21 erstaunlich lange auf einen Lerngegenstand konzentrieren« (Zimpel 2016, 90). Da sie ihre Aufmerksamkeit vorwiegend nur auf eine Dimension ausrichten, bereitet ihnen das gleichzeitige Beachten von mehr als zwei Merkmalen Mühe. »Wenn Größe oder Muster kombiniert werden, ist die Down-Syndrom-Gruppe von den beiden Dimensionen irritiert und bevorzugt die eine oder andere« (Stratford 1980, 64; Übers. E. W.). Auch neuere Untersuchungen bestätigten »eine Neigung, entweder von der Gesamtgestalt oder von den Details abzusehen« (Zimpel 2016, 104). Vor allem bei einigen jüngeren Kindern ist auch ein schneller Wechsel der gerichteten Aufmerksamkeit festzustellen, gepaart mit einem erhöhten Bewegungsdrang und einer dadurch zusätzlich beeinträchtigten Informationsaufnahme und Verarbeitung.

Für Schülerinnen und Schüler mit Down-Syndrom ist es hilfreich, wenn die Lernangebote möglichst mehrere Sinne ansprechen und motivierend gestaltet werden. Senso-motorische Erfahrungen und ein anschauliches, handlungsorientiertes Lernen bieten ihnen günstigere Bedingungen für Verstehen und Behalten. Sie können Sprache nur eingeschränkt zur Vorstellung von geplanten Handlungen verwenden und nutzen sie weniger als »Mittel des Denkens, um aus zeitlicher und räumlicher Distanz zur abstrakten Vorstellungsbildung zu kommen« (Tingey 1988, 151). Auch verwenden sie für geplante Handlungen seltener verbale Selbstinstruktion. Deshalb kann es hilfreich sein, nicht nur ergänzende visuelle Verfahren zur Repräsentation und Erinnerung einzusetzen, sondern einzelne Aufgaben für sie oder mit ihnen zu versprachlichen, um zu fördern, dass sie über ihr besseres Sprachverständnis eine sprachliche Repräsentation (innere Sprache) aufbauen.

Oft ist es für die Kinder schwierig, aus Fehlern zu lernen und die notwendigen, entsprechenden Schlussfolgerungen zu ziehen, weil auch dazu überwiegend sprachgebundene reflektierende und vergleichende Denkleistungen nötig sind. Zudem führt die Erfahrung von Versagen bei vielen Kindern und Jugendlichen mit Down-Syndrom eher zum Ausweichen oder zur Vermeidung ähnlicher Anforderungen. Es ist deshalb sinnvoll, die einzelnen Aufgaben so zu gliedern, dass ein überwiegend Fehler vermeidendes Lernen möglich ist (Bird, Buckley 2000, 32).

Das von der Anschauung abhängige Denken wirkt sich auch bei der alltäglichen Lebensgestaltung und -bewältigung direkt aus, weil dadurch Konsequenzen des eigenen Verhaltens weniger bedacht werden können. Gibt der Pädagoge ihnen jedoch angemessene anschauliche Hilfen und strukturiert damit die zur Lösung erforderlichen Schritte und Denkprozesse, können die Schüler anstehende Aufgaben sehr wohl sachgerecht lösen. Es hat sich auch bewährt, den Kindern Rahmenbedingungen zur Verfügung zu stellen und Möglichkeiten zu zeigen, wie sie selbständig Hilfen auswählen und verwenden können. Zudem ist unbedingt dafür zu sorgen, »wie wir am besten ihre Anstrengungen zu lernen unterstützen können, ohne eine Kind-Lehrer-Partnerschaft zu schaffen, bei der das Kind viele Lernimpulse an andere delegiert« (Wishart 1996, 199; Übers. E.W.). Dieses Problem kann besonders durch eine enge persönliche Zuordnung einer Schulassistenz entstehen. Es ist aber wichtig, dass die Schüler lernen, Aufgaben selbständig zu bewältigen, ohne dabei immer eine unmittelbare Hilfestellung zu erwarten, um »erlernte Hilflosigkeit« und eine unnötige Abhängigkeit von einer ständigen Bestätigung durch eine Bezugsperson zu vermeiden.

> Ein multisensorisches Lernen hilft den Kindern, die Folgen ihres eingeschränkten Kurzzeitgedächtnisses zu kompensieren, und ein möglichst Fehler vermeidendes Lernens vermindert ihr typisches Ausweichverhalten.

Eine wesentliche Ursache für die eingeschränkte Fähigkeit zur Verinnerlichung von Handlungen bei Menschen mit Down-Syndrom ist ein spezifisches Kurzzeitgedächtnisdefizit. Im Vergleich zu einer durchschnittlichen Aufnahmespanne von etwa fünf bis sieben Informationseinheiten, die bei nicht beeinträchtigten Schülerinnen und Schülern ermittelt wurden, haben Kinder mit Down-Syndrom eine durchschnittliche Aufnahmekapazität von etwa zwei bis drei Einheiten (Bird, Buckley 2000, 35; Zimpel 2016, 122). Allerdings ist ihre Gedächtnisleistung auch stark abhängig von der Art des präsentierten Materials. So konnte man vor allem bei auditiven Angeboten, insbesondere bei fortlaufenden, nacheinander zu verarbeitenden Informationen, erheblich verminderte Kurzzeitspeicherleistungen nachweisen (Marcell, Armstrong 1982, 91). Aber auch die Art des auditiv zu speichernden Materials, z. B. ob es sich um konkrete oder abstrakte Inhalte handelt, hat Auswirkungen auf die Kurzzeit-Behaltensleistung. Diese besondere Schwäche des Kurzzeitgedächtnisses führt oftmals dazu, dass Kinder mit Down-Syndrom Anweisungen, die mehr als drei bis fünf Informationen umfassen, nicht vollständig behalten können und sich nur an einem Teil orientieren. Da besonders im Unterricht in erheblichem Maße Anweisungen und Informationen verbal erfolgen, sollte man deshalb diese individuelle Kurzzeitgedächtnisspanne berücksichtigen und Erinnerungshilfen geben, z. B. in Form visuell gestalteter Informationsmaterialien (Bilder, Symbole, Wortkarten) und die Reihenfolge strukturieren wie z. B. nach dem TEACCH-Ansatz (Bernard-Opitz, Häusler 2013).

Um im Kurzzeitgedächtnis, das ja bei allen Menschen eine begrenzte Kapazität hat, wieder Platz für neu aufzunehmende Gedächtnisinhalte zu schaffen, hat das Gehirn zwei Möglichkeiten: entweder muss es die sich bereits im Kurzzeitgedächtnis befindenden Inhalte vergessen oder es muss sie in das Langzeitgedächtnis transportieren. Um solche Transporte vom Kurzzeitgedächtnis ins Langzeitgedächtnis zu organisieren, strukturieren und verknüpfen wir die verschiedenen Gedächtnisinhalte. Diese Methoden zum besseren Behalten werden auch als Rehearsal-Strategien oder Codierungsstrategien bezeichnet. Zu diesen Strategien gehören verbale Wiederholungen, z. B. beim Lernen eines Gedichtes oder bei Vokabeln, oder das Verknüpfen des zu behaltenden Materials mit Hilfe von räumlichen, zeitlichen oder inhaltlichen Assoziationen (Eselsbrücken). Menschen mit Down-Syndrom benutzen solche wichtigen Strategien für das Behalten weniger, aber sie können ihnen durchaus systematisch vermittelt werden. Wegen ihrer sprachlichen Einschränkungen verfügen sie zudem kaum über die Fähigkeit, neuen Lernstoff in Verbindung mit den bereits gespeicherten Informationen zu analysieren und ins Langzeitgedächtnis zu übernehmen. Sie wiederholen das Gehörte oft auch nicht, so dass es sich nicht so gut einprägen kann. Besonders bei auditiven Informationen treten deutliche Beeinträchtigungen von Langzeitspeicherleistungen auf. Erheblich besser behalten die Kinder und Jugendlichen dagegen visuell angebotene Informationen. »Personen mit Down-Syndrom sind die einzige Gruppe mit einem speziellen Fähigkeitsprofil, deren visuelle Aufgabenlösung durchweg höher ist als bei auditiven Aufgaben« (Rohr, Burr 1978; Übers. E. W.). Die Ursachen für die spezifischen Kurz- und Langzeitgedächtnisprobleme werden in der Hirnpathologie und in Veränderungen von Hirnregionen gesehen, die wesentlich beteiligt sind an der Entwicklung von Gedächtnisleistungen (Lincoln et al. 1985, 412).

Für das schulische Lernen ist wichtig, systematisch Rehearsal-Strategien zu vermitteln und auch visuelle Strategien nach dem TEACCH-Ansatz einzubeziehen. Wichtig ist die systematische Unterstützung bei der verbalen Wiederholung, die Hilfe bei der Strukturierung und Visualisierung der Lerninhalte und bei der Verknüpfung mit bereits Gelerntem. Zudem gelingen Gedächtnisleistungen bei einem möglichst mehrsinnigen Lernen besser. Der Unterricht sollte deshalb so aufgebaut sein, dass möglichst verschiedene Sinne angesprochen werden. Wenn es dabei gelingt, das Interesse der Schülerinnen und Schüler durch solche Angebote zu wecken, verbessert das ihre Aufmerksamkeit und führt auch zu einer Erhöhung der Gedächtnisleistungen.

Wenn aber Schüler mit Down-Syndrom Lerninhalte im Langzeitgedächtnis gespeichert haben, können sie in der Regel im Vergleich zu Nichtbehinderten gleichen Intelligenzalters besonders im visuellen Bereich ähnlich gute Behaltensleistungen zeigen. Das erklärt zum Beispiel, warum Menschen mit Down-Syndrom über ein gutes Orts- und Personengedächtnis verfügen und sich genau an wichtige Ereignisse erinnern. Ihr auditives Gedächtnis ist dagegen weniger ausgeprägt.

Aber auch die Umgebungsbedingungen spielen für Menschen mit Down-Syndrom eine erhebliche Rolle, wie gut sie ihre verschiedenen Gedächtnisleistungen nutzen können. Je nachdem, in welchem Alltagsbezug die abgefragten Leistungen stehen, welche Bedeutung sie haben, welcher Erwartungsdruck aufgebaut wurde, zeigen sie bessere oder geringere Fähigkeiten. Schülerinnen und Schüler mit Down-Syndrom erreichen relativ gute Behaltensleistungen eher, wenn Angebote weniger aktiv erinnert werden müssen, sondern so angeboten werden, dass lediglich Wiedererkennen nötig ist. Deshalb erleichtern Bilder und Piktogramme oder Wörter auch das Erinnern und das Abrufen von Gedächtnisinhalten.

Das Arbeitstempo von Personen mit Down-Syndrom ist oft langsam und es fällt ihnen schwer, ihr eigenes Tempo einem von außen vorgegebenen Zeitablauf bei bestimmten Arbeiten anzupassen. Statt dass es bei einer entsprechenden Anforderung dann zu einer rascheren Ausführung käme, nimmt der Stress zu und sie verkrampfen sich oft in ganz typischer Weise (Henderson 1985, 204). In der Regel haben Menschen mit Down-Syndrom auch eine verzögerte Reaktionszeit. Sie mehr als doppelt so lang wie bei einer intelligenzaltersgleichen Gruppe und teilweise gar bis zu achtmal länger im Vergleich zu lebensaltersgleichen Menschen ohne Behinderung (Lincoln et al. 1985). Diese verzögerte Reaktionszeit lässt sich vorwiegend durch eine langsamere Entscheidung, worauf und wie zu reagieren ist, also durch einen kognitiven Anteil erklären, denn die eigentliche Bewegungszeit ist meistens nicht verzögert (Henderson ebd.). Solche verzögerten Reaktionszeiten wirken sich auch auf die lebenspraktischen Fertigkeiten und auf das schulische Lernen aus und sollten bei der didaktischen und methodischen Planung des Unterrichts angemessen berücksichtigt werden.

Da bei den Kindern mit Down-Syndrom das visuelle Gedächtnis – also die Merk- und Erinnerungsfähigkeit für optische Eindrücke und Bilder – etwa ihrem Intelligenzalter (nicht Lebensalter!) entspricht, aber das auditive Gedächtnis – also das Verstehen und Behalten von Gehörtem – deutlichere Schwächen aufweist, lernen die Kinder besser konkret handlungsbezogen und mit visuellen Merkhilfen als durch überwiegend sprachliche, abstrakte Informationen. Auch hat es sich als günstiger erwiesen, die angestrebten Lernziele ganzheitlich deutlich zu machen und danach die einzelnen Schritte aufzuzeigen und mit unterschiedlichen Mitteln (konkretes Material, Bilder, Symbole, Schrift) zu veranschaulichen.

Das gegensätzliche Verfahren geht vom Lernen in kleinen Schritten aus und führt dann aufbauend zur Erreichung des eigentlichen Lernziels. Dieses Verfahren ist bei Kindern mit Down-Syndrom weniger erfolgreich, weil es vorausschauendes Denken und Planen erfordert und das Kind die einzelnen Ergebnisse behalten und verknüpfen muss. Deshalb ist zu überlegen, wie Lernangebote gegliedert werden können, damit das Kind die Idee, das Ziel oder Produkt kennt und bei jedem Lernschritt »vor Augen hat«. Es versteht so besser die einzelnen Teile als wichtige Schritte auf das Ziel hin und kann dann zunehmend vorausschauendes Denken entwickeln.

Wir sollten das Kind immer unterstützen, sein Handeln auch sprachlich zu begleiten. Aber es kann seine innere Sprache – sein Verstehen und Denken – auch aufbauen, wenn wir für das Kind sein Handeln in Worte fassen. Wenn das Kind beispielsweise eine Zuordnungsübung mit Formen und Farben macht, können wir dies mit Worten folgendermaßen begleiten: »Du legst Kreise zu Kreisen; das ist ein Dreieck; du legst Dreiecke zu Dreiecken ...«. Mit der sprachlichen Bezeichnung von Dingen und Tätigkeiten verinnerlicht das Kind die entsprechenden Begriffe, so dass es sie besser aktiv erinnern und anwenden kann. Ist diese »innere Sprache« eingeschränkt, folgt daraus eine Beeinträchtigung des Gedächtnisses. Diesen Vorgang der Aktivierung der inneren Sprache setzen wir beispielsweise dann ein, wenn wir eine Telefonnummer bis zum Wählen behalten wollen, indem wir sie versprachlichen und uns vorsprechen. Möchten wir eine Handlung wiederholen oder neu planen, so benennen wir (laut oder nur in Gedanken) die einzelnen Schritte, indem wir sie sprachlich bezeichnen. Das Kind mit Down-Syndrom benötigt daher unsere Hilfe, um diese Strategien des In-Worte-Fassens und des sprachlichen Begleitens anwenden zu können, eventuell gestützt mit Symbolen oder Wörtern. Dadurch kann es die einzelnen Teilschritte innerhalb der jeweiligen Lernvorgänge besser behalten und lernt, sie abzurufen und danach zu handeln.

Personen mit Down-Syndrom sind häufig wenig flexibel und haben eine deutlich herabgesetzte Frustrationstoleranz. Daher weigern sie sich bei eventuell zu erwartendem Misserfolg oftmals, eine Aufgabe überhaupt erst zu versuchen. Dann blocken sie direkte Aufforderungen ab, versuchen sie zu überhören oder davon abzulenken. Diese Vermeidungsstrategien treten auch im Unterricht besonders bei Überforderung oder zu komplexer Aufgabenstellung auf. Deshalb ist es sinnvoll, die Aufgaben den individuellen Leistungsmöglichkeiten des Kindes entsprechend differenziert zu gestalten und unnötige Frustrationen zu vermeiden. Nötig ist aber auch ein konsequentes und verlässliches Verhalten im Umgang mit den Kindern, so dass sie nicht ausweichen, sondern bei der Sache bleiben und so zum Erfolg kommen!

Wenn Kinder mit Down-Syndrom eine Aufgabe erhalten haben, brauchen sie oft längere Zeit als andere Kinder, bis sie vom Verstehen und Bedenken der Handlung zum Umsetzen kommen. Dabei handelt es sich nicht um eine »typische Trägheit«, sondern um biologisch strukturell verursachte Schwierigkeiten bei der kognitiven Verarbeitung. Diese längere Reaktionszeit sowie das insgesamt langsamere Arbeitstempo und eine relativ rasche Ermüdbarkeit verlangen vom Lehrer, bei der Auswahl und Gestaltung von Aufgaben diese syndromspezifischen Aspekte zu berücksichtigen. Durch Ungeduld oder Druck kann dagegen für das Kind unangemessener Stress entstehen, der die Problematik erhöht und dann oft heftige Abwehrreaktionen auslöst.

Allerdings neigen viele Kinder mit Down-Syndrom dazu, Hilfe gern – und oftmals unnötig – in Anspruch zu nehmen. Wir müssen daher im einzelnen Fall immer wieder erspüren, wann Unterstützung wirklich nötig ist oder wann das Kind sie aus Bequemlichkeit fordert. Deshalb ist es durchaus zu problematisieren, wenn die meisten Regelschullehrkräfte den wesentlichen Beitrag der Schüler und Schülerinnen mit Down-Syndrom zum Klassenunterricht darin sehen, dass sie durch ihre eigene Bedürftigkeit das Sozialverhalten und die Hilfsbereitschaft ihrer Mitschüler fördern (vgl. Plate 2012, 189). Es ist wichtig zu reflektieren, welche Möglichkeiten geschaffen werden können, damit Lernende mit Down-Syndrom z. B. durch vorbereitende oder ergänzende Projekte Arbeitsergebnisse in ihre Klasse einbringen können, um dadurch Erfahrungen eigener Kompetenz und eigener Fähigkeiten zu erleben.

Typisch für die meisten Personen mit Down-Syndrom ist ihre Freude an Musik und besonders an rhythmischer Aktivität. Deshalb ist es hilfreich, zum Lernen musisch-rhythmische Unterstützungen einzusetzen, um die Schüler zu motivieren und ihre Aufmerksamkeit zu erhöhen. Im sozialen Bereich zeigen viele Kinder gute Kompetenzen. Sie nehmen oft lebhaft emotional Anteil an den Erlebnissen Einzelner oder in der Klasse, und sie erfassen sowohl positive Stimmung als auch Probleme sehr sensibel. Diese wertvollen Fähigkeiten fördern ganz wesentlich ihre Inklusion. Allerdings ist es wichtig, einer möglichen sozialen Distanzlosigkeit (Anfassen, spontanes Umarmen, Küssen) durch die Vermittlung allgemeiner Verhaltensregeln im Umgang mit Fremden, Freunden und in der Familie (F! F! F!) frühzeitig vorzubeugen.

Allgemeine Anregungen für den Unterricht bietet das »Kerncurriculum für den Förderschwerpunkt Geistige Entwicklung« (online 2019), dessen thematisch gegliederte Kapitel viele hilfreiche Hinweise beinhaltet. Auch ergeben sich interessante Möglichkeiten für das Lernen Heranwachsender durch die verschiedenen Projekte, die manche Förderschulen anbieten. Das kann sich auf das Selbständigkeitstraining zur Benutzung öffentlicher Verkehrsmittel, auf Einkaufen, Kochen und Reinigen in einer angemieteten normalen Wohnung beziehen, auf Umweltprojekte oder sportliche Aktivitäten wie Kanu fahren in Kooperation mit anderen Schulen oder auf einen internationalen Schüleraustausch. Im Rahmen des Comenius-Programms für lebenslanges Lernen waren z. B. Schülerinnen und Schüler einer Förderschule mit dem Schwerpunkt geistige Entwicklung in einer Partnerschule in London (vgl. Schmidt 2016, 6 ff).

7.6 Lesen

Auf die bei Kindern mit Down-Syndrom bestehende Fähigkeit, relativ erfolgreich das Lesen zu lernen, ist schon früher hingewiesen worden (König 1959; Wunderlich 1970). Auch die oft geäußerten Bedenken, dass sinnentnehmendes Lesen wohl kaum erreichbar sein könne (Bach 1969), sind durch zahlreiche Erfahrungen widerlegt worden. Die Briefe, Berichte und Aufsätze, die von einigen Kindern und Erwachsenen mit Down-Syndrom vorliegen, zeigen beeindruckende schriftsprachliche Fähigkeiten (Wunderlich 1977, 174 ff; Bender 1986; Fraas 1996; Wilken 1993, 182 f., Fohrmann 2005).

Oftmals waren es jedoch die Mütter, die ihre Kinder im Lesen unterrichteten, weil es in den entsprechenden Sonderschulen für nicht sinnvoll erachtet und deshalb nicht oder nur wenig systematisch angeboten wurde. Ein Leselehrgang für geistig behinderte Schüler mit umfangreichen ergänzenden Kopiervorlagen, den ich 1978 verschiedenen Verlagen angeboten habe, wurde mit der Begründung abgelehnt, dass sich das nicht lohnen würde, weil die Zielgruppe zu klein sei. Heute wird die Bedeutung des Lesens für Schüler des Förderbereichs »Geistige Entwicklung« als wesentlicher Teil des Unterrichts im Bereich Deutsch nicht mehr in Frage gestellt (vgl. Lehrplan 2013). Allerdings werden den Schülerinnen und Schülern je nach Bundesland und schulinternen Konzepten recht unterschiedliche Leseverfahren angeboten.

Einige Kinder mit Down-Syndrom, die Schulen für Kinder mit Beeinträchtigungen des Lernens besucht haben, erlernten dort schon früher zusammen mit ihren Mitschülern das Lesen. Beeindruckend dokumentiert wird eine solche Entwicklung zunehmender Lese- und Schreibkompetenz von Hermine Fraas, die ab 1962 eine so genannte Hilfsschule in der DDR besuchte (Fraas 1996, 62-65). Ganz unabhängig von einem entsprechenden schulischen Angebot lernte Dagmar B. auf ungewöhnliche Weise das Lesen: »Dagmar schaute sehr gerne fern. Eines Tages, als sie mit ihrer Mutter im Supermarkt einkaufte, las sie ihr plötzlich die Namen der Waschmittel vor, die sie aus der Fernsehwerbung kannte. Es zeigte sich später, dass sie die Namen nicht nur auswendig wusste, weil sie die Verpackung wiedererkannt hatte. Sie begann die Wörter auch aufzuschreiben« (Fohrmann 2005, 15). Das war 1964, als Dagmar 11 Jahre alt war!

Beim Vergleich, wie beide Mädchen damals das Lesen erlernt haben, zeigt sich, dass Hermine Fraas mit Buchstaben angefangen hat, während Dagmar B. zuerst ganzheitlich Wörter wieder erkannte. Beide haben auf ganz unterschiedlichem Weg das Lesen gelernt und beachtliche schriftsprachliche Fähigkeiten erworben, wie die in den Büchern abgedruckten Texte anschaulich dokumentieren (Fraas 1996; Fohrmann 2005)! Das sollte bei aller Diskussion über die »richtigen« Leseverfahren auch reflektiert werden.

Interessant ist aber, was Wunderlich aufgrund seiner Erfahrungen schon 1970 festgestellt hat. Er empfiehlt, nicht zu lange nur mit Buchstaben zu arbeiten, da sie entweder zu abstrakt und wenig motivierend sind oder zu »Signalbegriffen führen (D = Damen, H = Herren). Wir halten es für weit günstiger, möglichst bald zu konkreten Ganzheiten überzugehen, entweder in Form von Silben, die mit konkreten Begriffen verbunden werden, oder in Form von kleinen Worten. Bewusst verallgemeinernd darf gesagt werden, dass … eine abgeänderte Art einer ›Ganzheitsmethode‹ früher zum Erfolg« führt (170).

Während es beim schulischen Leseunterricht um die Vermittlung einer wichtigen Kulturtechnik geht, wird das »Frühe Lesen« schon jüngeren Kindern mit Down-Syndrom angeboten, um dadurch das Sprechen lernen und die allgemeine Sprachkompetenz zu fördern (Bird, Buckley 2000, 53). Durch eine Visualisierung der zu lernenden Wörter sollen dabei die syndromtypischen Schwächen im auditiven Bereich kompensiert und der Spracherwerb unterstützt werden (vgl. S. 98). Das kann für viele Kinder eine Hilfe sein, um zum *Sprechen* zu kommen. Der eigentliche Leselehrgang erstreckt sich bei diesem Verfahren über einige Jahre. Während die Anfangsstufen dieser ganzheitlichen Lesemethode oft von den Eltern (und Therapeuten) schon in der Vorschulzeit vermittelt werden, erfolgt der Abschluss des eigentlichen Lesenlernens zumeist im Schulalter im Rahmen des Unterrichts.

Auch wenn die Kinder beim ›Frühen Lesen‹ anfangs nur ganze Wörter wieder erkennen und nicht erlesen, ist es doch eine erstaunliche Leistung, wenn einige drei- oder vierjährige Kinder manchmal 50 Wörter kennen oder wenn Kinder im Vorschulalter schon mehr als 200 Wörter und sogar kleine Geschichten, die daraus zusammengesetzt sind, ganzheitlich lesen. Allerdings wäre es nach den vorliegenden Erkenntnissen »naiv, davon auszugehen, dass alle Kinder mit Down-Syndrom lesen lernen können. Aber! Gibt man ihnen die Möglichkeit dazu, wird die überwiegende Mehrzahl von ihnen weit über die vielfach erwartete Spanne hinaus Erfolg haben« (Bird, Buckley 2000, 70). Die mittlerweile vorliegenden langjährigen und vielfältigen Erfahrungen mit dem Frühlesen zeigen für die meisten Kinder förderliche Auswirkungen auf ihre allgemeine Sprachkompetenz. Das gilt generell auch für das Lesen bei älteren Kindern. Für das Sprechen ergeben sich jedoch nicht bei allen Kindern mit Down-Syndrom so deutliche positive Effekte, möglicherweise weil bei ihnen erhebliche dyspraktische Beeinträchtigungen vorliegen (Wilken 2014, 140).

Trotz der berichteten positiven Auswirkungen des Frühlesens für den Spracherwerb ist das eigentliche Lesen lernen auch für Kinder mit Down-Syndrom – so wie für alle Kinder – eine wichtige Aufgabe der Schule. Allerdings können für das schulische Lernen einige Erfahrungen, die beim Frühlesen gewonnen wurden, berücksichtigt werden. So zeigte sich, dass es »keine Möglichkeit gibt, das ›Lesepotential‹ bzw. ›die Bereitschaft‹ eines Kindes, Lesen zu lernen, vorauszusagen« (Bird, Buckley 2000, 54). Die einzige Möglichkeit, das herauszufinden, so hat sich nach den vorliegenden Erfahrungen gezeigt, war mit den *geeigneten* Frühleseverfahren anzufangen. Das ist eine interessante Feststellung, da in der Pädagogik für Kinder mit dem Förderschwerpunkt ›geistige Entwicklung‹ gerade die Überprüfung der Lernvoraussetzungen für das Lesen oft als wichtig angesehen wird.

Aber die Frage ist schon, was geeignete Verfahren sind. Während bei den Frühleseverfahren überwiegend mit Wortkarten nach einer Ganzheitsmethode gearbeitet wird, sind in den Förderschulen oder im inklusiven Unterricht für die Kinder, die kognitive Beeinträchtigungen haben und nach dem entsprechenden Förderschwerpunkt unterrichtet werden, überwiegend synthetische Leselehrgänge im Einsatz. Bei Leseübungen mit einzelnen Buchstaben und Buchstabenkombinationen fehlt den Kindern aber der sinnstiftende Gesamtzusammenhang (m−i= mi; m−o= mo; m−a= ma), der ihnen bei ganzen Wörtern das Verstehen und Behalten erleichtert. Der Aufbau eines Lehrgangs in kleinen Schritten erfordert ein sukzessives Zusammenfügen und Sich-Merken, während Kinder mit Down-Syndrom – ausgehend von einer bedeutungsvollen Ganzheit – besser visuell etwas simultan erfassen und dann aufgliedern können. Der einzelne Buchstabe ist bedeutungsneutral und gewinnt seinen Bedeutungsbezug erst beim Lesen eines Wortes oder Satzes. Wenn jedoch einzelne Buchstaben mit »sinngebenden Lauten« belegt werden (Manske 2008, 156 ff), erleichtert das zwar das Erlernen der Buchstaben, aber erschwert den Kindern später beim Erlesen neuer Wörter von dieser Bedeutungskoppelung abzusehen. Zudem gibt es viel mehr Laute als Buchstaben (z. B. ei, sch, eu, ch – jeweils nur ein Laut, aber mehrere Buchstaben). Das kann das Erlesen oft erschweren; das zeigt sich auch, wenn man vergleicht, wie das O bei Ofen und bei offen gesprochen wird. Manche Laute werden verschieden geschrieben, abhängig ob sie stimmhaft oder stimmlos gebildet werden, z. B. g–k, w–f oder d–t, das gilt aber nicht für das s (vgl. Wa*s*ser – Va*s*e). Gerade für lernschwache Schüler sind deshalb ganzheitliche Lesemethoden bei der *Hinführung* zum Lesen oft motivierender. »Lesen muss von Beginn an mit situativer Bedeutung für den Lesenlernenden verbunden werden. Dies kann man allerdings kaum, wenn man den Erstleseunterricht unter der Wortebene beginnt« (Böhm 1996, 35). Außerdem ist zu problematisieren, wenn Schüler nach einigen Monaten Unterricht gerade fünf oder sechs Buchstaben kennen – wie Eltern es immer wieder berichten. Besonders die Methode »Lesen durch Schreiben« ist für Kinder mit Down-Syndrom zu problematisieren. Ganz abgesehen davon, dass dieses Verfahren mit dem Schreiben nach Anlauttabellen auch in der allgemeinen Pädagogik mittlerweile als problematisch und wissenschaftlich nicht haltbar gilt (vgl. Krizan, Vossen 2016, 79), kommt bei Kindern mit Down-Syndrom hinzu, dass nicht nur die häufig vorliegenden Hörbeeinträchtigungen eine Unterscheidung einzelner Laute beim Hören erschweren, sondern dass auch sprechmotorische Probleme der Kinder und ihre oft undeutliche Aussprache sich dabei ungünstig auswirken können.

Ein interessantes Ergebnis zeigte eine Erhebung zur Lesekompetenz von 190 Schülerinnen und Schülern mit Down-Syndrom im Alter von 6 bis 16 Jahren und älter verglichen mit einer erfassten Gesamtgruppe von 1629 Kindern mit anderen intellektuellen Beeinträchtigungen (Ratz 2013, 4508). Danach ergaben sich für die Schülerinnen und Schüler mit Down-Syndrom sehr spezielle Profile für ihre Lesefähigkeiten. Etwa die Hälfte der Kinder zeigte ein Benennen von Lautelementen und ein buchstabenweises Erlesen, nahezu ein Viertel las auf einem fortgeschrittenen Niveau. Aufgrund von Wiedererkennen visueller Merkmale erlasen 7,6 % einzelne Wörter, während 20,2 % gar nicht lesen konnten. Ein enger Zusammenhang zwischen der intellektuellen Beeinträchtigung und der erreichten Lesekompetenz war offensichtlich (ebd.). Die speziellen Schwierigkeiten der Kinder mit Down-Syndrom im Vergleich zu den anderen Kindern der Studie zeigten sich deutlich beim Erlesen, wenn die Einzellaute zu einem Wort verbunden werden müssen. »Auf dieser Stufe spielt das verbale Kurzzeitgedächtnis eine entscheidende Rolle, weil der Leser die erkannten einzelnen Laute vom Beginn des Wortes an weiter erinnern muss, um die Bedeutung des Wortes zu erfassen. Wenn Sätze gelesen werden, müssen auch die vorherigen Wörter erinnert werden« (Ratz 2016, 4511; Übers. E. W.). Es sind offenbar die spezifischen Schwierigkeiten des Kurzzeitgedächtnisses, die Kindern mit Down-Syndrom das Erlernen des flüssigen Lesens erschweren. Deshalb ist es wichtig zu überlegen, welche Möglichkeiten es gibt, hier angemessene Hilfen anzubieten.

Ein ganzheitliches Leseverfahren *beginnt* zwar mit Wörtern, aber dann hat selbstverständlich ein weiterer differenzierter und strukturierter Leseaufbau zu erfolgen, der zum Erreichen einer normalen Lesekompetenz unerlässlich ist. Dabei geht es »um die Förderung der phonologischen Bewusstheit und die systematische Vermittlung von Buchstaben-Laut-Zuordnungen sowie das automatisierte Lesen von Silben, Morphemen und Signalgruppen sowie häufig vorkommenden Wörtern« (Voß u. a. 2016, 121).

Es gibt mittlerweile viele Spiele und konkrete Übungsvorschläge, wie man diese Fähigkeiten fördern kann und zunehmend auch entsprechende Computerspiele und Apps. Manchen Kindern macht es Spaß, mehrsilbige Wörter zu zerschneiden und in die einzelnen Näpfchen einer Muffinform zu legen. Die Wortkarte To-ma-te wird dann zerschnitten und auf drei Förmchen verteilt. In die zweite Reihe kommt vielleicht Mama, und man fragt, was gleich aussieht und gleich klingt. Oder man benutzt »Zauberwörter«. In das erste Förmchen kommt z. B. ein M und in das zweite unterschiedliche Wortteile wie (M)-und, (M)-ond. Das Kind kann so seine Aufmerksamkeit auf das ganze Wort oder auf die Teile richten. Bei lernschwächeren Schülern kann es günstig sein, das Lesenlernen auch durch Lautgebärden (Handzeichen für Buchstaben) zu unterstützen. Solche begleitenden Handzeichen können besonders für Kinder mit Down-Syndrom eine wichtige ergänzende Hilfe zur Unterscheidung einzelner Buchstaben und zur Erinnerung sein. Außerdem erleichtern Lautgebärden das Erlesen und Verbinden von Buchstaben (m – a = ma) durch die visuelle und motorische Verknüpfung.

In der Pädagogik für Schülerinnen und Schüler mit Down-Syndrom sollte die Bedeutung des Lesens als Kulturtechnik unter dem Aspekt der Teilhabe am Schriftsprachgebrauch als ein wichtiges Ziel angesehen werden. Deshalb spielt auch eine Rolle, mit welchen Verfahren die anderen Kinder der Klasse das Lesen lernen und wie gemeinsame Lernerfahrungen ermöglicht werden können. Aber selbst wenn das eigentliche Lesen von den Kindern mit Down-Syndrom noch nicht oder nicht erreicht wird, lassen sich ausgehend von einem erweiterten Lesebegriff auch dann kleine Geschichten mit Bildern, Symbolen und einzelnen Wortkarten gestalten (Wilken 2014, 218 f.) und die sprachlichen Fähigkeiten können auch dadurch erheblich erweitert werden.

Der Leseunterricht kann somit auf unterschiedlichen Kompetenzniveaus die sprachliche Entwicklung bei Kindern mit Down-Syndrom insgesamt fördern. So machen geschriebene Wörter die zuvor nur gehörte Sprache sichtbar, die auditiven Probleme treten in den Hintergrund. Geschriebene Worte können so lange betrachtet werden, wie es für das Verstehen nötig ist. Wörter auf Wortkarten lassen sich nach Regeln sortieren oder nach Begriffen ordnen. Die Kinder können durch Lesen ihre Aussprache verbessern und neue Satzmuster üben (Bird, Buckley 1994, 29). Lesen zu lernen hilft deshalb gerade Kindern mit Down-Syndrom, ihre sprachlichen Kompetenzen zu erweitern. Aus diesem Grund werden auch beim Arbeitsmaterial für GuK (Gebärden-unterstützte Kommunikation, Lauf 2016) ergänzend Wortkarten angeboten, um entsprechende Übungen mit Bildern und Wörtern zu ermöglichen. Interessant ist dabei die Erfahrung, dass auch nicht oder kaum sprechende Kinder im Schulalter mit diesem Arbeitsmaterial grundlegende Lesefähigkeiten entwickelten und dann in Verbindung mit Gebärden ihre Kommunikationsfähigkeit erheblich verbessern konnten.

Im »Lehrplan für den Förderschwerpunkt Geistige Entwicklung« (online, 2013) finden sich differenzierte Vorschläge sowohl für die Vermittlung grundlegender kommunikativer Fähigkeiten als auch für den Schriftspracherwerb.

Unter Berücksichtigung der syndromspezifischen und individuellen Erfordernisse sollte in der Schule ein angemessener Leseunterricht angeboten werden – und das bezieht sich nicht nur auf die Grundschule! Lesen können auch Jugendliche noch erfolgreich lernen, wenn ihnen altersgemäße Bedingungen und motivierende Anlässe geboten werden. Mittlerweile haben viele Kinder und Jugendliche mit Down-Syndrom erfolgreich lesen gelernt und einige entwickeln sich sogar zu begeisterten »Leseratten« und bezeichnen Lesen als ein wichtiges Hobby.

7.7 Schreiben

Hinsichtlich des Schreibunterrichts denken viele Menschen oft nur an das Erlernen der Schriftsprache im engeren Sinne. Für Kinder mit Down-Syndrom kann es aber wichtig sein, einen erweiterten Begriff von Schreiben zu Grunde zu legen, der ganz unterschiedliche Darstellungsformen von Mitteilungen einschließt und auf verschiedenen Abstraktionsniveaus schriftliche Kommunikation ermöglicht (Schmetz 1996, 107 ff.). Dazu können Zeichnungen oder Symbole benutzt werden oder aus Katalogen, Zeitschriften oder farbigen Werbebeilagen ausgeschnittene und aufgeklebte Bilder. Auch eine Kombination mit einzelnen Wörtern und einfachen Sätzen ist möglich. Ausgehend von konkreten Unterrichtsinhalten und strukturierten Lernerfahrungen können die Schüler erleben, wie durch solche verschiedenen Darstellungsformen Raum und Zeit zu überbrücken sind. Die wesentlichen Funktionen der Schriftsprache, Erinnerung zu bieten oder Mitteilung für andere zu sein, werden auch mit solchen alternativen oder ergänzenden Schreibformen möglich und können den Kindern als Merkhilfe dienen, um sich an einen Ausflug zu erinnern, die Reihenfolge einer Arbeit wieder zu wissen, einen geplanten Ablauf besser zu verstehen oder nach einem Rezept eine Speise wieder zuzubereiten (Wilken 2014, 218).

Auch symbolische Darstellungen ermöglichen, Mitteilungen für andere Personen zu schreiben, Kartengrüße aus dem Urlaub oder kleine Briefe zu schicken, Notizen zur Information oder Weitergabe zu machen. Es ist daher wichtig, den Fähigkeiten und Bedürfnissen der Kinder entsprechend auch solche schriftlichen Kommunikationsformen zu vermitteln.

In der Schule wird das Erlernen von Lesen und Schreiben oft kombiniert. Die schreibmotorischen Übungen der einzelnen Buchstaben sollen das Lernen und Behalten unterstützen, aber für Kinder mit Down-Syndrom sind sie oft sehr mühsam und wenig motivierend. Zudem haben sie oft noch nicht hinreichende feinmotorischen Fähigkeiten, um die einzelnen Buchstaben deutlich zu schreiben. Durch den Einsatz vielfältiger Materialien und spielerischer schreibmotorischer Vorübungen ermöglichen wir den Kindern ganzheitliche Bewegungserfahrungen – im Gegensatz zu einer unsicheren Stiftführung in vorgezeichneten Bahnen oder auf gepunkteten Linien. Es ist ein großer Unterschied, ob das Kind Kreise, Schwünge und gerade Linien aus einer rhythmischen Bewegung heraus dynamisch durchführt oder ob es einen Kreis oder eine e-Schleife auf einer gepunkteten Linie nur nachfährt. Dann springt es lediglich von Punkt zu Punkt, aber ihm fehlt die an die Bewegung gekoppelte ganzheitliche Vorstellung des Buchstaben. Es gibt aber einige Computerprogramme, die so gestaltet sind, dass dieses »Nachfahren« von Bewegungsspuren mit dem Finger durchaus Spaß macht.

Für viele Kinder mit Down-Syndrom kann es sinnvoll sein, zunächst die Druckschrift mit großen und kleinen Buchstaben zu lernen, weil die motorischen Anforderungen dabei geringer sind. Allen Druckbuchstaben liegen nur wenige Formen zugrunde: gerade und schräge Striche sowie ganze und halbe Kreise. Diese Linien können die Kinder mit dem Finger in den Sand, mit dem Stock in die Erde, mit Kreide auf den Boden und mit verschiedenen Stiften in unterschiedlicher Größe auf Papier malen. So bilden die Kinder sich eine Vorstellung dieser Grundformen und erwerben spielerisch die wesentlichen schreibmotorischen Voraussetzungen, um durch Kombination der verschiedenen Formen dann auch die Druckbuchstaben schreiben zu können. Es gibt auch einige schöne Apps, die den Kindern Spaß machen, Buchstabenstraßen entlang zu fahren.

Wichtig ist auch, sowohl auf die Handhaltung beim Schreiben zu achten, damit sich keine ungünstigen Gewohnheiten bilden, als auch auf die gesamte Körperhaltung des Kindes, insbesondere auf das richtige Sitzen und den angemessenen Augenabstand zum Heft.

Mit dem eigentlichen Schreiben wird oft begonnen, indem einzelne bekannte Wörter in Druckschrift abgeschrieben werden, um Bilder zu beschriften oder Gegenstände z. B. bei der Projektarbeit zu kennzeichnen. Dieses inhaltsbezogene, ganzheitliche Üben der Wörter unterstützt die Kinder im Erinnern der Buchstabenabfolge. Das Abschreiben und Kontrollieren der Worte sollte mit vielfältigen Materialien wie Wortkarten, Wortmemory oder Tippen am Computer erfolgen. Erste kleine Geschichten können in Wörter oder auch schon in Satzstreifen zerschnitten werden, die das Kind ordnen muss und dann abschreibt. Es kann versuchen, sich die einzelnen Wörter zu merken, dann die Wortkärtchen umdrehen oder in eine Dose stecken und danach aus der Erinnerung aufschreiben. So übt es, beim Schreiben eines Wortes sich an die richtige Reihenfolge der Buchstaben zu erinnern. Den individuellen Fähigkeiten des Kindes entsprechend erfolgt dann der weitere Schreibaufbau bis zum selbständigen Verfassen von Texten. Für manche Kinder kann es sinnvoll sein, die Druckschrift beizubehalten, wenn ihnen die Verbindungen und der Richtungswechsel bei der Schreibschrift Schwierigkeiten bereiten – oder weil sie bei der Druckschrift bleiben wollen. Einige Kinder mit Down-Syndrom erlernen die Schreibschrift erstaunlich gut und manche zeigen auch in der Rechtschreibung gute Leistungen (vgl. Wunderlich 1977, 170 ff; Wilken 2014, 188). Zunehmend wichtig ist auch, den Computer für das Lernen mit einzusetzen und mit den Kindern zu üben, wie sie mit den Rechtschreibprogrammen arbeiten können: rote Linien machen die Wörter richtig, grüne Linien verbessern die Sätze.

Auch wenn herausragende Leistungen nicht zu verallgemeinern sind, ist doch zu reflektieren, dass sie ohne differenzierte Lernangebote, die sich an den individuellen Kompetenzen und Interessen der Schülerinnen und Schüler orientieren, nicht möglich wären. Es ist aber nachdrücklich festzustellen, dass eine angemessene Förderung nicht an eine bestimmte Schulform gebunden ist, sondern an einen entsprechenden Unterricht.

Alle Kinder mit Down-Syndrom sollten deshalb sowohl im inklusiven Unterricht als in speziellen Förderschulen einen differenzierten Lese- und Schreibunterricht erhalten, der ihren individuellen Fähigkeiten entspricht.

7.8 Mathematik

Bei Kindern und Jugendlichen mit Down-Syndrom zeigt sich im mathematischen Bereich noch deutlicher als bei den anderen Fähigkeiten eine große Streubreite in ihren individuellen Leistungen. Dabei ist allerdings festzustellen, dass es keine Kinder gibt, »die gute Fähigkeiten im Rechnen und gleichzeitig ein schwaches Sprachverständnis haben, aber wir kennen sehr viele Kinder mit ausgezeichnetem Sprach- und Leseverständnis, die vergleichsweise schwache mathematische Fähigkeiten haben« (Bird, Buckley 1994, 125). Diese syndromspezifische Diskrepanz ist durch systematische Untersuchungen oft erfasst und bestätigt worden und kann nicht allein mit dem Grad der kognitiven Beeinträchtigung erklärt werden. Auch wenn bei der Entwicklung des mathematischen Lernens »die gleichen Phasen der Zählentwicklung zu beobachten sind wie bei Kindern ohne Beeinträchtigungen« (Garrote u. a. 2015, 27), zeigen sich bei Lernenden mit Down-Syndrom doch spezielle Probleme. Es kann davon ausgegangen werden, dass die Ursachen vor allem in den sprachlichen Einschränkungen zu suchen sind. Das macht eine entsprechende vergleichende Untersuchung mit anderen Kindern deutlich. Danach zeigten Kinder mit Down-Syndrom beim Zählen und bei der Anwendung von Zählprinzipien ähnliche Fähigkeiten, wenn man nicht ihr Lebensalter, sondern ihr rezeptives Sprachalter berücksichtige (vgl. Bird, Buckley 1994, 105). Auch die speziellen Auswirkungen der nicht nur verzögerten, sondern qualitativ abweichenden kognitiven Entwicklung sind zu bedenken. So zeigten sich bei jüngeren Kindern mit Down-Syndrom Schwierigkeiten im Aufbau von Mittel-Zweck-Beziehungen, die später auch beim Erkennen von Ursache-Wirkungs-Zusammenhängen deutlich wurden (vgl. Rauh 1983, 121, Zimpel 2016, 130). Aufgrund ihrer verminderten Sprachkompetenz können die Kinder solche Zusammenhänge nur eingeschränkt in Worte fassen und sich verdeutlichen und es fällt ihnen deshalb schwer, Konsequenzen ihres eigenen Verhaltens sowie allgemeine Gesetzmäßigkeiten zu erfassen. Auch das kriteriengeleitete Gliedern und Ordnen ist bei fehlender Versprachlichung erschwert, ebenso wie die Möglichkeit, Erfahrung sprachlich zu speichern, zu erinnern, in Beziehung zu setzen und in neue Situationen zu übertragen. Das betrifft damit gerade diejenigen Erkenntnisprozesse, welche für mathematisches Denken grundlegend sind. Zudem liegt bei Personen mit Down-Syndrom »eine Einengung des Aufmerksamkeitsumfangs auf weniger als vier Objekte zur selben Zeit« vor (Zimpel 2016, 99), konkret »auf zwei bis drei Einheiten« (ebd. 122).

> Die syndromspezifischen Schwierigkeiten beim Rechnen haben ihre Ursache vor allem in den besonderen sprachlichen Problemen und in dem eingeschränkten Kurzzeitgedächtnis – und nicht allein in der kognitiven Beeinträchtigung.

Die Kenntnis der besonderen Schwierigkeiten von Lernenden mit Down-Syndrom beim Erwerb mathematischer Kompetenzen sind jedoch nicht als typische Begrenzungen zu akzeptieren, sondern als Herausforderung, Konzepte zu entwickeln, die helfen können, diese speziellen Probleme zu verringern.

Als Basisfertigkeiten, die zu vermitteln sind, gilt das Vergleichen und Unterscheiden konkreter verschiedener Mengen und das Lernen entsprechender Begriffe: *wenig – viel – sehr viel, mehr – wenig, lang – kurz*. Auch die Raumorientierung und das Verstehen von Begriffen wie *in, oben, unter, neben* sowie mit Sprache begleitete entsprechende Spielhandlungen (von den Kindern selbst oder von uns mit den Kindern) mit Alltagsgegenständen oder farbigen Bausteinen werden als wichtig erachtet (vgl. Wieser, DVD). Besonders das sprachliche Vermitteln des Zahlenvokabulars und das Zählen (vgl. Bird, Buckley 1994, 106) ist eine wesentliche Grundlage, wobei die Zahlen anfangs wie ein Sprechvers aufgesagt werden können: eins, zwei, drei (vier, fünf), aber möglichst in Verbindung mit konkreten Handlungen. Die Kinder können auch 2 (oder 3 oder mehr) Kekse, Gummibärchen, Weintrauben u. a. auf Teller verteilen. Dazu wird immer laut gesprochen: 1,2,3 Kekse für Lena, 1,2,3 für … Beim Auf- und Absteigen von Treppenstufen kann (gemeinsam) gezählt werden: eins – zwei, eins – zwei oder beim Tischdecken wird die Anzahl von Messern und Gabeln, Tellern und Gläsern gezählt. Das Kind soll so mit vielen unterschiedlichen Materialien eine Vorstellung der Menge zwei und dann drei erwerben und so sein Zahlenverständnis kontinuierlich erweitern. Dann werden auch die Ziffern systematisch eingeführt (Wieser 2013). Das Aufstellen zahlenmäßig gleicher Reihen mit verschiedenen Gegenständen (Holzbausteine, Perlen, große und kleine Legosteine, Plastiktiere) kann den Kindern verdeutlichen, dass die Zahl unabhängig von der Art, der Größe oder Form der zu zählenden Objekte ist. Würfelbilder ermöglichen ihnen die Übertragung von Mengenbildern auf einen Zählvorgang. Durch Übermalen kann man die Würfelaugen reduzieren, so dass zweimal ein bis drei Augen auf einem Würfel sind (aber als alternatives Würfelbild, wenn aus der 6 eine 3, aus der 5 eine 2 und aus der 4 eine 1 wird). Viele einfache Brettspiele vermitteln das spontane Erfassen von Würfelbildern und das Abzählen mit Spielsteinen in einem konkreten Zusammenhang, der Freude macht. Dabei ist es hilfreich, gemeinsam mit oder eventuell für das Kind beim Zählen zu sprechen. Beim eigentlichen Zählenlernen müssen die Kinder eine Zuordnung von gesprochenem Wort und der zu zählenden Menge vornehmen. Das Ziel ist auf dieser Stufe, dass die Lernenden ein zunehmendes Verständnis entwickeln, das ein Zahlwort eine präzise Anzahl repräsentiert.

Im nächsten Schritt geht es dann um das Zerlegen einer bestimmten Menge. Wieser schlägt u. a. vor, z. B. 5 Holzplättchen (oder weniger oder mehr), die eine rote und eine weiße Seite haben, in einen Würfelbecher zu zählen, dann auszuschütten und zu benennen, wie viele rote und wie viele weiße Seiten jeweils oben liegen

(DVD: Mengen zerlegen). Wichtig ist dabei das begleitende Sprechen – mit oder für das Kind! Auch mit Rechenstäben kann eine vorgegebene Zahl gegliedert werden, z. B. kann man einen 7-Stab mit verschiedenen anderen Stäbchen in gleicher Länge nachbauen (4+3, 2+5, 1+6). »Diese Einsicht in die Beziehung zwischen einem Ganzen und seinen Teilen gilt als wichtige Voraussetzung für den Erwerb der Addition und Subtraktion« (Garrotte u. a. 2015, 27). Auch mit dem besonderen Arbeitsmaterial von Numicon kann das Mengenzerlegen spielerisch geübt werden. Allerdings können die festgelegten Mengenbilder (die Drei ist immer ein Winkel, die Vier ein Block) einen flexiblen Umgang erschweren. Für viele Kinder hat sich das Montessori-Material als geeignet erwiesen. Es ermöglicht, auch größere Zahlen konkret darzustellen (Zehner-Stange, Hunderter-Tafel, Tausender-Block) und Zahlenvorstellungen zu entwickeln. Ebenso unterstützt die spezielle Perlentafel, die ein Umtauschen von zehn Einerperlen in eine Zehnerperle beim Rechnen erfordert (entsprechend bei Hundertern und Tausendern), durch konkretes Handeln den nötigen Abstraktionsprozess. Das Kind kann damit erheblich leichter mit großen Mengen arbeiten, weil es für eine Zahl wie beispielsweise 32 nur drei Zehnerperlen und zwei Einerperlen bewegen muss und nicht insgesamt 32 Perlen, wie auf einer üblichen Perlentafel. Aber nicht alle Kinder verstehen die nötigen Umtauschschritte; manche benötigen zum Zählen und Ordnen einfacheres Material mit Eins-zu-Eins-Zuordnung.

Auch sind nicht nur individuelle Kriterien zu beachten, sondern wichtig ist zu überlegen, welches Rechenmaterial für das Kind in seiner Lerngruppe unter dem Aspekt der Teilhabe am geeignetsten ist. »Zudem spielt auch eine Rolle, in welcher Repräsentationsform die Aufgaben gestellt werden. So kann eine bestimmte Kompetenz beispielsweise handelnd bereits erworben sein, in einer abstrakteren Form jedoch noch nicht« (Garrotte u. a. 2015, 27).

Als wichtiges Prinzip gilt, »dass mathematische Sachverhalte und Strukturen an möglichst reduzierten, tragfähigen Darstellungsmitteln veranschaulicht werden. Die Einführung neuer Inhalte im Mathematikunterricht erfolgt systematisch auf handelnder (enaktiver) sowie bildhafter (ikonischer) und (erst dann) auf abstrakter (symbolischer) Ebene« (Voß u. a. 2016, 121).

Entsprechend sollten bei Kindern mit Down-Syndrom Aufgaben möglichst konkret handelnd und visuell gestützt durch mehrsinniges Lernen erarbeitet werden. Für den weiteren Aufbau mathematischer Kompetenzen ist zu überlegen, welche speziellen Möglichkeiten bestehen, die geringere Leistungsfähigkeit des Kurzzeitgedächtnisses auszugleichen. Es ist auch zu bedenken, dass die gewählten Materialien der rechnerischen Aufgabenstellung entsprechen und eine Abstraktion ermöglichen, damit nicht durch Form, Farbe oder Material die Motivation und das Interesse des Kindes in anderer Weise gebunden ist und sie – statt zu rechnen – damit eher spielen (z. B. bei Additionsaufgaben mit kleinen Autos oder Plastiktieren). Mit geeigneten Hilfsmitteln, z. B. Steckwürfel, Abakus oder Montessori-Rechenmaterial, können viele Kinder mit Down-Syndrom lernen, einfache Rechenaufgaben zu lösen. Allerdings gelingt es nur wenigen Kindern, rechnerische Lösungen ohne irgendein Hilfsmittel zu finden. Ein besonderes Verfahren, bei dem mit den Fingern gerechnet wird, um immer ein solches Hilfsmittel verfügbar zu haben, ist das »Rechnen lernen mit links und rechts«. Ausgehend von einem systematischen Erarbeiten des

Mengenverständnisses wird anschließend Zählen und Rechnen mit den Fingern vermittelt (Wieser DVD). Es wird an den Fingern von links nach rechts abgezählt, der Zehnerübergang wird mit Rechenstäbchen, aber auch mit den Fingerknöcheln geübt. Es ist durchaus spannend zu erleben, wie geschickt manche Jugendliche mit dieser Technik mathematische Alltagskompetenzen erwerben.

> Beim Essen im Restaurant hatte eine Jugendliche 12 € zu bezahlen. Sie nahm einen 20 Euroschein aus ihrem Portmonee. Dann legte sie Messer und Gabel nebeneinander. Die repräsentierten jetzt die Zwanzig. Dazu sagte sie »10 weg« und legte die Gabel weg, dann legte sie das Messer weg und sagte »austauschen«. Jetzt legte sie ihre 10 Finger auf den Tisch, zählte noch 2 weg und sagte dann »bekomme noch 8 wieder!« Das ging alles ziemlich schnell. Es war schon faszinierend!

So beeindruckend solche Beispiele auch sein mögen, zeigen sie doch deutlich, welche Probleme die Jugendlichen haben, ohne Hilfsmittel auszukommen. Deshalb ist wichtig, individuell realistische Ziele zu formulieren und die entsprechenden alltagspraktischen Fähigkeiten zu vermitteln. Im Rahmen von Projektarbeit in der Schule können die Kinder und Jugendlichen die Bedeutung von Mengen und Zahlen kontextbezogen lernen. Beim Backen oder Kochen, beim Werken, beim Handarbeiten und in der Gartenarbeit bieten sich vielfältige Gestaltungsmöglichkeiten, um das Zählen und Vergleichen, das Messen von Längen und Volumen, das Lesen von Mengenangaben und das Wiegen sinnvoll einzubeziehen. Der Umgang mit Geld kann zum Ziel haben, ein den individuellen Möglichkeiten entsprechendes, vielleicht nur visuelles Verständnis für den Wert zu vermitteln (z. B. Münzen sind weniger wert als Scheine, kupferne Münzen weniger als goldene, Ein- und Zwei-Euro sind zweifarbig). Rechnen mit Geld und ein sachbezogenes Verständnis für »billig« und »teuer« fällt Menschen mit Down-Syndrom aber oftmals schwer. So glauben sie meistens, dass zwei Ein-Euro-Stücke mehr wert sind als ein Zwei-Euro-Stück. Trotzdem sollte ein Grundverständnis und ein lebenspraktischer Bezug zum Umgang mit Geld als Unterrichtsziel angestrebt werden. Im »Kerncurriculum für den Förderschwerpunkt Geistige Entwicklung« (online 2019, S. 52 ff.) finden sich differenzierte Vorschläge für die Vermittlung mathematischer Kompetenzen und für den Aufbau eines Verständnisses für Geld, Länge, Temperatur, Gewicht, Fläche und Volumen.

Im Mathematikunterricht kann die Arbeit mit entsprechenden Computerprogrammen eine besonders geeignete Form sein, weil durch die visuelle Vermittlung, die häufige gleichartige Wiederholung und neutrale Verstärkung günstige Bedingungen gegeben sind. »Der Computer wird nicht ungeduldig«, begründete ein 11-jähriger Junge, warum er so gerne mit einem Rechenprogramm arbeitete.

Eine amerikanische Untersuchung über mathematische Kenntnisse bei Schülern mit Down-Syndrom ergab, dass 90 % der Kinder nicht über Leistungen der ersten Klasse hinauskamen (Fredericks 1995, 136). Deshalb wird dort die Empfehlung gegeben, den Unterricht auf die Grundrechenarten Addieren und Subtrahieren zu konzentrieren. Dass der Taschenrechner dann tatsächlich zu einem

»Werkzeug« werden kann, das den Schülern hilft, ihre Geldangelegenheiten zu regeln, Preisvergleiche anzustellen und Wechselgeld zu überprüfen (ebd.), ist wahrscheinlich nur eingeschränkt möglich. Nicht nur die Rechenleistung selbst stellt das Hemmnis dar, sondern vor allem das mathematische Verständnis für die jeweils erforderlichen Rechenschritte. Aber durch systematische Vermittlung der Basisfähigkeiten und einen weiter aufbauenden differenzierten Mathematikunterricht werden auch in diesem Bereich die bisherigen Grenzen sich weiter verschieben. Viele Jugendliche haben heute ein eigenes Handy, mit dem sie kompetent umgehen können. Es ist deshalb durchaus sinnvoll zu überlegen, wie wir ihnen bei einem entsprechenden Grundverständnis vermitteln können, es auch zu nutzen für das Lösen von alltagsrelevanten Rechenaufgaben. Das ist dann vielleicht einfacher und in der Öffentlichkeit akzeptabler als kreative Lösungen mit Hilfsmitteln.

Die positiven Ergebnisse, die einige Schüler im Rechnen erreichen, machen es erforderlich, den Unterricht jeweils den individuellen Möglichkeiten des Kindes entsprechend zu gestalten und keinesfalls eine syndrombezogene Begrenzung von vornherein festzulegen.

7.9 Selbstversorgung und lebenspraktische Selbstständigkeit

Früher wurde in den Schulen für geistig Behinderte der unterrichtliche Schwerpunkt weniger im Bereich der Kulturtechniken und anderer Unterrichtsfächer gesehen, sondern vorwiegend die so genannte lebenspraktische Bildung als wichtig erachtet. In einigen Bundesländern sprach man dem entsprechend von Förderschulen für Praktisch Bildbare. Ein solcher eingeengter Ansatz wird heute nicht mehr vertreten. Der in den verschiedenen Bundesländern geltende aktuelle »Lehrplan für den Förderschwerpunkt Geistige Entwicklung« (online 2013) weist ein differenziertes und umfangreiches Fächerspektrum auf und sollte unabhängig von der Beschulungsform umgesetzt werden. Aber gerade für den Förderbereich der Selbstversorgung besteht beim inklusiven Unterricht für Lernende mit Down-Syndrom die Schwierigkeit, dass die hier zu vermittelnden Inhalte für die Mitschüler ohne Beeinträchtigungen kaum Bedeutung haben und deshalb diesen Aspekten als schulische Aufgabe oft nicht hinreichende Beachtung zugemessen wird. Die Förderung in diesem Bereich allein den Eltern zu überlassen ist problematisch, zumal aus den verschiedensten Gründen nicht alle Eltern dazu in der Lage sind. Darauf zu vertrauen, dass diese lebenspraktischen Kompetenzen allein durch Nachahmung von den anderen zu erlernen sind, berücksichtigt nicht, dass Kinder mit Down-Syndrom auch in diesen Bereichen oft ein an ihren individuellen Bedürfnissen orientiertes systematisches Vermitteln benötigen. Bei Untersuchungen zur Imitation wurde nachgewiesen, »dass Menschen mit Trisomie 21 auch beim Imitieren von immer komplexer werdenden Bewegungen signifikant früher Schwierigkeiten haben als Menschen ohne Syndrom« (Röhm 2016, 149), aber es war ihnen trotzdem möglich, mit einem aufbauenden Übungsprogramm spezielle Fähigkeiten zu erlernen. Es ist deshalb problematisch, wenn auf differenzierte Hilfen verzichtet wird in der Annahme, viele Kompetenzen ergeben sich allein durch Integration. »Die Kinder lernen durch Vortun und Mittun das Auch-Tun-Wollen und das Auch-Tun-Können« (Schöler 1993, S. 244). Zwar sind manche Kinder mit Down-Syndrom anfangs hoch motiviert, mit ihren Mitschülern gemeinsam etwas zu lernen, aber sie sind dann leicht frustriert, wenn die anderen alles so viel schneller können als sie. Es ist deshalb wichtig, sich am aktuellen Entwicklungsstand und am Lebensalter der Schülerinnen und Schüler zu orientieren und bezogen auf ihre Lebenswirklichkeit und ihre individuellen Bedürfnisse sie beim Erwerb von relevanten Selbstversorgungskompetenzen zu unterstützen. Dabei ist eine gute Zusammenarbeit mit den Eltern anzustreben, um eine sinnvolle Einbettung im Lebensalltag zu gewährleisten. Im Einzelnen geht es im Lernbereich Selbstversorgung (vgl. Lehrplan) um Themen wie Körperpflege und Hygiene, Ernährung, Kleidung, Wohnung, Umgang mit Geräten, Einkauf sowie Aspekte der eigenen Sicherheit.

Die meisten Kinder mit Down-Syndrom haben zu Beginn der Schulzeit aufgrund ihrer Erfahrung im Kindergarten und in verschiedenen Spielgruppen schon ein relativ gutes Sozialverhalten und eine gewisse Selbstständigkeit entwickelt. Sie spielen und lernen gern in kleinen Gruppen mit anderen Kindern und sind für überschaubare Aufgaben gut zu motivieren. Sie kennen und akzeptieren einige Regeln und sind bereit, neue Vorgaben zu lernen und sich – manchmal mit etwas Unterstützung – auch daran zu halten.

Abläufe und Regeln können in Rollenspielen vorbereitet werden, z. B. bezogen auf Einkaufen, Arztbesuch, Ausflüge oder Besichtigungen. Erfahrungen werden versprachlicht und schriftlich festgehalten (mit Symbolen, Wörtern oder Texten). In gleicher Weise können auch soziale Verhaltensweisen in verschiedenen Situationen geübt und die erforderlichen sprachlichen Kompetenzen vermittelt werden, wie z. B. eine Auskunft erfragen oder um Hilfe bitten.

Die Kinder im Grundschulalter können meist selbstständig essen und aus einem Becher trinken. Einige benötigen aber beim Essen mit Besteck, vor allem beim Schneiden und Brot streichen oder beim Einschenken von Getränk, noch etwas Unterstützung. Deshalb erhalten sie die individuell nötigen Hilfen, um zunehmend solche Kompetenzen zu lernen. Dabei gilt das Prinzip »Hilf mir es selbst zu tun« und keineswegs sollten Aufgaben für die Kinder erledigt werden, weil das schneller geht!

Die meisten Kinder mit Down-Syndrom sind in diesem Alter zumindest tagsüber sauber und trocken – auch wenn sie manchmal noch Erinnerungshilfen brauchen. Länger dauert es oft, bis sie gelernt haben, sich zuverlässig selbst zu säubern. Die Körperpflege insgesamt ist natürlich ein wichtiges Ziel, das ihnen systematisch vermittelt werden sollte. Manchmal müssen sie erinnert werden, dass nicht nur »sichtbare« Körperteile gewaschen und abgetrocknet werden, sondern eben auch der Rücken. Bei den Jugendlichen ist – in Abstimmung mit dem Elternhaus – auch die Intimhygiene ein wichtiges Thema.

Viele Kinder können sich zwar schon selbstständig an- und ausziehen, sind jedoch oft sehr langsam und benötigen meist noch etwas Unterstützung. Sie müssen lernen, Unterwäsche und Oberbekleidung richtig zu ordnen, die Reihenfolge beim An- und Ausziehen zu beachten und vorn und hinten zu unterscheiden. Mit zunehmendem

Alter wird wichtig zu lernen, sich der Witterung und dem Anlass entsprechend zu kleiden.

In bekannter Umgebung können die Kinder sich meistens gut orientieren, allerdings neigen einige auch im Grundschulalter noch zum Weglaufen. In diesem Fall müssen Eltern und Lehrer gemeinsam beraten, was konkret zu tun ist. Feste Regeln müssen vereinbart und Grenzen gesetzt werden, aber auch eine verlässliche Aufsicht ist zu gewährleisten. Für Heranwachsende ist ein wichtiges Training die sichere Orientierung im Nah- und dann im erweiterten Lebensraum sowie das Benutzen der öffentlichen Verkehrsmittel.

Für häufig sich wiederholende wichtige Handlungsabläufe sowie typische situationsbezogene Aufgaben sind visuelle Hilfen sinnvoll, die eine Reihenfolge der Einzelaufgaben schriftlich oder mit Bildern und Symbolen verdeutlichen. Dadurch können die Kinder und Jugendlichen sich besser an die einzelnen Schritte erinnern und kommen ohne eine ständige Unterstützung durch einen Erwachsenen aus. Hier können Strukturierungen nach dem TEACCH-Ansatz sowie Abbildungen nach dem »Cartoon und Skript-Curriculum« (Bernard-Opitz 2014) vielfältige Anregungen bieten. Etwas allein bewältigen zu können, stärkt zudem das Selbstvertrauen und Selbstbewusstsein.

Mit zunehmendem Alter sind die Kinder und Jugendlichen in der Lage, regelmäßig bestimmte Alltagspflichten zu Hause und in der Schule zu übernehmen. Dabei kann dann auch der Umgang mit verschiedenen Geräten im Haushalt, im Garten und beim Werken vermittelt werden. Es ist allerdings nötig, durch eine genaue Beschreibung der erreichten Fähigkeiten und Berücksichtigung der sehr unterschiedlichen individuellen Kompetenzen eine Überforderung und frustrierende Versagenserfahrungen zu vermeiden. Für Jugendliche ist auch wichtig, die eigenen Grenzen zu kennen und entsprechende Regeln einzuhalten, um Selbst- und Fremdgefährdung auszuschließen. Dazu müssen sie wissen, was sie allein entscheiden können und was sie selbstständig schaffen bzw. wo sie Hilfe in Anspruch nehmen sollten. Auch die Bereitschaft, nicht hinreichend geleistete Aufgaben zu verbessern, auf Kritik nicht mit Verweigerung oder Beleidigtsein zu reagieren, sondern mit Einsicht, sind notwendige anzustrebende Kompetenzen.

Eine gute Zusammenarbeit von Schule und Elternhaus ist für die Umsetzung der vielfältigen Lernziele im Bereich der Selbstversorgung und lebenspraktischen Selbständigkeit eine wichtige Bedingung, damit die Jugendlichen befähigt werden zu einer möglichst unabhängigen Lebensführung.

7.10 Schulische Förderung und Inklusion

Als in den 1970er Jahren die ersten Schulen in Deutschland im Rahmen von Schulversuchen mit integrativem Unterricht begannen, waren unter den eingeschulten Kindern mit Beeinträchtigungen immer auch Kinder mit Down-Syndrom (Montessori-Schule München, Fläming-Grundschule Berlin, ev. Grundschule Bonn-

Friesdorf u. a.). In den 1980er Jahren begannen in vielen verschiedenen Bundesländern zahlreiche neue Schulversuche, und auch in diesen Klassen waren immer Schülerinnen und Schüler mit Down-Syndrom. Es ist durchaus interessant zu erfassen, wie unterschiedlich der weitere Lebensweg dieser mittlerweile über dreißig- und vierzigjährigen Erwachsenen mit Down-Syndrom verlaufen ist und in welcher Weise die schulische Integration beeinflusst hat, wie sie heute leben und arbeiten. Insgesamt waren die Erfahrungen mit dem integrativen Unterricht so positiv, dass in den neunziger Jahren die Schulversuche überwiegend beendet wurden. In der »Erklärung von Salamanca zur Pädagogik für besondere Bedürfnisse« (1994) und in der »Charta von Luxemburg« (1996) wurde für Europa die Forderung nach einer »Schule für alle« erhoben und Möglichkeiten der Realisierung diskutiert.

Nachdem Deutschland im Jahr 2009 die UN-Behindertenrechtskonvention ratifiziert hat, begann eine begriffliche Veränderung von »Integration« zu »Inklusion« und eine entsprechende inhaltliche Diskussion pädagogischer und organisatorischer Bedingungen und notwendiger Standards. Allerdings führte »der Beschluss des Deutschen Bundestags, ein inklusives Schulsystem auf der finanziellen Basis von Kostenneutralität, d. h. durch die Abschaffung der Förderschulen, errichten zu können« (Speck 2015, 68), zu »billigen Lösungen« und teilweise problematischen Entwicklungen. »Besonderheit und Vielfältigkeit braucht auch besondere und vielfältige pädagogische Zugänge, variable Lernsituationen, einladende und didaktisch funktionierende Räume und vor allen Dingen ein offenes, dialogisches, einfühlsames und vor Überforderung geschütztes Lehrpersonal ... statt vor ihren Konsequenzen mit Hilfe rhetorischer Floskeln wie ›alle sind willkommen‹ auszuweichen« (Becker 2015, 152). Insbesondere die in den einzelnen Bundesländern zur Verfügung gestellten sehr unterschiedlichen finanziellen Bedingungen sowie »die eklatant defizitäre Personalausstattung im Bereich der Sonderpädagogik an den Regelschulen mit Inklusionsanspruch« (ebd. 31) entsprechen absolut nicht den in den früheren Modellversuchen zur Integration erprobten Konzepten des Teamunterrichts von Regel- und Sonderpädagoge mit durchgängiger Doppelbesetzung (Wilken 1991). »So hat der Berliner Inklusionsbeirat gegen die Stimmen der Eltern- und Behindertenvertreter einen Beschluss gefasst, nach dem für jede Klasse drei Stunden sonderpädagogischer Förderbedarf pro Woche ausreichend sei« (Becker 2015, 31). Das hat zur Konsequenz, dass einige »mobile Sonderpädagogen« an drei oder gar fünf verschiedenen Schulen Kinder zu fördern haben mit so wenigen Stunden für viele verschieden beeinträchtigte Kinder, dass die gerade in der Sonderpädagogik für Lehrende und Lernende so wichtige persönliche und emotionale Beziehung sich kaum entwickeln kann. Um die notwendigen zusätzlichen Hilfen zu gewährleisten, werden mit unterschiedlichem Stundenanteil Schulbegleiter (Schulhelfer, Inklusionsassistenten) eingesetzt, die sowohl individuelle Unterstützung im Lebensalltag als meistens auch ergänzende pädagogisch-unterrichtliche Tätigkeiten zu leisten haben. »Dabei hat nur ein Teil eine pädagogische Ausbildung, nur zum Teil wird diese als Qualifikation vorausgesetzt ... So kann es in einem extremen Fall zu einer Konstellation kommen, dass ein Schüler mit besonderem Betreuungsbedarf von einem Schulbegleiter betreut wird, für dessen Einstellung keinerlei fachspezifische Voraussetzung nötig war, der keinen beruflich-sozialen Hintergrund aufweist und auch keine Einarbeitung in die Tätigkeit als

Schulbegleiter erhalten hat« (Beck u. a. 2010, 253). Allerdings sollen in einige Bundesländern Schulbegleiter laut Arbeitsvertrag ausdrücklich keine pädagogischen Aufgaben übernehmen, sondern nur alltagspraktische Unterstützung geben. Dabei werden die seit langem bekannten und auch in anderen Ländern diskutierten speziellen Auswirkungen der engen Zuordnung von Schulbegleitern zu nur einem behinderten Schüler und die »Probleme, die mit der übertrieben ausgeweitete Nähe des Erwachsenen« verbunden sind, oft völlig ausgeblendet (Giangreco u. a. 1997, 17; Übers. E.W.). Als wesentliche Probleme wurden in einer entsprechenden Untersuchung ermittelt, »Einmischung in die Beziehung zum hauptverantwortlichen Pädagogen, Trennung von den Mitschülern, Abhängigkeit von den Erwachsenen, Auswirkungen auf die Peer-Interaktion, Begrenzung kompetenter Instruktionen, Verlust von Selbstkontrolle und Einmischung in Anweisungen von anderen Mitschülern« (ebd. 7).

> »Raphael, ein Junge mit Down-Syndrom, besucht die JüL (jahrgangsübergreifende)-Klasse der Jahrgangsstufe eins und zwei. Die Klasse hat Deutschunterricht und ist für die Stunde geteilt, deshalb sitzen nur sechs Kinder an einem großen Tisch. Fünf von ihnen konzentrieren sich auf Wörter, die mit A anfangen. Ein Apfel, eine Ananas, ein Affe – auf den kleinen Kärtchen sind sie als Bilder zu sehen. Auch das sechste Kind, Raphael, hat eine Weile brav mitgemacht: »Affel« heißen Apfel und Affe bei ihm. Seine Schulhelferin sitzt direkt neben ihm, hält ihm die Kärtchen hin, motiviert ihn. Nach einer viertel Stunde jedoch ist es vorbei mit der Konzentration: Die Kärtchen fliegen vom Tisch. ›Raphael braucht jetzt eine Pause‹, sagt seine Schulhelferin und bringt ihn in einen anderen Raum, in dem es Spielgeräte und eine Kuschelecke gibt.« (Martens 2010)
> *Anmerkung*: Raphael braucht eigentlich nach einer viertel Stunde noch keine Pause. Er braucht vielmehr einen handlungsorientierten Unterricht, der ausgeht von mehrsinnigen Erfahrungen und der erst dann zur ikonischen und symbolischen Darstellung führt.

Bei einem Vergleich mit anderen Ländern, die schon länger Inklusion als Leitprinzip haben (skandinavische Länder, England, Holland, Italien, USA, Japan), fällt auf, dass sie ein differenziertes inklusives Schulsystem in Form von Schulen mit gemeinsamen Unterricht und »special schools« bzw. »speziellen Klassen« haben (Speck 2015, 66) und die dort inklusiv beschulten Kinder und Jugendliche mit intellektuellen Behinderungen zwar prozentual häufiger als in Deutschland am Regelunterricht teilnehmen, aber eben nicht für die gesamte Unterrichtszeit. Eine solche flexible Gestaltung ermöglicht, individuell begründete unterschiedliche Lösungen zu finden. Dagegen führt eine vorwiegend ideologisch und moralisch begründete Diskussion einer Abschaffung aller Förderschulen ohne die verbindliche Bereitstellung »massiver zusätzlicher Ressourcen in personeller und sächlicher Hinsicht« (Speck 2015, 68) zu problematischen »Sparmodellen«. So wird für Hamburg festgestellt, dass dort »mit der Umsetzung der UN-Konvention eine Weiterentwicklung der Schulen zu inklusiven Schulen nicht gelingen wird, stattdessen aber das, was an Unterrichts- und Schulentwicklungsarbeit in den bisherigen Integrations- und Integrativen Regelschulen geleistet wurde, verloren geht ... angesichts der geringen Ressourcen« (vihs 2013). Es wird kritisiert, »dass Schülerinnen und Schüler mit Down-Syndrom keinen Anspruch mehr auf qualifizierte Schulbegleitung hätten ... Allzu oft gelänge den Schulbegleitungen (TeilnehmerInnen der Bundesfreiwilligendienste) nicht, das Recht der SchülerInnen mit Down-Syndrom auf Teilhabe bedarfsgerecht umzusetzen«, oft aufgrund fehlender Einarbeitung und häufiger Wechsel (Radke 2016, 17 f). Damit die positiven Erfahrungen mit integrativem Unterricht auch in inklusiven Schulen zum Tragen kommen können, ist es wichtig, die in Modellversuchen gewonnenen Erkenntnisse zu übertragen. Die UN-Konvention ist dann als innovativer Prozess zu sehen, der »erfolgreich gelingen (kann), wenn Bildungsverantwortliche und Lehrkräfte das Gesamtsystem schulischer Bildung gemeinsam kritisch reflektieren und konsensfähige Veränderungsprozesse initiieren ... Ein polarisierender Widerstreit zwischen so genannten ›Inklusionsgegnern‹ und ›Inklusionsbefürwortern‹ diskreditiert den Gegenstand der Inklusion« (Schor 2010, 150). Es ist deshalb schon bei der Begriffswahl auf vorurteilsbelastete und wertende Bezeichnungen zu verzichten. »Aussortieren, Aussondern und Selektieren sind zu Standardvokabeln geworden ... Wer aussortiert wird, dem geschieht Unrecht. Er wird in eine Situation gebracht, die ihm schadet und die ihn unglücklich macht« (Ahrbeck, 2014, 129). Solche Argumentation kann Eltern bei ihren Überlegungen, welche Schule sie für ihr Kind am geeignetsten erachten, einschränken. Entscheidungen müssen aber den betroffenen Eltern ohne vorurteilsbehaftete Bewertung überlassen bleiben, damit sie unter Berücksichtigung der individuellen Bedürfnisse ihres Kindes und der familiären Lebensbedingungen diskriminierungsfrei auch auf der Grundlage der Behindertenrechtskonvention (Artikel 5, Abs. 4) wählen können.

> »Willi braucht, gerade um an der Gesellschaft teilzuhaben, eben oft eine Sonderbehandlung. Eine Regelschule kam für uns nicht in Frage ... In Willis Klasse liegt er von der Schwere seiner Behinderung etwa im Mittelfeld, was ich sehr angenehm empfinde. Ich denke, dass es für ihn wichtig ist, erleben zu können, dass auch er anderen helfen kann. Es ist auch eine große Erleichterung, dass Willi keinen Schulbegleiter braucht, von dem wir abhängig sind. Irgendwie kommt mir das System der Einzelintegration an den Regelschulen mit ständig wechselnder Schulbegleitung nicht besonders sinnvoll vor. Ich sehe häufig, dass die Lehrer die Verantwortung (auch die pädagogische) an die Schulbegleiter abgeben, die häufig lieber draußen Fußball spielen als Buchstaben zu üben und oft jegliche Selbständigkeit der Kinder verhindern. Vor allem aber genieße ich es, dass Willi nicht immer der Einzige ist, der ›anders‹ ist – denn so viel man auch im Zuge der Inklusion um das Wort ›behindert‹ herumreden will und so tut, als seien alle Kinder doch unterschiedlich, so klar ist mir, dass man meinem Sohn damit gar nicht gerecht wird. Unter allen normal unterschiedlichen ist er doch immer absolut am ›andersten‹.« (Müller 2015, 4)

Mit Bezug auf §1 Abs. 1 SGB VIII hat jede Erziehung das Ziel, zu einer eigenverantwortlichen und gemeinschaftsfähigen Persönlichkeit zu führen. Das gilt auch für

Kinder mit Beeinträchtigungen. Dabei ist nicht nur der Wechselbezug von Entwicklung und Erziehung zu reflektieren, sondern auch das unterschiedliche individuelle Potential, die jeweiligen Lebensbedingungen und die vorhandenen Ressourcen. Als allgemein günstige Bedingungen für gelingende Entwicklung gelten gute Beziehungen und Empathie, Feinfühligkeit, Wertschätzung und eine positive Peerkultur sowie angemessene Angebote und Lernen durch Teilhabe. Deshalb ist für die Beschulung eines Kindes mit Down-Syndrom wichtig zu prüfen, welche regionalen Möglichkeiten gegeben sind und wie die erforderlichen Bedingungen geschaffen werden können.

Ein besonderes Problem bereitet die von den Eltern oftmals gewünschte Zurückstellung vom Schulbesuch für ein Jahr. Nach § 64 Abs. 2 NSchG (ähnlich in anderen Bundesländern) können schulpflichtige Kinder, die körperlich, geistig oder in ihrem sozialen Verhalten nicht genügend entwickelt sind, um erfolgreich am Unterricht teilzunehmen, für ein Jahr vom Schulbesuch zurückgestellt werden. Es ist nicht nachvollziehbar, wenn diese Möglichkeit ausgerechnet für Kinder mit Down-Syndrom mit Verweis auf ihre Schulpflicht (und ihr Recht auf Beschulung) nicht gelten soll! Das stellt eine nicht zu akzeptierende, unzulässige Benachteiligung und eine unangemessene Einschränkung des Elternwillens dar und kann deshalb die Chancen der Kinder auf Teilhabe vermindern. Gerade aufgrund ihrer körperlichen, geistigen und sozialen Entwicklung können oftmals Sechsjährige mit Down-Syndrom noch von einem zusätzlichen Jahr im Kindergarten profitieren.

Alle Kinder haben die Möglichkeit, ein Jahr vom Schulbesuch zurückgestellt zu werden, wenn das aufgrund ihrer körperlichen, geistigen oder sozialen Entwicklung sinnvoll ist. Das sollte uneingeschränkt auch für Kinder mit Down-Syndrom gelten.

Für die Ermittlung des individuellen sonderpädagogischen Förderbedarfs bei der Einschulung ist wichtig, den aktuellen Entwicklungsstand, die verschiedenen erreichten Fähigkeiten und systemischen Bedingungen zu beschreiben und begründete Empfehlung für Unterricht und Erziehung zu geben. Auf dieser Grundlage ist eine kriteriengeleitete Entscheidung über die geeignete schulische Förderung zu treffen. Während der weiteren Schulzeit ist dann eine Verlaufsdiagnostik erforderlich, um die tatsächliche Wirkung der angebotenen Förderung kritisch zu prüfen und den individuellen Förderplan entsprechend fortzuschreiben oder gegebenenfalls zu verändern und neuen Erfordernissen anzupassen. Keineswegs sollte eine undifferenzierte Erwartungshaltung in Bezug auf Lernmöglichkeiten von Kindern mit Down-Syndrom dazu führen, die tatsächlichen Fähigkeiten des einzelnen Kindes zu verkennen.

Aber die Qualität des Unterrichts ist nicht nur von den organisatorischen Bedingungen abhängig, sondern ganz wesentlich auch von den dort tätigen Pädagogen. Daher sollten Eltern die Entwicklung ihres Kindes in der gewählten Schulform kritisch begleiten und – wenn familiäre oder kindbezogene Gründe dies erforderlich machen – noch einmal neu bedenken.

Eine Mutter, deren Tochter von der ersten bis dritten Klasse integrativ beschult wurde und dann aus familiären Gründen in die Sonderschule wechselte (Schulwegtransport, Ganztagsangebot), stellt fest: »In beiden Schulen würde ich mir wünschen, dass die schulische Förderung ein wenig strukturierter und effektiver verlaufen würde. Ich glaube, Fiona könnte mehr leisten, wenn man es von ihr fordern würde. Beide Schulen haben hier ihre Schwachpunkte, allerdings in beiden Schulen etwas anders gelagert und anders begründet, aber in beiden Schulen kommt das Lesen, Schreiben, Rechnen einfach zu kurz« (Meyer-Eppler 2007, 39). Der schulische Wechsel von einer Integrationsklasse in eine Sonderschule wird von einer anderen Mutter mit den individuellen Problemen ihrer Tochter begründet: »Woran liegt es, dass Lea im Unterricht stört? Wie können ihre kleinen Lernerfolge im Klassenverband wertschätzend anerkannt werden? Kann es sein, dass sie sich mit den anderen Kindern vergleicht und sich schämt, weil sie nicht die gleichen Leistungen bringen kann? Fühlt sie sich allein und ausgegrenzt? Warum hat sie kaum Freunde in der Klasse?« Der Wechsel in die Förderschule wirkte sich für dieses Mädchen günstig aus und so stellt die Mutter fest: »Lea hatte deutlich gemacht, dass sie auf Mitschülerinnen angewiesen ist, mit denen sie sich identifizieren kann, ohne ständig die Schwächste zu sein. Sie profitiert von der kleineren Gruppe, in der sie mehr Aufmerksamkeit und eine individuelle Unterstützung erhält« (Jürgensen 2004, 28). Auch wenn der Wechsel von einer Förderschule in eine Regelschule oft schwierig ist, gibt es auch dafür positive Beispiele. »Wir unternahmen noch einmal verstärkt Anstrengungen, eine integrative Schule ins Leben zu rufen. Im Verein mit einigen gleichgesinnten Eltern gelang das schließlich. Trotzdem hatten wir Eltern schon Bauchschmerzen, als unser Sohn nach zwei Jahren Sonderschule in die erste Klasse einrückte ... Sebastian fühlte sich auf Anhieb wohl in der neuen Schule. Seine Mitschüler akzeptierten ihn sofort. Ihre spontane Begeisterung, wenn er im Rahmen seiner Möglichkeiten eine kleine Leistung erbrachte, verschafften ihm Erfolgserlebnisse« (Dosche 2007, 20). Die Erfahrungen zeigen, dass eine individuell geeignete sonderpädagogische Förderung nicht an eine bestimmte Schulform gebunden ist, sondern abhängig ist von den Bedürfnissen des Kindes und der Familie, aber auch von angemessenen pädagogischen Konzepten sowohl im Unterricht der Förder- als auch der Regelschulen.

Wichtig für den inklusiven Unterricht und für alltagsbezogene Teilhabe sind zudem die zur Verfügung stehenden personellen und sächlichen (Rahmen-)Bedingungen für gelingendes gemeinsames Leben und Lernen von Kindern mit und ohne Behinderung in der Schule sowie im außerschulischen Bereich.

Im inklusiven Unterricht lernen behinderte und nicht behinderte Kinder zwar gemeinsam in einer Klasse, machen aber nicht immer alle das gleiche zur gleichen Zeit. Es ist allerdings wichtig, gerade das gemeinsame Lernen differenziert zu planen und die jeweiligen Voraussetzungen sowie die nötigen Lernbedingungen zu reflektieren.

Beim inklusiven Unterricht kann sich das Problem ergeben, dass viele alltagspraktischen Lerninhalte nicht hinreichend beachtet werden, weil sie für die Mitschüler kaum Bedeutung haben.

In der Förderschule mit dem Schwerpunkt geistige Entwicklung kann manchmal das Problem die Vernachlässigung der Kulturtechniken und des differenzierten Fachunterrichts sein, weil dies für schwerer behinderte Mitschüler unwichtig ist.

Es gibt Untersuchungsergebnisse, die darauf hinweisen, dass Kinder mit Down-Syndrom Schwierigkeiten haben, soziale Impulse in alltäglichen Situationen zu verstehen, zu verarbeiten und entsprechend darauf zu reagieren. »Geteiltes gemeinsames Lernen – ein weit verbreitetes Verfahren in der Regelschule – schien den Kindern mit Down-Syndrom offenbar nicht im gleichen Maße zugute zu kommen wie den normal entwickelten Kindern oder den Kindern mit unspezifischer geistiger Behinderung. Eine Videoanalyse zeigte, dass einige einfach entschieden, alleine zu arbeiten, zuweilen auch unterhalb ihrer tatsächlichen Fähigkeiten, wodurch sie die Gelegenheit verpassten, etwas mit und von jemand anderem zu lernen« (Cebula, Wishart 2013, 30). Miteinander und voneinander Lernen gelingt nicht von selbst, aber es ist zu betonen, dass mit entsprechender Unterstützung durch die gemeinsame Arbeit an gleichen Themen und interessanten Projekten bei durchaus unterschiedlichen Lernzielen, in unterschiedlicher Zusammensetzung von Lerngruppen gemeinsames Lernen ermöglicht werden kann.

Ein solcher Unterricht lässt sich eher in der Grundschule umsetzen als im danach folgenden differenzierten Schulsystem, weshalb eine Fortsetzung des gemeinsamen Unterrichts überwiegend in Gesamtschulen erfolgt. Manchmal besuchen Kinder mit Down-Syndrom aber auch Klassen in Hauptschulen, in Realschulen oder sogar im Gymnasium und werden dort zieldifferent nach einem individuellen Entwicklungsplan (IEP) unterrichtet.

Zwei Beispiele können die unterschiedlichen Kompetenzen der Kinder mit Down-Syndrom sowie die besonderen Bedingungen und möglichen Organisationsformen veranschaulichen.

> Lilly ist in der 5. Klasse des Otto-Hahn-Gymnasiums in Springe. Lilly besucht fast den kompletten Unterricht mit den anderen Schülern. Eine Förderschullehrerin ist mit 14 Stunden in der Woche im Unterricht, weil es in Lillys Klasse noch andere Kinder gibt, die Probleme mit dem Lernen haben. Lilly schreibt und liest mit Begeisterung, kann gut auswendig lernen und rechnet im Zahlenraum bis 100. Mathe und Physik fallen ihr schwer.
>
> Anastasia wird in der 6. Klasse des Luther-Melanchthon-Gymnasiums in Wittenberg unterrichtet. Anastasia hat für den Unterricht und die Pausen eine Schulbegleiterin. In gut der Hälfte der Stunden nimmt das Mädchen am regulären Unterricht teil. Einmal in der Woche kommt eine Sonderschulpädagogin, um mit ihr Mathe und Deutsch zu üben. Anastasia beherrscht den Zahlenraum bis 20, kann alle Buchstaben lesen und hat englische Wörter gelernt.
> (Otto; Traar 2014, 59)

Damit es jedoch bei zunehmendem Alter und größeren Leistungsunterschieden nicht zu problematischen ›aussondernden‹ Lernsituationen für die behinderten Kinder kommt, erfordert dieser Unterricht eine konsequente Neugestaltung der pädagogischen Arbeit in der Schule. Es müssen die jeweils nötigen sachlichen und personellen Rahmenbedingungen gewährleistet sein und der Klassenraum sollte in Größe und Ausstattung das parallele Arbeiten in verschiedenen Kleinlerngruppen mit unterschiedlichen Materialien ermöglichen oder einen zusätzlichen Gruppenraum haben. Eine personelle, dem Förderbedarf fachlich und zeitlich angemessene Doppelbesetzung durch qualifizierte Lehrkräfte ist nach den positiven Erfahrungen in den Schulversuchen zur Integration anzustreben.

Wenn die sonderpädagogische Arbeit überwiegend durch nicht ausgebildete Integrationshelferinnen erfolgt, die das behinderte Kind zwar unterstützen, nicht aber die (sonder)pädagogischen und syndromspezifischen Hilfen geben können, kann es zu einer »Anpassungspädagogik« kommen. Es wird dann eher spontan entschieden, wie lange das behinderte Kind im normalen Unterricht noch mitmachen kann und wann es andere Aufgaben und Bedingungen braucht, weil es unruhig wird oder vielleicht stört. Vor allem aber kann ein Problem für nicht so leistungsstarke Kinder mit Down-Syndrom darin bestehen, dass sie weniger Möglichkeiten erhalten, konkret und handlungsbezogen zu lernen, weil solche Unterrichtsverfahren für die anderen Kinder nicht mehr wichtig sind und eher ablenkend sein könnten.

Besondere Bedeutung kommt deshalb beim inklusiven Unterricht der Entwicklung eines pädagogischen Konzepts für eine allgemeine basale Pädagogik zu, die sowohl gemeinsames Lernen in extrem heterogenen Gruppen als auch die Einbeziehung individuell nötiger Hilfen und behinderungsspezifischer Maßnahmen ermöglicht. Das Ziel dieser Pädagogik kann jedoch nicht sein, durch eine strukturierte Differenzierung die gegebenen Leistungsunterschiede und individuellen Lernmöglichkeiten zu nivellieren. Der gemeinsame Unterricht kann Behinderungen nicht aufheben und ermöglicht auch kein offizielles Schulabschlusszeugnis, aber er vermag unnötige Begrenzungen von Lernangeboten und dadurch bedingte »Lernverhinderungen« zu vermeiden.

Die große Heterogenität der Kinder mit Down-Syndrom zeigt sich gerade im inklusiven Unterricht oft sehr deutlich, und durch die anregenden Lernangebote sowie die differenzierte individuelle Förderung werden die vorhandenen Leistungsunterschiede eher noch verstärkt. Der Lern- und Leistungsstand von drei Schülern mit Down-Syndrom, die im sechsten Schuljahr drei verschiedene Klassen an Gesamtschulen besuchen, veranschaulicht solche individuellen Unterschiede.

- *Matthias* hat eine gute, verständliche Sprache. Er zeigt Interesse an sachkundlichen Themen. Kurzzeitiges, konzentriertes Arbeiten ist ihm möglich, jedoch benötigt er immer wieder einmal Unterstützung und Zuwendung. Direkten Anforderungen weicht er gern aus oder verweigert sie; oft versucht er, Hilfe unnötig in Anspruch zu nehmen. Er malt gern. Matthias erkennt einzelne Wörter und einige Buchstaben, er schreibt mit großen Druckbuchstaben seinen Namen und wenige andere Wörter. Er kennt Mengenbeziehungen im Zahlenraum von eins bis zehn.
- *Heiko* hat einen großen Wortschatz, spricht jedoch oft undeutlich und mit z. T. fehlerhafter Artikulation. Er zeigt gute Leistungen in sachkundlichen Fächern. Er schreibt gerne, jedoch lautgetreu und seine Artikulationsprobleme spiegeln sich in der Rechtschreibung wider. Er kann sinnentnehmend lesen, wenn die Texte seinem unmittelbaren Erfahrungsbereich entsprechen. Heiko kennt und benutzt die verschiedenen Rechenoperationen (+, −, x, :). Er rechnet mit Anschauungsmaterial, vorwiegend mit der Perlentafel im Zahlenraum bis 100. Im Englisch-

unterricht beteiligt er sich gerne im Mündlichen bei interessanten und konkreten Unterrichtsthemen, nicht jedoch am Lesen und Schreiben. Er kann selbstständig kleine englische Sätze formulieren.
- *Christine* liest sehr gern und gut. Sie schreibt Texte auch nach Diktat mit wenigen Fehlern. Ihre Aufsätze sind inhaltlich zwar einfach, jedoch durchaus noch dem Niveau leistungsschwacher nicht behinderter Mitschüler entsprechend. Im Sachunterricht zeigt sie gute Kenntnisse und arbeitet gerne mit. In den genannten Lernbereichen sind die Leistungen in etwa einem sechsten Schuljahr angemessen. Im Mathematikunterricht rechnet sie mit der Perlentafel auf einem Leistungsstand, der etwa einem zweiten Schuljahr vergleichbar ist. Sie arbeitet mündlich im Englischunterricht mit, kennt viele Wörter und spricht einfache Sätze.

Es wird deutlich, welch günstige Entwicklungen unter entsprechenden schulischen Bedingungen und individuellen Voraussetzungen möglich sein können und wie wenig die Beispiele dem stereotypen Bild entsprechen, das man sich oft noch von Schülern mit Down-Syndrom macht. Zudem zeigen diese kurzen Berichte anschaulich, wie wichtig die Überwindung eingrenzender Vorannahmen über Lernmöglichkeiten der Kinder mit Down-Syndrom ist. Ohne entsprechende Lernangebote können auch Kinder mit einem günstigen Lernpotenzial ihre Fähigkeiten nicht angemessen entwickeln und auch soziale Beziehungen zu nicht behinderten sind dann erschwert.

- *Matthias* wird wohnortnah beschult und kann deshalb Schulfreunde selbstständig besuchen. Er hat auch nachmittags viele Kontakte.
- *Heiko* ruft Freunde selber an und trifft Verabredungen. Er fährt selbstständig mit dem Fahrrad zu seinem Freund. Er kann schwimmen und besucht mit seinen Mitschülern das Freibad.
- *Christine* hat es lieber, wenn man sie besucht, aber auch sie hat einige Freundinnen zum Spielen am Nachmittag.

Erfreulich an diesen drei Beispielen sind nicht nur die schulischen Leistungen, sondern auch die gelungene soziale Teilhabe. Das ist nicht selbstverständlich, wie zwei größere Studien aus den Niederlanden und aus Norwegen zeigten. »Kinder mit Behinderung haben signifikant weniger Freunde, gehören seltener zu festen Netzwerken in der Klasse, haben weniger soziale Interaktionen mit ihren Klassenkameraden (und mehr Interaktionen mit den Lehrkräften) und sind weniger gut akzeptiert als die anderen Kinder in ihren Klassen ... Diese methodisch sehr sorgfältigen und umfassenden Arbeiten machen deutlich, dass die soziale Integration von Kindern mit sonderpädagogischem Förderbedarf unter Alltagsbedingungen – anders als es frühere Studien nahe legten, die Erfahrungen aus Modellprojekten auswerteten – deutlich weniger positiv verläuft als erwünscht.« Zu diesem Ergebnis kommen auch neuere Studien aus dem deutschsprachigen Raum (Sarimski 2016, 31).

Eine mögliche besondere Problematik im integrativen Unterricht kann sich ergeben, wenn im naiven Glauben an das Imitationslernen und im Vertrauen auf die selbstregulierenden Möglichkeiten der Gruppe Schülerinnen und Schüler mit Down-Syndrom die spezifische Förderung und die entsprechenden sonderpädagogischen Hilfen nicht hinreichend erhalten. So motivierend das Beispiel der Mitschüler für soziale Verhaltensweisen und für die Entwicklung von Interessen auch sein kann, ist doch zu berücksichtigen, welche Grundvoraussetzungen das Kind mit Down-Syndrom benötigt, um durch Imitation zu lernen und neue Kompetenzen zu entwickeln. Kinder mit Down-Syndrom benötigen strukturierte Lernangebote, während sie erwiesenermaßen von inzidentellen (beiläufigen) und komplexen Lernsituationen weniger profitieren können. Gemeinsamer Unterricht muss somit die individuellen und syndromspezifischen Aspekte berücksichtigen und die erforderlichen differenzierten methodischen Hilfen anbieten.

Zudem sollten wir bei Kindern mit Down-Syndrom die typischen Ausweich- oder Verweigerungsstrategien bei Überforderung bedenken und die sich daraus möglicherweise entwickelnde »Bockigkeit«. Für die Entwicklung eines günstigen Selbstwertgefühls sind Kompetenzerfahrung und Wertschätzung in einer Gruppe mit Gleichaltrigen wichtig. Pädagogen sollten daher immer wieder neu überlegen, unter welchen Bedingungen Kinder in heterogenen Lerngruppen vorhandene Leistungsunterschiede nicht als belastend erleben, sondern positive gemeinsame Lernerfahrungen machen, damit durch solche Angebote Teilhabe ermöglicht wird.

8 Pubertät und Jugendalter

Bei Förderung und Teilhabe der Heranwachsenden mit Down-Syndrom im Teenageralter ist es wichtig, sowohl ihre unterschiedlichen motorischen, sprachlichen, kognitiven und sozialen Kompetenzen zu berücksichtigen als auch die sehr großen Unterschiede in der erreichten Selbstständigkeit in alltagspraktischen Bereichen. Zudem erfordern die möglichen gesundheitlichen Beeinträchtigungen und syndromtypischen Besonderheiten eine aufmerksame Begleitung und Unterstützung. Dazu kann auch die Anleitung gehören, ein eigenes Gesundheitsbuch zu führen (DS InfoCenter 2011).

Für alle Jugendlichen bedeutet die Adoleszenz eine Zeit neuer Orientierung und größerer Umstellungen. Zusammen mit den biologischen Reifungsprozessen erfolgen in dieser Entwicklungsphase erhebliche psychische und soziale Veränderungen. Dabei kann das alters- und entwicklungsbedingte Bedürfnis der Jugendlichen nach Unabhängigkeit und mehr Selbstbestimmung und die oft deutliche Abgrenzung zu den Vorstellungen und Wünschen der Eltern zu konflikthaften Auseinandersetzungen in der Familie führen. »In dieser Phase entwickelt der Mensch sein Selbstbild und seine Unabhängigkeit von anderen. Dieser Prozess des ›Sich-Selbst-Findens‹, aber gleichzeitig des ›Dazu-gehören-Wollens‹ ist ein schwieriger Balanceakt, der oft von Stimmungsschwankungen, Rückzug in die Isolation, Ausprobieren verschiedener Verhaltensweisen und dem Durchsetzen der eigenen Meinung gekennzeichnet ist« (McGuire, Chicoine 2008, 161).

Jugendliche mit Down-Syndrom kommen wie andere Jugendliche etwa im gleichen Alter oder nur leicht verzögert in die Pubertät, haben »dieselben körperlichen und hormonellen Veränderungen zu bewältigen, zeigen Stimmungsschwankungen und Reizbarkeit« (ebd.) und entwicklungstypische Bestrebungen nach Selbständigkeit und Selbstbestimmung. Sie erleben jedoch oft, dass sie sich selbst mehr zutrauen, als man ihnen erlaubt, aber auch, dass sie in manchen Situationen unvorhergesehen tatsächlich Hilfe benötigen. Aus solchem Gegensatz von subjektiven Wünschen nach Selbstständigkeit, wie andere Gleichaltrige sie vorleben, und die aus Sicht der Eltern gegebenen objektiven Notwendigkeiten von Assistenz oder Kontrolle, entstehen häufig frustrierende Erfahrungen. Trotzige Reaktionen, Ärger, Wut, aber auch Rückzug und Resignationen können die Folge sein.

Besonders kognitiv schwerer behinderte Jugendliche haben Probleme, die biologisch bedingten Veränderungen mit den neuen alterstypischen Bedürfnissen zu verstehen und damit umzugehen. Sie reagieren oft mit vermehrter Unruhe, verhalten sich aggressiv oder regressiv und leiden häufig unter erheblichen Stimmungsschwankungen. Bei einigen können auch Störungen im Tag- und Nachtrhythmus eintreten. Für Eltern solch schwieriger Jugendlicher ergibt sich bei einem Vergleich mit anderen kompetenten Jugendlichen mit Down-Syndrom manchmal eine zusätzliche emotionale Belastung, da in diesem Alter die Grenzen des individuell Erreichbaren deutlicher werden und eine Neubestimmung der möglichen langfristigen Ziele erfordern – aber auch eine Reflexion der bisherigen Erfahrungen.

> »Was habe ich falsch gemacht? Wieso habe ich mich geirrt? Warum spielt meine Tochter nicht Klavier? Warum geht sie nicht zum Ballett? Warum liest sie nicht und arbeitet nicht in einer normalen Unternehmung? Warum kann sie weder sprechen noch allein das Badezimmer benutzen?« (Albert, Lacasa 2003, 11)

Bei allen Jugendlichen erfolgt mit Beginn der Pubertät eine zunehmende Auseinandersetzung mit der eigenen Person. Sowohl das Aussehen als auch die individuellen Kompetenzen werden verglichen und die Wertschätzung innerhalb der Gruppe der Gleichaltrigen hat eine große Bedeutung. In diesem Spannungsfeld von Selbst-Bewusstsein und sozialer Akzeptanz entwickelt sich Ich-Identität und ein Gleichgewicht beider Aspekte ist eine wichtige Grundlage für psychische Gesundheit.

Mit der Pubertät verändern sich auch die Interessen der meisten Jugendlichen deutlich und beeinflussen ihre Alltagsgewohnheiten sowie ihr Freizeitverhalten. Zusammen mit den behinderten Heranwachsenden gilt es deshalb, neue geeignete und anregende Angebote zu finden, die ihren Interessen und Fähigkeiten entsprechen. Da in diesem Alter keineswegs schon die definitiven Grenzen der Entwicklung feststehen, kann dadurch sinnvolles Weiterlernen ermöglicht werden. Gerade auf Grund altersgemäßer Interessen sind Jugendliche oft hoch motiviert, neue Kompetenzen zu erwerben, und sie sind bereit, sich anzustrengen, um sinnvolle neue Aktivitäten aufzunehmen und sich die dazu erforderlichen Fähigkeiten erfolgreich anzueignen.

Allerdings dürfen die vielfältigen Beispiele positiver Entwicklung junger Menschen mit Down-Syndrom nicht dazu führen, diese Erfahrungen zu generalisieren und unrealistische und überfordernde Zukunftsvorstellungen zu formulieren. Auch die speziellen Bedürfnisse schwerer beeinträchtigter Jugendlicher müssen bei der gegebenen großen Heterogenität differenziert berücksichtigt werden. Es gilt deshalb, die langfristigen Lernziele neu zu überdenken und den individuellen Kompetenzen der Jugendlichen mit Down-Syndrom entsprechend differenziert zu beschreiben und zu gestalten.

8.1 Körperliche Entwicklung

Die Körpergröße der Kinder, Jugendlichen und Erwachsenen mit Down-Syndrom liegt unter dem Durchschnitt. Bei großer individueller Verschiedenheit im Längenwachstum zeigt sich im Allgemeinen eine zunehmende Differenz zur Normalentwicklung von Geburt an (Cronk 1997, 27). Im Alter von sechs Jahren sind die Kinder durchschnittlich 12 cm kleiner als andere Gleichaltrige. Besonders auffällig wird der Unterschied jedoch erst nach dem schwächer ausgeprägten pubertären Wachstumsschub. Männer mit Down-Syndrom werden ca. 147 bis 162 cm und Frauen ca. 135 bis 155 cm groß. Eine medikamentöse Behandlung allein zur Wachstumsförderung wird jedoch übereinstimmend abgelehnt (Canning, Pueschel 2001, 86). Wie bei anderen Heranwachsenden ist bei Jugendlichen mit Down-Syndrom eine Zunahme im Längenwachstum festzustellen, allerdings bleibt die erreichte Körpergröße dennoch deutlich unterdurchschnittlich.

Bei etwa einem Drittel der Kinder mit Down-Syndrom zeigt sich bereits im Kindergartenalter ein deutliches Übergewicht (Cronk, Pueschel 1984, 117). Meistens liegt das Gewicht im Verhältnis zur Körpergröße aber in der Kindheit noch im normalen Bereich. Nach der Pubertät besteht jedoch bei Jugendlichen und jungen Erwachsenen mit Down-Syndrom die Tendenz zu einer übermäßig starken Gewichtszunahme. Dabei sind Frauen deutlich häufiger betroffen als Männer (Weber, Rett 1991, 80). Zwar ist eine Ursache für das Übergewicht bei Menschen mit Down- Syndrom auch der genetisch bedingte geringere Kalorienbedarf (Pueschel, Sustrova 1997, 17), aber vor allem wirken sich das Essverhalten und die oft bevorzugten Nahrungsmittel ungünstig aus. Viele Kinder und Jugendliche kauen ungern und oft unzureichend. Sie mögen lieber weiche Nahrung wie Nudeln, Pommes frites, Kartoffelbrei, Pudding oder Joghurt, weniger dagegen Obst, Gemüse oder Salat. Mangelndes Kauen und schnelles Essen erschweren ihnen zudem wahrzunehmen, wann sie satt sind. So haben viele Jugendliche und Erwachsene mit Down-Syndrom große Probleme, wenn sie sich beim Essen selbst bedienen, akzeptable Grenzen bei der genommenen Nahrungsmenge einzuhalten. Es ist deshalb sinnvoll, frühzeitig eindeutige Regeln einzuführen und gemeinsam mit dem Kind oder Jugendlichen entsprechende Gewohnheiten einüben. Solche Regeln können für einige Jugendliche auch visuell mit entsprechenden Abbildungen gestützt werden. Ähnlich wie bei manchen Diätvorschlägen helfen optisch ansprechende »Menübausteine«, sich selbstbestimmt nach vorgegebenen Regeln Frühstück, Mittag- und Abendessen zusammenzustellen und das dann auch weniger als fremdbestimmte Einschränkung zu akzeptieren. Das Essen sollte auch nicht auf dem Teller angehäuft werden, und es ist wichtig, ein Verständnis für eine »normale« Portion zu vermitteln. Einige Jugendliche führen auch erfolgreich ein Gewichtstagebuch, manchmal mit speziellen Belohnungen wie Kinobesuch oder besondere Ausflüge für erreichte Ziele.

> Jugendliche mit Down-Syndrom sind deutlich kleiner als Gleichaltrige.
> Aufgrund eines genetisch bedingten geringeren Kalorienverbrauchs, ungünstiger Essgewohnheiten und geringerer körperlicher Aktivität entwickeln viele Jugendliche zunehmend Übergewicht.

Es ist verständlich, dass die Jugendlichen Regeln für angemessenes Essverhalten eher einhalten können, wenn die Bezugspersonen hierin ein Vorbild sind. Nicht nur für Menschen mit Down-Syndrom gilt, dass es erheblich einfacher ist, Übergewicht zu vermeiden, als es zu reduzieren. Das Erlernen und Einhalten gesunder Essgewohnheiten ist im Hinblick auf die bekannten gesundheitlichen Gefährdungen, die vom Übergewicht ausgehen, und der beim Down-Syndrom dadurch bedingten noch ausgeprägteren Belastungen der ohnehin fragileren Gesundheit eine wichtige präventive Maßnahme. Deshalb ist es wichtig, dass die Jugendlichen dafür zu Hause und im außerfamiliären Bereich eine motivierende Unterstützung erhalten und auch eine gewisse Kontrolle erfolgt. Durch extremes Übergewicht kann zudem eine zusätzliche soziale Beeinträchtigung entstehen oder verstärkt werden, auch weil die Auswahl angemessener altersgemäßer Kleidung – gerade in Verbindung mit der geringeren Körpergröße – schwierig ist. Eine aktive Freizeitgestaltung kann dem Jugendlichen helfen, nicht aus Langeweile oder zur Entspannung zu essen und eine günstige Alternative bieten.

8.2 Freizeitverhalten

Bei allen Jugendlichen ändern sich mit der Pubertät die Interessen und das Spiel- und Freizeitverhalten. Spontane Aktivitäten werden weniger, dafür verabreden sie sich nun geplant mit Gleichaltrigen zu gemeinsamen Unternehmungen oder sie gehen zum Sport in Gruppen oder in Vereinen. Jugendliche mit Down-Syndrom machen in diesem Alter oft die Erfahrung, sich nicht mehr hinreichend beteiligen zu können, und sie ziehen sich deshalb häufiger zurück. In ihrer Freizeit dominieren dann meistens eher passive Tätigkeiten wie Musik-Hören oder Fernsehen. Eine ungünstige Wechselwirkung beginnt: Durch den Bewegungsmangel nehmen die Jugendlichen zu, und übergewichtige Menschen neigen wiederum dazu, sportliche Aktivitäten zu vermeiden.

Es ist deshalb wichtig, die Interessen und Fähigkeiten des Jugendlichen durch individuell geeignete Angebote zu verstärken, um diesem Bewegungsmangel zu begegnen. Eine wichtige Voraussetzung dafür ist, dass der Heranwachsende die Basiskompetenzen und Regeln im Bewegungs- und Sportbereich lernt – das ist auch eine Aufgabe der Schule: Schwimmen, Fahrrad fahren, Rollschuh- oder Skilaufen, Federballspiel, Tischtennis oder Fußball sind Aktivitäten, die – abhängig von den Fähigkeiten und Interessen – dann auch außerschulische Gemeinsamkeiten mit anderen Jugendlichen in integrativen oder in speziellen Sportgruppen ermöglichen können. Wandern, Tanzen, Kegeln oder der regelmäßige Besuch eines Fitness-Studios sind weitere geeignete Freizeitaktivitäten. Ein eigener Hund kann sehr motivierend sein, regelmäßig Spaziergänge zu unternehmen, und ermöglicht dem jungen Besitzer oft zwanglose Kontakte zu anderen Hundefreunden. Eine größere Elternbefragung zum Sport- und Freizeitverhalten der Jugendlichen mit Down-Syndrom (Wilken 2001a) ergab, dass die meisten Jugendlichen überwiegend Angebote von Sportvereinen wahrnehmen, aber auch in Behinderten- oder Integrationssportgruppen aktiv sind.

Für die allgemeine Freizeitgestaltung können wir die Jugendlichen bei der Entwicklung neuer Interessen unterstützen und Hobbys anregen. Selbst wenn bei den meisten Jugendlichen und Erwachsenen mit Down-Syndrom vorwiegend Fernsehen und Musik hören die Freizeit bestimmen – ähnlich wie bei vielen nicht behinderten Menschen –, bieten eigene Aktivitäten, die von den Vorlieben des Einzelnen ausgehen, nicht nur vielfältige inhaltliche Anregungen, sondern sie können zu neuen sozialen Kontakten führen und die Integration unterstützen. In unserer Befragung (Wilken 2001a) wurden neben Sport verschiedene Hobbys wie Musizieren, Malen, Lesen, mit dem Computer arbeiten, Tanzen, Werken und Töpfern, aber auch die Teilnahme an Kochkursen genannt.

Als weitere mögliche Beschäftigungen eignen sich, abhängig von den individuellen Interessen, das Ausschneiden und Einkleben von Bildern nach bestimmten Motiven und Themen (ohne oder mit ergänzenden Texten), das Sammeln und Tauschen von Abzeichen, Fansymbolen und Bildern. Einigen Jugendlichen gefällt die Bewältigung eines möglichst großen Puzzles, anderen bereitet das Aus- bzw. Anmalen unterschiedlicher Darstellungen mit Buntstiften oder Farbe Freude. Manche können Bilder und Texte kreativ selbst gestalten (Bender 1987, Fraas 1999) oder beteiligen sich an entsprechenden Angeboten einer Mal- oder Schreibwerkstatt oder sind in einer Theater-AG. Einfache Strickarten oder Sticken, Weben und Teppichknüpfen sind manchmal beliebte eigenständige Tätigkeiten, die darüber hinaus eine gute soziale Wertschätzung genießen. Aber diese Fertigkeiten bedürfen einer angemessenen Vermittlung und immer wieder einmal der Anregung und Verstärkung durch eine Bezugsperson.

8.3 Sprache

Nach der Grundschulzeit ist die sprachliche Entwicklung noch keineswegs abgeschlossen und die Pubertät bedeutet nicht das Ende sinnvoller sprachlicher Förderung. Allerdings sollten jetzt die individuellen Förderziele alters- und entwicklungsgemäß neu ausgerichtet werden. Die Artikulation und die grammatische Struktur sowie die Länge der Sätze zeigt meistens typische Einschränkungen (Rondal 1996, 11), aber ein syndrombedingter Entwicklungsstillstand und ein mit etwa 15 Jahren erreichtes generelles sprachliches Entwicklungsplateau (ebd.) trifft nicht für alle Bereiche zu (Wilken 2014a, 65). Werden die typischen Stärken der Jugendlichen im visuellen Bereich berücksichtigt sowie ihre sozialen und pragmatischen Fähigkeiten, ist durchaus ein sprachliches Weiterlernen möglich. Dabei gewinnen für Jugendliche mit Down-Syndrom vor allem die sozialen und inhaltlichen Aspekte der Kommunikation zunehmend an Bedeutung, während die Übungen zur Verbesserung der Artikulation und Grammatik in gleicher Form wie seit Jahren weniger zielführend sind. Aber resignativen Konsequenzen oder sogar eine Verweigerung von Verordnung angemessener Sprachtherapie ist nachdrücklich zu widersprechen. Die Fähigkeiten zum Verstehen und Mitteilen können den individuellen Bedürfnissen und Kompetenzen entsprechend in konkreten Zusammenhängen erweitert werden, die für den Jugendlichen nun von altersgemäßer Bedeutung sind. Vor allem der Wortschatz kann systematisch weiter aufgebaut werden. Auch das führt zu besserer Verständigung! Die verschiedenen typischen Alltagssituationen können unter dem Aspekt der nötigen kommunikativen Kompetenzen und der dabei erforderlichen Begriffe analysiert werden, um dann die jeweils wichtigen individuellen sprachlichen Förderziele zu benennen.

Ein besonderes Problem kann sein, dass es Jugendlichen oft schwer fällt, über Gefühle und erlebte Schwierigkeiten zu sprechen. »Auch wenn sie in der Lage sind, mit anderen über alltägliche Geschehnisse zu kommunizieren, sind sie nicht unbedingt fähig, sensiblere Probleme und Themen in Worte zu fassen und mitzuteilen. Daher vermitteln sie ihre Gefühle eher nonverbal durch Verhaltensauffälligkeiten« (McGuire, Chicoine 2008, 105). Es bedarf deshalb einer sensiblen Beobachtung, um solche Verhaltensänderungen wahrzunehmen und zu verstehen. Manchmal kann man mit Bildsymbolen arbeiten und mit den Jugendlichen daraus Situationen nachgestalten und mit Gefühlsbildern belegen, um nonverbale Mitteilungen zu ermöglichen. Schwerer beeinträchtigte Jugendliche mit Down-Syndrom, die sich nicht oder kaum lautsprachlich verständigen können, benötigen ergänzende oder alternative Kommunikationsformen wie Gebärden, Bildsysteme oder Sprachausgabegeräte. Es ist wichtig, dass ihnen die Anwendung solcher Hilfen systematisch vermittelt wird, um ihnen nonverbale Mitteilungen zu ermöglichen (vgl. Wilken 2014a, 70 ff.).

Eine differenzierte Beschreibung der erforderlichen sprachlichen Fähigkeiten für das Alltagsleben vermag deutlich zu machen, welche konkreten sprachlichen Förderziele für die Jugendlichen individuell anzustreben sind. Solche Ziele können sich z. B. auf das selbstständige Einkaufen, auf Bus- oder Straßenbahn fahren, auf die Freizeitgestaltung, die Beschreibung von Schmerzen oder einer Krankheit, eines persönlichen Kummers oder anderer möglicher Probleme beziehen (Kerncurriculum für den Förderschwerpunkt Geistige Entwicklung, online 2019, S. 39 ff.).

Gemeinsame Aktivitäten in der Schule und mit Freunden, das Zusammenleben in der Familie oder in einer Gruppe bringen typische Gesprächsmuster mit sich, die man zusammen mit dem Jugendlichen unter inhaltlichen und formalen Aspekten systematisch üben und erweitern kann – eventuell ergänzt durch symbolisch oder schriftsprachlich fixierte Standardsätze.

Die Jugendlichen können so lernen,

- bei Schwierigkeiten entsprechende Fragen zu stellen und auf Fragen angemessen zu antworten,
- Auskunft zu geben und zu erhalten,
- über Gefühle und Bedürfnisse zu sprechen,
- zuzuhören, ohne zu unterbrechen,
- um Hilfe zu bitten,
- sich in Problemsituationen angemessen zu verhalten und zu verteidigen.

Neben der Förderung solcher pragmatischen Fähigkeiten ist eine kontinuierliche Erweiterung des Wortschatzes wichtig. Deshalb sind für die verschiedenen Themenbereiche und Handlungsfelder die notwendigen speziellen Begriffe differenziert zu erarbeiten.

Für einige Jugendliche wird erst jetzt das Lesenlernen interessant. Aber auch andere Formen schriftlicher oder symbolischer Darstellungen können in vielen Alltagsbereichen sinnvoll eingesetzt werden. Dadurch ist es den Jugendlichen möglich, Erinnerungshilfen zur Erleichterung des täglichen Lebens zu gestalten, wie z. B. »To-Do-Listen«, Einkaufslisten, Merkzettel oder Rezepte. Sie können Strategien lernen, wie man sich Handlungsfolgen notieren und durch Wiederholung einprägen kann. Die allgemeinen sprachlichen Kompetenzen des Jugendlichen werden nachweislich nicht nur durch das Lesen gefördert, sondern auch alternative oder ergänzende schriftliche Formen können die Kommunikation wesentlich verbessern.

Auch wenn die meisten Heranwachsenden mit Down-Syndrom große Schwierigkeiten haben, einfache mathematische Aufgaben zu lösen, können viele doch alltagsbezogenen Begriffe für Mengen, Zahlen oder Geld lernen. Es sollten deshalb pragmatische, der selbstständigen Alltagsbewältigung dienende Zielsetzungen für den Umgang mit Zahlen und Mengen angestrebt werden. Dazu kann geübt werden, das Handy zu benutzen, eventuell auch zum Rechnen oder um eine SMS zu schreiben, die Nummer der Buslinie zu lesen, eine Preisangabe zu verstehen, die Uhr und den Wert von Geldscheinen und Münzen zu kennen.

Das didaktische und methodische Vorgehen bei der Auswahl der individuellen Lernziele richtet sich nach den erreichten Fähigkeiten des Jugendlichen und sollte die praktische Bedeutung für seinen Alltag und seine Teilhabe am Leben in der Gemeinschaft reflektieren.

8.4 Selbstgespräche

Bei jüngeren Kindern sind Selbstgespräche ein entwicklungstypisches Verhalten, das der Selbststeuerung und Handlungsplanung dient. Mit zunehmendem Alter erwirbt das Kind eine »innere Sprache«, und Selbstgespräche werden dann durch sprachliches Denken abgelöst. Nur in manchen Situationen sprechen viele Menschen mit sich selbst. Das kann bei einer komplizierten Handlungsplanung sein, bei der Umsetzung eines schwierigen Kochrezeptes oder auch beim Mitzählen bei einem Strickmuster, lautes Schimpfen bei Ärger über ein Missgeschick, aber auch zur Selbstmotivation bei einer herausfordernden Aufgabe. Menschen mit Down-Syndrom benutzen Selbstgespräche aus den gleichen Gründen, aber sie sind stärker darauf angewiesen, weil ihnen sprachliches Denken aufgrund ihrer Beeinträchtigungen weniger möglich ist. Es erstaunt deshalb nicht, dass MacGuire und Chicoine bei 83 % ihrer erwachsenen Patienten mit Down-Syndrom Selbstgespräche und Gespräche mit Fantasiefreunden ermittelten (2008, 135). »Sie denken laut und verarbeiten damit die Ereignisse des täglichen Lebens. Eine Ursache hierfür kann die erschwerte Kommunikation aufgrund von sprachlichen oder kognitiven Beeinträchtigungen sein« (ebd. 137). Oft hilft den Jugendlichen das Verbalisieren, eine Situation noch einmal nachzuvollziehen und zu verarbeiten. Meistens führen die Jugendlichen solche Gespräche, wenn sie allein sind, da ihnen durchaus bewusst ist, was in der Öffentlichkeit akzeptiertes Verhalten ist. Einige kommen auf kreative Ideen, Selbstgespräche zu kaschieren.

> Eine Jugendliche, die sich mit einer Freundin verabredet hatte, stand am ausgemachten Treffpunkt und schimpfte recht deutlich, weil die Freundin sich verspätete. Sie benutzte dabei demonstrativ ihr Handy – ohne gewählt zu haben. Ihr Verhalten wurde von anderen nicht als abweichend wahrgenommen.

Es ist wichtig zu akzeptieren, dass Selbstgespräche für viele Personen mit Down-Syndrom eine Hilfe zur Strukturierung von Aufgaben sind oder zur Verarbeitung von Gefühlen und Erlebnissen. Sie sind deshalb keineswegs zu unterbinden, aber die Jugendlichen sollten lernen, dies möglichst nicht in der Öffentlichkeit zu tun, sondern in einem privaten Rahmen. Wenn ein solches Verhalten relativ neu auftritt, ist aber zu klären, ob es problematische Auslösefaktoren gibt, die geändert werden sollten. So hat ein elfjähriger Junge, der die 5. Klasse einer Gesamtschule besuchte, plötzlich darauf bestanden, seinen Kuschelhund mit in die Schule zu nehmen. Dort zog er sich immer häufiger mit dem Hund zurück, oft auf die Toilette. Er hat sich dann intensiv laut mit seinem Hund unterhalten. Offenbar fehlte ihm in seiner neuen Klasse ein Freund für solche Gespräche. In der Schule wurde versucht, die vorwiegende Fixierung auf die Schulbegleiterin zu reduzieren und gemeinsames Lernen in kleinen Gruppen zu unterstützen. Zusätzlich organisierten die Eltern im Rahmen ihrer Selbsthilfegruppe einen Jungentreff mit Gleichaltrigen mit Down-

Syndrom. Das hat die Rückzugsproblematik verringert. Der Hund blieb aber lange Zeit ein wichtiger Begleiter.

Solche Gespräche mit »unsichtbaren Freunden« und »mächtigen Helfern« spielen gerade bei pubertierenden Jugendlichen oft eine wichtige Rolle.

> Ein zwölfjähriger Junge kam – angeregt durch einen Comic – auf die Idee, durch Druck auf das Ziffernblatt seiner Uhr einen starken unsichtbaren Helfer zu rufen, der ihm in schwierigen Situationen beistehen sollte. Das war für ihn einige Jahre wichtig. Während er aber anfangs solche Aufträge laut verbalisierte, hat er nach einiger Zeit nur noch leise gesprochen. Später hat er bei kritischen Herausforderungen nur noch auf die Uhr gedrückt. Nur die Familie wusste dann, dass er wieder unsichtbare Hilfe einforderte – es gab ihm Mut und Zuversicht!

Selbstgespräche und Fantasiefreunde sind kein Problem, so lange der Jugendliche in der Lage ist, angemessenes Verhalten im privaten und im öffentlichen Raum einzuhalten. Dagegen kann auffälliges lautes Reden in der Öffentlichkeit zu Anstarren, Kommentaren oder anderen Reaktionen führen, die zusätzliche Schwierigkeiten bereiten können. Es ist aber meistens möglich, den Jugendlichen zu helfen, angemessene Formen zu finden, ohne sie unnötig einzuschränken.

8.5 Identität und Selbstkonzept

Zur Entwicklung einer eigenen Identität gehört für alle Heranwachsenden die Auseinandersetzung mit der eigenen Person und der Wertschätzung, die sie in der Familie und bei Gleichaltrigen erfahren. Für Jugendliche mit Down-Syndrom hat zudem die Frage nach ihrer Behinderung oft eine besondere Bedeutung.

Manchmal setzen sich bereits Kinder mit ihrem Anderssein auseinander und kommen zu eigenen Erklärungen, was das Down-Syndrom bedeutet. Sie hören diesen Begriff häufig, sie erleben Veranstaltungen der speziellen Selbsthilfegruppen, einige lesen auch die Texte auf entsprechenden Plakaten und Publikationen. So wunderte sich ein junges Mädchen, warum sie ein »Daumensyndrom« haben soll, da ihre Daumen doch völlig normal aussehen würden. Ein Junge hat das Wort »Down« lautgetreu erlesen und war empört über das »Doofen-Wort«. Manchmal stellen die Kinder z. B. beim Betrachten eines Fotos fest, dass jemand so aussieht wie ein anderes Kind mit Down-Syndrom oder wie sie selbst. Solche Situationen kann man nutzen, um in geeigneter Weise mit dem Kind über das Down-Syndrom zu sprechen und es ermuntern, auch selbst Fragen zu stellen. Man sollte dabei aber möglichst nicht nur über Einschränkungen reden, sondern auch über Dinge, die die Kinder gut können und die ihnen Freude bereiten. Denn meistens werden die besonderen Merkmale – und der Begriff Down-Syndrom – nicht in positivem Zusammenhang erlebt.

8 Pubertät und Jugendalter

Im Teenager-Alter wird vielen Jugendlichen mit Down-Syndrom zunehmend ihr Anderssein bewusster. Gerade im Vergleich mit den Geschwistern und nicht behinderten Gleichaltrigen nehmen die Heranwachsende wahr, welche Einschränkungen in der spontanen Alltagsgestaltung, in der Freizeit, bei Verabredungen oder bei anderen selbstbestimmten Aktivitäten für sie bestehen. Aus diesem Erleben von Grenzen und Versagen, aus Widersprüchen in der Selbst- und Fremdwahrnehmung, kann manchmal ein negatives Selbstwertgefühl entstehen. Aber bei einigen Jugendlichen bestehen auch unrealistisch hohe Selbstkonzepte, die zu zwiespältigen und belastenden Erfahrungen führen können, weil die jungen Menschen erleben, dass ihre Ansprüche und Erwartungen nicht einlösbar sind. Oftmals folgen daraus nicht nur alterstypische Stimmungsschwankungen, sondern eine allgemeine psychische Labilität und manchmal können sich in diesem Alter bei jungen Menschen mit Down-Syndrom Depressionen entwickeln.

Das Bedürfnis nach Gleichaltrigen-Kontakten und das »Dazu-gehören-Wollen« ist oftmals schwierig umzusetzen. Aufgrund der gegebenen individuell großen Diskrepanzen in der kognitiven, physischen und psychischen Entwicklung fehlt manchen Jugendlichen die Einsicht in übliche soziale Verhaltensregeln und unangemessene Reaktionen können Schwierigkeiten bewirken. Eine klare Vermittlung von Regeln und Gewohnheiten vermag jedoch einen Rahmen zu bieten, in dem der Jugendliche Selbstbestimmung erfahren kann und »Präferenzen und Wünsche, zum Beispiel bei Kleidung und Aussehen, bei sozialen und Freizeitaktivitäten und bei Musik, Hobbys und künstlerischen Aktivitäten (entwickelt). Die eigenen Entscheidungen des Teenagers helfen ihm dabei, seinen eigenen Stil und seine eigene Identität« zu finden (McGuire, Chicoine 2008, 165).

Wie bei anderen Jugendlichen spielt die Beschäftigung mit dem eigenen Aussehen, der Körpergröße und Figur, mit Kleidung oder mit Frisur, Kosmetik, Schmuck und anderen Vorlieben eine individuell unterschiedliche Rolle. Es ist sinnvoll, Gespräche über diese Themen in Gruppen für Jugendliche mit Down-Syndrom zu führen, um ständiges Vergleichen mit anderen nicht beeinträchtigten Personen zu vermeiden und um spezielle Fragen zu klären (vgl. Tidemand-Andersen 2011, 50).

In Jugendseminaren für Heranwachsende mit Down-Syndrom, die ich seit vielen Jahren angeboten habe, wurden oft zu den verschiedenen Themen gemeinsame Collagen erarbeitet (vgl. Wilken 1999, 124; 2014c, 221 ff.). Das machte Spaß und erleichterte, eigene Vorlieben zu erkennen und zu begründen. Bei den Bildern zu typischer Kleidung für Jungen bzw. Männer und für Mädchen bzw. Frauen und kommentierenden Gesprächen dazu erfolgte sowohl eine differenzierte Auseinandersetzung mit dem eigenen Geschmack als auch mit sozialen Konventionen. So stellten Jugendliche häufig fest, dass Frauen eine viel größere Auswahlmöglichkeit haben als Männer. Die Diskussionen bezogen sich auf Kleider und Hosen, hochhackige und flache Schuhe, geschlechtsspezifische Unterwäsche, Schminke, Schmuck – aber auch auf Tatoos und Piercing.

> Eine Jugendliche berichtete, dass sich ihre Schwester ein tolles Schmetterlings-Tatoo auf die Schulter hat stechen lassen. Das will sie auch, aber ihre Eltern haben ihr das verboten. »Nur wieder weil ich Down-Syndrom habe!«

Oft gehen Eltern davon aus, dass ihre Töchter oder Söhne Informationen über die Behinderung nicht verstehen können, oder sie finden es eher positiv, wenn die Jugendlichen sich selbst nicht als behindert wahrnehmen. Zur Identitätsentwicklung eines jeden Heranwachsenden gehört jedoch die Auseinandersetzung mit den eigenen Möglichkeiten und Grenzen. Dazu zählt auch die eigene Behinderung. »Der Zeitpunkt, ein Kind darüber aufzuklären, dass es eine Behinderung hat, und sie mit Namen zu benennen, ist vom jeweiligen Kind abhängig ... (aber) für die meisten Familien ist es das Beste, so früh wie möglich mit bewusst machenden Gesprächen zu beginnen ... Bei mir selbst begann es, als meine Tochter sechs Jahre alt war« (Tidemand-Andersen 2011, 43).

Angemessene Informationen über individuelle Einschränkungen und manche sonst nicht verständlichen Reaktionen in der Öffentlichkeit geben den Jugendlichen erst die Chance, ein realistisches Selbstkonzept zu entwickeln, ihre Identität und ihren Ort in der Gesellschaft zu finden. Trotzdem ist es für die meisten Jugendlichen schwierig, sich mit dem Down-Syndrom und den dadurch bedingten Folgen wirklich zu befassen. Viele behinderte Jugendliche merken zwar, dass sie manche Dinge nicht so können wie ihre Geschwister oder andere Gleichaltrige, aber sie verstehen häufig nicht die Einschränkungen und sind darüber verärgert. »Schließlich heißt Pubertät auch, sich mit den eigenen Stärken und Unzulänglichkeiten auseinander zu setzen ... Jakob benennt zwar punktuell Eigenschaften von sich, die er gut findet und ist stolz auf Erreichtes. Andererseits nimmt er schmerzlich wahr, dass er häufig langsamer ist als andere Kinder und viele Dinge nicht oder weniger gut kann. Auch dafür hat er manchmal eine Erklärung (seine Beine sind dann z. B. allergisch gegen zu viel Laufen). Was fehlt ist jedoch die Einordnung in den größeren Kontext seiner Behinderung. Wir haben bisher eher gezögert, den Fokus darauf zu lenken, und sollten uns dem Thema jetzt zuwenden« (Jensen 2014, 46).

Bei der Auseinandersetzung mit Fragen zum Down-Syndrom benötigen die Jugendlichen einfühlsame Begleitung. Zudem ist für sie wichtig, Kontakte mit anderen Gleichaltrigen mit Down-Syndrom zu haben. Ein Jugendlicher stellte fest: »Als mir klar wurde, dass es mehrere wie mich gab, war das, als ob sich eine neue Welt öffnete« (Tidemand-Andersen 2011, 49). Das Gefühl, einer Gruppe anzugehören und nicht allein zu sein, ist zur Entwicklung des eigenen Ichs wichtig. »Diese Gruppe hat gemeinsame Interessen, sie kämpft mit ähnlichen Problemen und dient als Spiegel bei der Bildung eigener Identität« (McGuire, Chicoine 2008, 130). Dagegen befinden sich Personen ohne Kontakt zu anderen behinderten Menschen – nicht unbedingt zu Menschen, die auch das Down-Syndrom haben – »zwischen zwei Welten und haben Probleme mit einem positiven Selbstverständnis ... Sie haben festgestellt, dass ihre Schulfreunde ohne Behinderungen plötzlich andere Prioritäten in ihrem Leben haben. Und doch glauben sie, dass es unangemessen ist, mit Menschen zu verkehren, die behindert sind. Sie ›ringen‹ mit ihrer eigenen Identität, weil sie unfähig sind, sich zu akzeptieren oder ›damit zurechtzukommen‹, dass sie das Down-Syndrom haben« (ebd.). Eine Jugendliche lehnte ihren Tanzpartner als Freund mit der Begründung ab, »weil er auch so was hat wie ich«; sie wollte lieber den in ihrer Schule tätigen Zivildienstleistenden als Freund haben. Es ist verständlich, dass die hier zugrunde liegende Einstellung problematisch ist und ein negatives Selbstbild offenbart.

Jugendliche mit Down-Syndrom brauchen deshalb möglichst begleitete interessant gestaltete Angebote, die zwanglose Kontakte zu Gleichaltrigen mit ähnlichen Beeinträchtigungen bieten. In solchen Gruppen ist es für sie eher möglich, Wertschätzung und Anerkennung sowie Zugehörigkeit und Teilhabe zu erleben, während sie oftmals beim Zusammensein mit nicht behinderten Gleichaltrigen die Erfahrung machen, dass sie bei Verabredungen, bei Gesprächen über Freundinnen oder Freunde, über Filme, Musik oder Bücher sich nicht richtig beteiligen können.

Die Entwicklung eines positiven Selbstbildes wird vor allem dadurch geprägt, wie der Jugendliche von anderen Personen, die *ihm wichtig* sind, gesehen wird und wie sie seine Kompetenzen wertschätzen. Es ist deshalb sinnvoll, regionale oder überregionale Gruppen im Rahmen von Selbsthilfevereinen oder Volkshochschulkursen anzubieten. Auch das getrennte Angebot von »Frauengruppen« für Mädchen und Frauen mit Behinderung oder entsprechende »Männergruppen« (vgl. KIDS 2016) kann sehr hilfreich sein.

> In einem Seminar für Jugendliche mit Down-Syndrom und ihre Eltern hatten die Eltern Plakate mit Bildern, Zeichnungen und Texten zu den verschiedenen Fähigkeiten und Verhaltensweisen ihrer Söhne und Töchter gestaltet und betonten, wie sehr sie sich freuten, was schon alles gelernt wurde. Als eine Mutter ihrem Sohn ihr gestaltetes Plakat vorlas, antwortete er: »Mama, noch mal, das geht runter wie Sahne!«

Auch wenn Gleichaltrigenkontakte nötig sind, war in Seminaren mit Eltern und Jugendlichen immer wieder zu erleben, wie bedeutsam es für alle Jugendlichen war, auch positive Bestätigungen von Eltern, Geschwistern oder anderen Bezugspersonen zu erhalten.

Aber so wichtig Loben ist, muss es doch ehrlich gemeint sein, weil die Jugendlichen unangemessenes Übertreiben spüren. »Übermäßiges Loben kann zur Folge haben, dass die Person sich nur bemüht, um anderen damit zu gefallen, dies trägt aber nicht zur Stärkung des eigenen Selbstwertgefühls bei« (McGuire, Chicoine 2008, 130).

In der Familie, in der Schule oder in besonderen Gruppen können wir die Jugendlichen einfühlsam unterstützen, ein realistisches, aber positives Selbstbild mit – und nicht unter Ausblendung – ihrer Behinderung zu entwickeln. Dazu ist es hilfreich, ihnen geeignete Fotos, Bücher, Spielfilme oder Werbespots von Menschen mit Down-Syndrom zur Identifikation anzubieten, die heute immer häufiger zu sehen sind. Auch der Film »Down-Syndrom und ich« sowie das zugehörige Arbeitsbuch können dazu anregen, ein Gespräch über die eigene Person zu führen, und helfen, ein positives Selbstbild aufzubauen (DS-InfoCenter 2011). Auch wenn manche Jugendlichen mit Down-Syndrom nicht in der Lage sind, sich differenziert mit ihrer Behinderung auseinander zu setzen, und dies in Worte zu fassen, ist zu reflektieren, dass ihr Sprachverständnis deutlich besser ist, als ihr Sprechvermögen vermuten lässt. Deshalb ermöglichen ihnen angemessenes Bild- und Arbeitsmaterial und entsprechende Information durchaus, einige schwierige Situationen besser zu verstehen und sich selbstsicherer zu verhalten.

Einige Kinder und Jugendliche haben ausführliche Texte verfasst, die zeigen, wie sie ihre Behinderung erleben und wie unterschiedlich sie damit umgehen.

> - Eine 12-jährige Schülerin einer Integrationsklasse schrieb: »Die Kinder haben erzählt, dass es schön ist, mit mir zu leben. Ich hab mich sehr gefreut, als ich das zu hören bekam. Ich war ein bisschen gerührt, weil alle so nette Sachen über mich gesagt haben. Danach habe ich erklärt, was Down-Syndrom ist.« (Obermann 1998, 47)
> - Während eines Gesprächskreises in einem Jugendseminar sagte eine 16-Jährige: »Ich hab jetzt genug vom Down-Syndrom. Ich werde jetzt erwachsen!«
> - Ein 11-jähriger Junge stellte fest: »Man will so sein wie alle, aber das geht nicht!«
> - Eine 12-Jährige meinte: »Man möchte gern normal sein. Geht aber nicht wegen Down-Syndrom.«
> - Eine Mutter berichtet, dass ihre Tochter sich Wasser auf die Stirn tropfte (sich »taufte« – »bei der Taufe wird alles neu«) und dies folgendermaßen begründete: »Ich mache, dass das Down-Syndrom verschwindet. Ich will es nicht mehr.« (Philps 1991, 105)
> - Ein 19-Jähriger hatte ein lebensgroßes Bild von sich gemalt, das er kommentierte: »Das sind meine Haare, klar. Das die Augen, Down-Syndrom natürlich, das die Arme, ordentlich Kraft, sieht man.«
> - Manche Jugendliche benutzen sogar das Down-Syndrom als Ausrede bei Streit oder Arbeitsanforderungen. So sagte ein 16-Jähriger zu seinem Vater, als er den Mülleimer leeren sollte: »Das ist für mich zu anstrengend. Ich habe Down-Syndrom!«
> - Eine Jugendliche sagte: »Zwiebel schneiden geht mit Down-Syndrom nicht. Die Augen sind dagegen allergisch!«

Die Möglichkeiten, sich mit der eigenen Behinderung auseinander zu setzen, sind individuell sehr verschieden, aber es ist wichtig zu überlegen, wie im Alltag geeignete Situationen genutzt werden können, die zur Entwicklung eines positiven Selbstbilds mit Behinderung beitragen. Dabei sollten die Jugendlichen immer wieder Gelegenheit haben, ihre eigenen Kompetenzen einzubringen und positive Bestätigung zu erfahren, statt zu erleben, wie über ihre Einschränkungen gesprochen wird.

Je besser Jugendliche mit Down-Syndrom sich in ihrer Familie und ihrem sozialen Umfeld akzeptiert fühlen, desto eher kann es ihnen gelingen, ein realistisches positives Selbstbild aufzubauen, zu dem auch ihre Behinderung gehört.

8.6 Pubertät und Sexualerziehung

Bei Jungen und Mädchen mit Down-Syndrom setzt die Pubertät in einem Alter ein, das der durchschnittlichen Entwicklung annähernd entspricht. Verstimmungen,

8 Pubertät und Jugendalter

Gereiztheiten und Unsicherheiten sind so wie bei anderen Jugendlichen häufig. Auch die sozialen und sexuellen Interessen und Bedürfnisse der Teenager sind überwiegend alterstypisch. Neuere Untersuchungen konnten die frühere Annahme einer verzögerten und eingeschränkten Pubertätsentwicklung nicht bestätigen. Primäre und sekundäre Geschlechtsmerkmale sind bei männlichen und weiblichen Jugendlichen mit Down-Syndrom normal ausgeprägt. »Dass bei Jakob die Pubertät recht früh losgeht, war spätestens dann unübersehbar, als ihm in flotten Tempo Schamhaare wuchsen. Das passte so gar nicht in mein Bild von ihm, trug er zu diesem Zeitpunkt doch nachts noch Windeln« (Jensen 2014, 45).

Auch die Interessen der Heranwachsenden verändern sich ihrem Alter entsprechend. »Teenager mit Down-Syndrom unterscheiden sich auch kaum von anderen Teenagern in ihrem Verlangen, unabhängig zu werden und viele Dinge von nun an selbst zu tun ... Ihre Fähigkeiten sind jedoch im Vergleich zu denen ihrer Altersgenossen weit weniger entwickelt« (MacGuire, Chicoine 2008, 163). Diese ausgeprägten Diskrepanzen in der physischen, psychischen und kognitiven Entwicklung können spezielle Probleme für die Jugendlichen und für ihre Bezugspersonen mit sich bringen.

> Der 14-jährige Tobias ruft eines Morgens laut nach der Mutter: »Komm schnell, ganz schnell.« Als die Mutter besorgt in sein Zimmer stürzt, schlägt er die Decke zurück und sagt: »Ganz groß, ganz groß.« Irritiert deckt die Mutter ihn wieder zu. »Das macht nichts, das gibt sich wieder.« Zwar keine angemessene Antwort, wie die Mutter später selbst feststellte, aber in dieser Situation fiel ihr nichts anderes ein.

Sexualerziehung beginnt nicht mit dem Einsetzen der Pubertät, sondern ist im gesamten Kindesalter ein allgemein wichtiger Aspekt der Erziehung (U. Wilken 2014). Die vielfältigen, vorwiegend familiären Erfahrungen mit Zärtlichkeiten und Umarmungen, mit Ausdruck von Freude und Zuneigung sowie Zuwendung bei der körperlichen Pflege bieten Kindern eine wesentliche Grundlage für die Entwicklung ihrer Einstellung zum eigenen Körper. Die Kinder erleben unterschiedliche Verhaltensweisen im Privatbereich und in der Öffentlichkeit, andere Begrüßungs- und Umgangsformen zwischen Verwandten, Freunden und Fremden. Um selber solche Unterscheidung zu lernen, benötigen Kinder und Jugendliche mit Down-Syndrom Unterstützung nicht nur von ihren Eltern, sondern es ist auch Aufgabe von Pädagogen, richtiges Verhalten im privaten Bereich und in der Öffentlichkeit nicht nur zu besprechen, sondern auch konkret zu üben.

Im Sexualkundeunterricht der Schule werden Informationen über die körperliche Entwicklung von Mädchen und Jungen vermittelt, auf entsprechenden Abbildungen werden die Geschlechtsorgane gezeigt und Zuordnungen an Körperumrissanzeichnungen von Mann und Frau vorgenommen. Dabei sollen die Jugendlichen lernen, Geschlechtsorgane und körperliche Vorgänge (Monatsblutung, Samenerguss) angemessen zu bezeichnen und vulgäre Ausdrücke zu vermeiden (vgl. Lehrplan für den Förderschwerpunkt Geistige Entwicklung, online 2013). Die geschlechtsspezifische Körperpflege kann in der Schule zwar angesprochen werden, aber die entsprechende Anleitung wird wohl nur zu Hause umgesetzt.

Die meisten jungen Frauen haben keine Probleme mit der Monatshygiene und benötigen oft nur anfangs eine einfühlsame Erklärung und Unterstützung. Sinnvoll ist allerdings, den Mädchen entsprechende Hinweise möglichst vor Eintritt der ersten Regel zu geben, um Ängsten und Verunsicherungen vorzubeugen. Hilfreich ist es, wenn Mutter oder Schwester der Jugendlichen durch ihr Vorbild eine positive Einstellung zu diesem weiblichen Reifungsprozess vermitteln. Trotzdem ist es nachvollziehbar, dass ein elfjähriges Mädchen ihre Periode nicht haben wollte, weil sie das doof fand und weil sie das alles noch gar nicht brauchen würde! Ob und wann ein Besuch bei einem Frauenarzt sinnvoll ist, hängt von der individuellen Befindlichkeit der Jugendlichen ab und ob Probleme bestehen (vgl. McGuire, Chicoine 2008, 40). Wenn aber eine solche Untersuchung geplant ist, sollte eine entsprechende Vorbereitung erfolgen, damit der Sinn der Untersuchung verstanden wird. Die Mutter oder eine weibliche Vertrauensperson sollte die junge Frau dabei auf jeden Fall begleiten.

Jungen mit Down-Syndrom müssen ihrem individuellen Verständnis entsprechend über typische körperliche Veränderungen aufgeklärt werden. Sie sollten wissen, dass nächtlicher Samenerguss und Selbstbefriedigung normal sind – aber lernen, damit angemessen umzugehen und gesellschaftliche Konventionen zu beachten. Auch die geschlechtstypische Körperpflege muss vermittelt werden, so dass der Heranwachsende dafür jetzt so weit wie möglich die Verantwortung übernehmen kann und Infektionen vermieden werden (Chicoine, McGuire 2013, 158). Gern gelernt wird das Rasieren, vermittelt es doch das Gefühl, erwachsen zu sein.

Die meisten nicht behinderten Jungen (95 %) und viele Mädchen (60 %) masturbieren (Achilles 2002, 43). Eine Befragung zum Verhalten von Jugendlichen mit Down-Syndrom ergab, dass etwa die Hälfte der Jungen und ein Drittel der Mädchen sich selbst befriedigen (Buckley, Sacks 1987, 110). Während in manchen älteren Untersuchungen noch auf problematische Verhaltensweisen verwiesen wurde (Weber, Rett 1991, 205), ist anzunehmen, dass solche Schwierigkeiten heute weniger auftreten, da die Jugendlichen im Allgemeinen durch günstigere Entwicklungen und veränderte Lebensbedingungen einen anderen Umgang mit ihrer Sexualität erreichen. Vor allem angemessene Aufklärung, Offenheit in Gesprächen und weniger Verbote sowie eine verstehende Haltung verringern mögliches problematisches Verhalten.

Im Rahmen der Sexualerziehung ist den Jugendlichen ein angemessenes Verhalten in der Öffentlichkeit und den Gemeinschaftsräumen der Wohnung zu vermitteln. Dazu sind klare Regeln und eine entsprechende Konsequenz bei Nichtbeachtung nötig. Es können sonst Missverständnisse und eigentlich vermeidbare Schwierigkeiten entstehen, wenn die Jugendlichen beim Masturbieren Privatheit nicht beachten. Zwar wird allgemein akzeptiert, dass Selbstbefriedigung normal ist und individuell positive Effekte haben kann, aber es wird erwartet, dass solches Verhalten nicht öffentlich stattfindet und »stört«. Wenn jedoch schwerer beeinträchtigte Jugendliche keine befriedigenden und sozial tolerierten Formen für sich finden können, herrscht Uneinigkeit seitens der Pädagogen und Bezugspersonen darüber, ob und wie sie beim Erlernen günstigerer Techniken unterstützt werden sollten (Buckley, Sacks 1987). Bei solchen Überlegungen ist große Behutsamkeit und Zurückhaltung geboten. So kann Selbststimulation durchaus eine Folge von Langeweile sein oder auf einen Mangel an Zuwendung hinweisen. Dann Hilfen zu geben und bestimmte Techniken zu vermitteln, weil Masturbation als normales Grundbedürfnis angenommen wird, verdeckt möglicherweise die eigentlichen Probleme des Jugendlichen und verstärkt eher die speziellen Schwierigkeiten. Falsch verstandene »Normalisierung« darf nicht vorschnell zu sozialethisch fragwürdigen Angeboten führen und die wirklichen Bedürfnisse des behinderten Menschen verkennen. Individuelle und situationsentsprechende Unterstützung sollte nur unter Vorbehalt nach klaren Absprachen unter den Bezugspersonen erfolgen, damit sexueller Missbrauch nicht als »Hilfe« kaschiert werden kann.

Es ist wichtig, dass die Teenager das Einhalten von üblichen Konventionen und Regeln in verschiedenen sozialen Kontexten lernen und auch ein angemessenes sprachliches Verhalten. Sie müssen verstehen lernen, was man laut sagen kann und was man nur denken darf. Die unangenehme Situation einer Mutter ist nachvollziehbar, deren sechzehnjähriger Sohn in der Straßenbahn eine Frau anstrahlte und feststellte: »Hm, schöner Busen, lecker, lecker.« Er sprach aus, was andere in seinem Alter vielleicht denken, aber keineswegs laut sagen. Um solche typischen Schwierigkeiten zu vermeiden, ist zu reflektieren, dass Teenager mit Down-Syndrom visuelle Lerner sind und verbale Instruktionen allein meistens nicht ausreichen. Deshalb können Rollenspiele und Fotos von typischen Situationen oder einfache (selbst gezeichnete) Bildergeschichten, eventuell mit einfachen Texten, ermöglichen, präventiv angemessenes Verhalten zu üben und öfter auch zu wiederholen (Das *denke* ich! Das *sage* ich!).

Die individuellen Lernziele für richtiges Verhalten in verschiedenen Alltagssituationen sind differenziert zu formulieren und dem Heranwachsenden seinen Fähigkeiten entsprechend zu vermitteln. Klare sprachliche Bezeichnungen erleichtern es dem Jugendlichen, Unterscheidungen vorzunehmen und sein Verhalten durch das Wiederholen und Einprägen der immer gleichen Begriffe zu steuern.

Die verschiedenen Lebensbereiche, in denen die Jugendlichen anderen Personen begegnen, werden auch begrifflich unterschieden in Familie, Freunde oder Fremde. Dazu können gemeinsam mit den Jugendlichen Fotos von den Menschen, zu denen sie in verschiedenen Alltagssituationen Kontakt haben, diesen Bereichen zugeordnet und das jeweils angemessene Verhalten geübt und besprochen werden: Personen in der Bahn oder im Bus sowie im Wartezimmer beim Arzt sind z. B. Fremde, die man nicht mit Handgeben begrüßt oder umarmt; freundliche Einladungen von Fremden lehnt man höflich ab; einen Begrüßungskuss erhalten nur Personen, die zur Familie oder zu guten Freunden gehören. Ergänzend können situationsbezogene Bildergeschichten zu den verschiedenen Lebensbereichen und zu dem, was man macht und sagt, ermöglichen, das jeweils angemessene Verhalten zu erinnern und durch Wiederholungen zu festigen.

Das vertrauensvolle offene Verhalten der Jugendlichen mit Down-Syndrom anderen Menschen gegenüber ist eigentlich eine positive Eigenschaft, die man nicht grundsätzlich ändern möchte. Aber es fällt ihnen dadurch oft schwer, gegenüber Personen aus dem erweiterten Bekanntenkreis eine angemessene Distanz zu wahren. Hinzu kommt bei vielen Menschen mit Down-Syndrom ein ausgeprägtes Bedürfnis nach Körperkontakt. Aufgrund eingeschränkter sprachlicher Fähigkeiten zeigen sie Zuneigung und Wiedersehensfreude oft unmittelbar durch Umarmungen oder körperliche Berührungen. Das kann leicht falsch verstanden oder auch ausgenutzt werden.

Für alle Personen mit kognitiven Beeinträchtigungen besteht ein erhöhtes Risiko, Opfer sexueller Gewalt zu werden, aber Jugendliche mit Down-Syndrom sind durch ihre überwiegend positive Einstellung zu anderen Menschen und ihr großes Vertrauen oft noch mehr gefährdet, Missbrauch zu erleiden. Es ist bekannt, dass sexuelle Übergriffe weniger durch völlig fremde Personen erfolgen als durch Personen, die dem Kind bekannt sind oder die sogar in einer besonderen betreuenden Beziehung zu ihm stehen (vgl. Chicoine, McGuire 2013, 228).

> Das vertrauensvolle freundliche Verhalten der Jugendlichen mit Down-Syndrom anderen Menschen gegenüber ist eine positive Eigenschaft. Gleichwohl ist es wichtig, angemessene Umgangsformen zu lernen, um Missbrauch zu vermeiden.

Es gehört deshalb zu den Aufgaben der Schule, mit den Kindern und Jugendlichen vorbeugende Verhaltensweisen (z. B. in Situations- und Rollenspielen) einzuüben und die Jugendlichen zu befähigen, sich in kritischen Situationen angemessen zu verhalten, ohne sich durch falsche Reaktionen zusätzlich zu gefährden. Es ist sinnvoll, aus den verschiedenen vorhandenen Arbeitsmaterialien, Broschüren und Filmen zur Sexualerziehung (Lebenshilfe, Pro Familia) dem individuellen Verständnis entsprechend eine Auswahl zu treffen und entsprechende Bilder und Texte in einem eigenen Heft festzuhalten. Die Erfahrung hat gezeigt, dass solches Material nach problematischen Erfahrungen auch leichter Mitteilungen ermöglicht, weil nur auf bestimmte Bilder zu deuten ist, ohne das Erlebte sprachlich beschreiben zu müssen.

Hilfreich für die Jugendlichen ist auch das konkrete Durchspielen und das situationsentsprechende Einüben von angemessenem deutlichen Verhalten in kritischen Situationen. Auch das Lernen einfacher sprachlicher Äußerungen unter Berücksichtigung der oftmals eingeschränkten sprachlichen Fähigkeiten ist wichtig (»Hau ab! Ich schrei!«). Die Teenager benötigen zudem klare Kriterien, wo sie angefasst werden dürfen und was tabu ist. Solche Unterscheidungen können im Rollenspiel geübt und ergänzend auf entsprechenden Körper-Bildern mit farblichen Markierungen versehen werden. Dabei erfolgt auch eine sprachliche Differenzierung zwischen »Intimbereich« (oder Privat-Bereich) und »Öffentlichkeit« (Fremd-Bereich). Gute Aufklärung ist der beste Schutz für die Jugendlichen, »die Unwissenheit des Opfers hilft nur dem Täter« (Chicoine, McGuire 2013, 228). Nachdrücklich zu betonen ist, dass nicht nur Mädchen bzw. Frauen, sondern auch Jungen bzw. Männer mit Behinderung bezüglich Missbrauch gefährdet sind, und deshalb müssen alle präventives Verhalten lernen. Es gibt verschiedenes geeignetes Arbeitsmaterial zum Umgang mit Belästigung und sexueller Gewalt, das geeignet ist, in Gruppen für behinderte Jugendliche eingesetzt zu werden. Wichtig ist, Missbrauch und mögliche Übergriffe zu enttabuisieren und die Heranwachsenden zu befähigen, sich mitteilen zu können – eventuell auch mit nicht sprachlichen Mitteln –, und zu wissen, wo sie Hilfe erhalten können.

- Nachdem im Elternhaus über angemessenes Verhalten oft geredet worden war, berichtete eine junge Frau eines Tages ihrer Mutter stolz, sie hätte zum Nachbarn gesagt: »In den Arm nehmen ist erlaubt, Bluse aufmachen nicht!«
- Einem elfjährigen Jungen haben nicht behinderte Mitschüler den Penis mit Filzstiften blau angemalt und ihn damit geängstigt, dass der nun abfallen würde, wenn er die Farbe nicht abmacht.
- Ein zwölfjähriges Mädchen verlangte von ihrem Vater so einen »richtigen« Zungenkuss und verlangte »Foto, Foto«. War da etwas Entsprechendes vorgefallen?
- »Ein Mann mit Down-Syndrom, Leo, wurde an seinem Arbeitsplatz vergewaltigt. Für Leo war dies eine schockierende und zutiefst verstörende Erfahrung. Wie die meisten Opfer sexueller Gewalt war er auch wütend und fühlte sich gedemütigt. Gleichzeitig schämte er sich und gab sich selbst die Schuld« (Chicoine, McGuire 2013, 241)

Die meisten Eltern – wie Diskussionen in Elternseminaren zeigten – haben keine Vorbehalte, die sexuellen Wünsche ihrer behinderten Kinder zu akzeptieren, aber sie sind besorgt, dass unangepasstes Verhalten, vor allem bei ihren Söhnen, zu Problemen im sozialen Umfeld führen kann (Buckley, Sacks 1987). Bei Mädchen dominieren dagegen stärker Sorgen bezogen auf sexuellen Missbrauch und mögliche Schwangerschaft.

Die große Diskrepanz zwischen körperlicher Entwicklung und kognitiver Einsichtsfähigkeit kann manchmal im sozialen Umfeld zu problematischem Verhalten führen. So hat ein 15-jähriger Jugendlicher, der bisher sehr nett mit den jüngeren Nachbarskindern spielte, eines Tages spontan ein kleines Mädchen an sich gedrückt und unsittlich berührt. Im Gespräch mit seinen Eltern erklärte er dann, dass er ihr doch gar nicht wehgetan hätte. Es war sehr schwierig für ihn, sein Fehlverhalten einzusehen und zu lernen, sozialverträgliche Grenzen einzuhalten. Dazu wurden Merkkarten gestaltet, die gewünschtes und verbotenes Verhalten mit entsprechenden Smileys symbolisch darstellten (erlaubt : Anfassen von Kopf, Schultern und Händen; verboten : berühren von Brust, zwischen den Beinen, Küssen), und es wurden klare Regeln sprachlich einfach formuliert und häufig wiederholt.

Auch Lehrer und Erzieher haben oft Schwierigkeiten, sexuelle Bedürfnisse ihrer Schülerinnen und Schüler richtig einzuschätzen. Die Auffassungen über angemessene Reaktionen auf sexuell motiviertes Verhalten behinderter Kinder in der Schule und die Einstellungen zu so genannten Schmuseecken, in die sie sich zurückziehen dürfen, sind durchaus kontrovers (Achilles 2002, 19) und werden oft von Eltern und Pädagogen verschieden bewertet.

Für die meisten Jugendlichen mit Down-Syndrom sind vor allem Freundschaft und Zärtlichkeit von großer Bedeutung. Sie wünschen sich – genau wie andere Jugendliche – einen Partner zum Erzählen, zum Tanzen, Schmusen und Küssen. Sie wollen sich geliebt und angenommen fühlen und das eben nicht nur in der Familie, sondern in partnerschaftlicher Beziehung mit einem richtigen Freund bzw. einer Freundin. Dabei sind ihre Wunschvorstellungen über das Aussehen von Freundin bzw. Freund meistens – wie bei vielen Gleichaltrigen – geprägt von den Medien; oft beziehen sich ihre Wünsche auch auf bestimmte Sänger oder Schauspieler. In einem Gesprächskreis erzählte eine Mutter, dass ihre Tochter sich nach einer ›verschmähten Liebe‹ zu einem Jungen aus ihrer Klasse geweigert hätte, weiterhin zur Schule zu gehen. Eine Lehrerin berichtete von ihrer Schülerin mit Down-Syndrom, die eine Integrationsklasse besucht, dass sie auf dem Schulhof gezielt Jungen anspricht und bittet, ihr Freund zu werden. Schon öfter hätten sich daraus kritische Situationen ergeben. In Gesprächen bestand diese Schülerin darauf: »Alle haben einen Freund, ich will auch einen haben.«

Die Jugendlichen brauchen deshalb Unterstützung, um sich mit ihren Vorstellungen und Wünschen differenzierter auseinanderzusetzen. Es müssen zudem Möglichkeiten geschaffen werden, durch entsprechende Angebote in Selbsthilfegruppen oder Vereinen Kontakte aufzunehmen zu gleichaltrigen Personen mit intellektuellen Beeinträchtigungen und mit ähnlichen Interessen und Vorlieben.

8.7   Soziale und lebenspraktische Kompetenzen

Die sozialen und lebenspraktischen Fähigkeiten von Jugendlichen mit Down-Syndrom entwickeln sich nach der Pubertät und im Erwachsenenalter weiter – selbst wenn mit zunehmendem Alter die Fortschritte meistens langsamer erfolgen. Ein differenziertes Angebot und eine altersgemäße Vermittlung individuell wichtiger Lernziele bieten die Voraussetzung dafür. Zudem sind vielfältige Erfahrungen in normalen Alltagssituationen sowie bei Aktivitäten mit der Familie und mit Gleichaltrigen förderlich sowie das regelmäßige Üben und Wiederholen erworbener Fertigkeiten und angemessener Verhaltensweisen. In Ergänzung zur familiären Sozialisation und dem in das Familienleben eingebetteten Lernen ist die systematische Vermittlung dieser Kompetenzen auch eine Aufgabe der sogenannten lebenspraktischen Erziehung in der Schule. Für das Zusammenleben in der Familie und für die Integration in Beruf und Freizeit hat vor allem das angemessene Sozialverhalten eine besondere Bedeutung. Dagegen spielen dort isolierte spezielle Leistungen weniger eine Rolle. Zwischen den wissens- und verstandesmäßigen Kompetenzen und den alltagsbedeutsamen Fähigkeiten besteht nämlich nur ein geringer Zusammenhang (Hodapp 1997, 96).

Da spontanes, sich beiläufig ergebendes Lernen bei Jugendlichen mit Down-Syndrom oft wenig wirkungsvoll ist, bedürfen die alltagsrelevanten Fertigkeiten einer geplanten Förderung der entsprechenden sozialen und praktischen Kompetenzen. Besonders das Selbstständig-Werden ist für Jugendliche mit kognitiver Behinderung ein schwieriger Prozess, den sie nicht ohne begleitende Unterstützung bewältigen können. In vielen konkreten Situationen ist zusammen mit den Jugendlichen abzuklären, welche Entscheidungen sie selbst treffen können und welche Aktivitäten eigenständig durchführbar sind, ohne dass mögliche Gefährdungen ein nicht einschätzbares Risiko darstellen. Nur indem die Jugendlichen ihre Kompetenzen weiter ausbauen, können sie die Voraussetzungen für eine zunehmende Ablösung von kontrollierender Fürsorge schaffen sowie Selbstvertrauen und zunehmende Selbstständigkeit entwickeln.

Dazu ist aber nötig, den Jugendliche sowohl Wahlmöglichkeiten in Alltagssituationen anzubieten, als auch darüber hinaus ihnen Aufgaben zu überlassen, die für sie durchaus eine Herausforderung darstellen. Die Bewältigung solcher Aufgaben und der Stolz, etwas geschafft zu haben, bildet – bei aller berechtigten Sorge um eventuelles Scheitern – eine wesentliche Grundlage für zunehmende Unabhängigkeit. »Weil man ja weiß, was alles schief gehen kann, möchte man möglichst alles kontrollieren – auch wenn ich merke, dass meinem Sohn das gar nicht hilft«, stellte eine Mutter selbstkritisch fest.

Durch eine ausgewogene Orientierung an ihren individuellen Bedürfnissen *und* Kompetenzen können alle Jugendlichen kontinuierlich Fortschritte machen. Dazu sind die jeweils anliegenden Tätigkeiten und Aufgaben zu analysieren, in überschaubare Lernschritte zu gliedern und den Heranwachsenden aufbauend und ihren Möglichkeiten entsprechend zu vermitteln. Das betrifft vor allem die Bewältigung persönlicher Alltagsversorgung, die Mithilfe bei der Hausarbeit bzw. deren selbstständige Verrichtung, die Freizeitgestaltung und sozial angemessenes Verhalten. Ablaufpläne, Bilder und Piktogramme können dabei eine gute Orientierungshilfe bieten.

Zu den verschiedenen Bereichen der *Körperpflege* gehören das Duschen, Haarewaschen, Rasieren, eventuell das Nägelschneiden, die Toilettenbenutzung und die anschließende selbstständige Reinigung. Da mit zunehmendem Alter trockene Haut ein Problem werden kann, ist die Vermittlung entsprechender Körperpflege für Jugendliche sinnvoll. Junge Frauen, die gerne Kosmetik benutzen möchten, sollten wir darin unterstützen und ihnen zeigen, dies angemessen und ohne auffällige Übertreibung zu tun.

Die Jugendlichen müssen nicht nur das An- und Auskleiden und die Handhabung der verschiedenen Verschlüsse beherrschen lernen, sondern auch das regelmäßige Wechseln der Wäsche, die Auswahl der Kleidung den Witterungsbedingungen oder dem Anlass entsprechend. Außerdem müssen zunehmend eigene Wünsche und Vorstellungen des Jugendlichen Berücksichtigung finden. Das gilt auch für die Frisur oder eine Brille. Selbstbewusstsein und Persönlichkeit entwickeln die Heranwachsenden über Erfahrungen der Mitbestimmung in allen eigenen Belangen.

Auch das selbstständige *Einkaufen* kann geübt werden. Dazu gehört das Erstellen einer Einkaufsliste (mit Schrift oder Symbolen) und Überlegungen zum notwendigen Geldbetrag und das richtige Bezahlen mit Scheinen und Münzen.

Im Bereich der *Ernährung* wird nicht nur selbstständiges und korrektes Essen vermittelt, sondern auch die Einhaltung bestimmter Regeln bei der Nahrungsmenge, um Übergewicht zu vermeiden. Ergänzend kann man Basiswissen über die Zusammensetzung gesunder Ernährung vermitteln. Es fällt jungen Menschen mit Down-Syndrom allerdings schwer – wie vielen anderen Menschen auch –, daraus Konsequenzen für ihr eigenes Essverhalten zu ziehen. Mit Interesse und Freude können einige Jugendliche lernen, einfache Gerichte selbst zu kochen. Es erfüllt sie mit Stolz, sich selbst versorgen zu können oder sogar für ihre Familie und Freunde eine Mahlzeit allein zuzubereiten.

Natürlich zählt die Bewältigung normaler *häuslicher Arbeiten* zu den Voraussetzungen für eine spätere relative Selbstständigkeit des jungen Erwachsenen. Dazu gehören z. B. das Sortieren von Wäsche und das Bedienen der Waschmaschine und eventuell das Bügeln. Die Heranwachsenden sollten nach Möglichkeit Fegen, Staubsaugen und einfache Reinigungsarbeiten lernen sowie allgemein auf ein hilfreiches Maß an Ordnung und Sauberkeit achten. Allerdings kann man immer wieder feststellen, dass im Vergleich zu anderen Gleichaltrigen viele Jugendliche mit Down-Syndrom oft ein ausgeprägtes Bedürfnis nach Ordnung haben.

Von Bedeutung für das Zusammenleben in der Familie und in der Gemeinschaft ist auch das Einüben und Beherrschen angemessener sozialer Verhaltensweisen wie Warten können und Rücksicht nehmen, Hilfe erbitten und selbst jemandem helfen, Höflichkeitsregeln und Verbote beachten. Die Jugendlichen sollten übliche Umgangsformen kennen und Abmachungen respektieren. Es darf nicht aus Neugier in den Sachen der Geschwister oder anderer Personen gestöbert werden, Gespräche sind nicht zu unterbrechen. Sie sollten lernen, sich rücksichtsvoll zu verhalten und sich nicht ständig in den Mittelpunkt zu drängen. Auch müssen viele Jugendlichen lernen, mit Kritik umzugehen und diese zu akzeptieren, um dann den geforderten Aufgaben nachzukommen bzw. ihr Verhalten entsprechend zu ändern. Dazu gehört auch, Wut oder Ärger so zu beherrschen, dass es nicht zu unangemessenen aggressiven Reaktionen kommt. Andererseits ist es auch wichtig, dass sie sich trauen, klar und deutlich zu sagen, wenn ihnen etwas nicht passt oder ungerecht erscheint und nicht alles zu ›schlucken‹ und auszuweichen. Sie müssen lernen, allgemeine oder individuell gesetzte Grenzen und schützende Verbote einzuhalten. So dürfen sie größere technische Geräte – auch wenn sie es sich zutrauen – nicht ohne Absprache oder ohne Aufsicht bedienen.

Für Eltern ist es entlastend, wenn die Jugendlichen tagsüber und vor allem abends nicht immer einer Betreuung bedürfen, weil sie sich verlässlich verhalten. Die zunehmende Übernahme von Eigenverantwortung für sich selbst und für andere wird jedoch ein individuell sehr unterschiedlich erreichbares Ziel sein.

Ein besonderes Problem kann sich ergeben, wenn in Freizeitgruppen zusammen mit anderen Jugendlichen Verhaltensweisen üblich sind, die den Vorstellungen der Eltern absolut nicht entsprechen. Das betrifft vor allem das Rauchen und den übermäßigen Alkoholgenuss. Die Gefahr eines unbedachten Nachahmens und einer bedenkenlosen Anpassung, um dazu zu gehören, kann für manche behinderte Jugendliche groß sein. Da aber den meisten Jugendlichen eine Zigarette nicht schmeckt und sie bei den Getränken eher Limo, Saft oder Schorle bevorzugen, ist eine Gefährdung durch Suchtmittel, wenn kein übermäßiger Anpassungsdruck besteht, eher selten (vgl. Tidemand-Andersen 2011, 95).

Natürlich kann den Jugendlichen oft nicht alles erlaubt werden, was sie gerade möchten, noch dürfen sie in ihren Möglichkeiten zur Entscheidung überfordert werden. Die Eltern sollten deshalb nicht in guter Absicht einfach für den Sohn oder die Tochter bestimmen, sondern ihre Entscheidungskriterien verstehbar darlegen und geäußerte Wünsche ernst nehmen. Das bezieht sich z. B. auf Freizeitbeschäftigungen, auf den Fernsehkonsum (was, wie oft, wie lange) und auf das Bedürfnis nach Nichtstun. Auch allein bleiben und etwas allein unternehmen können, setzt aufbauende Lernerfahrung voraus, Zutrauen der Eltern und genügend Selbstvertrauen des Jugendlichen.

Ein besonderer Aspekt betrifft die Vermittlung von wichtigen sozialen Schlüsselqualifikationen wie Zuverlässigkeit, das Einhalten von Absprachen und Regeln, Ausdauer und das Zu-Ende-Bringen einer übernommenen Aufgabe in der Schule. Im Hinblick auf verschiedene mögliche Praktika ist zudem eine grundlegende Bereitschaft zu vermitteln, kritische Anmerkungen zu akzeptieren und Fehler zu verbessern. Bei der Auswahl geeigneter Tätigkeiten ist die meistens geringere körperliche Belastbarkeit sowie die häufig fragilere Gesundheit zu berücksichtigen. Positiv können sich aber die meist guten sozialen Fähigkeiten auswirken.

Wenn die Aufgaben überschaubar gegliedert sind und die Abläufe sich nicht ständig ändern, gehen die Jugendlichen meistens mit Zuversicht und Interesse an ihre Durchführung. Sie erleben sich als kompetent und werden unabhängig von permanenter Bestätigung und Assistenz.

9 Arbeit, Freizeit und Wohnen

Udo Wilken

Der Prozess der Auseinandersetzung mit der Behinderung eines Familienmitgliedes ist kein ein für allemal abgeschlossener Vorgang, sondern es handelt sich eher um einen offenen und dynamischen Prozess. Die meisten Eltern von Kindern mit Down-Syndrom nehmen die entsprechenden Herausforderungen engagiert an, benötigen aber dennoch bei der Entwicklungs- und Lebensbegleitung ihrer erwachsen werdenden Kinder angemessene Informationen und Beratungsangebote, zumal an der Schwellensituation des Übergangs von der schulischen in die nachschulische Lebensphase. Die bislang erworbenen Lebensführungskompetenzen sollen sich nun unter neuen Rahmenbedingungen im Arbeits- und Freizeitbereich bewähren und es erfolgen erste zukunftsorientierte Überlegungen bezüglich eines möglichen Auszugs von Zuhause.

Die jeweiligen Beratungsangebote im Zusammenhang mit diesen Schwellensituationen sollten geeignet sein, familiale Eigenhilfe, solidarisch-kooperative Mitsorge und professionelle Unterstützung in ein rechtes Verhältnis zu bringen, um dadurch Zugang zu unterschiedlichsten, auch sozialrechtlichen Ressourcen zu eröffnen, die beitragen, sich aktiv und zukunftsorientiert mit den anstehenden Fragen auseinanderzusetzen und passende Lösungswege zu finden. Deshalb sind externe Hilfearrangements so zu gestalten, dass sie weder die Eltern noch den jungen behinderten Menschen bevormunden und ihrer beider Selbstbestimmungsfähigkeit beeinträchtigen.

Auch wenn die Inanspruchnahme sozial-rehabilitativer Beratungs- und Stützsysteme von dem Bewusstsein geleitet sein sollte, dass es zum Menschsein gehört, Hilfen in Anspruch zu nehmen, vor allem wenn sie unser Rechtsstaat garantiert, werden Eltern noch oft in die Rolle von Bittstellern gedrängt. Dagegen ist festzustellen, dass das prinzipielle wechselseitige Auf-einander-Angewiesen-Sein ein essentielles anthropologisches Faktum menschlicher Existenz darstellt. Auch wenn dies häufig ausgeblendet wird, gilt gleichwohl, dass wir Menschen mit Rechten und Pflichten versehene Sozialwesen sind und dass erst in der gelebten Solidarität der universelle Wert der Würde des Menschen evident wird, und zwar als gebotene Hilfegestaltung im Rahmen des Kontinuums von ›Selbstsorge‹, ›Mitsorge‹ und ›Fürsorge‹.

Auch gilt es aus Respekt vor der Verschiedenheit behinderter Jugendlicher und ihrer familialen Herkunftsmilieus die potenzielle Vielfalt möglicher Teilhabechancen im Blick zu haben und angesichts fiskalischer und ideologischer Engführungen auf das Wunsch- und Wahlrecht bei der Inanspruchnahme entsprechender Leistungen zu verweisen, das jungen Menschen mit Down-Syndrom und ihren Eltern zusteht. Denn eine professionelle sozial-rehabilitative Beratung hat sich an einem humanen und menschenrechtlichen Leitbild zu orientieren.

9.1 Berufstätigkeit als Entwicklungschance

Trotz aller Eigenwertigkeit der schulischen Lebensphase, unbeschadet des institutionellen Ortes, an dem sie verbracht wird, beinhaltet diese doch immer schon zukunftsorientierte Aspekte, die gegenwartsbezogen, aber auch nachhaltig und anschlussfähig sein sollten, um auf das zukünftige Leben vorzubereiten gemäß der klassischen Forderung: Nicht für die Schule, sondern für das Leben lernen wir. Begreift zudem die schulische Förderung den jungen Menschen als ›Akteur seiner Entwicklung‹, dann werden Ergänzungen durch Maßnahmen unterschiedlicher Dienste und Leistungsträger nötig, damit es im individuellen Lebensverlauf zu einem nachhaltigen Prozess optimaler Potenzialenfaltung kommen kann.

Ausweislich der Lehrpläne für den Förderschwerpunkt geistige Entwicklung (Bayerisches Staatsministerium 2003/2007, KMK 2019) sollen zu diesem Zweck die Schulen mit Betrieben kooperieren, ebenso mit Arbeits- und Jugendämtern, mit Sportvereinen, aber auch mit Freizeit- und Kulturstätten sowie mit Sozial- und Selbsthilfeverbänden. Die Anbahnung und Realisierung solcher Kooperationen sind in sozial-integrativer Absicht nicht nur aus der Perspektive der Heranwachsenden und ihrer Familien bedeutsam. Sie sind es auch hinsichtlich eines sozial-gesellschaftlich erwünschten Perspektivenwechsels der jeweiligen Kooperationspartner (UN-Behindertenrechtskonvention 2006).

Mit dem Schulende und dem Eintritt der Volljährigkeit gehen in der Regel Überlegungen einher, wie der zukünftige Lebensweg des erwachsen werdenden jungen Menschen mit Down-Syndrom zu gestalten ist. In den meisten Familien stellt sich die Frage, wo der Sohn oder die Tochter nach Abschluss der Schule tätig werden kann oder wo es bei schwerer Behinderung in einem ›zweiten Milieu‹ ein förderliches Angebot gibt, das angemessen tagesstrukturiert ist. Diese Schwellensituation des Übergangs in die vorberufliche bzw. berufliche Lebensphase bietet einen günstigen Anlass zur Übernahme neuer, erwachsenentypischer Rollen.

Wo immer der junge Mensch, entsprechend seinen entwicklungsoffenen Fähigkeiten, einer sinnvollen beruflichen Tätigkeit, Beschäftigung oder Tagesgestaltung nachgehen kann, sei es in einer Werkstatt für behinderte Menschen oder auf dem allgemeinen Arbeitsmarkt – der Beginn der Berufstätigkeit bietet eine große Chance zur Weiterentwicklung der Persönlichkeit. Gefördert wird sie nicht zuletzt durch den Stolz auf die eigene Arbeitsleistung, deren Ergebnis als ein Beitrag zur gesellschaftlichen Wertschöpfung dem jungen Menschen unmittelbar einsichtig ist.

In Übereinstimmung mit den schulischen Bildungs- und Erziehungszielen, die auf diesen neuen Lebensabschnitt dezidiert vorbereiten, sollten auch die Eltern bereits während der Schulzeit – im Blick auf die nachschulische Lebensphase – ihrem Kind altersangemessene Gelegenheiten zu häuslichem und außerhäuslichem Mittun bieten. Dieses Mittun sollte den individuellen Kompetenzen entsprechen und auch den Bereich der persönlichen und familialen Selbstversorgung mit einschließen.

> Der Beginn der Berufstätigkeit eröffnet eine große Chance zur Weiterentwicklung der Persönlichkeit und bietet Bedingungen für die Entfaltung des individuellen Potenzials. Dazu bedarf es aber auch der Kooperation mit Sportvereinen, Freizeit- und Kulturstätten sowie mit Sozial- und Selbsthilfeverbänden.

Blicken wir auf die Gestaltung der beruflichen Integration, so ist das Augenmerk nicht allein auf die behinderte Person und ihre Fähigkeiten zu richten, sondern ebenso auf eine behindertengerechte und arbeitspädagogisch angemessene Ausgestaltung des Arbeitsplatzes mit entsprechenden Unterstützungsarrangements bei spezifischen Arbeitsvollzügen, damit die erwünschte Beschäftigungsfähigkeit entwickelt und erhalten werden kann. Selbstverständlich gehört dazu auch, rechtzeitig vor Aufnahme einer Arbeitstätigkeit, dann aber auch kontinuierlich während des Arbeitslebens, berufsbedingten gesundheitlichen Belastungen vorzubeugen und nötigenfalls Wege zu ihrer Minimierung einzuleiten (Luxemburger Deklaration 2011; U. Wilken 2012, 22; Wilken 2019).

Darüber hinaus gibt es Persönlichkeitskriterien, die bedeutsame Schlüsselqualifikationen für die Bewältigung der Anforderungen dieses neuen Lebensabschnittes sind. Hierzu zählen: Leistungsbereitschaft und soziale Umgänglichkeit, Konzentration, Sorgfalt und Pünktlichkeit sowie Ausdauer, Kritisierbarkeit und die Fähigkeit zu kritischer Kontrolle des eigenen Tuns (U. Wilken 1997, 247). Die Grundlagen dieser nicht nur für Arbeit, sondern auch für Freizeit und Wohnen bedeutenden Schlüsselqualifikationen entwickeln sich bereits im Kindheits- und Jugendalter sowohl im häuslichen und nachbarschaftlichen Bereich als auch in der Schule oder in Vereins- und Jugendgruppen.

Dabei ist zu berücksichtigen, dass vor allem individuell sinnhafte und auch für andere Menschen nützliche Tätigkeiten zu unmittelbaren Erlebnissen von Selbstwirksamkeit und zum Gefühl des Gebraucht-Werdens führen können. Solche Tätigkeiten sind geeignet, Vertrauen in eigene Könnens- und Leistungsmöglichkeiten zu bewirken, wenn sie aus einer konkret bewältigten Aufgabe herrühren. Dadurch kann die syndromtypische Verhaltenstendenz minimiert werden, Anforderungen aufgrund möglicher Misserfolge vorschnell aus dem Weg zu gehen. Der heilpädagogische Bildungs- und Erziehungsimperativ lautet deshalb: Ermögliche Selbstwirksamkeitserfahrungen durch Lernen am Erfolg!

Damit der Übergang in die Berufstätigkeit sich in der sensiblen Pubertäts- und Adoleszenzphase persönlichkeitsbildend und identitätsförderlich auswirken kann, sollte er durch die Familie, die Schule und die Arbeitsstelle positiv und ermutigend begleitet werden. Der Eintritt in die Arbeitswelt fällt nicht jedem leicht, denn das langjährig vertraute schulische Milieu muss zurückgelassen werden. Auch sind die Berufswünsche oft irreal, nicht nur seitens der Jugendlichen, sondern mitunter auch seitens der Familien (Detmar u. a. 2008, 304). Da eine angemessene Arbeit jedoch einen elementar-rehabilitativen Charakter besitzt, weil sie Lebenssinn und Daseinsentfaltung des Individuums entscheidend beeinflusst, ist es bedeutsam, dass im Rahmen der Berufswunscherziehung Vorstellungen von beruflichen Tätigkeitsbereichen, die junge Menschen äußern, vom Elternhaus positiv verstärkt werden. Auch wenn es sich teilweise um unrealisierbare Berufsbilder handelt, ist es wichtig, dass der nachschulische Lebensbereich im Familienkreis immer wieder thematisiert wird und er dadurch ins Bewusstsein des jungen Menschen tritt. Ohne pauschale Abwertung mancher Tätigkeiten nach Maßstäben der Eltern, die aber so nicht unbedingt denen ihrer Kinder entsprechen, gilt es die Jugendlichen anzuregen, eigene Ideen frei von bevormundender Bewertung zu entwickeln.

Zunehmend realistischere Vorstellungen bezüglich möglicher Arbeitstätigkeiten können sich neben familiären Gesprächen über das zukünftige Leben als Erwachsener ganz konkret aus schulischen Betriebserkundungen und Praktika ergeben sowie aus den Angeboten der Berufsberatung durch die Bundesagentur für Arbeit und die Integrationsfachdienste der Integrationsämter. Auch können zur Realisierung von Berufswünschen Informationen beitragen über sozialgesetzlich verankerte Teilhabe- und Wahlmöglichkeiten in Verbindung mit Artikel 27 der UN-Behindertenrechtskonvention. Zudem sind Unternehmungen hilfreich, die als gemeinsame Exkursionen von Elterngruppen und den Jugendlichen zu Werkstätten für behinderte Menschen führen oder zu Projekten der Unterstützten Beschäftigung, bei denen es auch mit den dort beschäftigten behinderten Personen nach entsprechender Vorbereitung zu Peer-Counseling-Kontakten kommen sollte.

In den Lehrplänen für die abschließende Schulstufe, etwa die Berufsschulstufe im Förderschwerpunkt geistige Entwicklung in Bayern, finden sich ausführliche Hinweise für eine dezidierte Zukunftsorientierung in Form einer Lebenswegplanung, die den unterschiedlichen Bedürfnissen junger Menschen mit Down-Syndrom und den jeweils gegebenen Möglichkeiten anzupassen sind. Angesichts der Heterogenität der individuellen Leistungsfähigkeit ist es grundlegend, Schulabsolventen mit sonderpädagogischem Förderbedarf differenzierte modularisierte Berufsbildungs- und Qualifizierungsangebote zu unterbreiten. Dadurch wird eine schrittweise beruflich qualifizierende Bildung ermöglicht (Grampp, Triebel 2013, 20, 92, 102) und nicht lediglich ein begrenztes ›training on the job‹ (vgl. Behnecke 2009, 30). Dabei ist ohne integrativen Normalisierungsdruck (vgl. Becker 2015, 121) bereits im Rahmen von schulisch gelenkten Praktika auch an Beschäftigungsmöglichkeiten auf dem allgemeinen Arbeitsmarkt zu denken und ein Automatismus der beruflichen Integration in die Werkstatt für behinderte Menschen zu hinterfragen. Aber es ist auch zu vermeiden, dass aufgrund eines ideologischen Inklusionsdenkens die umfangreichen Rehabilitations- und Teilhabeleistungen dieser Werkstätten schlechtgeredet werden. Der zukunftsorientierte Wunsch von Eltern nach einer verlässlichen Arbeitstätigkeit durch ein kündigungssicheres arbeitnehmerähnliches Beschäftigungsverhältnis für ihren Sohn oder ihre Tochter in einer Werkstatt für behinderte Menschen, der zugleich für sie eine Entlastung von permanenter Sorgetätigkeit bedeutet, sollte nicht durch die falsche Alternative »hier Inklusion, dort Schonraum« infrage gestellt werden (U. Wilken 2012, 21).

> Differenzierte modularisierte Berufsbildungs- und Qualifizierungsangebote ermöglichen den jungen Menschen mit Down-Syndrom eine beruflich qualifizierende Bildung und den individuellen Fähigkeiten und Interessen entsprechende Teilhabechancen in verschiedenen Lebensbereichen.

Zur Gestaltung der Lebenswegplanung über die Schulzeit hinaus hat sich die Bildung eines sog. Unterstützerkreises bewährt, zu dem auch vertraute schulfremde Mitglieder aus dem näheren sozialen Umfeld zählen, die bereit sind, dem jungen Menschen beim Übergang in die Erwachsenenwelt beratend und begleitend zur Seite zu stehen (Bayerisches Staatsministerium 2007, 30). Gemeinsam mit dem Jugendlichen, seinen Eltern und den weiteren Mitgliedern des Unterstützerkreises kann dann im Rahmen einer durch die Schule initiierten Berufswegekonferenz die aktuelle Zukunftsplanung besprochen und der Bedarf an Unterstützung und Assistenz gesichert werden.

Bei Überlegungen hinsichtlich des angemessenen Beschäftigungsortes sollte die hohe sozial-integrative Bedeutung berücksichtigt werden, die der Arbeitsplatz für den behinderten Menschen hat. So rangierte bei einer Befragung von Beschäftigten einer Werkstatt für behinderte Menschen auf die Frage ›Was ist Ihnen am Arbeitsplatz besonders wichtig?‹ die Antwort ›Freunde haben‹ an erster Stelle, noch vor der Antwort ›Geld haben/ausgeben‹, die an vierter Stelle stand (Lebenshilfe-Zeitung, März 1994). Bei einer Befragung von behinderten Beschäftigten, die als unterstützte Arbeitnehmer auf dem allgemeinen Arbeitsmarkt tätig waren, stand an erster Stelle die ›Sicherheit des Arbeitsplatzes‹. Wichtig war ihnen sodann, von den übrigen Mitarbeitern ›ernst genommen und akzeptiert zu werden‹. Erst auf Platz sieben wurde genannt: ›Genug Geld haben, um gut leben zu können‹ (Thielicke 2004, 32). Und selbst bei einer Befragung von nicht behinderten Arbeitnehmern erwies sich für 65 % der Befragten ein ›gutes Betriebsklima mit netten Kollegen‹ als wichtigster Indikator für einen Arbeitsplatz. ›Viel Geld verdienen‹ rangierte bei dieser Befragung auf Platz vier (Chrismon-Umfrage 2009, 9). Deshalb ist die sozial-rehabilitative Bedeutung der Arbeit zu bedenken, insbesondere bei einer möglichen Integration in den allgemeinen Arbeitsmarkt als Alternative zur Beschäftigung in einer Werkstatt für behinderte Menschen, damit es nicht zu ›sozialer‹ Vereinzelung kommt (Kießling, Molnár-Gebert 2015).

Bei einer zukunftsorientierten Berufswegplanung sind zwei Aspekte von ganz wesentlicher Bedeutung: Einmal die Chance, Wertschätzung durch Kollegen am Arbeitsplatz zu erhalten, und sodann – zumindest nach Feierabend – das Erleben von relativ symmetrischer Kommunikation mit Personen, die ähnliche Fähigkeiten und Interessen besitzen wie der behinderte Mensch selbst. Denn es gilt nicht nur Einordnung, Anpassung und Unterordnung angesichts begrenzter arbeitsmarktbezogener Konkurrenzfähigkeit zu lernen, sondern es ist für ein stabiles Selbstwertgefühl für Jugendliche und Erwachsene mit Down-Syndrom wichtig, dass gemeinsames Tun auf ähnlichem Niveau in sozialem Kontakt mit Gleichbetroffenen unmittelbar erlebt werden kann, um sich gegenseitig auszutauschen und zu stärken.

Zudem ist bei der Unterstützten Beschäftigung mit Arbeitsassistenz auf dem allgemeinen Arbeitsmarkt (U. Wilken 1999, 55, 36 ff.) darauf zu achten, den Mittelweg zwischen Helfen und Selbständig-werden-Lassen mit heilpädagogischem Takt einzuhalten, damit die Assistenz nicht, wie mitunter in Inklusionsklassen der Regelschule (Hardt u. a. 2008, 275), durch unreflektierte Hilfe die notwendige Selbstständigkeitsentwicklung begrenzt und in neue Abhängigkeit oder gar ›erlernte Hilflosigkeit‹ führt. Die heilpädagogisch Maxime: »Hilf mir, es selbst zu tun!«, gilt es hier nachdrücklich zu berücksichtigen.

Beim Übergang von der Schule in die Berufstätigkeit ist auch das Erlernen von Kommunikationsformen in der Erwachsenenwelt zu bedenken. Dazu gehört es, angemessene Höflichkeitsregeln im alltäglichen sozial-kommunikativen Umgang mit Kolleginnen und Kollegen zu beherrschen und dabei Nähe und Distanz in angemessener Balance zu halten. Kann der junge Mensch mit Down-Syndrom fremde Personen in der Öffentlichkeit mit ›Sie‹ anreden und verharrt nicht in der vertrauten ›Du-Form‹, dann wächst die Chance, dass auch er mit dem für Erwachsene üblichen ›Sie‹ angeredet wird. Gleiches gilt für das bei Begrüßung und Verabschiedung von Personen mit Down-Syndrom häufig praktizierte ›Umarmen‹. Nicht nur aus Gründen sexueller Missbrauchsprävention (U. Wilken 2014, 187), sondern weil im normalen Alltag solch enger Körperkontakt unangemessen ist, sollten die üblichen situationsbezogenen Begrüßungsgesten wie ›Guten Tag‹ sagen, sich ›Zunicken‹ oder die ›Hand geben‹ beherrscht werden (Halder 2014a, 28). Wenn die Rede von sozialer Integration oder Inklusion über Sonntagsreden hinaus Bestand haben soll, müssen junge Erwachsene auch die Möglichkeit erhalten, angemessenes soziales Rollenverhalten zu erlernen und vor allem, dieses auch selbst zu praktizieren. Es gelingt dann leichter, Gelegenheiten zu schaffen, »in unbekannte soziale Kontexte einzutreten und Erfahrungen zu sammeln«, um dadurch erwachsenentypische »Handlungsmöglichkeiten zu vergrößern« (Jeltsch-Schudel 2008, 231). Allerdings muss auch pädagogisch angemessen vermittelt werden, dass aufgrund der Behinderungsausprägung manche Möglichkeiten, die nicht behinderte Gleichaltrige haben, nicht gegeben sind. Gerade in gemeinsamen Gesprächen über solche Fragen in Gruppen für Jugendliche mit Down-Syndrom besteht die Chance, nicht nur über

Einschränkungen und Begrenzungen sich auszutauschen, sondern konstruktiv nach positiven Alternativen zu suchen.

9.2 Aufbau von Freizeit- und Lebensführungskompetenzen

Im Blick auf die Lebensbegleitung von jungen Menschen mit Down-Syndrom stellt sich über den Bereich der zukünftigen beruflichen Tätigkeit hinaus generell die Frage einer angemessenen Lebensgestaltung im Erwachsenenalter. Deshalb ist bei der Berufsfindung darauf zu achten, dass vorberufliche Bildung nicht zu einer bereits in die Schule hineinverlegten ›Teilberufsausbildung‹ wird, auf Kosten allgemeinbildender und lebenspraktischer Unterrichtinhalte. Sodann ist im Zusammenhang mit der nachfolgenden Berufsausbildung in der Arbeitswelt wichtig, dass auch tatsächlich eine *berufliche Bildung* erfolgt und nicht nur eine Einarbeitung in repetitive Arbeitsvollzüge.

Dazu ist wichtig, dass eine zukunftsorientierte, erweiterungsfähige berufliche Qualifizierung stattfindet (Grampp, Triebel 2013, 83), die auch die Teilnahme am Bildungsangebot der Berufsschule mit einschließt, gerade wenn die allgemeine Schulpflicht erfüllt ist. Denn das Bildungsangebot der Berufsschule enthält im Rahmen der üblichen dualen Ausbildung in Berufsschule und Betrieb auch allgemeinbildenden Unterrichtsstoff. Die hier bearbeiteten Themen gehen über die im engeren Sinne berufsbildenden Qualifikationen hinaus und regen zur Auseinandersetzung mit dem neuen Lebensabschnitt an. Neben Bildung für den Beruf erfolgt hier auch Bildung durch den Beruf. Dazu zählen Anregungen, die beitragen wollen, den jungen erwachsen werdenden Menschen zu befähigen, sein Leben in der arbeitsfreien Zeit interessengeleitet und weitgehend selbstbestimmt in sozialer Integration zu gestalten.

Allerdings hängt die eigenaktive Gestaltung des Lebens nach Feierabend davon ab, welche Angebote zur Entwicklung von Lebensführungskompetenzen der junge Mensch erhält (U. Wilken 2015). Aber auch Allein-bleiben-Können und etwas allein unternehmen setzt aufbauende Lernerfahrungen voraus, die durch einen Vorschuss an Zutrauen in die Ressourcen und Potenziale des Jugendlichen von seinen Bezugspersonen zu unterstützen sind.

Es gilt daher Freizeitinteressen zu fördern, die sowohl im individuellen, persönlichen und privaten Bereich als auch in Gemeinschaft mit behinderten und nicht behinderten Personen ausgeübt werden können. Tätigkeiten und Beschäftigungen, die über das Interesse an der Sache hinaus zugleich kommunikationsfördernd sind und dadurch soziale Isolierung und Vereinsamung überwinden helfen.

Es wäre daher zu überlegen, wie etwa Schulsportangebote in Vereinsportaktivitäten ihre Fortsetzung finden könnten oder wie das Angebot wohnortnaher Freizeit-, Kultur- und Bildungsstätten sowie integrativer und inklusiver Jugendtreffs auch dazu genutzt werden kann, um Freundschaften anzubahnen (Halder 2014b). Soll sich das

Freizeitleben nicht allein vor dem Fernseher ›ereignen‹, so sind für eine angemessene Lebensgestaltung in der Freizeit wirklichkeitsnahe und nachhaltig alltagstaugliche Lebensführungskompetenzen anzubahnen.

So hoch dabei die wechselseitige Bedeutsamkeit von sozial-integrativen Kontakten auch einzuschätzen ist, so sehr ist dennoch darauf zu achten, dass behinderte Menschen auch Gleiche unter Gleichen sein dürfen (Aselmeier 2014, 171 f.) und integrativer Anpassungsdruck vermieden wird, damit eine Identitätsstabilisierung hinsichtlich des eigenen Behindert-Seins nicht vereitelt wird.

Gemeinhin wird der quantitative Anteil der berufsarbeitsfreien Zeit für die persönliche Entwicklung und für eine qualitativ befriedigende Lebensgestaltung unterschätzt. Dadurch wird oft die Notwendigkeit einer angemessenen Freizeitbildung vernachlässigt. Es bedarf deshalb nicht nur intensiver Bemühungen um eine angemessene Förderung der Arbeitsbefähigung, sondern es sind auch explizite Erziehungs- und Bildungsangebote zur Entwicklung von Freizeitkompetenzen erforderlich sowie barrierefreie Teilhabemöglichkeiten zur Gestaltung der Tages-, Wochen-, Jahres- und Lebensfreizeit. Es sollte bewusst sein, dass ohne eine angemessene, bedürfnisgerechte Teilhabe am Arbeits- und Freizeitleben Lebensqualität und Wohlbefinden in Frage gestellt sind und deshalb ein lebensbegleitendes Angebot hilfreich sein kann, das im Sinne von ›life-long-learning‹ über ein schulisches ›Bildungsexistenzminimum‹ hinausreicht (U. Wilken 2015).

> Einer durchschnittlichen Lebenszeit von 75 Jahren entsprechen 660.000 Stunden. Für Schlaf werden 220.000 Stunden, für Ausbildung und Beruf 90.000 Stunden angesetzt.
> Dann verbleiben 350.000 Stunden für ›Freizeit‹; dies sind 53 % der gesamten Lebenszeit! Diese Zeit zu gestalten will gelernt sein! (vgl. U. Wilken 2003, 164)

Der heranwachsende Mensch mit Down-Syndrom sollte freizeit-kulturelle Lebensführungskompetenzen erwerben und als rehabilitativen Nachteilsausgleich ein diesbezügliches Bildungsrecht wahrnehmen können, wie es Artikel 30 der UN-Behindertenrechtskonvention empfiehlt, um diese Kompetenzen im Lebenslauf weiter ausbilden zu können, damit er als ›Akteur seiner Existenz‹ besser in der Lage ist, sowohl in der Arbeit als auch in der Freizeit Befriedigung, Freude und Lebenssinn zu finden. Dass die UN-Konvention Sozialintegration dabei als wechselseitigen Prozess versteht, wird ebenfalls aus Artikel 30 deutlich, wo es heißt, dass behinderte Menschen ihr kreatives und intellektuelles Potenzial nicht nur für sich selbst, sondern auch zur Bereicherung der Gesellschaft entfalten und nutzen mögen.

Allerdings bedarf es bei der Entwicklung von freizeit-kulturellen Lebensführungskompetenzen einer gewissen Differenzierung, die über eine primär erlebnisbezogene Freizeitfunktion hinausweist. Denn angesichts der überschaubaren finanziellen Mittel, über die Personen mit einer intellektuellen Beeinträchtigung in der Regel verfügen, ist eine inhaltliche Erweiterung der Gestaltung der berufsarbeitsfreien Zeit im Hinblick auf dezidierte ›lebenspraktische‹ Kompetenzen im Bereich hauswirtschaftlicher Selbstversorgung geboten. Diese lebenspraktischen Kompetenzen zur Bewältigung des Alltags, die nicht mit einer mehr oder weniger beliebigen Freizeitgestaltung gleichzusetzen wären, können dazu dienen, von einer eher passiven ›Fremdversorgung‹ zu einer stärker eigenverantwortlich gestalteten ›Selbstversorgung‹ zu gelangen, wie sie heute etwa für ambulant betreutes Wohnen von Bedeutung ist. Die Befähigung zum Erwerb solcher alltagstauglicher Kompetenzen bereits im elterlichen Haushalt, aber auch im Rahmen der Hauswirtschaftserziehung oder im Zusammenhang mit dem Wohntraining der Schule (vgl. Bayer. Staatsministerium 2007, 47 ff.), hat dabei einen wesentlichen Stellenwert, zu dem auch der Umgang mit Geld gehört.

Gelingt diese alltagsbezogene Selbstständigkeitsentwicklung, so eröffnen sich für die Eltern und das gesamte Familiengefüge neue Perspektiven für die zukünftige Lebensgestaltung und es wird eine gewisse ›Entpflichtung‹ der Eltern von andauernder Zuständigkeit möglich. Dadurch kann es für sie leichter werden, ihre erwachsen werdenden Söhne oder Töchter mit Down-Syndrom schrittweise ›loszulassen‹.

9.3   Wechsel in ein neues Zuhause

Zur Gestaltung des zukünftigen Lebenswegs eines jungen volljährigen Menschen mit Down-Syndrom zählen Überlegungen, ob, wann und wohin ein Auszug aus dem bisherigen Familiengefüge als sinnvoll erscheint. Weder müssen Gründe der Überbehütung vorliegen, wenn vorerst ein weiterer Verbleib in der häuslichen Gemeinschaft gewünscht wird, noch ist von einer vermeintlichen Vernachlässigung elterlicher Pflichten auszugehen, wenn bereits im jungen Erwachsenenalter ein Auszug angedacht wird.

Bei der Planung der zukünftigen Wohn- und Lebensgestaltung sollte sowohl die erwachsenentypische Rollenfindung des behinderten Angehörigen leitend sein als auch das berechtigte Interesse der weiteren Familienmitglieder an einer angemessenen Gestaltung ihrer Lebensbedürfnisse innerhalb der häuslichen Gemeinschaft, ggfs. mit ambulanter Unterstützung, sowie der Wunsch nach Entpflichtung der Eltern von permanenter Sorgetätigkeit (U. Wilken 2003, 157).

Seitens der Sozialpolitik haben gegenwärtig kommunale Hilfstrukturen Priorität. Im Sinne des Vorrangs ambulanter vor stationären Wohnformen sollen behinderte Personen in ihrer Lebenswelt die benötigten Unterstützungsangebote erhalten. Immer öfter werden traditionelle Heime verkleinert und regionalisiert. Individuelles sozialräumliches Wohnen in der eigenen angemieteten Wohnung, in kleinen Wohngemeinschaften von 3-4 Personen oder unterstütztes Wohnen in Hausgemeinschaften, jewels mit Assistenz und Betreuung, wird konzeptualisiert und bietet teilweise auch Möglichkeiten für schwerer behinderte Menschen (Seifert 2006, 380).

Meistens befinden sich die Bewohner tagsüber auf der Arbeit, nach Arbeitsende versorgen sie sich teilweise selbst und gestalten ihre Freizeit nach eigenen Vorstellungen. Die Realisierung solcher Wohnkonzepte gelingt z. Z. vor allem dann, wenn die behinderten Personen gelernt haben, relativ selbständig zu leben und aufgrund ihrer Regiekompetenz die benötigten Hilfebedarfe an Betreuung, Unterstützung und Assistenz erhalten und diese mitgestalten können. Deshalb sollten zukunftsorientierte Bildungsangebote möglichst schon während der Schulzeit, etwa im Rahmen eines realitätsnahen Wohntrainings, entsprechende Fähigkeiten und Fertigkeiten in Zusammenarbeit mit den Eltern planmäßig und kompetenzorientiert fördern (Bayer. Staatsministerium 2007, 47 ff.).

Ambulant betreute Wohnformen wollen über assistierte Selbstbestimmung hinaus einen weiteren Zugewinn an Lebensqualität ermöglichen und zwar im Sinne von ›Community-Living‹ durch ein aktiv-partizipatives Leben inmitten der Gesellschaft, das vielfältige Einbindungen in die vorhandenen Strukturen des kommunalen Sozialraumes eröffnet. Anders als bei den singulär inszenierten Gemeinschaftsveranstaltungen, den Sommerfesten und Jubiläen der traditionellen Komplexeinrichtungen besteht beim Konzept der Gemeinwesenorientierung eine größere Chance zu alltäglichen Begegnungen und zwanglosen Kommunikationsanlässen zwischen behinderten und nicht behinderten Mitbürgern im heimatlichen Wohnquartier.

Im Sinne von ›Community-Living‹ wird also eine Person-Umwelt-Passung angestrebt, die sich aus der Menschenrechtsnorm des Artikels 19 der UN-Behindertenrechtskonvention herleiten lässt. Dabei geht es nicht nur um den Umbau von traditionellen Heimen mit ihren oftmals fremdbestimmten Strukturen (vgl. Fischer, Molnár-Gebert 2015) sowie um den Abbau von architektonischen Barrieren in der Öffentlichkeit. Vielmehr soll es zu einer Minimierung von »Barrieren im sozialen Leben und in den Urteilen der Mitbürger« kommen, und es sollen Gemeinsinn und ein gesellschaftliches Solidaritätsbewusstsein gestärkt werden, ohne die Inklusion doch nur ein leeres Versprechen bleibt (Wacker 2008, 141).

Steht ›Community-Living‹ für ein sozial-integrierendes Konzept, das Exklusion vermeiden möchte, so werden die notwendigen Betreuungs-, Unterstützungs- und Assistenzaspekte mit dem Begriff ›Community-Care and Support‹ verdeutlicht, die auf die Notwendigkeit einer gestuften, individuell angepassten Unterstützung und verlässlichen Lebensbegleitung im sozialen Umfeld verweisen. Es gilt also im Sinne eines mitsorgenden und fürsorgenden Gemeinwesens Nachbarschaftshilfe und freiwilliges bürgerschaftliches Engagement zu fördern, die sich im günstigen Falle aus Selbsthilfegruppen und etablierten individuellen Unterstützerkreisen sowie weiteren informellen sozialen Netzwerken entwickeln können (Aselmeier 2008). Gleichwohl ist dieser auf das Inklusionsideal zielende Paradigmenwechsels noch nicht verallgemeinert und in finanzieller Hinsicht auch nicht zum sozialen Null-Tarif zu haben.

Allerdings entwickeln sich neue Finanzierungsmodelle. Bei diesen wird an Stelle von pauschalierten Pflegesätzen, die der zuständige Kostenträger üblicherweise institutions- und anbieterzentriert mit dem jeweiligen Leistungserbringer vereinbart, nun ein ›Persönliches Budget‹ für die anspruchsberechtigte Person ausgehandelt (vgl. Orientierung 2/2008, 43 f.). Dabei wird mit der leistungsberechtigten behinderten Person ein Hilfeplan vereinbart und mit einem bestimmten Budget ausgestattet. Mit diesem Geld kann jetzt der Unterstützungs- und Assistenzbedarf in Eigenregie organisiert und ›einkauft‹ werden. Dadurch soll die behinderte Person als Budgetnehmerin in die Lage versetzt werden, sich eine Wohnung zu mieten sowie die für den Arbeits-, Wohn- und Freizeitbereich benötigten Hilfs- und Fachkräfte zu engagieren, deren Service aus dem Budget zu bezahlen ist.

Zu berücksichtigen ist dabei für den Fall der Überforderung des behinderten Erwachsenen hinsichtlich der Aushandlung seines Budgets wie auch der verwaltungstechnischen Organisation seines individuellen Hilfebedarfs, dass diese Aufgaben nicht wie selbstverständlich den Eltern aufgebürdet werden, sondern dass die individuell notwendige Organisation der Unterstützung durch selbstbestimmte Assistenz erfolgt oder durch eine verlässliche Assistenzgenossenschaft. Gelingt solch ›assistierte Selbstbestimmung‹, dann eröffnen sich neue Wege selbstbestimmter sozialer Teilhabe.

Allerdings wird das trägerübergreifende Persönliche Budget und die Entwicklung von ›Community-Living‹ und ›Communiy-Care‹ nur dann Erfolg haben, wenn nicht unter der Hand daraus primär ein Sparmodell zur Entlastung der Sozialsysteme und der öffentlichen Haushalte wird (Bartz 2013; Becker 2015, 161, 172) oder ein Instrument zur Reduzierung benötigter vollstationärer Heimplätze für Menschen mit erhöhtem Unterstützungsbedarf (Schröder 2004, 143).

> Es muss kritisch beobachtet werden, dass durch verselbstständigte Wohnformen keine Vernachlässigung, Überforderung und Vereinsamung behinderter Menschen erfolgt. Die notwendige Assistenz, Unterstützung, Betreuung und medizinische Versorgung durch die verschiedenen Leistungserbringer muss nachhaltig in der benötigten Qualität gewährleistet bleiben.

Dies ist nicht nur im Blick auf professionelle Dienste zu beachten, sondern auch hinsichtlich des freiwilligen bürgerschaftlichen Engagements, das – anders als manche idealistisch verklärte Vorstellung über eine ›sorgende Gesellschaft‹ – nicht als quasi brachliegende Ressource auf seine Aktivierung wartet. Deshalb gehört es zur verantwortungsvollen Planung ambulanter Hilfen, gemeinsam mit dem behinderten Menschen und seiner Familie nicht nur das soziale Netz im Gemeinwesen zu knüpfen, sondern dafür Sorge zu tragen, dass sich Strukturen entwickeln, die Nachhaltigkeit garantieren (Janßen/Bücker 2005, 215).

Trotz dieser im Ansatz erfreulichen sozial-integrativen Bemühungen wird aber für umfänglich beeinträchtigte Menschen mit Down-Syndrom auch künftig ein individuell ›exklusiver‹ Bedarf an vollstationären Institutionen zu sichern sein. Undifferenzierte Positionen und Abwehraffekte, die Heime grundsätzlich diskreditieren, aber auch manche elterlichen ›Normalisierungs-Imperative‹ sind daher nicht unbedingt im besten Interesse der mit fortschreitendem Alter zunehmend wachsenden Unterstützungsbedarfe behinderter Menschen.

Nur ein dynamisch-gestuftes System sozial-rehabilitativer Unterstützung in Form von ambulanten, teilstationären und stationären Wahlangeboten (Artikel 12 der UN-Behindertenrechtskonvention) kann für heterogene Bedürfnislagen eine differenzierte humane Lösung bieten. Welche Wohnform auch immer gewählt wird, unerlässlich bleibt die Forderung an professionell Tätige wie an bürgerschaftlich engagierte Personen, die behinderte Menschen in ihrem Alltag begleiten, dass sie

- das Selbstbestimmungsinteresse der unterstützten Personen wertschätzen und
- dass dies in einer kooperativen Haltung erfolgt, die eine assistierende Befähigungshilfe leistet.

Diese hat sich an den tatsächlichen Bedürfnissen der behinderten Person zu orientieren sowie an ihren förderbaren Selbstgestaltungskräften und ihrem individuellen Wohlbefinden (U. Wilken 1999, 35 f.).

Elternbefragungen über erwünschte Wohnformen für ihre Kinder machen in der Tat deutlich, dass »vermehrt Integration angestrebt wird. Dabei ist jedoch zu bedenken, dass die meisten Eltern, die an den Befragungen teilgenommen haben, noch recht junge Kinder haben, und es sich somit um Überlegungen ohne aktuelle Bedeutung handelt. Für 43,9 % der Eltern war betreutes Wohnen und für 24,7 % eine Wohngemeinschaft wünschenswert. Alleine wohnen hielten nur 24,4 % für erstrebenswert, aber ein Wohnheim wurde nur von sehr wenigen (0,9 %) als sinnvoll angesehen« (E. Wilken 2004, 153).

Deshalb ist es auch hier wichtig, den Menschen mit Down-Syndrom nach seinen Vorstellungen hinsichtlich der erwünschten Wohnform und dem Zeitpunkt des Auszugs zu befragen. Denn solche Entscheidungen sind nicht für oder gar über ihn hinweg zu treffen, sondern möglichst gemeinsam mit ihm (vgl. U. Wilken 1999, 33 f.). Häufig wird dabei deutlich, dass behinderte Personen nicht isoliert, sondern mit anderen zusammen leben möchten. Auch ist zu bedenken, dass Erwachsensein ein dynamischer Prozess ist, der nicht mit einem bestimmten Alter zum Abschluss kommt. Daher können sich individuelle Vorstellungen im Laufe des Lebens verändern, zumal auch erst im fortschreitenden Lebensverlauf erkennbar wird, in welchem Ausmaß sich der Hilfe- und Unterstützungsbedarf verändert (Rösner/Peiffer 2006, 20).

Als günstig für eine zukunftsorientierte Lebenswegplanung hat sich erwiesen, wenn sich Familien, in Verbindung mit Gleichbetroffenen und einem fachlich versierten Unterstützerkreis (Janßen/Bücker 2005, 215), mit den unterschiedlichen Formen des Wohnens und den diesbezüglichen Angeboten auseinandersetzen und sich durch Inaugenscheinnahme ein eigenes Bild machen. Angesichts des bestehenden Mangels an adäquaten Wohnalternativen kann es dann möglicherweise zu einem gemeinsamen Engagement der Betroffenen in Hinsicht auf die Planung und Realisierung erwünschter Wohn- und Lebensmöglichkeiten kommen (vgl. Aselmeier 2014, 174 f.).

Bei der zukunftsorientierten Lebenswegplanung in ihren unterschiedlichen Facetten geht es insgesamt um erwachsenentypische Angebote (vgl. Emmelmann, Greving 2019), die geeignet erscheinen für eine qualitativ nachhaltige individuelle Potenzialentfaltung, die zu einer gelingenden und zufrieden stellenden Lebensgestaltung beitragen soll. Dazu braucht es eine zugewandte und achtsame Begleitung auf der Basis einer pro-sozialen Haltung, die sich für das Wohlbefinden der Betroffenen bis zum Lebensende engagiert (Wicki u. a. 2015). Diese Zuwendung sollte eine verlässlich garantierte Betreuungsqualität besitzen (Candussi/Fröhlich 2005), mit der Möglichkeit, bei Bedarf die fachgerechte soziale Begleitung durch ein trägerinternes Beschwerdemanagement überprüfen zu lassen und im Falle mangelhafter Servicequalität eine externe »(Verbraucher-)Schutzorganisation« einzuschalten (Burtscher u. a. 2015, 132).

Eltern sollten sich im Zusammenhang mit der Zukunftsplanung ihrer Söhne und Töchter immer wieder verdeutlichen, dass es hierbei nicht um unbillige Forderungen geht, sondern um einen humanen Anspruch, der gesellschaftspolitisch einzulösen ist, damit die Würde des Menschen mit Down-Syndrom lebenslang gewahrt bleibt.

10 Perspektiven für das Leben als Erwachsene

Das Leben von Erwachsenen wird wesentlich bestimmt durch ihre berufliche Tätigkeit. Auch Freundschaft und Partnerschaft entwickelt sich oft im Kollegenkreis. Zudem spielen sehr unterschiedliche Freizeitaktivitäten eine wichtige Rolle für die individuelle Lebensgestaltung. Für das Wohnen ergeben sich sehr unterschiedliche Formen wie größere oder kleinere Wohngemeinschaften, Wohnen bei den Eltern oder eine eigene Wohnung – oft abhängig nicht nur von den eigenen Wünschen, sondern auch von den finanziellen Möglichkeiten und den individuellen Kompetenzen.

Ebenso wie für andere Erwachsene gilt für Menschen mit Down-Syndrom, dass berufliche Tätigkeit, Freizeitgestaltung sowie gute Wohnbedingungen grundlegend für das Wohlbefinden sind. Allerdings ist es notwendig, unter den verschiedenen Angeboten und regionalen Möglichkeiten auszuwählen nach den individuellen Bedürfnissen. Während manche Erwachsene mit Down-Syndrom eine erhebliche Selbstständigkeit in den meisten lebenspraktischen Bereichen erlangen, benötigen andere mit schwereren Beeinträchtigungen Hilfen bei einfachen persönlichen Alltagsverrichtungen und eine lebensbegleitende Fürsorge. Für viele junge Erwachsene heute gewinnen Freundschaft und Partnerschaft eine zunehmende Bedeutung. Deshalb müssen die entsprechenden Wünsche für das Zusammenleben und die regionalen Angebote unbedingt miteinander geklärt und so gut wie möglich berücksichtigt werden. Hilfreich sind Arbeitsmaterialien, die eine

Diskussion mit den Jugendlichen über ihre Wünsche und Vorstellungen unterstützen und die ihnen verschiedene Möglichkeiten aufzeigen (vgl. Lebenshilfe 2011a).

10.1 Wohnen und arbeiten

Bei einer Elternbefragung bezüglich der beruflichen Tätigkeit erhofften sich die Eltern, dass die Arbeit den Interessen und Fähigkeiten ihres erwachsenen Kindes entsprechen und ihm Freude und Zufriedenheit bereiten wird (Wilken 2001a). Erst an zweiter Stelle folgt der Wunsch nach einem Arbeitsplatz auf dem allgemeinen Arbeitsmarkt. Die Eltern stellen sich als mögliche Arbeit für junge Menschen mit Down-Syndrom Tätigkeiten in einer Gärtnerei, in der Gastronomie, in Haus- und Landwirtschaft, im Kindergarten oder Altersheim sowie im Rahmen allgemeiner pflegerischer Aufgaben vor. Tatsächlich jedoch arbeiten die meisten Erwachsenen mit Down-Syndrom in einer Werkstatt für behinderte Menschen. Einige haben aber auch andere Arbeitsstellen gefunden. So wurde bei der gleichen Befragung ermittelt, dass erwachsene Menschen mit Down-Syndrom sehr verschiedene Arbeitsstellen hatten: in einem Supermarkt, in einer Drogerie, in der Hauswirtschaft, in der industriellen Fertigung, in der Montage, in der Tierpflege, im Kindergarten, im Altersheim, als Küchenhilfe in einer Großküche, in einem Café, auf einem Bauernhof, in einer Gärtnerei und in einer Bäckerei. Und ständig kommen neue Tätigkeitsbereiche hinzu und die Erfahrungen wachsen. Selbst wenn es sich überwiegend noch um Einzellösungen handelt, wird die Vielfalt des möglichen beruflichen Spektrums erkennbar. Es eröffnen sich damit Perspektiven, die langfristig zu einem veränderten beruflichen Angebot für Jugendliche und Erwachsene mit Down-Syndrom führen können.

Auch wenn Eltern sich viele Gedanken über die Zukunft ihres Kindes mit Down-Syndrom machen und Pläne entwerfen, so müssen die behinderten Jugendlichen selbst unbedingt an diesen Planungen beteiligt und ermutigt werden, ihre eigenen Vorstellungen zu erkennen und zu verdeutlichen, damit sie ihre Zukunft selbst mitbestimmen können. Das ist oft schwierig, weil viele Jugendliche bei ihren Vorstellungen über die Zukunft ihre bisherigen vertrauten häuslichen Lebensbedingungen zugrunde legen.

- In einem Seminar für Jugendliche und junge Erwachsene mit Down-Syndrom erläuterte ein 19-Jähriger sein gezeichnetes Bild zum Thema Wohnen, auf dem Vater, Mutter und zwei Kinder in einem Haus zu sehen waren: »Ich will immer mit Mama, Papa und Steffi zusammen wohnen. Immer so.«
- Eine Jugendliche, die jüngste von vier Schwestern, hatte Häuser und ein Schiff gemalt und kommentierte dann: »Ich will nach Hamburg ziehen. Wie meine Schwester. Da gefällt es mir. Alle sind ausgezogen. Ich will auch ausziehen.«

- Eine 19-Jährige meinte: »Ich will zu Hause bleiben, aber mein Freund soll zu mir ziehen!«
- Eine 18-Jährige meinte: »Nach der Schule heirate ich meinen Freund. Dann kaufen wir ein schönes Haus. Da haben wir zwei Kinder.«
- Ein junger Mann sagte: »Wenn ich 25 Jahre bin, ziehe ich nach München. Da heirate ich meine Freundin. Wir kaufen ein Haus und haben viele Kinder. Wir haben ein Pferd und einen Hund.«

Die Eltern waren oftmals von den Überlegungen ihrer Töchter und Söhne und deren Vorstellungen über ihr zukünftiges Leben überrascht. Gerade wenn die Eltern bereits konkrete Pläne hatten, die sich deutlich von den Wünschen ihrer Kinder unterschieden, wurde allen ersichtlich, wie notwendig eine angemessene Einbeziehung der Jugendlichen in solche elterliche Überlegungen bei aller Fürsorge und berechtigter Zweifel über die Fähigkeiten zur Selbstbestimmung ist.

Die beruflichen Vorstellungen der Jugendlichen waren oft vage und von Fernseherfahrungen und von anderen Medien bestimmt.

- Eine Jugendliche wollte »Stuntgirl bei den Karl-May-Festspielen« werden.
- Ein junger Mann meinte: »Ich kann jetzt schon besser rechnen, auch multiplizieren! Ich will Bankdirektor werden.«
- Ein junger Mann hatte bereits ein Praktikum gemacht. Er wollte »mit Holz arbeiten«, während einem anderen wichtig war, »draußen zu arbeiten«.
- Eine Jugendliche, ebenfalls nach einem Praktikum, wünschte sich nach der Schulzeit, in diesem Kindergarten zu arbeiten.
- Eine 16-jährige Schülerin wollte erst Abitur machen und dann studieren wie ihre Schwester. »Ich will auch Ärztin werden!«

Andere Berufswünsche der Jugendlichen waren Schauspieler, Polizist, Lehrerin, Krankenschwester, »Brummi-Fahrer«, Sängerin.

Natürlich hängen die Vorstellungen der Eltern ebenso von Informationen und Berichterstattung durch die Medien ab. Nicht nur die jungen Erwachsenen, sondern auch ihre Eltern benötigen daher vielfältige Beispiele, damit sie Vorstellungen über die verschiedenen möglichen beruflichen Tätigkeiten entwickeln können (vgl. Lebenshilfe 2011b). Dabei müssen die jeweils nötigen Basiskompetenzen reflektiert und entsprechend differenzierte Angebote zur berufsvorbereitenden Förderung bedacht werden.

Pauschale Abwertungen von Arbeit nach Maßstäben, die so nicht unbedingt für behinderte Menschen zutreffen, sollten unbedingt vermieden werden. Eine realisierbare und möglichst selbstbestimmte berufliche Tätigkeit können die Jugendlichen nur finden, wenn wir sie anregen, eigene Vorstellungen zu entwickeln und ohne bevormundende Bewertung Erfahrungen zu sammeln.

Damit inklusive Berufstätigkeit nicht zu sozialer Vereinsamung führt, sollten möglichst ergänzende Freizeitangebote zusammen mit anderen behinderten Erwachsenen oder in integrativen Gruppen organisiert werden. Entsprechend ist für

Berufstätige aus Werkstätten für behinderte Menschen zu überlegen, welche zusätzlichen integrativen oder inklusiven Angebote ihnen die Teilhabe am normalen gesellschaftlichen Leben ermöglichen.

Die großen individuellen Unterschiede in den Kompetenzen von Erwachsenen mit Down-Syndrom erlauben keine pauschalen Aussagen über den Grad der erreichbaren Selbstständigkeit. Dennoch sollten die Aussagen von kompetenten Menschen mit Down-Syndrom über ihre Lebensziele und die von ihnen angestrebte gesellschaftliche Teilhabe reflektiert und die nötigen Konsequenzen für die Entwicklung und Umsetzung unterstützender Hilfen für alle überlegt werden.

Selbst wenn Eltern und Professionelle oftmals ›am besten‹ zu wissen glauben, was für einen behinderten Menschen richtig ist, lehnen viele Betroffene eine solche bevormundende Haltung zunehmend ab. Sie wollen, dass keine Entscheidungen *für* oder *gar über* sie getroffen werden, sondern *mit* ihnen, und sie möchten nach ihren Möglichkeiten mitbestimmen und selbst entscheiden. In diesem Sinne fordern Selbsthilfegruppen von Menschen mit mentalen Beeinträchtigungen wie die People-First-Gruppen: »Wir wollen unser Leben selbstbestimmt in die Hand nehmen ... Wir wollen unsere Rechte und Pflichten erlernen ... Wir wollen unsere Fähigkeiten und Wünsche in der Öffentlichkeit zeigen« (Freudenstein u. a. 1999, 11 f.).

Dazu benötigen sie behutsame Begleitung durch Eltern und Professionelle und hinreichende Gelegenheiten, ihre Kompetenzen zunehmend zu erweitern.

Selbstbestimmung ist in diesem Sinne nicht gebunden an bestimmte Mindestfähigkeiten, sondern sie beschreibt eine wichtige Einstellung und Haltung allen Menschen mit Beeinträchtigungen gegenüber. Erwachsene mit Down-Syndrom sollen deshalb angemessen unterstützt werden, selbstbewusst ihren Bedürfnissen und Fähigkeiten entsprechend ihre Lebensgestaltung mitzubestimmen.

10.2 Freundschaft und Partnerschaft

Freundschaft und Partnerschaft sind Ausdruck eines menschlichen Grundbedürfnisses nach Nähe, Liebe und Vertrauen. Das gilt genauso für Menschen mit Down-Syndrom. Es ist deshalb zu bedenken, welche individuellen Fähigkeiten und Voraussetzungen zum Aufbau und Gelingen einer Beziehung gehören und wie junge Menschen mit Down-Syndrom darin unterstützt werden können, Freundschaften zu knüpfen und in Partnerschaft zu leben (U. Wilken 2014).

Eltern berichten oft, wie glücklich und stolz ihre Söhne bzw. Töchter sind, wenn sie einen Freund bzw. eine Freundin gefunden haben. »Dagmar wies uns hinten Stühle an und verschwand mit ihrem Anton in der ersten Reihe vor der Bühne, um dort sofort ungeniert mit ihm zu knutschen ... Entsetzlicherweise knutschte sonst niemand, nur Omas Augenstern und Anton, und zwischendurch drehte der Augenstern sich zu uns um und winkte voller Triumph« (Lehmann, zitiert nach Achilles 1990, 124).

Oftmals stellen Erwachsene mit Down-Syndrom unrealistische Erwartungen an das Aussehen und die Kompetenzen ihrer Freundin oder ihres Freundes, und meistens erfolgt eine spontane Auswahl, in dem sie einfach bestimmen, dass eine bestimmte Person der Freund bzw. die Freundin sein soll. Die auserwählten »Traumpartner« sind oft Betreuer bzw. Betreuerinnen, der Busfahrer, Nachbarn, Schulfreunde der Geschwister oder deren Schwester oder Bruder. Solches Verhalten kann leicht zu unfreundlichen Zurückweisungen führen, die die jungen Menschen mit Down-Syndrom meistens nicht verstehen und emotional oft nur schwer bewältigen können. Erhebliche Krisen, Verweigerung aller Aktivitäten bis hin zu schweren Depressionen können manchmal die Folge sein. Es ist deshalb nötig, den jungen Erwachsenen bei solchen problematischen Erfahrungen einfühlsame Begleitung anzubieten. Gleichzeitig ist es wichtig, ihnen zu ermöglichen, in Freizeit- oder Sportgruppen mit anderen behinderten Personen gemeinsame Interessen zu finden und die verschiedenen Aktivitäten zusammen auszuüben (Sport, Tanzen, Musik, Malen, Theater). So ergeben sich vielleicht Gelegenheiten, nicht nur Freundschaften zu schließen, sondern auch einen Partner zu finden. Sinnvoll ist es, dass solche Aktivitäten nicht nur von den Elterngruppen syndrombezogen geplant werden, sondern dass hier Menschen mit unterschiedlichen Beeinträchtigungen und Unterstützungsbedürfnissen gemeinsam etwas unternehmen.

Ein neues Problem ergibt sich, wenn relativ kompetente Jugendliche problematische Kontakte im Internet schließen und Verabredungen treffen, oftmals ohne Information der Eltern. Ein Besprechen möglicher Probleme und Gefährdungen sowie eine gewisse Kontrolle kann deshalb erforderlich werden. Konkrete Erfahrungen in relativ geschützten Freizeitgruppen ermöglichen dagegen eher, einen Freund oder eine Freundin mit ähnlichen Interessen zu finden und zudem die oftmals unrealistischen Erwartungen und verklärten Vorstellungen über Partnerschaft zu verändern.

Das Grundbedürfnis der Menschen mit Down-Syndrom nach Sexualität wird nicht mehr in Frage gestellt und auch die individuell unterschiedlichen Einstellungen dazu erfahren zunehmende Akzeptanz. Oftmals äußern Jugendliche das Bedürfnis nach Nähe und Zusammensein und nach Gestaltung eines gemeinsamen Wochenendes mit Freund bzw. Freundin. Zunehmend mehr Eltern sind bereit, darauf einzugehen, weil sie Freundschaft und Partnerschaft als normales Recht jedes Menschen akzeptieren.

Ein Problem können manchmal die oft unrealistischen und romantisch verklärten Vorstellungen der Jugendlichen sein.

Olaf und Anne begegnen sich in einem Café. Olaf setzt sich zu Anne an den Tisch. Anne denkt sich, sie möchte ihr ganzes Leben mit ihm verbringen und mit ihm glücklich werden. Anne sagte: »Wenn ich dich so ansehe, werde ich ganz schwach, aber so schmelze ich dahin!« Anne denkt sich, wie er mich so ansieht, habe ich das Gefühl, er zieht mich mit den Augen aus. Das ist ein schönes Gefühl. Die Hände nähern sich auf dem Tisch. Olaf sagt: »Ich hab dich sehr gern Anne, für mich bist du die wunderschönste Frau auf Erden. Bitte

> werde meine Freundin.« Anne antwortete: »Ja, ich bin deine Freundin für immer!« (Ohrenkuss 1998, 11).
> »Ich warte bis er mich anspricht und eine neue Beziehung beginnt. Ich bekomme ein Kleid und einen Ring und eine Wohnung für uns mit Assistent. Dass er mich dort heiratet und ich ein Kind bekomme. Mir wird geholfen, mit meinem Kind ein eigenes Leben zu führen.« (Grieb 2006, 16)

Die oft erkennbaren, recht positiven Auswirkungen von Freundschaft auf das Verhalten ihrer Söhne und Töchter zeigen den Eltern eindrucksvoll die Bedeutung einer Partnerbeziehung. Einander zu helfen, Rücksicht auf die Freundin oder den Freund zu nehmen, aus Liebe auf etwas zu verzichten oder gerne eine Arbeit für den anderen zu übernehmen, sind soziale Verhaltensweisen, die eine wichtige Erfahrung für die Persönlichkeitsentwicklung jedes jungen Menschen darstellen.

Im Lebensalltag können jedoch manchmal besondere Probleme auftreten und Unsicherheit oder unklare Ängste bewirken und Begleitung und Beratung erforderlich machen.

> Ein junger Mann schreibt über seine Beziehung zu einem anderen Mann seiner Wohngruppe: »Neulich durfte ich bei ihm übernachten. Aber als ich mich zu ihm lege, wendet er sich ab. Da habe ich meine Sachen genommen und bin ab in mein Zimmer. Und da habe ich geweint. Ich hab ihn mal geküsst. So richtig auf den Mund. Aber da habe ich gemerkt, das ist es nicht. Wir wohnen schon viele Jahre zusammen. Ich lieb ihn einfach.« (Ohrenkuss 1998, 18)

Viele Jugendliche mit Down-Syndrom haben kein ausgeprägtes Interesse an genitaler Sexualität (Fraas 1996, 127, Chicoine, McGuire 2013, 231). In einem Gesprächskreis erzählte eine junge Frau, dass sie gern mit ihrem Freund den Abend verbringt und dass sie dann auch zusammen schlafen. Dabei haben beide ihren Schlafanzug an. Nacktsein kommt für beide nicht in Frage: »Das ist voll peinlich!« Eine andere Jugendliche wünschte sich von einem Freund, dass er »zärtlich, lieb, höflich, nett ist« und dass sie mit ihm »spazieren gehen, malen, Nintendo spielen, Musik hören und tanzen möchte« (vgl. Wilken 2009, 136). Sex beinhaltet oftmals für junge Menschen mit Down-Syndrom nur »Kuscheln, Küssen und gegenseitiges Streicheln« (Tidemand-Andersen 2011, 78). Ein junger Mann »wollte eine Freundin haben, die er umarmen und mit der er spazieren gehen konnte, der er seine Zuneigung zeigen und mit der er Dinge und Erlebnisse teilen konnte, aber er hatte nicht den Wunsch nach sexueller Intimität« (Chicoine, McGuire 2013, 232).

Für viele Jugendliche gehört aber zu Liebe und Partnerschaft durchaus die Erfüllung sexueller Bedürfnisse. In Gesprächskreisen mit Teenagern mit Down-Syndrom zeigten sich oft recht unterschiedliche Vorstellungen und Erwartungen, und der sprachliche Ausdruck war manchmal vulgär und teilweise recht differenziert. Eine Jugendliche wollte einen »Freund für ficki, ficki«, eine andere schrieb auf, was sie alles mit ihrem Freund machen wollte: »Wäsche waschen, rausgehen, Eis essen, Fahrrad fahren, Fernsehen, Tischtennis, Sex machen, sein Glied in meine Scheide rein, Kassette hören, Video« (Wilken 2009, 137).

Frühere Feststellungen, nach denen Frauen mit Down-Syndrom noch nie »den Wunsch nach Geschlechtsverkehr geäußert oder in irgendeiner Form auch nur angedeutet hätten« (Weber, Rett 1991, 206), treffen nach meinen Erfahrungen heute nicht mehr für alle Jugendlichen zu. Fragen zu Partnerschaft und Geburtenregelung müssen daher, dem individuellen Verständnis des Jugendlichen und seinen Lebensbedingungen entsprechend, differenziert besprochen werden. Es ist zu problematisieren, wenn Eltern ihrer Tochter »sicherheitshalber« die Pille geben. So berichtete eine Mutter, dass sie kein Risiko eingehen wollte und ihre Tochter bekäme – mit dem Hinweis, dadurch Bauchschmerzen bei der Periode zu vermeiden – seit ihrem 16. Lebensjahr die Pille. Abgesehen von der unnötigen hormonellen Belastung ist festzustellen, dass Missbrauch dadurch gerade nicht vermeidbar ist! Es ist deshalb wichtig, die Jugendlichen aufzuklären und auch Verhütung angemessen zu besprechen.

Aus entsprechenden Gesprächen mit jungen Frauen geht hervor, dass sie trotz ihrer Wünsche nach einem Freund und nach Sexualkontakten oft Ängste äußern, weil sie unklare Vorstellungen über Partnerschaft und Geschlechtsverkehr haben. Häufig fehlen ihnen die sprachlichen Fähigkeiten, um grundlegende Fragen überhaupt formulieren zu können. Sie benötigen deshalb behutsame Informationen mit geeignetem Bild- und Filmmaterial, die ihrem Verständnisvermögen und ihrer Situation entsprechend angepasst werden müssen. Geeignet ist z. B. der Aufklärungsfilm von Pro Familia »Liebe und so Sachen«. Allerdings sollte ein solcher Film nicht unbegleitet angesehen werden und auch nicht alle Teile nacheinander. Sinnvoll ist es, die einzelnen angesprochenen Themen vorzubereiten und nach dem Ansehen der entsprechenden Szenen zu diskutieren und mögliche Fragen zu klären.

10.3 Elternschaft

Auf den häufig geäußerten Kinderwunsch von jungen Menschen mit Down-Syndrom sollten die Bezugspersonen einfühlsam eingehen, denn für viele Jugendliche ist nicht allein Partnerschaft wichtig, sondern auch zu heiraten und Kinder zu bekommen. So teilt ein 18-Jähriger seiner Mutter mit: »Ich will in einer Pizzeria arbeiten, und wenn ich 25 Jahre alt bin, will ich eine Familie gründen, ich will heiraten und auch Kinder haben« (Müller-Erichsen 1996, 261). Filme, besonders die beliebten Vorabendserien und Werbung vermitteln den Jugendlichen oft unrealistische Bilder von Familie und Partnerschaft. Wir müssen ihnen daher auch andere Modelle für das Leben als Erwachsene vorstellen: Berufstätige und allein lebende Erwachsene, Zusammenleben mit einem Partner und mit Assistenz, Leben in Wohngemeinschaften oder in einem Wohnheim. Problematisch ist es dagegen, wenn die Jugendlichen mit Down-Syndrom nur ein bestimmtes, meist klischee-

10.3 Elternschaft

haftes Familienidyll als normale Lebensform im Erwachsenenalter kennen und ihnen gleichzeitig vermittelt wird, dass für sie selbst eine solche Perspektive nicht besteht.

Da für sie als Erwachsene wahrscheinlich unterschiedliche Lebensbedingungen gegeben sein werden, ist es wichtig, ihnen mit Filmen, Büchern oder auch in Rollenspielen unterschiedliche Lebensformen von Erwachsenen aufzuzeigen, die ihnen helfen, eigene Vorstellungen zu entwickeln. Aber es ist »ein schwieriges Thema sowohl für die Jugendlichen als auch für die Eltern ... Es geht darum zu verstehen, dass man nicht die gleichen Möglichkeiten und Voraussetzungen wie andere Menschen hat, und das ist sehr schmerzhaft« (Tidemand-Andersen 2011, 81).

Bei Frauen mit Down-Syndrom ist die Fertilität trotz überwiegend normaler ovarieller Funktion geringfügig vermindert. Schwangerschaften sind somit durchaus möglich. Dabei liegt die theoretische Wahrscheinlichkeit für die Geburt eines Kindes mit Down-Syndrom bei 50 %. Bei den wenigen dokumentierten Schwangerschaften (etwa 30 weltweit – bei wahrscheinlich großer Dunkelziffer) wurden sowohl Kinder mit normalem als auch mit trisomem Chromosomensatz geboren. Aber auch bei den Kindern mit normalem Chromosomenbefund lagen aufgrund von syndromspezifischen gesundheitlichen Problemen der Mutter und der relativ häufig erfolgenden Frühgeburt oftmals zusätzliche Beeinträchtigungen vor. In Deutschland wurde vor einigen Jahren von einer damals 16-jährigen Jugendlichen mit Down-Syndrom ein chromosomal unauffälliges Mädchen geboren, das bei der Geburt nur 600g wog. Auftretende gesundheitliche Probleme der Mutter hatten eine Kaiserschnittentbindung in der 25. Schwangerschaftswoche erforderlich gemacht (Wilke 2003, 82).

Männer mit Down-Syndrom sind nicht impotent, aber nach bisherigen Erkenntnissen gelten sie als fast immer steril. Die vermutliche Ursache ist sowohl ihr »fehlerhaft verändertes Spermium« als vermutlich auch ihre »Unwissenheit über den sexuellen Akt« (Mandakini et al. 2006), aber auch das oft fehlende Interesse an genitaler Sexualität. Bekannt ist eine Ausnahme, wonach ein Mann mit Down-Syndrom ein Kind gezeugt hat, das aber aufgrund von Spontanabort nicht geboren wurde. Für andere Berichte über die Vaterschaft eines Mannes mit Down-Syndrom gibt es nur wenig gesicherte Erkenntnisse. Beim Vorliegen einer Mosaikform ist von anderen Voraussetzungen auszugehen (Caffrey 2002).

Bei Diskussionen in Elterngruppen zu Sexualität, Liebe, Partnerschaft und Kinderwunsch der Jugendlichen mit Down-Syndrom wird oft deutlich, dass die Eltern von Töchtern und diejenigen von Söhnen ganz unterschiedliche Fragen und Sorgen haben. Während bezüglich der Söhne meistens über Selbstbefriedigung und schwieriges Verhalten gesprochen wird, bereitet den Eltern von Töchtern deren häufig unkritische Kontaktaufnahme zu Fremden Sorgen. Besonders belastet Eltern die Möglichkeit einer Schwangerschaft ihrer Tochter. Viele Eltern sehen im offenen vertrauensvollen Verhalten ihrer Söhne oder Töchter gegenüber anderen Menschen eine erhöhte Gefährdung für sexuellen Missbrauch, aber sie empfinden es meistens als schwierig, auf dieses Verhalten einzuwirken, ohne dadurch die positive und freundliche Grundhaltung der Jugendlichen zu beeinträchtigen.

Während die meisten Eltern Sexualität und Partnerschaft ihrer erwachsenen Söhne und Töchter akzeptieren oder sogar als wünschenswert erachten, lehnen sie eine Elternschaft überwiegend ab (vgl. Rauh u. a. 2013, 113). Auch wenn über Elternschaft von Menschen mit geistiger Behinderung offener berichtet wird, bedeutet die Enttabuisierung der Diskussion nicht eine generelle Akzeptanz. Erhebungen und Dunkelzifferberechnungen auf der Grundlage von Befragungen belegen, dass Elternschaft geistig behinderter Menschen offenbar öfter vorkommt (Brenner; Walter 1999, 224), aber bei Frauen mit Down-Syndrom ist Mutterschaft eher selten und in Deutschland ist nur ein Fall bekannt.

Dabei kommt aufgrund der Trisomie auch den besonderen genetischen Bedingungen eine wesentliche Bedeutung zu. Außerdem ist die Gesundheit von Erwachsenen mit Down-Syndrom oft recht anfällig und es kann deshalb zu vielfältigen Problemen kommen, die eine Gefährdung nicht nur für die Mutter, sondern auch für die gesunde Entwicklung eines Babys darstellen.

Auch hinsichtlich der kognitiven und lebenspraktischen Leistungen halten viele Eltern ihre Töchter und Söhne meistens nicht für fähig, Elternschaft verantwortlich zu übernehmen. Überwiegend lehnen sie es ab, dann für das Enkelkind Verantwortung tragen zu müssen – sowohl die Versorgung betreffend als auch die emotionale Verpflichtung.

Deshalb diskutieren viele Eltern in den Selbsthilfegruppen intensiv die verschiedenen Möglichkeiten der Verhütung (vgl. Chicoine, McGuire 2013, 203 f.). Bei bestehendem Kinderwunsch und Partnerschaft von behinderten Erwachsenen ergibt sich daraus ein schwieriges Spannungsfeld. Die Bereitschaft, Verhütung zu praktizieren, muss auf eigener Einsicht beruhen und auf der Fähigkeit, sich dann auch entsprechend zu verhalten.

Oft sehen Eltern die Selbstbestimmung behinderter Erwachsener beim Kinderwunsch vor allem bei ihren Töchtern mit Down-Syndrom aufgrund der Folgen für ihre gesamte Familiensituation kritisch. Da es nur wenige Betreuungsangebote für geistig behinderte Eltern gibt (Chrismon 2002, 33 ff; U. Wilken 2014, 186), haben Eltern die nicht unberechtigte Sorge, dass langfristig die wesentliche Verantwortung für das Baby und für ihre Tochter auf die Herkunftsfamilien zurückfällt. Dabei geht es ihnen weniger um rechtliche Konsequenzen, sondern sie sehen die emotionalen und sozialen Verpflichtungen, die sich selbstverständlich aus der familiären Bindung an Tochter und Enkelkind ergeben. »Mich lässt das doch nicht unberührt, wenn meine Tochter ein Kind hat und damit nicht zurecht kommt – und das Kind ist mein Enkelkind, das ich doch nicht einfach leiden lassen kann«, stellte eine Mutter bei einer entsprechenden Diskussion fest.

Mit großer Offenheit wird die Bewältigung dieser Herausforderung in einem Bericht von Ute Wilke (2003, 82 f.) über ihre Tochter Kim dargestellt, die als 16-jährige Jugendliche mit Down-Syndrom Mutter wurde: »Was sie schnell konnte, war das Wickeln und Anziehen ... Das Füttern überfordert sie heute noch, denn Kim erkennt Maries Zeichen nicht. Wenn sie eine Trinkpause macht, denkt Kim, sie hat keinen Hunger mehr. Die Nächte hat Kim schlichtweg verschlafen, sie hat so gut wie gar nicht auf Maries sehr leises Schreien reagiert ... Den ganzen Tag für ihr Kind da zu sein und sich mit ihm zu befassen, schafft Kim nicht. Ist sie in ihr Spiel oder ihre Lieblingsserien im Fernsehen vertieft, wird Maries Weinen einfach überhört. Wenn sie will, kann sie sich ganz wunderbar um Marie kümmern. Was auch noch hinzukommt ist, dass ich zwar versuche, Kim einiges beizubringen, jedoch in der

Bewältigung meines Alltags ihr aus Zeitgründen auch sicher einiges abnehme. Dann muss ich zugeben, dass ich es genieße, wieder einen Säugling zu versorgen und Kim auch manchmal gerne entlaste .... Zur Unterstützung erhalten wir vom Jugendamt eine Sozialpädagogin, die bis zu acht Stunden die Woche kommt ...«. Der Vater von Kims Baby ist nicht bekannt.

Obwohl hier eine individuell tragfähige Lösung gefunden wurde, bestätigt dieses Beispiel die Sorgen vieler Eltern.

Es ist deshalb unbedingt erforderlich, dass Eltern oder andere Bezugspersonen mit den Jugendlichen über Vermeiden von Missbrauch, aber auch über Verhütung bei Freundschaft und Partnerschaft sprechen.

Die meisten Eltern lehnen eine Verantwortungszuweisung ab, die sich als Konsequenz aus dem Kinderwunsch geistig behinderter Menschen für das Familiensystem ergibt, weil sie als »Großeltern des Kindes einspringen müssen, wenn die Eltern allein dem Kind nicht mehr gewachsen sind« (Pro Familia 1998, 22). Deshalb wird es für sinnvoll erachtet, »wenn Menschen mit geistiger Behinderung keine Kinder in die Welt setzen. Auf ihren Kinderwunsch zu verzichten, fällt ihnen jedoch oft sehr schwer. Sie träumen davon, ein gesundes, schönes Kind zu haben. Die Erfüllung dieses Traumes würde ihnen bestätigen, dass sie erwachsen sind, abgelöst von den Eltern, weil sie nun selbst erwachsen sind, dass sie keine Außenseiter, sondern normal sind. Hier wird die Wichtigkeit einer möglichst früh beginnenden sexualpädagogischen Begleitung von Mädchen, Jungen und auch Erwachsenen mit geistiger Behinderung deutlich, in der der Tagesablauf in der Betreuung von kleineren und größeren Kindern vermittelt wird, mit allen schönen und schwierigen Seiten. Hier können die Menschen mit geistiger Behinderung lernen, dass ein Kind zu haben nicht die Voraussetzung für Erwachsensein ist, und sie entscheiden dann vielleicht selbstbestimmt, dass sie kein Kind haben wollen oder können. Sie werden auch dabei begleitet, mit dieser Entscheidung fertig zu werden« (ebd). Dazu gehört auch, mit den Jugendlichen gewissenhaft und einfühlsam zu klären, ob der Wunsch nach einem Baby oder nach einem Kind besteht und welche Vorstellungen und Erwartungen an den Kinderwunsch geknüpft sind. Es sollte verstehbar vermittelt werden, wie schnell aus einem Baby ein Kindergarten- und Schulkind wird und welche zunehmenden Aufgaben und Verpflichtungen mit dem Heranwachsen eines Kindes verbunden sind. Dazu ist es auch sinnvoll, sie auf das Heranwachsen von Kindern im Freundeskreis, bei Verwandten oder Nachbarn hinzuweisen oder einen Bezug zur eigenen Biografie herzustellen.

Auch die heute mögliche Trennung von Partnerschaft und Elternschaft kann für Menschen mit Down-Syndrom eine verstehbare Option sein und ermöglichen, angemessene Lösungen zu finden, die Freiräume für Entscheidungen zur individuellen Lebensgestaltung bieten. Ihre Vorstellungen bezüglich Partnerschaft und Kinderwunsch können mit den Menschen mit Down-Syndrom offen und unter Abwägung der möglichen Konsequenzen besprochen werden. Die möglichen gesundheitlichen Risiken und leidvolle Erfahrungen mit unerwünschter Schwangerschaft sind durch unterstützende Begleitung vermeidbar. Denn, das zeigen entsprechende Untersuchungen, die dokumentierten Schwangerschaften der Frauen mit geistiger Behinderung sind eigentlich nie geplant (Benner; Walter 1999, 223). Es gibt jedoch einen beeindruckenden Bericht einer Frau mit Down-Syndrom aus

Slowenien, der zeigt, dass unter besonders günstigen Bedingungen Elternschaft bewältigt wird.

> »Ich lernte meinen Mann im Kirchenchor kennen, wo wir beide sangen. Wir wohnen in einem eigenen Haus in der Nähe des Vaters meines Mannes. Wir haben einen kleinen Gemüsegarten. Wir haben viele Freunde in der Kirchengemeinde. Wir wünschten uns ein Kind. Nach einem Spontanabort und einem Schwangerschaftsabbruch, weil beim werdenden Kind eine Trisomie festgestellt wurde, kam mit der dritten Schwangerschaft meine wunderbare Tochter zur Welt. Sie füllt unser Haus mit Freude und Glück« (Renko, Brezigar 1998, 8 ff.).

Ein wichtiger Aspekt betrifft die Dauerhaftigkeit der Partnerbeziehungen. Auch Menschen mit geistiger Behinderung sollten wissen, dass Partnerschaften nicht immer beständig sind und nicht unbedingt zur Ehe führen müssen. Andererseits ist das – wie bei nicht behinderten Paaren auch – kein Grund, keine feste Beziehung einzugehen oder gar die jungen Menschen vor solchen möglichen leidvollen Erfahrungen zu beschützen. Es ist allerdings sinnvoll, unterschiedliche persönliche Regelungen mit ihnen zu besprechen und die damit verbundenen Konsequenzen aufzuzeigen. Einige Paare waren mit einer Verlobungsfeier zufrieden, andere haben eine kirchliche Segnung ihrer Beziehung als schön empfunden, bisher wenige haben geheiratet.

Ein individueller Beratungsbedarf entsteht manchmal bei Krisen in Freundschaft oder Partnerschaft. Entsprechende Hilfen und Begleitung sollten deshalb im Wohn- oder Arbeitsbereich der Menschen mit Behinderung angeboten werden. Die vorgetragenen Gründe für Schwierigkeiten in der Paarbeziehung sind erfahrungsgemäß vielfältig. Es gibt typische Unstimmigkeiten in der Alltagsgestaltung wie z. B. Arbeitsteilung im Haushalt, Freizeitgestaltung, aber auch übermäßiger Alkoholkonsum des Partners oder Eifersucht. Darüber hinaus treten einige behinderungsbedingte Probleme auf, besonders im Bereich der genitalen Sexualität. So können sich manche junge Frauen mit Down-Syndrom von den Wünschen und Bedürfnissen ihres Partners überfordert fühlen oder haben dafür kein Verständnis. Oder die genitale Sexualität hat für einen Partner nur eine nachrangige Bedeutung (Chicoine, McGuire 2013. 231). Das kann problematisch sein, wenn solche unterschiedliche Auffassungen bestehen und sprachliche Barrieren eine Klärung einschränken.

- Ein junger Mann berichtet, seine Freundin wolle »nichts ausprobieren« und wenn er »das dann trotzdem machen will, heult sie«. Im Einzelgespräch mit der jungen Frau äußerte sie mehrfach, »er will immer was, das darf man nicht« oder »so was ist doch verboten«. Es ging dabei nicht um eine generelle Ablehnung von Genitalsexualität, sondern von weniger üblichen Praktiken.
- In einer kleinen Gruppe haben drei Frauen von sich ein großes Bild gemalt und eingezeichnet, wo sie Berührung und Streicheln schön finden und wo nicht. Dann zeigten sie sich gegenseitig ihre Bilder und sprachen über ähnliche und

> verschiedene Wünsche. Ihre Partner haben in gleicher Weise Bilder gestaltet. Abschließend hat jedes Paar miteinander, aber ohne die anderen Paare, über die Bilder gesprochen. Dabei wurde Assistenz nur gegeben, wenn Hilfen oder Erklärungen gewünscht oder nötig waren.

Verschiedene Vorstellungen und mögliche Schwierigkeiten können die jungen Frauen und Männer meistens besser in Einzelgesprächen oder in getrennten Gruppen nach Männern und Frauen thematisieren. Die Beratung sollte jedoch nicht nur auf der verbalen Ebene stattfinden. Bewährt haben sich Arbeitsformen, die den jeweiligen Kompetenzen der behinderten Erwachsenen entsprechen und unterschiedliches konkretes oder bildliches Material anbieten.

Durch eine individuell angemessene Begleitung und verbesserte medizinische Betreuung haben Menschen mit Down-Syndrom ihre Kompetenzen heute erheblich erweitert. In vielen Lebensbereichen wird ihnen deshalb eine zunehmende Normalisierung möglich und insgesamt leben die Erwachsenen in größerer Unabhängigkeit und persönlicher Freiheit. Daraus ergeben sich neue Ansprüche auf selbstbestimmte Formen des Arbeitens und Wohnens, auf Partnerschaft und verantwortliche Gestaltung des eigenen Lebens.

10.4 Ausblick auf das Älterwerden

Die Lebenserwartung von Personen mit Down-Syndrom ist in den letzten Jahrzehnten kontinuierlich gestiegen und liegt heute bei über 57 Jahren (Berlin-Institut 2009, 42) und in Einzelfällen bei 70 Jahren und älter. Dabei hat sich auch die Lebensqualität zunehmend günstiger entwickelt. Allerdings ist die Gesundheit oft deutlich fragiler als bei anderen Personen. »Manche altersbedingte Veränderungen treten bei Menschen mit Down-Syndrom früher auf ... Dieses vorzeitige Alterungsmuster wirkt sich sowohl auf ihre körperliche Verfassung als auch auf das Eintreten von gesundheitlichen Problemen aus, die im Alter häufiger vorkommen« (Chicoine, McGuire 2013, 57 f.). Typische altersabhängige Beeinträchtigungen des Hörens, Sehens und der Motorik können relativ früh auftreten und machen deshalb eine aufmerksame Begleitung erforderlich, um Fehlinterpretationen zu vermeiden und rechtzeitig angemessene Hilfen zu geben (Wilken 2013, 158 f.). Von den möglichen Einschränkungen in den »Aktivitäten des täglichen Lebens wie Motorik, zur Toilette gehen, An- und Auskleiden, Essen, unabhängige Lebensfertigkeiten ... sind auch kognitive Fertigkeiten wie Sprechen, Lesen, Schreiben und Rechnen betroffen« (Haveman; Stöppler 2004, 81).

Zwar können nach bisherigen Erkenntnissen bei etwa einem Drittel der Menschen mit Down-Syndrom mit dem 30. Lebensjahr erste Abbauprozesse einsetzen, denen oftmals deutliche affektive und seelische Verstimmungen vorausgehen (Weber, Rett 1991, 234), doch bedeutet das auch, dass etwa zwei Drittel nicht von solchen Veränderungen betroffen sind. »Ältere Menschen mit Down-Syndrom haben vor allem dann gute Chancen auf einen langen Lebensabend, wenn sie lange geistig und körperlich aktiv bleiben« (Berlin-Institut 2009, 42). Erforderlich ist es deshalb, Erwachsenen mit Down-Syndrom begleitende Angebote zu machen, die ihre Interessen unterstützen und dazu beitragen, ihre Fähigkeiten zu erhalten. Zudem ist differenziert auf individuelle Probleme einzugehen und sorgfältig sowohl medizinische als auch psychologische Fragen abzuklären. Ohne genaue Alltagsbeobachtung und lebensbegleitende Vorsorgeuntersuchungen werden sich entwickelnde Beeinträchtigungen des Hörens und Sehens oftmals nicht erkannt. Veränderungen im Verhalten oder in der Gesundheit werden dann vorschnell als Ergebnis typischer syndromspezifischer Entwicklungen betrachtet. Mit dieser Begründung wird leider noch oft keine weitere Abklärung vorgenommen, die ermöglichen würde, herauszufinden, ob etwa behandelbare körperliche Beeinträchtigungen, unklare Schmerzen oder ein besonderer Kummer auslösend sind (Lambert 2000, 159 ff). Wenn aber »bei einem Menschen mit Down-Syndrom die Diagnose einer Stimmungsstörung erstellt wird, müssen alle psychologischen, sozialen, biologischen und medizinischen Aspekte einbezogen werden. Nur so kann ein effektiver Behandlungsplan aufgestellt werden« (McGuire, Chicoine 2008, 259). Außerdem sollten wir uns den Alltag der alternden Menschen mit Down-Syndrom daraufhin ansehen, inwieweit passive Verhaltensweisen oder mangelnde Interessen vielleicht eher eine Folge einengender Lebensbedingungen sind und nicht allein auf das Älterwerden zurückgeführt werden können.

Ebenso wie die Ärzte im medizinischen Bereich regelmäßige Untersuchungen empfehlen, sollte auch im pädagogisch-psychologischen Bereich eine begleitende Diagnostik erfolgen, um problematische Veränderungen frühzeitig zu erkennen und wichtige Entscheidungen nicht nur auf Vermutungen zu gründen. Präventiv ist jedoch wichtig, den individuellen Lebensalltag zu erfassen und zu überlegen, welche Aktivitäten dem Erwachsenen Freude bereiten, welche Angebote seinen Interessen und Fähigkeiten entsprechen und ihn motivieren, sich weiterhin zu betätigen, damit gar nicht erst ein Abgleiten in Passivität stattfindet.

Gerade aus Wohnstätten wird immer wieder berichtet, wie Erwachsene mit Down-Syndrom bei Alltagsverrichtungen extrem langsam werden und bisher sicher beherrschte Selbsthilfefertigkeiten »vergessen«. Manche verlieren die Lust, an bisher gern wahrgenommenen Gruppenaktivitäten teilzunehmen. Selbst wenn es sich dabei um altersbedingte Abbauprozesse handeln kann, sind dabei auch die aktuellen Lebensbedingungen zu überdenken. »Die extreme Neigung zur Passivität und der Mangel an Eigeninitiative« (Weber; Rett 1991, 234) sollte nicht unhinterfragt akzeptiert werden. Bei allem Recht auf Selbstbestimmung sind doch motivierende Angebote und sinnvolle Alltagsgestaltung und hin und wieder ein konkreter ›Anschubs‹ notwendige Voraussetzungen zum Erhalt bzw. zur Erweiterung der erreichten Kompetenzen, damit die Erwachsenen weiterhin ein erfülltes Leben führen können.

Die Lebensbedingungen der Menschen mit Down-Syndrom gestalten sich heute sowohl von den äußeren Rahmenbedingungen her als auch bedingt durch ihre wachsenden Kompetenzen vielfältiger als in früheren Zeiten. Beim Wohnangebot finden sich vermehrt differenzierte Konzepte: Menschen mit Down-Syndrom leben relativ selbstständig in eigenen Wohnungen mit nur geringfügiger Assistenz und Begleitung, andere benötigen umfangreichere Formen des betreuten Wohnens. Bei höherem Hilfebedarf und intensiven Unterstützungsbedürfnissen können Wohnheime den Erwachsenen mit Down-Syndrom eine individuell geeignete Lebensform bieten. Einige Erwachsene bevorzugen es, allein zu wohnen, die meisten leben aber lieber in einer Gemeinschaft, manche leben in einer Partnerschaft. Viele jüngere Erwachsene wohnen zusammen mit ihren Eltern und einige bei ihren Geschwistern.

> Ein Mann mit Down-Syndrom im Alter von 41 Jahren berichtet, dass er in einer Wohngruppe mit 13 Leuten lebt. »Betreuer sind alle nett. Ich habe ein Wohnzimmer, Schlafzimmer und einen Fernseher. Freundin hab' ich nicht, brauch' ich auch nicht. Die Betreuer sind meine besten Freunde, die helfen mir. Ich höre gerne Volksmusik, Schlagerparade, auch englische und deutsche – mag ich alles gerne. Ich kann auch schreiben und lesen. Ich geh montags in die Erwachsenenbildung. Da lerne ich Computer, rechnen auch. Ich kann vieles. Sport auch. Da spiel ich Tischtennis und Hockey.« (Kids 2002, 4)

Der Verlauf des Alterungsprozesses weist trotz einiger syndromtypischer Gemeinsamkeiten ganz erhebliche individuelle Unterschiede auf, und die möglichen gesundheitlichen Beeinträchtigungen sind sehr verschieden ausgeprägt. Gesundheit und Psyche sind zwar häufiger betroffen als bei anderen Personen im gleichen Lebensalter, aber die relative Häufigkeit von möglichen Beeinträchtigungen darf nicht den Blick darauf verstellen, dass trotzdem die meisten Personen mit Down-Syndrom nicht von diesen Einschränkungen betroffen sind. Heute haben viele die Möglichkeit, durch angemessene Partizipation in der Freizeit und im beruflichen Bereich ihre Fähigkeiten zu erhalten, neue Interessen zu entwickeln und ihre Kompetenzen zu erweitern. Einzelne Menschen mit Down-Syndrom haben mittlerweile sogar ohne besondere zusätzliche körperliche oder geistige Einschränkungen das offizielle Rentenalter erreicht. Für sie ist zu bedenken, wie Wohn- und Lebensräume geschaffen werden können, die Versorgungsstrukturen bereit halten, um ihnen zu ermöglichen, im gewohnten Milieu auch im »Ruhestand« beheimatet zu bleiben (vgl. Deutsches Zentrum für Altersfragen 2001, 104).

Fördermöglichkeiten für Vorschulkinder sowie für Schülerinnen und Schüler mit Down-Syndrom werden in der Fachliteratur ausführlich beschrieben und entsprechende institutionelle Strukturen bestehen bereits. Es bleibt jedoch eine noch zu lösende Aufgabe, in gleicher Weise differenzierte Konzepte für Erwachsene und Ältere zu entwickeln, die sowohl dem individuellen Bedürfnis nach Selbstständigkeit und Selbstbestimmung entsprechen als auch die notwendige Begleitung und Unterstützung bieten und Einfluss nehmen, um unnötige Eingrenzungen und Barrieren abzubauen (Wilken 2013, 160).

Da der Anteil älterer Menschen und der Menschen mit Behinderung weiter steigen wird, ergibt sich ein wachsender Hilfebedarf für diese Personengruppen. »Wenn es gelingt, räumliche und kommunikative Barrieren abzubauen und auch ehrenamtliche Unterstützer einzubinden, wachsen die Chancen auf Teilhabe und wohnortnahe Versorgung« (Berlin-Institut 2009, 71). Wenn dies gelingt, werden Menschen mit Down-Syndrom in Zukunft im Erwachsenenalter und mit zunehmendem Älterwerden ein Leben in Würde führen können. Dann werden ihre Kompetenzen möglichst lange erhalten bleiben und sie sind in der Lage, sich auch im Alter ihren Interessen und Fähigkeiten entsprechend noch Lebensqualität zu bewahren.

11 Von der Frühförderung zu einem selbstbestimmten Leben – Erfahrungen einer Mutter

Christiane Müller-Zurek

Nach einer unauffälligen Schwangerschaft wurde mein zweiter Sohn ohne Komplikationen zu Hause geboren. Ein paar Auffälligkeiten irritierten mich. Jans Aussehen erschien mir fremd, und er ließ sich – anders als sein älterer Bruder – nicht sofort stillen. Die Hebamme, die auch schon meinen ersten Sohn entbunden hatte, meinte, Jan brauche eben etwas Zeit. Aber die Trinkschwäche blieb und nur mit Mühe trichterte ich ihm ein paar Tropfen ein. Er schlief sehr viel und musste zum Stillen geweckt werden. Meine Frage, ob eine geistige Behinderung vorläge, wiegelte die Hebamme ab. Dass Jan tatsächlich nicht meinen Vorstellungen eines Wunschkindes entsprach, erfuhr ich, als Jan fünf Tage alt war anlässlich der U2. Unserem Kinderarzt – einem sehr renommierten Berliner Pädiater – rutschte der Satz raus: »So sieht doch kein normaler Mensch aus.« Mir war sofort klar, dass er das Down-Syndrom meinte.

Trotzdem zog mir die Diagnose buchstäblich den Boden unter den Füßen weg, und die Einweisung in die Kinderklinik erschwerte die Situation. Aus der Klinik rief ich meine Hebamme an, um sie zu informieren, und erfuhr, dass auch sie den Verdacht auf Down-Syndrom hatte. Ich war traurig und wütend, dass sie trotz meiner eigenen Vermutungen nicht offen mit mir gesprochen hatte. Die fehlende Informationsbereitschaft setzte sich bei den Ärzten in der Klinik fort. Niemand verwandte den Begriff Down-Syndrom bzw. entsprechende Bezeichnungen, und ohne jede Erklärung wurde Jan einer Vielzahl von Tests unterzogen. Auf meine

Fragen gab es die lapidare Antwort: »Das macht man so bei diesen Kindern.« Zwei hilfsbereiten Menschen bin ich in der Klinik begegnet: Einer älteren Säuglingsschwester, mit deren Unterstützung ich Jan stillen konnte, und der Physiotherapeutin, die uns erste Perspektiven vermittelte. Bei der Abschlussuntersuchung erwähnte die Stationsärztin beiläufig, der »Verdacht« sei durch das humangenetische Institut bestätigt worden. Kein weiteres Wort, keine guten Wünsche für die Zukunft. So begann unser neues Leben.

1991 waren sozialpädiatrische Zentren in Berlin gerade erst im Aufbau. Das machte uns zu Therapietouristen, die für jeden Funktionsbereich andere Spezialisten aufsuchten. In seinen ersten Lebensjahren hatte Jan Kontakt mit unterschiedlichen Kinder- und Jugendambulanzen, vielen Beratungs- und Dienststellen, niedergelassenen und in einer Kindertagesstätte tätigen Therapeuten.

Unmittelbar nach der Diagnose begannen wir mit Gymnastik nach Bobath bei einer Bobath-Lehrtherapeutin. Zur Sprachanbahnung konsultierten wir eine Logopädin mit dem Schwerpunkt Gebärden-unterstützte Kommunikation, eine weitere mit dem Schwerpunkt Mundmotorik. Zur Entwicklung der Feinmotorik besuchten wir eine Ergotherapeutin mit Zusatzausbildung in sensorischer Integration. Mit Musiktherapie hoffte ich, die Sprachentwicklung positiv stimulieren zu können. Parallel nahm Jan regelmäßig an verschiedenen Entwicklungstests teil, die seine und meine Frustrationstoleranz auf eine harte Probe stellten. Abgesehen von zahlreichen Arztbesuchen absolvierten wir zwei bis drei Termine pro Woche!

Während der ersten Monate weinte ich bei nahezu jedem Termin um meine enttäuschten Hoffnungen und Zukunftspläne. Im Rückblick sehe ich die Physiotherapie für Jan als Psychotherapie für mich. Sie stärkte die Bindung zwischen uns und mein Vertrauen in Jans Fähigkeiten. Die Physiotherapeutin hatte einen ganzheitlichen Ansatz und war so erfahren wie geduldig – vor allem mit mir. Als ich Jans motorische Entwicklung mit der Vojta-Methode forcieren wollte, lehnte sie ab, Jan nach Vojta zu behandeln, weil sie trotz Vojta-Ausbildung diesen Ansatz inzwischen ablehnte und zeigte mir die Übungen lediglich. Ich versuchte, sie zu Hause umzusetzen, fand das Vojta-Programm jedoch für Kind und Mutter zu belastend und akzeptierte, dass Jan erst etwas später krabbeln und laufen lernen würde. Leider dauerte die Zusammenarbeit mit dieser Physiotherapeutin nur ein Jahr, weil sie ihre Praxis aufgab.

Auch die Gebärden-unterstützte Kommunikation lernte ich anfangs nur, um die Sprachentwicklung zu beschleunigen; der Aspekt der Kommunikationsunterstützung erschloss sich mir erst später. Ich hatte keine Zeit, aber mein Sohn lehrte mich etwas anderes, nämlich Geduld und Bescheidenheit. Er nahm und nimmt sich bis heute die Zeit, die er braucht. Im Laufe der Jahre lernte ich, warten zu können, mich über jeden Entwicklungsschritt zu freuen und mit der Behinderung zu leben. Anfangs arbeitete ich verbissen mit Jan, immer in der Angst, etwas zu versäumen, aber immer in der Hoffnung, ihn »normalisieren« zu können. Ich war unsicher und ständig in Sorge, Jan nicht genügend zu fördern. Entwicklungsschritte wie Krabbeln und freies Laufen erreichte er jedoch in Therapiepausen.

In den ersten Jahren verschlang ich alles, was ich an Literatur über das Down-Syndrom und therapeutische Verfahren finden konnte. Berichte über herausragende Entwicklungen von Menschen mit Down-Syndrom schienen meine Bemühungen zu bestätigen. Anfangs »belohnte« uns Jan mit raschen Fortschritten und lag am Rand der »normalen« Entwicklung. Ich war fasziniert von Entwicklungstabellen und fixiert darauf, ob Jan – wenn schon nicht auf dem 50%-Niveau – so doch wenigstens auf dem 90%-Niveau lag. Doch irgendwann kam der schmerzliche Moment, wo ich mir eingestehen musste, dass mein Sohn behindert ist, dass er auch nicht zur Spitzengruppe der Kinder mit Down-Syndrom gehört, sondern ein eher durchschnittliches Kind mit Down-Syndrom ist. Ich hatte mir keine Vorstellungen davon gemacht, wie lange Entwicklungsprozesse tatsächlich dauern können, und die überaus positiven Berichte hatten bei mir Erwartungen geweckt, die mein Kind nicht erfüllen konnte. In dieser Phase war ich sehr schwierig und Experten gegenüber mitunter auch aggressiv – eine große Herausforderung für das Personal in Frühfördereinrichtungen.

Oft hatte ich das Gefühl, mehr Energie in Jans Förderung stecken zu können, wenn nicht Till, sein zwei Jahre älterer Bruder, ebenfalls meine Zeit und Aufmerksamkeit benötigt hätte. Tatsächlich jedoch half gerade Tills unbefangener Umgang mit seinem kleinen Bruder, Jans Tonus auf spielerische Weise zu kräftigen. Beim Herumtollen und -balgen wurde Jan sehr schnell stabil und krabbelte mit elf Monaten. Sein bestes Förderprogramm zu dieser Zeit war Till! Nach der Geburt von Max, unserem dritten Sohn, hatte ich noch weniger Zeit für Termine und Therapien, aber die Geschwister förderten und forderten sich gegenseitig –Inklusion in der Familie. Die Entscheidung für ein drittes Kind entspannte unser Familienleben. Die Behinderung trat in den Hintergrund; vieles, was ich als Problem wahrgenommen hatte, relativierte sich und Jan erhielt Freiräume, die er zur Entwicklung seiner Selbstständigkeit nutzen konnte.

Wie viele Mütter kam ich an den Punkt, wo ich nicht mehr ständig unter Förderdruck stehen, sondern »einfach nur mal Mutter« sein wollte. Ich befand mich einerseits in dem Zwiespalt zwischen zu viel und zu wenig an Förderung und andererseits in der Schwierigkeit, Übungssituationen in den Alltag zu integrieren. Mit der Zeit wurde ich zwar sicherer und das schlechte Gewissen, nicht genügend getan zu haben, nahm ab, aber die Zweifel blieben, ob Jan in seiner Entwicklung weiter wäre, wenn wir mehr in die Förderung investierten.

Zum Umdenken brachte mich ein Gespräch mit einer Psychologin, die Jan regelmäßig im Rahmen einer Längsschnittstudie über Kinder mit Down-Syndrom untersuchte. Kritisch hinterfragte sie meinen Wunsch, Jan optimal mit allen mir zur Verfügung stehenden Mitteln zu fördern, und erklärte mir, wie wichtig es sei, Jan nicht jeden Entwicklungsschritt vorwegzunehmen und ihn seine Entdeckungen selbst machen zu lassen. Daraufhin reduzierten wir therapeutische Kontakte auf ein Maß, das wir sowohl für Jan als auch für die gesamte Familie für vertretbar hielten. Wir erkannten, dass ständiges Training Jan den Eindruck vermitteln würde, nie gut genug zu sein, und sein Selbstwertgefühl und sein Selbstbewusstsein negativ beeinflussen könnte. Er braucht das Vertrauen in seine eigenen Fähigkeiten und die emotionale Sicherheit seinen Bezugspersonen gegenüber.

Die in der Literatur beschriebene Misserfolgserwartung beobachten wir auch bei Jan. Auf Überforderungen reagiert er sehr sensibel: »Kann ich nicht.« Andererseits ist er neugierig, wissbegierig und testete schon früh seine Grenzen aus. Er entwickelt viel Ausdauer und Ehrgeiz, wenn er etwas selbst will – ein Paradebeispiel für intrinsisch motiviertes und handlungsorientiertes Lernen. Über lange Jahre stagnierten seine Lese-, Schreib- und Rechenfähigkeiten trotz intensiver Bemühungen mit den unterschiedlichsten Lernprogrammen in der Schule und zu Hause – ob Frühlesen, Montessori oder computerbasierte Verfahren. Das Erfassen des Zahlenraums lernte Jan dann über das Sortieren und Schreiben endloser Listen seiner geliebten 3-Fragezeichen-Hörspiele, von denen er weit über 100 besitzt, über dreistellige Busnummern und beim Einkaufen. Und zu unserer Überraschung erweiterte er nach dem Ende seiner Schulzeit im Umgang mit dem Computer allmählich doch noch seine Schreib- und Lesekenntnisse, indem er im Internet oder bei Youtube ihn interessierende Themen sucht, z. B. seine Lieblings-TV-Sendungen oder auch den Begriff Down-Syndrom. Er sagt von sich selbst: »Ich behindert, ich Down-Syndrom.«

Er versucht selbst, an seiner Artikulation zu arbeiten. Seit ihm vor einem Jahr endlich Hörgeräte verordnet wurden, hat sich seine Sprache verbessert. In Schönschrift bekommen wir von ihm Einkaufszettel oder Wunschlisten zu Weihnachten und zum Geburtstag. Mit iphone und ipad geht er souverän um und kommuniziert täglich über Facetime mit seinen Brüdern. Er beherrscht die Kunst des Smalltalks, ist höflich und trägt bei festlichen Anlässen gerne Anzug und Krawatte, am liebsten jedoch sportliche Outfits. In seiner Freizeit spielt er in einer inklusiven Theatergruppe mit. Seinen Alltag bewältigt er selbstständig, bereitet sich kleine Mahlzeiten selbst zu, geht allein zum Friseur. Bei Terminen wie Hörgerätekontrolle oder Zahnprophylaxe dürfen wir nicht mit ins Behandlungszimmer.

Maßgeblich für Jans Entwicklung war der soziale Austausch, das Lernen mit und von anderen Kindern und Jugendlichen. Nachdem er anfangs von einer liebevollen und engagierten Tagesmutter betreut wurde, kam er mit gerade zwei Jahren in die Integrationskita, die Till und später auch Max besuchten. Zu diesem Zeitpunkt konnte er – wenn auch noch etwas unsicher – frei laufen, verfügte jedoch nur über wenige Kommunikationsmöglichkeiten. Im vierten Lebensjahr konnten wir auf Windeln verzichten; und am Ende der Vorschulzeit war Jan in der Lage, seinen Namen zu schreiben, und so verkehrssicher, dass er bereits in der zweiten Klasse allein mit dem Linienbus von der Schule zum Hort fuhr. Nach der Grundschule wechselte Jan in eine 8 km entfernte Realschule in Berlin-Dahlem; den Schulweg bewältigte er ebenfalls selbstständig mit dem Bus. Die letzten zwei Schulbesuchsjahre verbrachte Jan, weil wir keinen Platz für ihn an einer integrativen Oberschule bekommen hatten, in einem Förderzentrum mit Schwerpunkt geistige Entwicklung, wie es in Berlin heißt. Auch hier fühlte er sich sehr wohl und fuhr jeden Morgen alleine mit dem Fahrrad zur Schule.

In seinen Schulklassen war Jan immer gut integriert – trotz seiner eingeschränkten sprachlichen Ausdrucksmöglichkeiten. Bis in die 10. Klasse folgten seine Mitschülerinnen seinen Geburtstagseinladungen. Gut erzogen, wie sie waren, ließen sie sich von Jan sogar zum Sackhüpfen und Eierlaufen überreden und hatten offensichtlich Spaß dabei. Vor zwei Jahren nahm Jan an einem Treffen seiner früheren Grundschulklasse teil. Die Freude über das Wiedersehen war groß, und ein ehemaliger Klassenkamerad besuchte Jan anschließend an seinem Arbeitsplatz in der Kantine einer Werkstatt für behinderte Menschen.

11 Von der Frühförderung zu einem selbstbestimmten Leben – Erfahrungen einer Mutter

Als Jan begann, sich erfolglos in die hübschesten Mädchen seiner Klasse zu verlieben, meldeten wir ihn in einem Freizeitclub der Lebenshilfe an, um mehr Kontakte zu jungen Menschen mit Behinderung anzubahnen. Er fand dort auch eine Freundin, mit der er mehrere Jahre zusammen war. Im Moment ist sein Beziehungsstatus wieder Single.

Obwohl ich während der Schwangerschaft mit Jan – ich war 33 Jahre alt – bewusst auf eine Amniozentese verzichtet hatte, gab es eine Zeit, in der ich mir wünschte, er hätte ein Chromosom weniger. Er wäre jedoch nicht er, denn das Down-Syndrom ist Teil seiner Persönlichkeit. Unser Leben wäre vielleicht einfacher verlaufen, aber vermutlich weniger abwechslungsreich. Wir führen ein glückliches Leben und sind stolz auf alle unsere Söhne. Eine wichtige Erkenntnis für mich war, dass es Jan und der Familie nur gut gehen kann, wenn es mir gut geht, ich mit meinem Leben zufrieden bin und einen Bereich für mich selbst habe, aus dem ich Kraft schöpfe. Ich bedaure nur, dass Außenstehende oft nur die Belastungsfaktoren in unserem Leben wahrnehmen, die zwar real, aber nur eine Facette sind.

Im Rückblick sehe ich hinsichtlich der Frühförderung einiges differenzierter. Vielleicht hätte ich mit einer Hausfrühförderung, die es in Berlin leider nicht gab und auch heute noch nicht gibt, weniger verkrampft mit Jan gearbeitet. Was ich am meisten vermisste war ein ganzheitliches Förderkonzept. Ich musste mein Kind in verschiedene Funktionsbereiche mit entsprechenden Therapien aufteilen lassen: für die Grobmotorik Physiotherapie, für die Feinmotorik Ergotherapie, für die Sprache Logopädie, dazu kamen übergreifende Ansätze wie Psychomotorik, sensorische Integration u. a. Im Interesse des Kindes und seiner Familie würde ich mir Frühförderung aus einer Hand wünschen. Zudem lassen sich Entwicklungsprozesse nicht so ohne weiteres in Teilbereiche zerlegen, die durch unterschiedliche Professionen gefördert werden können, sondern hängen voneinander ab und bedingen sich wechselseitig.

Oft hatte ich den Eindruck, dass kaum ein Therapeut unsere Familie als Ganzes sah und reflektierte, welche Auswirkungen eine Maßnahme auf das System Familie hat. In unserem Fall hieß das oft: Wo bleiben die Geschwister, wenn Jan Therapien hat? Welche Bedürfnisse haben sie und werden sie wahrgenommen? Solange ich einseitig mit der Förderung von Jan beschäftigt war, gerieten sie mir selbst schon mal aus dem Blickfeld. Eine verantwortungsvolle Frühförderung sollte daher immer die gesamte Familie im Auge haben. Aus einer Hand wäre Frühförderung für die Familie praktikabler und hätte mehr Kontinuität, was nicht ausschließt, bei Bedarf weitere Experten hinzuziehen. Bei einer befreundeten Familie verkörperte die Logopädin Kontinuität, bei uns die Ergotherapeutin. Sie begleitete uns über einen sehr langen Zeitraum, kannte Jans Entwicklung, seine Stärken und Schwächen und war uns eine verlässliche Ansprechpartnerin auch in schwierigen Situationen. Mir half es, Erziehungsprobleme, die Notwendigkeit von Grenzen und konsequentem Verhalten sowie Schwierigkeiten mit den Geschwistern mit ihr besprechen zu können. Sie hielt Kontakt zur Kita, unterstützte die Erzieher bei Unsicherheiten im Umgang mit Jan, tauschte sich mit anderen Therapeuten aus und nahm am Förderausschuss der Schule teil.

Ein entscheidendes Moment der Förderung war für mich, die Behinderung akzeptieren zu lernen und Sicherheit im Umgang mit meinem besonderen Kind zu gewinnen. Dazu gehört die Fähigkeit zu relativieren und die Erkenntnis, dass nicht jedes Problem behinderungsbedingt ist, sondern auf dem Hintergrund des Entwicklungsstandes zu betrachten ist. Dass Jan Geschwister hat, war dabei ein Vorteil, wie sich in vielen Gesprächen in der Elterngruppe zeigte.

Sympathie für den Therapeuten war der Beziehung immer förderlich. Eine bedeutende Rolle spielt dabei das Menschenbild des Therapeuten, seine Haltung behinderten Menschen gegenüber und seine Wertschätzung. Sein Umgang mit meinem Kind war – insbesondere in dem Stadium, als es mir schwer fiel, mein Kind anzunehmen – Vorbild für mich. Die Therapeuten, die mir und meinen Schwierigkeiten Verständnis entgegenbrachten, waren mir die sympathischsten.

Als hilfreich habe ich gesprächsbereite, aufgeschlossene Therapeuten erlebt, die offensichtlich bemüht waren, aktuelle Tendenzen zu verfolgen, aber sich – auch mir gegenüber – kritisch damit auseinandersetzten. Transparenz schafft Vertrauen und Sicherheit. Von therapeutischen und pädagogischen Fachleuten erwarte ich, dass sie eine optimistische, aber gleichzeitig realistische Vorstellung davon vermitteln, was Förderung leisten kann und wo die Grenzen liegen. Mir war Offenheit immer lieber und letztlich auch hilfreicher, weil ich in meiner eigenen Verletzlichkeit vorsichtige Formulierungen und Umschreibungen manchmal falsch interpretiert habe und mich dann um Hoffnungen betrogen fühlte. So erklärte uns z. B. eine Ärztin, als Jan erst wenige Wochen alt war, selbstständiges Leben sei möglich. Anders als mein Mann und ich damals verstand die Ärztin darunter das Leben in einer betreuten Wohnform, wie sich bei einem späteren Termin herausstellte. Eine klare, präzise Sprache mit konkreten Beispielen kann Missverständnissen vorbeugen und Eltern unnötige Enttäuschungen ersparen. Es ist gewiss eine Herausforderung, sich mit veränderten Lebensperspektiven auseinandersetzen zu müssen, aber viele andere Eltern haben mir gleichfalls in Gesprächen vermittelt, dass sie Offenheit bevorzugen.

Bei Eltern, Fachleuten und Selbstvertretern ist der Begriff der geistigen Behinderung gleichermaßen umstritten und wurde inzwischen durch eine Vielzahl von Bezeichnungen wie kognitive Beeinträchtigung, Lernschwierigkeiten oder sogar besondere Fähigkeiten abgelöst. Ich sehe das durchaus kritisch, weil solche Umschreibungen nicht trennscharf oder sogar euphemistisch sind. Auch ich habe den Begriff »geistige Behinderung« trotz meines intuitiven Verdachts bei Jans Geburt lange abgelehnt. Hätte mir jemand gesagt, dass der Begriff geistige Behinderung keine Prognose über die Entwicklungsmöglichkeiten erlaubt, die Streubreite größer ist als in der sog. Normalbevölkerung und mir exemplarische Entwicklungsverläufe gezeigt, hätte ich damit geringere Schwierigkeiten gehabt. Weniger der Terminus ist das Problem als das negative gesellschaftliche Stigma und vor allem die Vorurteile, die wir selbst in uns haben oder hatten. Meinen Erfahrungen nach scheinen insbesondere Eltern mit akademischer Bildung größere Probleme zu haben, eine intellektuelle Beeinträchtigung ihres Kindes zu akzeptieren. Mit der Feststellung »Schätzen Sie manuelle Arbeit nicht so gering!« öffnete mir vor vielen Jahren eine Ärztin in der Risikokinderberatungsstelle die Augen, als ich mit ihr das Thema Werkstatt kontrovers erörterte.

11 Von der Frühförderung zu einem selbstbestimmten Leben – Erfahrungen einer Mutter

Die größte Hilfe in dem schmerzhaften Prozess, meinen Sohn in seinem Anderssein zu akzeptieren, war die Elterngruppe, der Austausch mit anderen betroffenen Eltern. Hier wurde ich mit all meinen oft widersprüchlichen Gefühlen, mit meinen Ängsten und Zweifeln verstanden und ernst genommen. Gegenseitig halfen wir uns über die erste schwere Zeit und über manche schwierige Situation hinweg und konnten unsere Erfahrungen austauschen, wie die kleinen und größeren Hürden im Alltag, mit Institutionen und Behörden zu bewältigen waren.

Therapien und alternative Förderansätze sowie scheinbar effiziente Methoden, die zumindest Teilbereiche der Behinderung kompensieren sollen, waren heiß diskutierte Themen in der Elterngruppe. Angesichts eines expandierenden Markts mit teilweise kostspieligen Angeboten und oft dubiosen Versprechungen ist es für Eltern, auch wenn sie aufgrund ihrer beruflichen Kompetenz eine kritische Beurteilung vornehmen könnten, nicht leicht, eine Entscheidung für die eigene Familie treffen zu können. Wenn auch noch Experten konträrer Meinung waren, konnten wir von den Erfahrungen anderer Eltern mit spezifischen Methoden profitieren und abwägen, ob bzw. welchen Sinn ein möglicher Einsatz für uns macht.

Ob in der Frühförderung, der Kita oder in der Schule und in anderen Lebensbereichen – eine Begegnung auf Augenhöhe zwischen Eltern und Fachleuten ist die Basis für eine gelingende Kooperation. Eltern von Kindern mit Behinderungen gelten nicht mehr als nur Hilfe suchend, sondern als »Experten für ihr eigenes Kind«. Darüber hinaus haben sich viele Eltern weitgehende Kenntnisse über medizinische, pädagogische, psychologische und rechtliche Aspekte angeeignet und können ihr Wissen an der Realität messen. Sie nehmen ihr Kind als Gesamtpersönlichkeit im Familienalltag wahr und sehen nicht nur Förderaspekte. Was uns Eltern aber oft fehlt, ist Überblickswissen und – auch wenn wir selbst Fachleute sind – die kritische Distanz. Experten haben es in der Hand, von der Elternkompetenz zu profitieren, Erfahrungen zur Kenntnis zu nehmen und im kritischen Dialog mit den Eltern die Förderung weiterzuentwickeln, aber auch dazu beizutragen, bessere Rahmenbedingungen für Menschen mit Behinderung in einer inklusiven Gesellschaft zu gestalten.

Unsere drei Söhne sind inzwischen erwachsen. Till und Max haben gelernt, mit ihrer besonderen Familiensituation umzugehen. Ganz selbstverständlich mit Jan aufgewachsen, setzten sie sich während der Pubertät – teilweise heftig – mit der Behinderung ihres Bruders auseinander. Auch wenn es uns schwer fiel, ließen mein Mann und ich negative Äußerungen als Ausdruck ihrer Gefühle zu. Wir erkannten darin unsere eigene Trauer nach der Diagnose. Mittlerweile sind Till und Max selbstsicher und stehen wieder zu ihrem Bruder. Sie lieben ihn, sind stolz auf ihn und übernehmen Verantwortung, wenn mein Mann und ich verreist sind. Den Ablösungsprozess vom Elternhaus haben sie erfolgreich hinter sich gelassen. Till lebt in Berlin, Max studiert in Dresden. Bei unserem letzten Dresden-Besuch wohnte Jan bei Max in der Studenten-WG und genoss den Kontakt zu den Mitbewohnern.

In wenigen Wochen zieht Jan mit einem weiteren jungen Mann und zwei Frauen, die er in der Wohnvorbereitungsgruppe kennen gelernt hat, gemeinsam in eine betreute Wohngemeinschaft. Er ist selbstbewusst geworden und setzt sich auch schon mal gegen uns durch: »Ich bin groß. Ich bin erwachsen – meine Entscheidung!« Seinen Auszug kann er kaum noch erwarten und hat bereits vor Monaten Umzugskartons in seinem Zimmer aufgestellt. Während wir uns als Eltern noch fragen, ob Jan es schafft, morgens alleine aufzustehen, um pünktlich um 6.40 Uhr am Arbeitsplatz zu sein, war er sich beim ersten gemeinsamen Treffen der künftigen Bewohner, Eltern und Betreuer ganz sicher: »Ich schaff das schon!« Allen Freunden und Verwandten erzählt er stolz, dass er bald »ohne Eltern!« leben wird. Um uns am Wochenende zu besuchen, brauche er einen kleinen schwarzen Rollenkoffer wie Max, ließ er uns wissen.

Für seinen 25. Geburtstag am 11. September hat Jan schon Pläne gemacht. Er will in seiner WG feiern, alternativ vielleicht bei seinem Lieblingsitaliener – auf gar keinen Fall im Elternhaus!

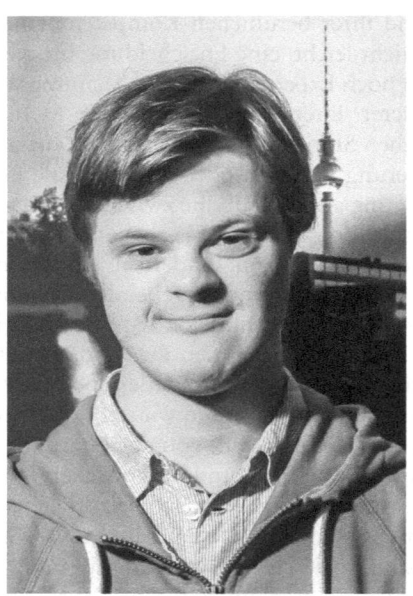

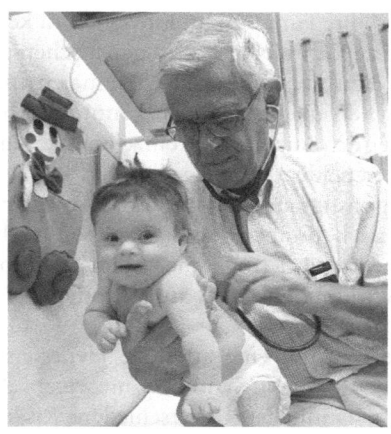

12 Gesundheit und Krankheit bei Kindern und Jugendlichen mit Down-Syndrom

12.1 Medizinische Aspekte beim Down-Syndrom

Gerhard Hammersen

Menschen mit einem Down-Syndrom haben in jeder Körperzelle 47 statt 46 Chromosomen. Diese chromosomale Besonderheit beruht auf einer Fehlentwicklung bei der Zellteilung, die letztlich dazu führt, dass das Chromosom Nr. 21 dreimal in jeder Körperzelle vorhanden ist und nicht – wie üblich – nur zweimal, so wie alle anderen Chromosomen. Deswegen wird das Down-Syndrom auch als Trisomie 21 bezeichnet. Beim Down-Syndrom handelt es sich somit nicht um eine Krankheit im eigentlichen Sinne. Dennoch gibt es eine Reihe medizinischer Besonderheiten, die letztlich dazu führen, dass die Betroffenen häufiger gesundheitliche Probleme aufweisen als Menschen ohne Down-Syndrom (Tab. 1, auf S. 209 f). Dies ist auf das zusätzliche Chromosom 21 zurückzuführen. Genau wie dieses die körperlichen Besonderheiten bei der Trisomie 21 und die anders und langsamer verlaufende psychointellektuelle Entwicklung der Betroffenen verursacht, beeinflusst es auch gesundheitliche Veranlagungen und Erkrankungsrisiken. Verantwortlich sind letztlich die vielen auf Chromosom 21 lokalisierten Gene, die bei der Trisomie dreimal und nicht nur zweimal exprimiert werden. Allerdings sind wir weit davon entfernt, alle entscheidenden Gene und ihre Funktion im Einzelnen zu kennen und vor allem ihr Zusammenspiel und die zu Grunde liegenden genetischen und metabolischen Vorgänge zu verstehen, die zu den typischen Merkmalen und Eigenschaften von Menschen mit Down-Syndrom führen. Man kennt aber bestimmte Regionen auf Chromosom 21, die bei der Ausprägung einzelner Merkmale oder medizinischer Besonderheiten eine entscheidende Rolle spielen.

Das zusätzliche Chromosom 21 begünstigt aber nicht nur das Auftreten gesundheitlicher Probleme, sondern wirkt auch protektiv und krankheits-verhindernd: Menschen mit Down-Syndrom haben deutlich seltener solide Tumoren, was wahrscheinlich auf eine schützende Wirkung von zwei auf Chromosom 21 lokalisierten Genen zurückzuführen ist.

Auch das Risiko, mit zunehmendem Alter eine arterielle Hypertension oder Arteriosklerose zu entwickeln, ist beim Down-Syndrom niedriger als in der Allgemeinbevölkerung. Dies ist umso erstaunlicher, als verschiedene Risikofaktoren für eine Arteriosklerose bei der Trisomie 21 erhöht sind, z. B. Gesamtkörperfett oder Gehalt an Triglyceriden im Serum.

Bei den medizinischen Besonderheiten beim Down-Syndrom muss unterschieden werden zwischen

- *Angeborenen Auffälligkeiten oder Fehlbildungen* – z. B. des Herzens, des Dünn- und Dickdarmes, des Hals-Nasen-Ohrenbereiches oder des Auges
- *Krankheitsveranlagungen*, d. h. Erkrankungen oder gesundheitliche Probleme, die zwar bei Geburt nicht vorhanden sind, bei Menschen mit Down-Syndrom aber im Laufe des weiteren Lebens deutlich häufiger auftreten als bei Menschen ohne Trisomie 21. Dies gilt z. B. für Schilddrüsenerkrankungen, Hörstörungen, Infektanfälligkeit oder das erhöhte Risiko für eine Leukämie oder Autoimmunerkrankung.

Es sei noch einmal betont, dass diese Fehlbildungen, Erkrankungen oder gesundheitlichen Risiken keineswegs alle Menschen mit Down-Syndrom betreffen, sie werden – statistisch gesehen – bei diesen allerdings häufiger gefunden als bei Menschen ohne Down-Syndrom. Viele Kinder mit Down-Syndrom wachsen jedoch ganz normal ohne wesentliche medizinische Probleme oder Beeinträchtigungen auf.

Es wurde schon darauf hingewiesen, dass es sich beim Down-Syndrom um keine Krankheit handelt. Dementsprechend gibt es auch keine ursächliche Behandlung, da man die zu Grunde liegende Trisomie 21 nicht heilen oder gar beseitigen kann. Andererseits sind aber die meisten der medizinischen Besonderheiten des Down-Syndroms und die daraus resultierenden Erkrankungen bzw. gesundheitlichen Probleme sehr wohl behandelbar, sofern sie rechtzeitig erkannt und entsprechende Vorsorgemaßnahmen eingehalten werden.

Während der letzten Jahrzehnte konnte die Lebenserwartung und die Lebensqualität von Menschen mit Down-Syndrom durch konsequente und früh einsetzende Behandlung dramatisch verbessert werden. Insbesondere ist diese Verbesserung auf konsequente antibiotische Behandlung bakterieller Infektionen, rechtzeitige operative Korrektur schwerwiegender angeborener Herzfehler und eine speziell angepasste Leukämiebehandlung aller Betroffenen zurückzuführen. Aber auch regelmäßige Vorsorgeuntersuchungen haben zur Verbesserung der Lebensqualität beigetragen, z. B. Überprüfung des Gehörs oder der Schilddrüsenfunktion mit entsprechender rechtzeitiger Intervention, sobald sich Auffälligkeiten ergeben.

Deshalb werden für Kinder mit Down-Syndrom eine Reihe spezieller Untersuchungen und Vorsorgemaßnahmen empfohlen (Tab. 2, S. 226 f., und weiter unten), zusätzlich zu den in Deutschland bei Säuglingen, Kindern und Jugendlichen üblichen Vorsorgeuntersuchungen, wie sie vom Gemeinsamen Bundesausschuss und den entsprechenden Fachgesellschaften im »Gelben Kinderuntersuchungsheft« festgelegt sind.

Auch für Erwachsene mit Down-Syndrom werden solche Vorsorgemaßnahmen und regelmäßigen Untersuchungen für sinnvoll und erforderlich gehalten, bisher gibt es aber keine entsprechenden allgemein anerkannten Empfehlungen.

Es hat eine ganze Reihe von Versuchen gegeben, die psychointellektuelle Entwicklung und kognitiven Fähigkeiten von Menschen mit Down-Syndrom positiv zu beeinflussen, z. B. durch Medikamente, denen eine positive Wirkung auf die Hirnfunktion nachgesagt wird – Nootropica. Es gibt aber auch eine Reihe von Behandlungsansätzen jenseits der Schulmedizin, z. B. Zelltherapie, Substitution von Vitaminen, Spurenelementen oder speziell und individuell zubereiteter Nahrungsergänzungen (targeted nutritional intervention, TNI). Letztlich hat sich keiner dieser Therapieansätze als effektiv oder hilfreich erwiesen.

Tab. 1: Häufigkeit medizinischer Auffälligkeiten oder Erkrankungen beim Down-Syndrom

Angeborene Herzfehler	44–58 %
Sehstörungen	38–80 %
Grauer Star	15 %
Hörstörungen	38–78 %
Mittelohrentzündungen	50–70 %
Verzögertes Zahnen und Fehlen von Zahnanlagen	23 %
Angeborene Fehlbildungen des Magen-Darmkanals	
Speiseröhrenfehlbildung	0,3–0,8 %
Verschluss des Zwölffingerdarms	1–5
Megacolon HIRSCHSPRUNG	1–3 %
Verschluss/Enge des Enddarmes	<1–4
Zoeliakie	3–5 %
Rezidivierende Infekte der oberen Luftwege	30–36
Schilddrüsenerkrankungen	28–40 %
Adipositas	30–35 %

Tab. 1: Häufigkeit medizinischer Auffälligkeiten oder Erkrankungen beim Down-Syndrom – Fortsetzung

Hämatologische Probleme	
Blutarmut	3 %
Eisenmangel	10 %
Transiente leukämische Reaktion	10 %
Leukämie	1 %
Anfallsleiden	1–13 %
Atlantoaxiale Instabilität	1–2 %
Verhalten, Autismus	1 %

Im Folgenden werden die medizinischen Besonderheiten beim Down-Syndrom und die daraus resultierenden gesundheitlichen Probleme oder Erkrankungen einzeln dargestellt.

Wachstum

Menschen mit Down-Syndrom wachsen als Kinder langsamer und erreichen als Erwachsene eine Körpergröße, die deutlich niedriger liegt als in der Allgemeinbevölkerung: bei Frauen beträgt die durchschnittliche Körperlänge 148 – 161 cm und bei Männern 156 – 165 cm. Zur Beurteilung von Körpergröße und -gewicht sowie des Wachstums müssen deshalb spezielle Normalwerte und Perzentilenkurven herangezogen werden, die von Menschen mit Down-Syndrom stammen.

Kinder mit Down-Syndrom weisen schon bei der Geburt eine geringere Körpergröße und ein geringeres Gewicht auf als Neugeborene ohne Trisomie 21, was offensichtlich genetisch als Folge der Trisomie 21 bedingt ist. Während der ersten 3 Lebensjahre zeigen viele Kinder deutliche Wachstumsverzögerungen und Gedeihstörungen, was meist auf Ernährungsstörungen und Trinkunlust beruht. In der Regel normalisiert sich das mit zunehmendem Alter und Verbesserung der Mundmotorik.

Nachdem die Kinder in der weiteren Kindheit dann meist eine normale und perzentilenkonforme Größen- und Gewichtsentwicklung aufweisen, kommt es bei vielen nach der Pubertät zu überproportionaler Gewichtszunahme und eindeutiger Adipositas- und Übergewichtsentwicklung. So hatten in einer sehr umfangreichen Studie 30 % der Kinder mit Down-Syndrom einen Body Mass Index (BMI), der über der 91. Perzentile lag, und 20 % einen BMI über der 98. Perzentile. Bei diesen Jugendlichen mit eindeutiger Entwicklung von Übergewicht und Adipositas gilt, durch geeignete Maßnahmen gegenzusteuern, z. B. durch entsprechende Verhaltensänderungen, Ernährungsberatung, Änderung der Essgewohnheiten und Förderung körperlicher Aktivitäten.

Magen-Darmtrakt

Angeborene – konnatale – Fehlbildungen des Magen-Darm-Kanals finden sich beim Down-Syndrom mit etwa 4 – 10 % relativ häufig. Meist entwickeln sich schon während der ersten Lebenstage erhebliche und z. T. lebensbedrohliche Probleme, die einer raschen speziell pädiatrischen und kinderchirurgischen Behandlung bedürfen. Wenn ein Neugeborenes nicht trinken will bzw. kann oder durch mehrfaches Erbrechen, einen aufgetriebenen Bauch oder Probleme bei der Darmentleerung auffällt, sollte immer ein Kinderarzt hinzugezogen und das Kind gründlich untersucht werden.

Angeborene Enge/Verschluss des Zwölfingerdarmes

Ganz typisch für ein Down-Syndrom ist der konnatale Verschluss des Zwölffingerdarmes – Duodenalatresie –, der in der Regel mit einer ringförmig angelegten Bauchspeicheldrüse einhergeht und bei 1 – 5 % der Neugeborenen mit Down-Syndrom zu finden ist. Die Kinder fallen nach der Geburt durch heftiges Erbrechen auf, sind nicht ernährbar und müssen umgehend in einer Kinderklinik/Kinderchirurgie behandelt werden. Diese Fehlbildung wird in den ersten Lebenstagen operativ korrigiert; anschließend bestehen in der Regel keine Probleme mehr, die Kinder können normal ernährt werden und sind auf Dauer beschwerdefrei.

Angeborener Verschluss oder Enge des Enddarmausganges

Da bei einem angeborenen Verschluss des Enddarmausganges oder entsprechender Enge – »Analatresie/-stenose« – der Darminhalt gar nicht oder nur sehr schwer entleert werden kann, fallen die Neugeborenen schon während der ersten Lebenstage durch einen stark aufgetriebenen Bauch, Trinkunlust und Erbrechen auf. Nach entsprechender Diagnostik (klinische Untersuchung durch Kinderarzt, Ultraschall- und Röntgendiagnostik) werden die Kinder operativ behandelt und sind anschließend in der Regel beschwerdefrei.

Morbus Hirschsprung

Beim Down-Syndrom ist das Risiko, mit einer angeborenen Innervationsstörung des Dickdarmes – Morbus Hirschsprung – geboren zu werden, etwa 40 Mal höher als in der Allgemeinbevölkerung. Der betroffene Darmanteil kann sehr unterschiedlich lang sein und ist auf Grund des Fehlens bestimmter Nervenzellen enggestellt – aganglionäres Segment. Letztlich kann der Darminhalt im betroffenen Darmabschnitt nicht aktiv weitertransportiert werden. Auch diese Kinder fallen durch Probleme bei der Stuhlentleerung auf, oft erst wenn abgestillt und die Ernährung umgestellt wird. Die klinischen Symptome und Beschwerden sind allerdings sehr variabel, was von der Länge des betroffenen Darmabschnittes abhängt. In jedem Fall sollte bei entsprechendem Verdacht ein Kinderarzt hinzugezogen oder das Kind gleich in einer Kinderklinik untersucht werden. Zur Diagnosesicherung werden Röntgenuntersuchungen und eine Biopsie der Enddarmschleimhaut veranlasst. Die Behandlung besteht in der operativen Entfernung des betroffenen Darmanteiles durch einen Kinderchirurgen. Anschließend sind die Kinder in der Regel beschwerdefrei.

Neigung zur Verstopfung, habituelle Obstipation

Bei Kleinkindern mit Down-Syndrom besteht häufig eine ausgeprägte Neigung zur Verstopfung, ohne dass eine organische Störung (z. B. Morbus Hirschsprung) vorliegt, eine habituelle Obstipation. Diese kann so ausgeprägt sein, dass nur alle 2–3 Tage Stuhl entleert wird, häufig sehr qualvoll und unter Schmerzen. Folgen sind Stuhlschmieren, Blähungen, Trinkunlust, aber auch Schleimhautläsionen – Fissuren – im Bereich des Darmausganges, welche die Stuhlentleerung wegen entsprechender Schmerzen bei der Defäkation noch problematischer gestalten.

Ursache für eine so ausgeprägte Obstipationsneigung ist unter anderem der allgemein reduzierte Muskeltonus mit entsprechend verminderter Bauchpresse. Ernährungsstörungen mit verminderter Flüssigkeitsaufnahme oder Ablehnung von ballastreicher Kost begünstigen eine Obstipation. Im Zusammenhang mit einer ausgeprägten Obstipationsneigung sollte eine Schilddrüsenunterfunktion ausgeschlossen werden, da diese ebenfalls eine erhebliche Verstopfung verursachen kann.

Zur Behandlung einer habituellen Obstipation bieten sich diätetische Maßnahmen an, z. B. reichlich Flüssigkeitszufuhr und ballastreiche Kost. Häufig müssen zusätzlich Abführmittel gegeben werden, z. B. Lactulose, abführend wirkende Medikamente (Laxantien) oder auch Paraffinöl. Zu Beginn der Behandlung sollte eine Darmentleerung mittels eines in den Enddarm verabreichten Medikamentes (z. B. Zäpfchen o.ä.) erfolgen. Mechanisch provozierte Stuhlentleerung – z. B. durch Manipulation mit dem Fieberthermometer o.ä. – ist schädlich und sollte vermieden werden. Mit zunehmendem Alter bessert sich die Obstipationsneigung meist spontan.

Gastroösophagealer Reflux

Viele Säuglinge und Kleinkinder mit Down-Syndrom erbrechen einen Teil der Nahrung nach dem Trinken/Essen, ohne dass eine der oben erwähnten angeborenen Passagebehinderungen des Magen-Darmtraktes vorliegt. Ursache ist ein gastroösophagealer Reflux, eine Funktionsstörung am Übergang von der Speiseröhre zum Magen (Kardia), der sich beim Down-Syndrom wesentlich häufiger findet als in der Allgemeinbevölkerung. Die Kardia wirkt normalerweise wie ein Ventil, sodass geschluckte Nahrung aus der Speiseröhre in den Magen übertreten kann, aber anschließend nicht mehr zurück in die Speiseröhre fließt. Ursache für einen solchen Reflux sind funktionelle Störungen im Bereich der Kardia, wobei beim Down-Syndrom die Problematik durch den verminderten Muskeltonus verstärkt wird. Typischerweise handelt es sich beim gastroösophagealen Reflux um ein schlaffes Erbrechen. In der Mehrzahl der Fälle ist das Erbrechen zwar lästig, aber ohne ernsthafte Konsequenzen und verschwindet in der Regel, wenn das Kind feste Kost zu sich nimmt, älter wird und der Muskeltonus sich bessert und insbesondere wenn die Kinder zu laufen anfangen. Grundsätzlich kann als Faustregel gelten, dass Spucken oder Erbrechen im Rahmen eines gastroösophagealen Refluxes nicht problematisch ist und keiner weiteren Untersuchungen oder Behandlung bedarf, solange das Kind ausreichend gedeiht und an Gewicht zunimmt. Bei ausgeprägtem Erbrechen ist der Kinderarzt zu konsultieren. Zur Behandlung ist eine Änderung der Fütterintervalle und des Trinkverhaltens hilfreich, z. B. häufigere und kleinere Mahlzeiten und die Umstellung auf mehr feste Kost. Eine anatomische Fehlbildung als Ursache des Refluxes, z. B. eine Lücke im Zwerchfell, kann und muss operativ korrigiert werden.

Zöliakie

Eine Zöliakie findet sich – wie andere Autoimmunerkrankungen auch – beim Down-Syndrom relativ häufig, etwa 5–7% im Vergleich zu 0,06–0,4% in der Allgemeinbevölkerung.

Bei der Zöliakie handelt es sich um eine erworbene, entzündliche Erkrankung des Dünndarmes, die auf einer Immunreaktion gegenüber dem in vielen Getreidearten enthaltenen Klebereiweiß Gluten beruht. Bei den Betroffenen führt die Ernährung mit glutenhaltigen Nahrungsmitteln zu einer chronischen Entzündung und Schädigung des Dünndarmes mit mehr oder weniger kompletter Rückbildung der Dünndarmzotten und daraus resultierender Gedeihstörung. Typische Symptome sind: Appetitlosigkeit, Durchfälle, Erbrechen, Wachstumsretardierung, häufig auch Wesensveränderungen wie Missmutigkeit und allgemeines Desinteresse.

Wegen der Häufigkeit der Zöliakie bei der Trisomie 21 und der oft atypischen klinischen Symptomatik wird bei Kindern mit Down-Syndrom eine routinemäßige Blutuntersuchung gegen Ende des 2. Lebensjahres empfohlen. Diese Screeninguntersuchung sollte dann bei weiterhin fehlender klinischer Symptomatik alle 3–5 Jahre wiederholt werden. Im Rahmen dieses Screenings werden IgA-Antikörper gegen Gewebstransglutaminase (GTG2-IgA) und Endomysium (EmA-IgA) bestimmt, die in der Regel bei einer Zöliakie nachweisbar sind.

Wenn Verdacht auf eine Zöliakie besteht, z. B. bei positivem Screeningbefund oder verdächtiger Klinik und Antikörpernachweis, wird die Diagnose durch eine endoskopisch entnommene Dünndarmbiopsie gesichert. Sowohl die Antikörperbestimmungen als auch die Dünndarmbiopsie sollen vor Beginn einer glutenfreien Ernährung veranlasst werden, da sich andernfalls falsch negative Befunde ergeben können.

Die Behandlung einer Zöliakie besteht in einer lebenslangen streng glutenfreien Ernährung. Bei Vermeidung von Gluten, z. B. durch Verwendung von Maismehl und entsprechender Backwaren, Nudeln usw., regeneriert die Darmschleimhaut und die klinischen Beschwerden bilden sich zurück. Eine solche Behandlung sollte nur empfohlen werden, wenn eine Zöliakie eindeutig – d. h. mit entsprechendem mikroskopischen Schleimhautbefund nach Biopsie – nachgewiesen ist. Prophylaktische Behandlung ist nicht sinnvoll und kann das spätere Auftreten einer Zöliakie auch nicht verhindern.

Hals-Nase-Ohren-Erkrankungen (HNO)

Beim Down-Syndrom finden sich Erkrankungen des Hals-Nase-Ohren-Bereiches und insbesondere Hörstörungen relativ häufig. Die Hörstörungen beeinträchtigen bei Säuglingen und Kleinkindern nicht nur den Spracherwerb, sondern auch die intellektuelle und emotionale Entwicklung.

Rezidivierende Infekte mit Mittelohrentzündungen und konsekutiven Paukenergüssen sind die Hauptursache der erworbenen Hörstörungen.

Bei Mittelohrentzündungen mit Paukenergüsse ist beim Down-Syndrom relativ häufig eine operative Behandlung mit Parazentese, Einlage von Paukenröhrchen und Entfernung der vergrößerten Rachenmandel erforderlich.

Bei Kindern mit Down-Syndrom werden in den ersten 4 Lebensjahren halbjährliche Hals-Nasen-Ohrenärztliche Untersuchungen empfohlen, anschließend in jährlichem Abstand.

Schwerhörigkeit/Hörstörungen

Erkrankungen des Hals-Nase-Ohrenbereiches finden sich beim Down-Syndrom sehr oft. Allein für Hörstörungen wird eine Häufigkeit von 38–78 % angegeben. Angeborene oder im Säuglings- und Kleinkindesalter erworbene Hörstörungen sind von besonderer Relevanz, da sie die sprachliche und damit auch die intellektuelle und emotionale Entwicklung erheblich beeinträchtigen. Deshalb ist eine frühzeitige Diagnose und rechtzeitiger Behandlungsbeginn von entscheidender Bedeutung.

Angeborene Hörstörungen werden in der Regel durch die bei allen Neugeborenen durchgeführten Hörtests (Hörscreening) aufgedeckt und frühzeitig ggf. durch Versorgung mit Hilfe von Hörgeräten oder bei Gehörlosigkeit evt. auch mit Chochleaimplantaten behandelt.

Erworbene Hörstörungen: Bei Kindern mit Down-Syndrom kommt es wesentlich häufiger als in der Allgemeinbevölkerung zu chronisch rezidivierenden Mittelohrentzündungen mit Flüssigkeitsansammlungen in der Paukenhöhle. Diese sogenannten Paukenergüsse schädigen die in der Paukenhöhle gelegenen Gehörknöchelchen, behindern die Weiterleitung des Schalles und verursachen auf diese Weise erhebliche Hörstörungen. Das Mittelohr ist über die Ohrtrompete – Eustachische Röhre – mit dem Nasenrachenraum verbunden. Hierdurch wird ein Druckausgleich zwischen Mittelohr und Nasenrachenraum ermöglicht und eine normale Belüftung der Paukenhöhle garantiert. Eventuelle Flüssigkeitsansammlungen können in den Nasenrachenraum abfließen. Beim Down-Syndrom bestehen anatomische Besonderheiten des Mittelgesichtes und der Ohrtrompete und Funktionsstörungen eines die Belüftung kontrollierenden Muskels, was letztlich dazu führt, dass die Paukenhöhle unzureichend belüftet wird und sich relativ häufig Paukenergüsse bilden, insbesondere im Zusammenhang mit Mittelohrentzündungen. Erschwerend kommt die erhöhte Infektanfälligkeit bei einer Trisomie 21 hinzu und die häufig vorhandene Vergrößerung der Rachenmandel, so genannte adenoide Vegetationen.

Hörprüfung/Hörtests

Da Kinder mit Down-Syndrom auf Grund der beschriebenen Besonderheiten während der ersten Lebensjahre häufig im Zusammenhang mit Infekten der oberen Luftwege und rezidivierenden Paukenergüssen eine Hörstörung entwickeln, reicht es nicht aus, lediglich nach der Geburt einen Hörtest durchzuführen. Bei der Trisomie 21 wird vielmehr empfohlen, die Kinder während der ersten 4 Lebensjahre zweimal pro Jahr bei einem Hals-Nasen-Ohrenarzt untersuchen zu lassen und anschließend in jährlichem Abstand.

Zur Hörprüfung bei Säuglingen und Kleinkindern werden objektive Methoden eingesetzt, die keine Mitarbeit des Untersuchten voraussetzen. Wichtig ist, dass sie beim ruhigen, vorzugsweise schlafenden Kind durchgeführt werden.

1. *Otoakustische Emissionen, OAE*
Über eine kleine in den Gehörgang eingeführte Sonde wird ein »Klick«-Geräusch erzeugt, das zum Innenohr geleitet wird. Im Innenohr registrieren (»hören«) die akustischen Sinneszellen dies Geräusch und senden gleichzeitig – wie eine Antwort – akustische Schwingungen zurück über das Mittelohr in den Gehörgang, wo sie von einem Mikrophon in der eingeführten Sonde registriert werden. Ausbleiben dieser akustischen Antwort kann auf eine Hörstörung hinweisen.
2. *Hirnstammaudiometrie, englisch: brainstem evoked response audiometry, BERA*
Etwas aufwändiger, dafür aber auch aussagekräftiger, ist die BERA Untersuchung. Hierbei wird ebenfalls im Gehörgang ein »Klick«-Geräusch erzeugt und dann mittels kleiner am Kopf angebrachter Elektroden die elektrische Reaktion des Gehirns auf diesen akustischen Reiz gemessen. Diese Untersuchung liefert im mittleren Frequenzbereich sehr aussagekräftige Befunde und ermöglicht, mit großer Genauigkeit die Hörschwelle festzulegen.

Behandlung/Prophylaxe

Zur Vorbeugung und Vermeidung von Paukenergüssen sollten bei Infekten der oberen Luftwege abschwellende Nasentropfen gegeben werden, wenn die Nasenatmung behindert ist, um eine Ventilationsstörung des Mittelohres zu vermeiden. Da die Paukenergüsse häufig nicht steril, sondern bakteriell kontaminiert sind, erscheint antibiotische Therapie sinnvoll. Häufig lassen sich die Paukenergüsse dadurch aber nicht verhindern und es müssen chirurgische Maßnahmen ergriffen werden.

Bei Kindern mit Down-Syndrom wird empfohlen, einen Paukenerguss relativ großzügig und eher als bei Kindern ohne Trisomie 21 operativ zu behandeln, z. B. im Rahmen eines ambulanten Eingriffes durch einen kleinen Schnitt im

Trommelfell – Parazentese – und eventuell zusätzlicher Einlage eines kleinen Metall- oder Plastikröhrchens – Paukenröhrchen. Über dieses wird der Erguss dann abgesaugt und kann anschließend weiter abfließen. Diese Röhrchen fallen nach einigen Monaten von alleine heraus und müssen nicht operativ entfernt werden.

Vergrößerung der Rachenmandel

Bei Kindern mit Down-Syndrom besteht sehr häufig eine deutliche Vergrößerung des lymphatischen Gewebes im Nasen-Rachenraum, insbesondere der Rachenmandel. Medizinisch wird das als »Adenoide Vegetation« oder einfach »Adenoide« bezeichnet und umgangssprachlich nicht ganz korrekt als »Polypen«.

Eine solche Vergrößerung der Rachenmandel beeinträchtigt die Atmung und Belüftung des Mittelohres erheblich und begünstigt letztlich die Entwicklung von Mittelohrentzündungen und Bildung von Paukenergüssen. Die betroffenen Kinder atmen – wegen Behinderung der Nasenatmung – meist mit offenem Mund und fallen nachts durch Schnarchen auf. Sie haben die typische nasale Sprache und einen charakteristischen Gesichtsausdruck (facies adenoidea). Die Atmung kann so stark behindert sein, dass Schlafapnoen auftreten. Hierbei handelt es sich um kurzzeitiges Aussetzen der Atmung im Schlaf. Auch die Gaumenmandeln können stark vergrößert sein, was die beschriebenen Atem- und Belüftungsstörungen noch verstärken kann.

Die Behandlung einer solchen Vergrößerung der Rachenmandel besteht in der operativen Entfernung derselben, umgangssprachlich auch »Polypenoperation« oder »Polypenentfernung« genannt. Anschließend bessert sich bei den Kindern nicht nur das Hörvermögen, die Atembehinderung, das Schnarchen und vor allem die Mittelohrbelüftung, sondern oft auch die allgemeine Infektneigung. Es kommt weniger häufig zu Infekten der oberen Luftwege und – auf Grund der verbesserten Belüftung des Mittelohres – treten Mittelohrentzündungen und Paukenergüsse seltener auf.

Die häufig ebenfalls vergrößerten Gaumenmandeln sollten im Kindesalter möglichst nicht operativ entfernt werden, weil ihnen eine wichtige Funktion bei der Entwicklung von Immunität und Infektabwehr zukommt. Bei extremer Vergrößerung und daraus resultierender Atem- und Schluckbehinderung sollen die Gaumenmandeln allenfalls operativ verkleinert – Tonsillotomie – und nicht komplett entfernt – Tonsillektomie – werden.

Ohrenschmalz (= Cerumen)

Cerumen wird von den Talgdrüsen im äußeren Gehörgang gebildet und ist ein natürliches, antibakteriell wirkendes Pflegemittel der Haut. Es schützt das Trommelfell, bindet kleine Fremdkörper und verhindert das Eindringen von Insekten in den Gehörgang. Bei Menschen mit Down-Syndrom bildet es relativ häufig einen zähen Pfropf, der nicht mehr spontan nach außen entfernt werden kann. Diese Cerumenpfröpfe beeinträchtigen das Hören und verursachen ein unangenehmes Druckgefühl. Es sollte nicht versucht werden, sie durch mechanische Manipulation – z. B. mithilfe von Q-Tips – zu entfernen, da sie leicht weiter in den Gehörgang hineingeschoben werden und hierdurch das Trommelfell gereizt oder sogar verletzt werden kann. Auch regelmäßige Spülungen des Gehörganges erscheinen nicht sinnvoll. Vielmehr reicht es völlig aus, gelegentlich einige Tropfen Baby-Öl oder eine hierfür vorgesehene Lösung – Cerumenex® – in den Gehörgang zu geben, sodass das Cerumen verflüssigt wird und sich spontan entleert.

Hämatologie/Onkologie

Bei Menschen mit Down-Syndrom finden sich eine Reihe Besonderheiten der Blutzellen. Hierbei ist zu unterscheiden zwischen harmlosen, klinisch nicht relevanten Veränderungen und solchen, die relevant sind und zu malignen Erkrankungen führen.

Bei den harmlosen Veränderungen handelt es sich um Trisomie-21-spezifische Abweichungen in Zahl und/oder Größe der verschiedenen Blutzellen, die funktionell aber keine Auswirkung haben und deshalb im Weiteren nicht besprochen werden sollen.

Kinder mit Down-Syndrom haben aber auch ein gegenüber der Allgemeinbevölkerung deutlich erhöhtes Risiko für klinisch relevante, in der Regel bösartige Erkrankungen der Blutzellen. Leukämien treten wesentlich häufiger auf – insbesondere in den ersten 4 Lebensjahren. Die Leukämiehäufigkeit beträgt bei Kindern mit Down-Syndrom etwa 1 %, d. h. 1 von 100 Kindern, während in der Allgemeinbevölkerung nur etwa 1 von 1000 bzw. 1 von 1500 an einer Leukämie erkrankt. Bei Erwachsenen mit Down-Syndrom ist das Leukämierisiko im Vergleich zur Allgemeinbevölkerung etwa 10 Mal höher. Verantwortlich für das erhöhte Risiko ist offensichtlich das zusätzliche dritte Chromosom 21. Wenn Menschen mit einem Trisomie-21-Mosaik an einer Leukämie erkranken, sind nur die Zellen mit der Trisomie betroffen.

Das Spektrum der verschiedenen Leukämieformen beim Down-Syndrom unterscheidet sich deutlich von den Leukämien in der Allgemeinbevölkerung. Besonders zu erwähnen ist die Megakaryozyten-Leukämie, eine Sonderform der akuten myeloischen Leukämie (AML), welche bei Kleinkindern mit Down-Syndrom den vorherrschenden Leukämietyp darstellt. Weil sie sich in therapeutischer Hinsicht deutlich von einer »gewöhnlichen« AML unterscheidet und auch eine bessere Prognose hat, wird sie als Sonderform differenziert: AML-DS – wobei DS für Down-Syndrom steht. Sie tritt bei Kindern unter 5 Jahren auf und spricht deutlich besser auf Chemotherapie an als eine »gewöhnliche« AML. Deshalb reicht bei dieser speziellen Leukämieform zur erfolgreichen Behandlung auch eine weniger intensive Chemotherapie aus, eine Stammzelltransplantation ist in der Regel nicht erforderlich; d. h. letztlich, dass die Behandlung in diesen Fällen weniger lange andauert und mit weniger Nebenwirkungen und Risiken einhergeht. Die Heilungsrate liegt bei über 85 % und ist somit höher als bei einer herkömmlichen AML bei Kindern ohne Down-Syndrom.

Spezielle Früherkennungstests (Screeninguntersuchungen) für eine Leukämie gibt es nicht. Routinemäßige Blutbilduntersuchungen werden bei Kindern mit Down-Syndrom trotz des erhöhten Risikos nicht empfohlen und sind auch nicht sinnvoll. Falls sich eine Leukämie entwickeln sollte, fallen einem in der Regel auch als Laie die typischen klinischen Zeichen auf: z. B. auffallende Müdigkeit, Abgeschlagenheit, Hautblässe oder Hautblutungen, allgemeine Schmerzen oder Knochenschmerzen, eventuell auch Fieber ohne erkennbare Ursache. Falls eine solche Symptomatik auftritt, sollte umgehend ein Arzt aufgesucht werden, der dann weitere Untersuchungen veranlasst.

Eine besondere Erkrankung oder »Vorform einer Leukämie« stellt die während der Neugeborenenzeit bei Kindern mit Down-Syndrom häufig beobachtete leukämoide Reaktion dar, das sogenannte Transiente Myeloproliferative Syndrom (TMS). Es betrifft 5 – 10 % aller Neugeborenen mit einer Trisomie 21 und äußert sich durch eine deutliche Vermehrung von pathologischen weißen Blutkörperchen (Megakaryoblasten), wie bei einer akuten myeloischen Leukämie vom Down-Syndrom Typ. Diese Zellen sind mikroskopisch und auch molekulargenetisch nicht von Leukämiezellen zu unterscheiden. Die Veränderungen eines TMS bilden sich meist innerhalb von 4 – 10 Wochen spontan zurück, sogenannte Spontanremission. Bei einigen der betroffenen Kinder bleibt diese Spontanremission aus oder es treten schwerwiegende, lebensbedrohliche Komplikationen auf – sehr starke Vermehrung der Leukämiezellen mit Organinfiltrationen, Organversagen und Flüssigkeitsansammlungen im Herzbeutel und dem Brustfellraum (Pericard- und Pleuraerguss). In diesen Fällen ist eine relativ milde Chemotherapie erforderlich. Alle Kinder mit einem TMS sollen in einem speziellen kinderonkologischen Zentrum betreut und dort auch nach Abklingen der akuten Erkrankung weiterhin überwacht werden, da sich bei 20 bis 30 % der Kinder mit einem TMS im Laufe der nächsten Monate bzw. bis zum 5. Lebensjahr eine Down-Syndrom typische myeloische Leukämie (AML-DS) entwickeln kann.

Im Gegensatz zu den Leukämien finden sich solide Tumoren bei Menschen mit Down-Syndrom deutlich seltener als in der Allgemeinbevölkerung. So treten typische kindliche Tumoren bei einer Trisomie 21 etwa 50 bis 100 Mal seltener auf. Das Gleiche gilt für Karzinome bei Erwachsenen, z. B. Magen- oder Darmkrebs. Das Risiko, an Brustkrebs zu erkranken, ist um den Faktor 10 reduziert. Verantwortlich für diese protektive Wirkung ist das zusätzliche Chromosom 21 und letztlich mindestens zwei auf diesem Chromosom lokalisierte Gene: Dscr1 und Dyrk1a. Beide Gene codieren Proteine, die die Neubildung von Blutgefäßen hemmen und so die Nährstoff- und Sauerstoffversorgung von Tumoren und damit ihr Wachstum beeinträchtigen.

Immunologie/Infektanfälligkeit

Das Immunsystem von Menschen mit Down-Syndrom weist eine Reihe von Besonderheiten auf, was sich klinisch darin äußert, dass die Infektabwehr und immunologische Antwort auf Infektionen im Vergleich zur Allgemeinbevölkerung eingeschränkt ist.

Immunologische Auffälligkeiten bestehen u. a. in einer deutlichen Verminderung bestimmter für die Infektabwehr verantwortlicher weißer Blutkörperchen, der B- und T-Lymphozyten und insbesondere der naiven Lymphozyten. Gleichzeitig ist die immunologische Reaktionsfähigkeit von Lymphozyten reduziert. Auch die Immunglobuline können beim Down-Syndrom erniedrigt sein. Nach Impfungen findet sich eine verminderte Immunantwort. Trotz all dieser immunologischen Auffälligkeiten kann man keinen definierten Immundefekt oder etwa Mangel an bestimmten Immunglobulinen oder -zellen für die veränderte immunologische Reagibilität bei der Trisomie 21 verantwortlich machen. Entsprechend sind immunologische Screeninguntersuchungen auch nicht indiziert und nicht sinnvoll.

Kinder mit Down-Syndrom haben scheinbar häufiger Infekte der oberen Luftwege, wobei sie wahrscheinlich gar nicht öfter erkranken, aber länger benötigen, bis sie einen Infekt überwunden haben, was auch die Häufigkeit schwererer Verläufe mit Lungen- und Mittelohrentzündungen erklärt. Neben einer eingeschränkten Immunantwort auf virale und bakterielle Infektionen sind gerade bei den Infekten der oberen Luftwege, aber auch Down-Syndrom typische anatomische und funktionelle Besonderheiten des Nasenrachenraumes und der Lunge verantwortlich.

Die immunologischen Besonderheiten führen andererseits dazu, dass Menschen mit Down-Syndrom relativ selten Allergien entwickeln, dafür aber mehr Autoimmunerkrankungen, z. B. Diabetes mellitus Typ 1, Zöliakie oder autoimmunologische Schilddrüsenentzündungen.

Es hat viele Versuche gegeben, diese eingeschränkte immunologische Reaktion auf Infektionen und damit erhöhte Infektanfälligkeit zu behandeln, z. B. mit Substitution von Immunglobulinen oder Gabe von Immunstimulanzien, Zink- oder Selensubstitution oder diätetischen Maßnahmen wie Behandlung mit Vitaminen oder Spurenelementen. All diese Behandlungsansätze sind ohne jeden Erfolg geblieben.

Sinnvoll und effektiv ist bei den Infekten der oberen Luftwege allerdings früh einsetzende, symptomatische Behandlung, z. B. mit abschwellenden Nasentropfen. Bei nachweislich bakteriellen Infektionen ist frühzeitig eine konsequente antibiotische Behandlung einzuleiten. Gleichzeitig sollten regelmäßige ärztliche Kontrollen beim Hals-Nasen-Ohrenarzt durchgeführt werden und chronische Paukenergüsse oder adenoide Vegetationen – umgangssprachlich: Polypen – eher als allgemeinen üblich chirurgisch behandelt werden.

Weiterhin haben sich konsequente Impfungen der Säuglinge und Kleinkinder entsprechend den Empfehlungen der ständigen Impfkommission (STIKO) als effektive Vorsorgemaßnahme erwiesen, insbesondere die inzwischen für alle Säuglinge empfohlene Impfung gegen Pneumokokken. Betont sei in diesem Zusammenhang noch einmal, dass das Immunsystem auch bei Kindern mit Down-Syndrom durch die empfohlenen Kombinationsimpfstoffe keinesfalls überfordert wird, wie von verschiedenen Impfgegnern behauptet. Bei diesen Impfstoffen wird mit einer Injektion gegen mehrere Erkrankungen immunisiert. Bei Verwendung von Kombinationsimpfstoffen ist die Immunreaktion sogar effektiver als bei Verwendung der entsprechen Einfachimpfstoffe. Ein weiterer Vorteil ist in der Tatsache zu sehen, dass den Kindern viele Injektionen erspart werden.

Herz

Etwa 45 % der Kinder mit Down-Syndrom haben eine angeborene Fehlbildung des Herzens, während die Häufigkeit in der Allgemeinbevölkerung lediglich 0,4–0,5 % beträgt. Bei den Herzfehlern handelt es sich somit um die häufigsten angeborenen Fehlbildungen bei einer Trisomie 21. Bei weitem nicht alle dieser Herzfehler machen sich direkt nach der Geburt klinisch bemerkbar und sie können auch im Rahmen der ersten Vorsorgeuntersuchungen unerkannt bleiben. Hinzu kommt, dass bei Neugeborenen mit Down-Syndrom das Risiko besteht, dass der Lungengefäßwiderstand nach der Geburt nicht wie allgemein üblich deutlich abfällt, sondern erhöht bleibt – Persistierende Pulmonale Hypertonie des Neugeborenen, PPHN. Hierdurch kann die klinische Auswirkung selbst schwerwiegender Herzfehler verschleiert werden. Andererseits ist die frühzeitige Diagnostik gerade hämodynamisch bedeutsamer Herzfehler für die Weiterbehandlung von entscheidender Bedeutung. Deshalb wird für alle Neugeborenen mit Down-Syndrom eine Ultraschalluntersuchung des Herzens (ECHO-Kardiografie) durch einen Kinderkardiologen während der ersten Lebenstage gefordert und in der Regel auch durchgeführt.

Das Spektrum angeborener Herzfehler beim Down-Syndrom ist groß. Häufig liegt nicht ein einzelner Defekt vor, sondern eine Kombination von zwei oder mehr Herzfehlern. Ebenso groß ist auch das Spektrum der klinischen Auswirkungen: bei manchen Herzfehlern ist eine frühzeitige operative Korrektur dringend erforderlich, da sonst ein Überleben oder regelgerechtes Wachsen und Gedeihen nicht möglich ist. Bei anderen, nicht so schwerwiegenden Defekten, erfolgt die Korrekturoperation im 2. Lebensjahr oder sogar erst kurz vor der Einschulung. Eine nicht unerhebliche Anzahl angeborener Herzfehler muss gar nicht operativ korrigiert werden, weil diese keine wesentlichen Auswirkungen haben und das Kind in keiner Weise beeinträchtigen.

Ein gemeinsamer Defekt zwischen den beiden Herzvorhöfen und Herzkammern mit zusätzlichen Veränderungen an den großen Herzklappen – Mitral- und Tricuspidalklappe –, ein kompletter atrioventrikulärer Septumdefekt (CAVSD) ist der charakteristische Herzfehler für ein Kind mit Down-Syndrom und findet sich bei knapp der Hälfte aller angeborenen Herzfehler. Über den großen Septumdefekt wird Blut von der linken Herzhälfte in die rechte gepumpt und fließt noch einmal durch die Lunge. Das führt letztlich zu einer Überlastung von Herz und Lunge mit eventuell früh einsetzender Herzinsuffizienz und erheblicher Beeinträchtigung der Leistungsfähigkeit der betroffenen Kinder, sodass eine normale Entwicklung und Gedeihen oft nicht möglich ist. Ein kompletter atrioventrikulärer Septumdefekt wird deshalb bei Kindern mit Down-Syndrom in der Regel im ersten Lebenshalbjahr operativ korrigiert.

Beim Down-Syndrom finden sich als weitere Herzfehler unter anderem isolierte Defekte im Septum zwischen den Herzkammern – Ventrikelseptumdefekt, VSD – oder zwischen den Herzvorkammern – Vorhofseptumdefekt, ASD. Wenig Auswirkung auf die Entwicklung und Leistungsfähigkeit der Kinder hat in der Regel ein verzögerter Verschluss der fetalen Kurzschlussverbindungen zwischen Körper- und Lungenkreislauf (Foramen ovale, PFO oder Ductus arteriosus, DAP).

Früher lag die Komplikationsrate von Herzoperationen beim Down-Syndrom deutlich höher als bei der Allgemeinbevölkerung mit entsprechend höherer Mortalität. Deswegen wurden viele Herzfehler bei Kindern mit Down-Syndrom operativ nicht korrigiert. Heute gibt es keine wesentlichen Unterschiede mehr bezüglich Komplikationsrate und Mortalität.

Schilddrüse

Bei Menschen mit Down-Syndrom ist die Häufigkeit von Störungen der Schilddrüsenfunktion deutlich höher als in der Allgemeinbevölkerung, insbesondere gilt dies für die Unterfunktion der Schilddrüse (Hypothyreose). Diese kann angeboren – konnatale Hypothyreose – oder im weiteren Leben erworben sein. Bei etwa 5 % der Neugeborenen mit Down-Syndrom findet sich eine konnatale Hypothyreose, d. h. 1 von 20 Kindern, während bei Neugeborenen ohne Down-Syndrom lediglich 1 von 3500 Kindern betroffen ist.

Während der Säuglingszeit und frühen Kindheit ist eine normale Entwicklung des Gehirns nur möglich, wenn Schilddrüsenhormon in ausreichender Menge zur Verfügung steht. Deshalb wird bei *allen Neugeborenen* – unabhängig vom Down-Syndrom – am 2. Lebenstag im Rahmen des Stoffwechselscreenings eine Blutprobe entnommen und u. a. die Schilddrüsenfunktion überprüft. Bei Nachweis einer konnatalen Hypothyreose wird umgehend eine Behandlung eingeleitet, um das Auftreten irreversibler Entwicklungsstörungen und Hirnschädigungen zu verhindern. Die Behandlung besteht in täglicher Substitution von Schilddrüsenhormon (Thyroxin, T4) als Tablette oder Tropfen.

Da Kinder mit Down-Syndrom auch bei normaler Schilddrüsenfunktion während der Neugeborenenzeit im weiteren Leben relativ häufig eine Schilddrüsenunterfunktion entwickeln, wird empfohlen, bei diesen die Schilddrüsenfunktion im ersten Lebensjahr noch zweimal zu überprüfen, mit 3 und 6 Monaten und ab dem 2. Lebensjahr dann einmal jährlich. Bei diesen Kontrollen sollte der Wert des Schilddrüsen stimulierenden Hormons (**TSH**, **T**hyreoidea **S**timulierendes **H**ormon) und das eigentlich aktive Schilddrüsenhormon (freies Thyroxin, fT4) im Blut bestimmt werden.

Wenn sich bei einem Kind mit Down-Syndrom jenseits der Neugeborenenperiode eine Schilddrüsenunterfunktion entwickelt, können die typischen Symptome zunächst relativ schwach ausgeprägt sein. Da sie den Befunden beim Down-Syndrom sehr ähnlich sind – Muskelschwäche, Verlangsamung, Entwicklungsverzögerung, trockene Haut, Neigung zu Verstopfung –, wird die Schilddrüsenunterfunktion oft nicht erkannt, sondern als Folge des Down-Syndroms verkannt. Das kann wegen der Möglichkeit einer irreparablen Hirnschädigung infolge Schilddrüsenhormonmangels fatale Folgen haben. Bei Säuglingen und Kleinkindern mit Down-Syndrom wird deshalb bei Verdacht auf eine Hypothyreose sicherheitshalber die Indikation zur Behandlung mit Schilddrüsenhormon relativ großzügig gestellt. Das gilt auch für eine häufig gefundene isolierte Erhöhung des TSH – Hyperthyreotropinämie – d. h. auch wenn fT4 normal ist, also keine Unterfunktion der Schilddrüse vorliegt.

Bei Menschen mit Down-Syndrom treten Autoimmunerkrankungen häufiger auf als in der Allgemeinbevölkerung. Bei 5-54 % kommt es im Laufe des Lebens zu einer Autoimmunthyreoiditis HASHIMOTO, einer erworbenen, autoimmunologisch-entzündlichen Schilddrüsenerkrankung. Diese kann zu einer Unterfunktion der Schilddrüse führen und so eine Behandlung mit Schilddrüsenhormon erforderlich machen. Bei Menschen mit Down-Syndrom und Thyreoiditis HASHIMOTO sollte im Gegensatz zu einer Thyreoiditis ohne Trisomie 21 schon bei isolierter Erhöhung des TSH – Hyperthyreotropinämie – mit einer L-Thyroxin-Behandlung begonnen und nicht auf die Ausbildung einer Hypothyreose gewartet werden.

Hodenhochstand (Maldecensus testis)

Während der vorgeburtlichen Entwicklung werden die Hoden im Bauchraum im Bereich der Nieren angelegt, wandern dann nach unten, verlassen im Bereich des Leistenkanals den Bauchraum und erreichen im Skrotum (Hodensäckchen) ihre endgültige Position. Diese physiologische Verlagerung des Hodens aus dem Bauchraum heraus in das Skrotum wird »descensus testis« genannt und ist bei etwa 0,7–3,0 % aller Buben zum Zeitpunkt der Geburt noch nicht komplett abgeschlossen; dieser Zustand wird als Hodenhochstand oder Maldescensus testis bezeichnet.

Ein bei Geburt vorhandener Hodenhochstand hat gute Chancen, im Laufe der nächsten Monate noch spontan korrigiert zu werden. Wenn der Hodenhochstand aber zu lange besteht, wird der nicht deszendierte Hoden dauerhaft geschädigt: es steigt das Risiko einer Infertilität (Zeugungsunfähigkeit) und eines malignen Hodentumors. Deshalb wird empfohlen, bei einem Hodenhochstand, der nach dem 6. Lebensmonat immer noch besteht, eine entsprechende hormonelle und / oder operative Behandlung einzuleiten, damit mit Vollendung des ersten Lebensjahres die Hoden komplett deszendiert im Skrotum liegen.

Beim Down-Syndrom kommt dem Hodenhochstand besondere Bedeutung zu, weil er mit 7 bis 25 % wesentlich häufiger auftritt als in der Allgemeinbevölkerung und weil die bei zu später Behandlung drohende Infertilität nicht als Problem wahrgenommen wird, da Männer mit Down-Syndrom – von ganz seltenen Einzelfällen abgesehen – per se nicht zeugungsfähig sind. Dies führt dazu, dass ein Hodenhochstand oft gar nicht oder viel zu spät behandelt wird.

Da ein zu lange bestehender Hodenhochstand aber nicht nur das Risiko der Infertilität erhöht, sondern auch das eines später auftretenden bösartigen Hodentumors, ist unbedingt darauf zu achten, dass ein Hodenhochstand auch beim Down-Syndrom rechtzeitig, d. h. bis zum Ende des ersten Lebensjahres behandelt wird. Nur so kann das Risiko eines später – meist im 2. bis 3. Lebensjahrzehnt – auftretenden malignen Hodentumors vermindert werden.

Augenveränderungen/-erkrankungen

Die Augen weisen beim Down-Syndrom eine Reihe Veränderungen auf, die für die Physiognomie charakteristisch sind, funktionell aber keine Auswirkungen haben und auch nicht behandelt werden müssen. Zu nennen ist die schräge Lidachsenstellung, Epikanthus und Brushfield-Spots.

Bedeutsamer sind die bei der Trisomie 21 relativ häufig zu findenden angeborenen oder im weiteren Leben auftretenden Anomalien und Erkrankungen, die einer Therapie oder orthoptischen Korrektur bedürfen, wie angeborene oder erworbene Linsentrübung (Katarakt), Fehlsichtigkeit, Nystagmus, Schielen, Astigmatismus, Keratokonus.

Wegen der Häufigkeit verschiedenster Augenerkrankungen und Fehlsichtigkeiten beim Down-Syndrom (bis zu 80 %) wird empfohlen, die Kinder regelmäßig in etwa jährlichem Abstand beim Augenarzt vorzustellen, auch wenn die Voruntersuchung einen Normalbefund ergeben hat. Die Behandlung von Fehlsichtigkeiten und Augenerkrankungen unterscheidet sich beim Down-Syndrom nicht von den in der Allgemeinbevölkerung üblichen Maßnahmen. Auch Kinder mit Down-Syndrom tolerieren schon im Säuglings- und Kleinkindalter eine Brille oder Abdecken eines Auges beim Schielen. Die Brillen sollten allerdings – wie bei anderen Kleinkindern auch – ein flexibles, möglichst bruchsicheres Gestell mit breiter Nasenauflage haben, welches eventuell mit einem zusätzlichen Gummiband fixiert wird. Zur Vermeidung von Verletzungen werden Kunststoffgläser empfohlen.

Epilepsie

Etwa 5,5 % der Menschen mit Down-Syndrom erleiden cerebrale (= epileptische) Krampfanfälle und entwickeln im Weiteren ein epileptisches Anfallsleiden, eine Epilepsie. Das sind deutlich mehr als in der Allgemeinbevölkerung. Bei der Trisomie 21 besteht eine charakteristische Altersverteilung: Meist treten die Anfälle im 1. Lebensjahr auf, ein zweiter Häufigkeitsgipfel findet sich im dritten Lebensjahrzehnt. Die Diagnostik und Behandlung epileptischer Anfälle unterscheidet sich beim Down-Syndrom nicht von den auch sonst üblichen Maßnahmen.

Die häufigste Epilepsieform bei einer Trisomie 21 sind die BNS-Krämpfe (Blitz-Nick-Salaam-Krämpfe oder WEST-Syndrom). BNS-Krämpfe führen unbehandelt bei Kindern mit und ohne Down-Syndrom zu dauerhaften Schäden des Gehirns und konsekutiver Beeinträchtigung der Entwicklung. In einigen Fällen bleiben auch nach erfolgreicher Behandlung dauerhafte Schäden mit Störung der psychointellektuellen Entwicklung zurück. Wenn solche Anfälle bei einem Kind mit Down-Syndrom auftreten, ist darauf zu achten, dass dies Anfallsleiden nicht einfach dem Down-Syndrom zugeschrieben und weitere Diagnostik unterlassen wird. Es müssen die gleichen aufwändigen Untersuchungen – Elektroenzephalogramm, verschiedenste Laboruntersuchungen, Bildgebung des Gehirns – veranlasst werden, wie bei Kindern ohne Trisomie 21. Denn auch beim Down-Syndrom kann eine zusätzliche Erkrankung, z. B. ein Stoffwechselleiden vorliegen, welches eventuell für die Epilepsie verantwortlich ist und unbedingt behandelt werden muss. Die medikamentöse Behandlung einer BNS-Epilepsie unterscheidet sich bei Menschen mit und ohne Trisomie 21 nicht. Allerdings scheinen Kinder mit Down-Syndrom besser auf die Therapie anzusprechen, es wird von Erfolgsraten von bis zu 90 % berichtet.

Depression

Viele Jugendliche und vor allem Erwachsene mit Down-Syndrom ändern ohne zunächst erkennbaren Anlass ihr Verhalten, sind zunehmend desinteressiert, antriebslos und weisen Zeichen eines inneren Rückzugs auf. Sehr häufig werden diese Veränderungen der speziellen Lebenssituation der Betroffenen und der Trisomie 21 zugeschrieben, ohne dass erkannt wird, dass es sich um eine Depression handelt. Bei Erwachsenen wird eine solche Verhaltensänderung oft auch – auf Grund der sehr ähnlichen und insgesamt unspezifischen Symptomatik – als der Beginn einer Demenzentwicklung verkannt. Depressionen treten beim Down-Syndrom recht häufig auf, allerdings gibt es keine exakten Zahlen über die Prävalenz. In einer relativ großen Ambulanz für Jugendliche und Erwachsene mit Down-Syndrom in den USA wurde bei 18 % der vorgestellten Patienten eine Depression diagnostiziert.

Erschwert wird die Diagnose einer Depression bei Jugendlichen und Erwachsenen mit Trisomie 21 auch durch die Tatsache, dass diese häufig andere psychische Auffälligkeiten mit sehr ähnlicher Symptomatik aufweisen, wie Aufmerksamkeitsdefizit, aggressive Verhaltensstörungen, Autismus bzw. autismusähnliches Verhalten oder auch frühzeitige Demenzentwicklung. Wichtig erscheint es, bei Auftreten von Verhaltensänderungen und depressionsverdächtigen Symptomen, diese Auffälligkeiten nicht automatisch als Folge einer Behinderung oder der Trisomie 21 zu betrachten, sondern sie als Beginn einer psychischen Erkrankung zu verstehen und die Betroffenen einer entsprechenden psychiatrischen Untersuchung und Behandlung zuzuführen. Hierbei darf natürlich nicht die besondere Situation eines Lebens mit Down-Syndrom ausgeblendet werden, was oft mit speziellen Herausforderungen, Konflikten und auch leidvollen Erfahrungen einhergeht. Deshalb müssen bei der Behandlung auch soziale und mitmenschliche Probleme betrachtet werden, wie Überforderung, mangelnde Anerkennung, Mobbing oder traumatisierende bzw. angstauslösende Ereignisse.

Die Behandlung depressiver Verstimmungen bei Menschen mit Down-Syndrom unterscheidet sich prinzipiell nicht von der bei der Allgemeinbevölkerung. Insgesamt lassen sich Depressionen bei der Trisomie 21, wenn sie gut diagnostiziert sind, durch die üblichen Verfahren – medikamentöse Therapie mit Antidepressiva sowie Verhaltens- und psychotherapeutische Maßnahmen – sehr erfolgreich behandeln.

Differenzialdiagnostisch ist bei Auftreten der beschriebenen Auffälligkeiten immer aber auch daran zu denken, dass es sich um die Folgen anderer »organischer« Erkrankung handeln kann, die sich beim Down-Syndrom häufig finden. Deshalb sollte bei Verdacht auf Leistungsknick, Depression oder beginnende Demenz immer eine Schilddrüsenunterfunktion (Hypothyreose), ein Diabetes mellitus Typ 1, ein Mangel an Vitamin-B-12 oder eine Rückenmarksläsion aufgrund einer atlantoaxialen Instabilität ausgeschlossen werden.

Alzheimer Demenz

Das gehäufte Auftreten von Alzheimer Demenz bei Menschen mit Down-Syndrom ist schon lange bekannt. Dieser Zusammenhang wurde allerdings mit zunehmender Lebenserwartung beim Down-Syndrom offensichtlicher. Es ist aber keineswegs so – wie in den 1980er Jahren vermutet –, dass sich bei allen Menschen mit einer Trisomie 21 ab einem Alter von 45–50 Jahren zwangsläufig Symptome einer progredienten Alzheimer Demenz finden lassen.

Inzwischen konnte gezeigt werden, dass beim Down-Syndrom ab einem Alter von 50 Jahren ein gegenüber der Allgemeinbevölkerung erhöhtes Risiko besteht, eine progrediente Alzheimer Demenz zu entwickeln, dass aber keinesfalls alle Menschen mit Down-Syndrom betroffen sind. Die altersbedingte Häufigkeitszunahme einer Alzheimer Demenz bei Menschen mit Down-Syndrom verläuft nahezu parallel zur Häufigkeitszunahme in einer allgemeinen alternden Gesellschaft mit dem Unterschied, dass beim Down-Syndrom die Demenz 20 bis 25 Jahre eher auftritt als in der Allgemeinbevölkerung.

Es gibt keine Biomarker oder Screeningtests, um die Entwicklung einer Demenz frühzeitig zu erkennen oder den Verlauf und eventuellen Progress zu dokumentieren. Wenn im Rahmen der klinischen Betreuung von Menschen mit Down-Syndrom der Verdacht auf frühzeitige Demenzentwicklung besteht, gilt es sehr sorgfältig, alle anderen differenzialdiagnostisch in Frage kommenden Erkrankungen auszuschließen. Die Frühsymptome einer Demenz sind sehr unspezifisch und es bestehen große Überschneidungen mit der Symptomatik einer Schilddrüsenunterfunktion oder einer Depression. Die im Rahmen eines Demenzverdachtes notwendige differenzialdiagnostische Abklärung ist deshalb so wichtig, weil die anderen Erkrankungen im Gegensatz zur Demenz erfolgreich behandelt werden können.

Spezielle Vorsorgeuntersuchungen

Kinder mit Down-Syndrom weisen eine Reihe medizinischer Besonderheiten auf und haben ein deutlich erhöhtes Risiko, bestimmte Erkrankungen zu erwerben. Deshalb werden für sie spezielle, Down-Syndrom spezifische Screeninguntersuchungen und Vorsorgemaßnahmen empfohlen (Tab. 2), *zusätzlich* zu den in Deutschland bei Säuglingen, Kindern und Jugendlichen üblichen Vorsorgeuntersuchungen (U1–U11 sowie J1 + 2), wie sie vom Gemeinsamen Bundesausschuss und den entsprechenden Fachgesellschaften festgelegt sind. Die gesundheitliche Situation und Lebensqualität von Kindern mit Down-Syndrom lässt sich durch konsequente Anwendung dieser Down-Syndrom spezifischen Vorsorgeuntersuchungen und frühzeitiger Intervention bei entsprechenden Auffälligkeiten erheblich verbessern.

12 Gesundheit und Krankheit bei Kindern und Jugendlichen mit Down-Syndrom

Tab. 2: Spezielle Vorsorgeuntersuchungen für Kinder mit Down-Syndrom zusätzlich zu den in der Bundesrepublik Deutschland bei Säuglingen und Kindern üblichen Vorsorgeuntersuchungen, vgl. Gelbes Kinderuntersuchungsheft

Neugeborenenperiode	• Komplette Chromosomenanalyse • Kardiologische Untersuchung, einschließlich ECHO-Kardiographie • Komplettes Blutbild • Hüftgelenkssonographie • Schilddrüsen- und Hörfunktion werden routinemäßig bei U2 überprüft, bei Down-Syndrom allerdings Hirnstammaudiometrie (BERA) empfohlen • Ausführliche Beratung	– Down-Syndrom allgemein: Ursache, Genetik, medizinische Besonderheiten, Pathogenese, Entwicklungsprognose – Frühförderung, Physiotherapie, Logopädie – Sozialmedizinische, finanzielle und rechtliche Fragen – Kontaktvermittlung zu Selbsthilfegruppen und anderen betroffenen Eltern
1. Lebensjahr	• Schilddrüsenfunktion (TSH, fT4) mit 3 und 6 Monaten • Augenärztliche Untersuchung • HNO-ärztliche Untersuchung im 2. Lebenshalbjahr möglichst mit Hörprüfung	
Klein- und Schulkind	• Schilddrüsenfunktion (TSH, fT4): 1 × jährlich • Augenärztliche Untersuchung: 1 × jährlich • HNO-ärztliche Untersuchung: 2 × jährlich in den ersten 4 Lebensjahren möglichst mit Hörprüfung, dann 1 × jährlich • Beurteilung der orofazialen Motorik: Ende 1. Lebensjahr z. B. durch Logopädin • Zöliakie-Screening: 3. Lebensjahr, dann alle 3 Jahre • Zahnärztliche Untersuchung: 2./3. Lebensjahr, dann 1 × jährlich • Kieferorthopädische Untersuchung: 7. Lebensjahr, dann nach Bedarf	

Bei jedem Neugeborenen mit klinischem Verdacht auf eine Trisomie 21 soll unbedingt eine komplette Chromosomenanalyse veranlasst werden, da die üblichen Schnelltests (z. B. FISH) nicht alle Details erfassen und z. B. nicht zwischen einer freien und einer Translokations-Trisomie differenzieren können. Dieser Unterschied ist aber bei der genetischen Beratung und Erläuterung des eventuellen Wiederholungsrisikos – auch für andere Familienangehörige – von entscheidender Bedeutung.

Bei den Eltern eines neugeborenen Kindes mit Down-Syndrom besteht erheblicher Beratungs- und Informationsbedarf, um sie auf die neue und meist unerwartete Situation vorzubereiten. Fast alle Eltern haben Ängste und auch – völlig unbegründete – Schuldgefühle, auf welche es besonders einzugehen gilt. Durch einen Kinderarzt sollte in mehreren ausführlichen Gesprächen über Down-Syndrom informiert werden, insbesondere zu erläutern sind Ursache, Genetik, medizinische Besonderheiten sowie Entwicklungsprognose und entsprechende Fördermöglichkeiten. Es ist darauf hinzuweisen, dass es sich bei der Trisomie 21 um eine schicksalhafte Entwicklungsstörung handelt und die in der Regel auch keine familiär-genetische Ursache hat. Anzusprechen sind auch sozial-medizinische und rechtliche Aspekte und es sollte – sofern die Eltern das wünschen – Kontakt zu Selbsthilfegruppen und anderen betroffenen Eltern hergestellt werden.

Medikamentöse und komplementäre/alternative Therapien

Dem Down-Syndrom liegt ursächlich eine chromosomale Besonderheit zu Grunde, eine Trisomie 21. Diese beruht auf einer Fehlentwicklung bei der Zellteilung. Beim Down-Syndrom handelt es sich somit nicht um eine Krankheit im eigentlichen Sinne und dementsprechend gibt es auch keine ursächliche Behandlung, da man die zu Grunde liegende Trisomie 21 nicht heilen oder gar beseitigen kann.

Andererseits hat es aber neben den üblichen, sehr effektiven und erfolgreichen Fördermaßnahmen eine ganze Reihe von Behandlungsversuchen gegeben, die psychointellektuelle Entwicklung und kognitiven Fähigkeiten von Menschen mit Down-Syndrom positiv zu beeinflussen. Versucht und empfohlen wurden Therapien mit Medikamenten, denen eine positive Wirkung auf die Hirnfunktion und kognitive Leistung nachgesagt wird – Nootropica. Es gibt aber auch eine ganze Reihe von Behandlungsansätzen jenseits der Schulmedizin, z. B. Frischzellbehandlung, Substitution von Vitaminen, Spurenelementen oder speziell und z. T. auch individuell zubereitete Nahrungsergänzungen (HAP CAPS, targeted nutritional intervention, TNI). Letztlich hat sich keiner dieser Therapieansätze als effektiv und hilfreich erwiesen, auch wenn in anekdotischen Einzelbeobachtungen oder unkontrollierten bzw. unzulänglichen Studien Erfolge beschrieben wurden.

Aktuell wird die Möglichkeit einer Behandlung mit Grüntee, Grüntee-Extrakt und einem im Grüntee enthaltenen Alkaloid – Epigallocatechin-3-gallate (EGCG) – intensiv diskutiert. EGCG soll das auf Chromosom 21 lokalisierte Enzym

Dyrk1A hemmen, welchem auf Grund seiner vermehrten Expression bei der Trisomie 21 eine ursächliche Rolle in der gestörten Hirnentwicklung und Beeinträchtigung der intellektuellen Fähigkeiten beim Down-Syndrom zugeschrieben wird. Der Effekt einer Behandlung mit EGCG wird im Mausmodell und auch bei einigen jungen Erwachsenen mit Down-Syndrom wissenschaftlich erforscht. Bisher liegen keine verlässlichen Ergebnisse vor, die einen positiven Effekt belegen. Von einer Behandlung mit Grüntee-Extrakt muss abgeraten werden, da eine Wirksamkeit bisher nicht nachgewiesen ist, es andererseits aber in Einzelfällen zu erheblicher toxischer Leberschädigung bis hin zu akutem Leberversagen gekommen ist.

Verschiedene Mausmodelle zum Down-Syndrom bieten seit einigen Jahren die Möglichkeit, genetische, biochemische und metabolische Besonderheiten beim Down-Syndrom sehr genau zu analysieren und spezifische Therapie-/Präventionsansätze zu entwickeln. Bisher hat sich aber aus diesen Erkenntnissen keine wirksame und klinisch anwendbare Behandlung ableiten lassen.

Ein neuer metabolisch-funktioneller Ansatz zur eventuellen Verbesserung kognitiver Funktionen beim Down-Syndrom besteht in der medikamentösen Modulation bestimmter Rezeptoren (GABA-A-Rezeptoren) im Gehirn. Die aktuell entwickelten Rezeptorenhemmer – RG 1662, Basmisanil – sollen sehr spezifisch wirken und wenig Nebenwirkungen aufweisen. Im Mausmodell fand sich ein positiver Effekt. Erste klinische Studien an Menschen mit Down-Syndrom werden durchgeführt. Eine endgültige Bewertung dieses Ansatzes ist noch nicht möglich.

Es ist nicht verwunderlich, dass Eltern, Betreuer und zum Teil auch Ärzte nach Hilfen durch unkonventionelle Behandlungsmöglichkeiten suchen, wenn das medizinische Wissen über pathophysiologische Besonderheiten beim Down-Syndrom zwar ständig größer wird, sich gleichzeitig aber keine Möglichkeit zur medikamentösen Förderung oder Behandlung ergibt. Es sei abschließend betont, dass auch die Ansätze und Versuche, die Entwicklung von Menschen mit Down-Syndrom durch alternative oder komplementäre Medizin positiv zu beeinflussen, bisher ohne Erfolg geblieben sind. Zusammenfassend kann gesagt werden, dass dies nicht den Betroffenen hilft, sondern allenfalls denen, die es verordnen oder herstellen. Solche Behandlungsansätze können gegebenenfalls sogar kontraproduktiv und schädlich sein, wenn sie als Alternative zu bewährten, aber zeitaufwändigen Förderungsmaßnahmen – wie z. B. regelmäßige physiotherapeutische oder logopädische häusliche Übungen – verstanden und diese vernachlässigt werden.

12.2 Nahrungsmittelergänzung – Targeted Nutritional Intervention (TNI)

Matthias Gelb

Das Down-Syndrom kann auch als eine globale Stoffwechselstörung verstanden werden.

Da die Ursache des Down-Syndrom eine chromosomale Fehlverteilung ist mit dem 3-fach vorliegenden Chromosom 21, besteht eine 50 % erhöhte Genpräsenz der auf diesem Chromosom liegenden Gene. In Gen-dosage-Studien konnte belegt werden, dass die relevanten Genprodukte bei Patienten mit Down-Syndrom tatsächlich eine um 40–50 % vermehrte Präsenz zeigen.

Zwei Genprodukte stehen dabei im zentralen Focus, die Superoxis-Dismutase (SOD) und die Cystathionin-ß-Synthase (CßS). Die vermehrte SOD-Aktivität führt zu einer Kumulation von Wasserstoffperoxyd, das durch die nachfolgende Enzymkaskade nicht ausreichend abgebaut werden kann. Das Peroxyd wird durch die Fenton-Reaktion zu Hydroxylradikalen abgebaut, welche massive Zellschäden, insbesondere im zentralen Nervensystem, verursachen können. Es kann dadurch zu einem gehäuften und verfrühtem Alzheimer- bzw. alzheimerähnlichem Bild kommen und damit zu einem beschleunigtem Alterungsprozess. Die CßS führt zu vermehrten Methylierungsreaktionen, was eine gestörte DNA-, RNA und Neurotransmitter-Synthese bewirken kann.

Es wäre wünschenswert und ist anzustreben, einen Therapieansatz zu finden, der die vermehrte Genexpression zu regulieren und somit die negativen Konsequenzen dieses Phänomens positiv zu beeinflussen vermag. Bis jetzt gibt es aber keinen solchen Ansatz.

Daher wird versucht, den vermehrten oxydativen Stress durch die Gabe von antioxydativ wirkenden Substanzen zu beeinflussen. Bereits seit über 40 Jahren wird angestrebt, mit Vitamingaben, Spurenelementen und anderen Substanzen dies zu erreichen.

Dies wird auch in Laienpublikationen zum Teil sehr propagiert, jedoch muss bedacht werden, dass bis heute keine validierte doppelblinde prospektive Studie zu dieser Thematik vorliegt. Die wenigen Studien, die zu diesem Thema vorliegen, sind in ihrem Design, ihrer Methodik und/oder Durchführung fehler- und/oder mangelhaft. So muss man konstatieren, dass es für die Gabe von Nahrungsergänzungsmitteln derzeit keine wissenschaftlich fundierte Basis gibt und vorliegende Berichte und Untersuchungen rein empirischen Charakter haben.

Es wäre wünschenswert, dass diese Problematik wissenschaftlich im Rahmen einer entsprechenden Studie (doppelblind, prospektiv, Placebo/Verum) geklärt wird. Bestrebungen, eine solche Studie zu etablieren, gab es wiederholt, bedauerlicherweise scheiterten diese aus diversen Gründen. Es muss einem daher bewusst sein, dass jegliche Gabe von Nahrungsergänzungsmitteln lediglich auf empirischen Daten beruht und es keine wissenschaftlich fundierte Daten dazu gibt, auch wenn einige Hersteller und deren Protagonisten den Eindruck zu erwecken versuchen, dass dem so sei.

Natürlich kann man überlegen, ob Menschen mit Down-Syndrom von einer gezielten Nahrungsmittelergänzung einen Benefit haben können. Dabei sollte man aber doch einige grundlegende Punkte beachten:

- Das A und O ist eine gesunde und ausgewogene Ernährung, die bei nicht wenigen Menschen mit Down-Syndrom jedoch nicht gegeben ist.
- Die Gabe von Nahrungsergänzungsmitteln bedarf einer vorherigen und regelmäßigen Bestimmung der entsprechenden Laborwerte.
- Eine »heimliche« Gabe von Nahrungsergänzungsmitteln, ohne Information an die behandelnde Ärztin, den behandelnden Arzt, ist nicht akzeptabel.
- Es sollte dann eine zeitlich begrenzte »Versuchsphase« (ca. 3 Monate) begonnen werden, wobei ein Focus auf die unerwünschten Wirkungen bzw. Nebenwirkungen gelegt werden sollte. Ein zweiter Focus ist auf mögliche positive Wirkungen zu legen, z. B. auf die Reduktion der Infektanfälligkeit oder auf die Erhöhung der körperlichen und geistigen Belastungsfähigkeit.
- Bei einer Dauersubstitution sollte, neben den obligatorischen Labor- und klinischen Kontrollen, auch an Auslassversuche gedacht werden.
- Die Gabe von Nahrungsergänzungsmitteln entbindet Eltern, Arzt oder Ärztinnen sowie therapeutische Fachkräfte nicht von den sinnvollen etablierten diagnostischen, therapeutischen und pädagogischen Maßnahmen.

12.3 Orthopädische Probleme bei Kindern und Jugendlichen mit Down-Syndrom

Ruth Kamping

Obwohl das Down-Syndrom die häufigste lebensfähige Chromosomenanomalie ist, sind die orthopädischen Besonderheiten wenig bekannt. Oftmals werden Gangauffälligkeiten und Lauffaulheit als zum Syndrom dazugehörig angesehen und dementsprechend nicht oder nur unzureichend behandelt. Es lohnt sich aber in jedem Fall, Besonderheiten zu erkennen und Erkrankungen auszuschließen, denn nicht alles ist Down-Syndrom. Oftmals gibt es einfache bis hin zu komplexen Behandlungsmöglichkeiten, die die Entwicklung einer guten Motorik unterstützen oder möglich machen.

Grundproblematik

Bei Menschen mit Down-Syndrom führen zum einen die vermehrte Bandlaxität, d. h. die Überdehnbarkeit der Gelenke und deren Kapseln, sowie der niedrigere Muskeltonus zu verschiedenen orthopädischen Problemen. Auf dem 21. Chromosom befindet sich die Kodierung für das Kollagen 4, ein Bestandteil des Bindegewebes. Durch die Trisomie wird es dreimal abgelesen, was zu einer fehlerhaften Grundsubstanz führt. Dies wird als Grund für die Bandlaxität angesehen.

Bei der Geburt weisen nahezu alle Säuglinge mit Down-Syndrom eine Hypermobilität (Überbeweglichkeit) der Gelenke auf. Mit fortschreitendem Alter nimmt die Hypermobilität ab.

Neben einer Verlangsamung der Knochenreifung ist auch die Reifung des Kleinhirns und der Gehirnwindungen verzögert. Dies führt zu einer Beeinträchtigung des Gleichgewichts und der Motorik. Zusätzlich ist das Zusammenspiel von Nerven und dazugehörigen Muskeln gestört: die Muskelantwort auf einen Nervenbefehl erfolgt verspätet. Zusammen führen diese Besonderheiten zu einer sogenannten motorische Retardierung. Der Laufbeginn ist verzögert und man sieht nicht nur bei Kindern, sondern auch bei Erwachsenen mit Down-Syndrom typische Gangbildveränderungen.

Die Verzögerung des Laufbeginns wird in älteren Studien mit durchschnittlich 18 Monate angegeben. In meiner Sprechstunde sehe ich jedoch vermehrt Kinder, die um den 2. Geburtstag das freie Laufen erlernen, also nur eine Verzögerung um 12 Monate zeigen.

Die Verzögerungen von Hirnentwicklung und Motorik können dazu führen, dass die Kinder sich Bewegungsmuster aneignen, die unphysiologisch sind und die motorische Entwicklung eher behindern. Daher ist der frühzeitige Einsatz von Krankengymnastik auf neurophysiologischer Basis sinnvoll. Sie ist als Unterstützung immer wieder sehr nützlich, jedoch nur selten als Dauertherapie notwendig.

Frühzeitig sollte körperliches Training im Sinne von z. B. Kinder-Turnen zum Alltag gehören. Dies hat entscheidenden Einfluss auf Fußform, Stabilität und

Gehstrecke. Ebenso spielt der Sport eine große Rolle bei der Vermeidung von Übergewicht und seinen orthopädischen Auswirkungen, wie z. B. die Fußfehlbelastung, Entwicklung von X-Beinen, schlechter Körperhaltung, usw.

Gangbildveränderungen

Häufig sind Menschen mit Down-Syndrom im Alltag bereits an ihrem Gangbild und ihrer Haltung zu erkennen. Dies ist unter anderem durch eine Störung der Gangabwicklung bedingt.

Die Standphase ist verlängert, die Schrittlänge hingegen verkürzt. Knie und Hüfte werden stark gebeugt, die Hüfte nach außenrotiert und dann zu früh und unzureichend gestreckt. Durch den häufig auftretenden Knickplattfuß wird der Fuß im Sprunggelenk nach außen gedreht und plan aufgesetzt, so dass keine Abrollbewegung möglich ist. Zudem ist das Zusammenspiel von Vor- und Rückfuß gestört. Durch schwache Fußmuskeln wird das Gangbild noch schwerfälliger. Das typisch platschende Gangbild mit entsprechendem Begleitgeräusch entsteht.

Das Fersenbein kann aufgrund der Muskel- und Bänderschwäche nur unzureichend stabilisiert werden, so dass das Gleichgewicht bei Belastung des Fußes gestört wird und ausbalanciert werden muss. In Videoanalysen sieht man Ausgleichsbewegungen von Becken, Knien und vermehrt im oberen Sprunggelenk. Dies kann in einem selbst angefertigten Video, das in Zeitlupe abgespielt wird, gut nachvollzogen werden. Das Zentrum der Fußbelastung ist nach vorn verlagert und der äußere Fußrand wird oft nicht mitbelastet. Um das fehlende Abrollen des Fußes und die mangelnde Gewichtsübernahme durch den Rückfuß auszugleichen, wird der Oberkörper häufig leicht nach vorne geneigt.

Insgesamt ist die Gehgeschwindigkeit verlangsamt, obwohl viel Aktion geschieht. Dies kostet zusätzliche Kraft und führt zu einer schnelleren Ermüdung.

Fußdeformitäten

Der Mensch ist den ganzen Tag »auf den Beinen«, d. h. auf den Füßen. Stimmt mit diesem, im wahrsten Sinne fundamentalen Teil des Körpers etwas nicht, wird die Statik des gesamten Körpers negativ beeinflusst. Daher sind die Füße und ihre Funktion einer der ersten Punkte bei der Untersuchung. Eine früh einsetzende Therapie kann eine Verbesserung der Stabilität und der Gehstrecke bedeuten sowie Folgeschäden verhindern.

Dies sollte ein wichtiges Therapieziel sein, da die mit den Folgeschäden einhergehende Immobiliät ein großes Problem darstellt. Nicht nur körperliche Auswirkungen wie Übergewicht, Verlust motorischer Fähigkeiten, sondern auch psychosoziale Probleme wie Verlust der Eigenständigkeit, Antriebslosigkeit und Depressionen können dadurch verstärkt werden.

Bis zu 90 % der Menschen mit Down-Syndrom zeigen Veränderungen des Vorfußes. Bedingt durch die Bandlaxität besteht eine Überbeweglichkeit (Hypermobilität) des Mittelfußknochens der Großzehe bei 40 % der Menschen mit Down

12.3 Orthopädische Probleme bei Kindern und Jugendlichen mit Down-Syndrom

Syndrom. Dies kann sowohl zu einem Hallux valgus (nach außenzeigende Großzehe) als auch zu einem Hallux varus (nach innen zeigende Großzehe mit Sandalenfurche) führen.

Der Hallux valgus kommt 2,5 mal häufiger als in der Normalbevölkerung vor. Er stellt ein Risiko für die spätere Entwicklung einer Arthrose dar. Die Behandlung besteht aus sensomotorischen Einlagen, die einerseits die Fußmuskulatur aktivieren und zudem die Wahrnehmung der Füße und der Stellung des Körpers im Raum (Propriozeption) verbessern können. Zusätzlich können Hallux valgus-(Nacht-) Schienen benutzt werden. Nach Wachstumsabschluss ist dann eine definitive operative Korrektur möglich und zu empfehlen.

Der Hallux varus stellt nur in ausgeprägten Fällen eine Operationsindikation nach Wachstumsabschluss dar. Konservativ wird bei den genannten Fußdeformitäten mit Krankengymnastik auf neurophysiologischer Basis und sensomotorischen Einlagen gearbeitet.

Der flexible Knickplattfuß (Pes planovalgus) besteht bei 2–6% der Kindern mit Down-Syndrom. Flexibel bedeutet, im unbelasteten Zustand bildet sich ein Fußlängsgewölbe, das unter Belastung verstreicht, so dass der Fußinnenrand aufliegt. Schmerzen werden selten beklagt, aber die Kinder sind schneller ermüdbar. Wenn Schmerzen auftreten, sind sie durch die Überdehnung der beteiligten Bänder und Muskeln (Tibialis anterior und Gastrocnemius medialis) bedingt.

Bei Erwachsenen mit Down-Syndrom liegt die Rate eines Plattfußes bereits bei 60%. In der Hälfte dieser Fälle besteht ein so genannter kontrakter, also fester Plattfuß, der auch unbelastet besteht. Ein schwerer Plattfuß mit knöchernen Veränderungen ist jedoch selten. Schwierigkeiten treten dann bei der Schuhversorgung auf und es besteht das Risiko einer späteren Arthrose.

Um eine möglichst physiologische Beanspruchbarkeit der Füße zu gewährleisten, ist die korrekte Ausrichtung des Fersenbeines notwendig. Dies ist durch sensomotorische Einlagen mit oder ohne Fersenfassung oder durch sprunggelenksübergreifende Orthesen (DAFO) oder Ringorthesen möglich. Die Art und Höhe der Versorgung hängt vom Grad der Instabilität des Fußes, der muskulären Kontrolle des Körpers in der Aufrichtung, dem Alter des Kindes sowie vom Gangbild ab.

Sollte z. B. eine ausgeprägte Instabilität der Sprunggelenke mit Abheben des äußeren Fußrandes vorliegen, ist eine sprunggelenksübergreifende oder sogar wadenhohe Versorgung erforderlich, um die Vertikalisierung (Aufrichtung in den Stand, Erlernen des Gehens) des Kindes zu fördern. Es hat sich gezeigt, dass durch eine Versorgung mit sprunggelenksübergreifenden Orthesen im Gegensatz zu einer Versorgung mit Standardeinlagen die Gehstrecke signifikant verlängert werden konnte. Durch die Orthesen/Einlagen besteht nun bei der Gewichtsübernahme mehr Stabilität im Fuß. Durch die sensomotorischen Aufbauten wird die neuromuskuläre Kontrolle (Zusammenspiel Gehirn/Nerven/Muskeln) verbessert.

Zu beachten ist allerdings, dass gerade Kinder mit Down-Syndrom sehr empfindlich an den Füßen sind. So sollten die sensomotorischen Aufbauten zunächst von geringer Höhe sein, um die Akzeptanz zu verbessern. Wunderbar gefertigte Einlagen nutzen nichts, wenn sie vom Kind nicht akzeptiert werden. Regelmäßige Kontrollen der Einlagen und Orthesen bei einem Kinderorthopäden sind zu empfehlen, da während der Entwicklung die Höhe der notwendigen Versorgung sich deutlich ändern kann.

Nach Ansicht der älteren Literatur ist eine operative Korrektur nur bei ausgeprägten Knickplattfüßen notwendig, die die Gehfähigkeit einschränken, sowie bei anhaltenden Schmerzen. In den letzten Jahren wird zunehmend eine sogenannte Calcaneusstopschraube zur Therapie des flexiblen Knickplattfußes angewandt. Aber Langzeitergebnisse bei Kindern und Jugendlichen mit Down-Syndrom stehen noch aus. Nach anfänglichen postoperativen Schwierigkeiten beim Gangablauf sind die Verläufe jedoch vielversprechend (Annastift Hannover). Ab dem Jugendalter kommen bei Beschwerden eine Fersenbeinverlängerung (OP nach Evans), eine Teilversteifung (talonavicular) oder sogar eine komplette Versteifung der Fußwurzel (Triple-Arthrodese) in Frage. Bei Erwachsenen mit kontraktem Plattfuß ist die Versorgung mit orthopädischen Maßschuhen die richtige Wahl.

Einen großen Einfluss auf die Fußform hat das Übergewicht. Es führt zu einer deutlich vermehrten Fußbelastung und entsprechenden Problemen.

Zu den Fußdeformitäten zählt auch der Klumpfuß. Allgemein kommt der Klumpfuß bei Kindern mit einer Häufigkeit von 1–2 auf 1000 Lebendgeburten vor. Beim Down-Syndrom soll es gehäuft zu dieser Deformität kommen. In der Ambulanz des Annastiftes wurden in den letzten 7 Jahren 5 Kinder mit DS und Klumpfüßen behandelt.

Heute gilt die Behandlungsmethode nach Ponseti als Goldstandard, auch für Klumpfüße in Verbindung mit Syndromen. Kritisch ist allerdings die Verwendung einer Schiene in Außenrotationsstellung der Beine, wie sie bei der Ponseti-Methode üblich ist. Die muskuläre Hypotonie und die Bandlaxität begünstigen die Entwicklung einer »Froschhaltung« der Beinchen. Dies führt zum einen zu einer Verkürzung der Sehnenplatte am äußeren Oberschenkel und der hüftaußendrehenden Muskulatur. Andererseits sind die Kinder in dieser Position in ihrer Eigenmobilität eingeschränkt. Allein die gerade Ausrichtung der Beine kostet viel Kraft und Koordination. Trägt man der Tendenz eine Instabilität der Kniescheiben zu entwickeln (10–20 %) Rechnung, ist diese Schienenbehandlung für Kinder mit Down-Syndrom und ihren Eigenheiten kritisch zu sehen. Auch die waagerecht stehenden, tiefen Hüftpfannen sollten in die Überlegung mit einbezogen werden. Besser geeignet scheint eine Oberschenkel-Schiene in Beugung mit Außenrotation im oberen Sprunggelenk. Das Bein wird gerade ausgerichtet und um ein Abkippen in die Froschhaltung zu verhindern, wird ein Stabilisierungsdreieck an der Sohle angebracht.

Zum Behandlungsspektrum bei kleinen Kindern ohne nennenswerte Fußveränderungen gehört das knöchelübergreifende, geschnürte Schuhwerk. Dies fasst den Fuß besonders gut und stabilisiert ihn. Dabei ist auf eine flexible, nicht zu dicke Sohle zu achten, so dass der Fuß genug Informationen bekommt und verarbeiten kann (Propriozeption = Wahrnehmung von Körperbewegung und -lage im Raum bzw. der Lage/Stellung einzelner Körperteile zueinander). Ist dies nicht ausreichend, kommen Einlagen, ggf. Orthesen hinzu sowie Krankengymnastik auf neurophysiologischer Basis und die Anleitung der Eltern zu einfachen Eigenübungen (z. B. nach Zukunft-Huber).

Kniegelenk und Beinachsen

Bei Menschen mit Down-Syndrom kommen vermehrt sowohl X- als auch O-Beine vor. Im Kleinkind- bis Kindesalter kann bei X-Beinen (Genua valga) abgewartet werden, da sie in dieser Zeit physiologisch, d. h. normal sind. Bis zum 10. Lebensjahr graden sich die Beinachsen wieder aus.

Liegen sowohl klinisch als auch im Röntgenbild pathologische Werte für die Beinachsen vor, ist an eine operative Korrektur zu denken.

Hierzu bieten sich sogenannte 8-plates oder Pedi-plates an. Dies sind kleine Platten in Form einer 8, die im Bereich der Wachstumsfuge eingebracht werden. Jeweils eine Schraube wird oberhalb und eine unterhalb der Wachstumsfuge im Bereich des knienahen Ober- und/oder Unterschenkels eingebracht: Bei vorliegenden Genua valga (X-Beinen) an der Innenseite des Beines, bei Genua vara (O-Beinen) an der Außenseite. So wird die Wachstumsfuge einseitig am weiteren Wachstum gehindert (temporäre Epiphysiodese) und durch das normale Weiterwachsen der Gegenseite erfolgt eine Ausgradung der Beinachsen. Engmaschige Kontrollen sind dabei notwendig, um eine Überkorrektur zu vermeiden.

Mit bis zu 20 % kommt die Instabilität der Kniescheibe (Patella) recht häufig vor. Dies kann bis zu einer Verrenkung (Patellaluxation) führen (8 %). Manche Kinder können willentlich eine Verrenkung der Patella herbeiführen. Ursächlich für die Instabilität ist wieder einmal die Bandlaxität sowie eine häufig begleitende X-Beinstellung. Ebenso kann auch eine Dysplasie (mangelnde Ausformung) des Kniescheibengleitlagers oder der Kniescheibe selbst vorliegen oder eine Kombination.

Selten führt die Instabilität, selbst eine Luxation der Patella, bei Menschen mit Down-Syndrom zu Schmerzen. Eine Einschränkung der Gehstrecke und der Bewegung machen eine Therapie, oftmals operativ, notwendig. Zunächst sollte eine konservative Therapie mit Orthesen (z. B. Bandagen mit Kniescheibenführung), Änderung der Aktivitäten und eine Einlagenversorgung bei Knickfuß erfolgen. Aufgrund der Größe müssen für Kinder oftmals maßgeschneiderte Bandagen/Orthesen angefertigt werden. Auch die Akzeptanz durch den Patienten erfordert oft die Geduld und die Konsequenz der Erziehungsberechtigten.

Sollte dies nicht zum Erfolg führen, kommen mehrere Operationsmethoden in Frage. Es können sowohl weichteilige Eingriffe mit Sehnenversetzungen oder Kapselraffungen oder knöcherne Korrekturen (Gleitlager, Versetzung des Patellasehnenansatzes) durchgeführt werden. Knöcherne Korrekturen kommen allerdings erst nach Wachstumsabschluss in Frage, da ansonsten die Wachstumsfugen verletzt werden können. Es fehlen Studien über die Langzeitergebnisse der einzelnen Methoden bei Down-Syndrom. Eine Kombination der Operationsmethoden mindert jedoch das Risiko einer Reluxation.

Bei der Behandlung sollte die Beinachse immer mitbeachtet werden, da ein Genu valgum (X-Bein) zu einer Fehlposition der Patella führt und eine Verrenkung somit begünstigt. Die Korrektur der Beinachse ist häufig ebenfalls notwendig oder sogar vorrangig.

Hüftgelenk

Bei 8 % der Kinder und Jugendlichen mit Down-Syndrom bestehen Hüftprobleme wie Hüftdysplasie, Hüftluxation (Verrenkung), Morbus Perthes (Durchblutungsstörung des Hüftkopfes) oder ein Abrutschen der Wachstumsfuge (Epiphysiolyse). Bei Erwachsenen steigt die Rate der Dysplasieproblematik und deren Folge Luxation auf 18 %.

Die Hüftpfanne (Acetabulum) ist tief, horizontal gestellt und ist geringer nach vorne gekippt (verminderte Anteversion) als bei der Normalbevölkerung. Zusätzlich besteht häufig eine mangelnde Ausbildung (Dysplasie) der Pfanne. Hingegen weist der Schenkelhals einen vergrößerten Winkel zwischen Hüftkopf und Oberschenkelknochen auf (Antetorsion), was insgesamt zu einer vermehrten Außendrehung der Hüften führt. Insgesamt ist die Ausrichtung des Hüftgelenkes 3-dimensional verändert. Die Instabilität der Hüften ist multifaktoriell und kommt in 2–5 % der Fälle vor. Neben der Bandlaxität spielt der schlecht ausgebildete Pfannenhinterrand eine Hauptrolle bei der Entwicklung einer Hüftinstabilität. Die Häufigkeit einer Dysplasie der Pfanne liegt bei 10–25 %.

Typischerweise bestehen bei Laufbeginn stabile Hüftgelenke und die Instabilität entwickelt sich mit der Zeit, häufig im Alter von 2–10 Jahren. Somit ist auch der Ultraschallbefund im Rahmen der U3 im Alter von 6 Wochen nicht häufiger auffällig als bei anderen Kindern und bietet keine Sicherheit in Bezug auf Hüftprobleme im weiteren Verlauf.

Lebenslang werden im Körper Knochenumbauten durchgeführt, z. B. Knochenbruchheilung. Dort, wo viel Druck herrscht, wird der Knochen beim Erwachsenen verdickt und verhärtet, um dem Druck standzuhalten. Im wachsenden Skelett allerdings wächst der Knochen dort, wo Druck herrscht, nicht ausreichend weiter. Viel Druck auf den Pfannenhinterrand entsteht beim Schneidersitz. Um eine Ausreifung des Hinterrandes zu ermöglichen, sollte der Schneidersitz durch alternative Sitzpositionen ersetzt werden.

Ein sechsjähriges Mädchen, das bisher keine Auffälligkeiten zeigte, wurde zum ersten Mal vorgestellt. Die Eltern berichteten, sie weigere sich schon nach kurzer Gehstrecke weiterzugehen und setze sich hin. Der Dickkopf sei stark ausgeprägt. Sorgen bereiteten der Physiotherapeutin die Knickfüße. Das Gangbild war leicht außenrotiert und wirkte etwas lässig. Bei der klinischen Untersuchung konnten beide Hüften luxiert werden mit spontaner Reposition. Auf dem Röntgenbild sah man eine übergreifende Überdachung der Hüftköpfe. Das Problem war jedoch der fehlende Pfannenhinterrand. Man konnte zwischen Pfanne und Hüftkopf »hindurch« gucken. Eine beidseitige Operation war notwendig.

Um solche Verläufe zu verhindern und sekundäre Dysplasien früher zu entdecken und zu behandeln, werden regelmäßige klinische Untersuchungen und eine Röntgenaufnahme des Beckens im Grundschulalter empfohlen. Aus Gründen der Inklusion ist eine Abklärung schon im Vorschulalter sinnvoll. Denn wird dabei ein operationswürdiger Befund erhoben, sollte die OP vor der Einschulung durchgeführt werden, damit keine längeren Ausfallzeiten während des Schuljahres entstehen. Als günstigen Zeitpunkt für die Röntgenuntersuchung bietet sich der Herbst vor der Einschulung an.

In der Literatur findet man Einzelfallbeschreibungen, die über geglückte Behandlungen mit Gipsen und Orthesen berichten. Diese Behandlungen wurden über mehrere Monate durchgeführt und nur bei auf dem Röntgenbild unauffälligen Hüften. Dies dürfte somit nur für den kleinsten Teil der Patienten in Frage kommen.

Eine chronische Hüftinstabilität, z. B. mit willentlichem Schnappen, sollte operativ versorgt werden, auch um Folgeschäden zu vermeiden. Gute Ergebnisse zeigen eine Derotation des Oberschenkelknochens zusammen mit einer knöchernen Änderung des Pfannenwinkels, ggf. mit Kapselraffung. Auch eine komplexe Umstellung der Hüfte, im Sinne einer Triple-Osteotomie, kommt in Frage. In den letzten 7 Jahren konnte ich im Annastift keine erneute Instabilität nach erfolgter Operation beobachten.

Eine Lösung und Abkippung der Wachstumsfuge des Schenkelhalses (Epiphysiolysis capitis femoris) erleiden 1,3 % der Kinder/Jugendlichen mit Down-Syndrom. Auch hierbei ist eine operative Therapie notwendig. Häufig sind die Verläufe schwerwiegender als in der Normalbevölkerung. Es wird ein Zusammenhang mit der Unterfunktion der Schilddrüse vermutet. Diese kann zu einer Lockerung der Wachstumsfuge führen, die im Folgenden dann abrutscht.

Kinder mit Down-Syndrom haben ein gering höheres Risiko einen Morbus Perthes zu entwickeln. Auch hier scheint es einen Zusammenhang mit einer Unterfunktion der Schilddrüse zu geben. Morbus Perthes ist eine Durchblutungsstörung des Hüftkopfes. Im weiteren Verlauf kommt es zur Zerstörung des Kopfes und einem häufig deformiertem Wiederaufbau. Das Vorgehen ist hierbei zunächst konservativ mit Krankengymnastik zum Erhalt der Beweglichkeit. Ein Sportverbot hat sich nicht bewährt, Spitzenbelastungen wie z. B. Trampolinspringen sollten jedoch vermieden werden. Verläuft der Wiederaufbau ungünstig, ist ein operatives Eingreifen notwendig, um das Arthroserisiko zu mindern.

Bereits 20–30 Jahre früher als in der Normalbevölkerung treten Arthrosen auf. 8–28 % der Erwachsenen mit Down-Syndrom entwickeln eine Arthose des Hüftgelenkes. Die Behandlung erfolgt wie bei anderen Hüftarthrosen. Wenn jedoch eine ausgeprägte Dysplasie zu Grunde liegt und vielleicht vor vielen Jahren bereits Operationen durchgeführt wurden, macht dies den Einsatz von extra für den Patienten angefertigte Prothesen notwendig, aber nicht unmöglich.

Rheuma

Das Risiko für Autoimmunerkrankungen ist beim Down-Syndrom erhöht. Zu diesen Erkrankungen gehört auch eine Arthropathie, das heißt Gelenkerkrankung, die der juvenilen idiopathischen Arthritis ähnelt, wahrscheinlich sogar gleichzusetzen ist. 1 % der Menschen mit Down-Syndrom erkrankt daran. Häufig sind die Symptome mit Lauffaulheit, Verweigerung körperlicher Aktivitäten unspezifisch, die Schwellungen und Ergüsse mehrerer Gelenke sind hingegen wegweisend, ggf. werden auch Schmerzen beklagt. Erschwert wird die Diagnose durch die Bandlaxität, die eine Bewegungseinschränkung aufgrund eines Gelenkergusses verschleiern kann. Bei Verdacht auf eine rheumatische Erkrankung sollte die Diagnostik und Behandlung durch einen Kinderrheumatologen erfolgen.

Wirbelsäule

Ein Skoliose (Verbiegung/Verdrehung) der Wirbelsäule kommt bei 8 % der Menschen mit Down-Syndrom vor. In 50 % der Fälle entwickelte sich eine Skoliose nach einer Herz-OP mit Eröffnung des Brustkorbs (Thorakotomie).

Bestandteil einer jeden gründlichen klinischen Untersuchung sollte eine Untersuchung des Rückens sein. In der Vorbeuge lassen sich ein evtl. bestehender Rippenbuckel/Lendenwulst gut beurteilen. Bei Verdacht auf eine Skoliose ist die Anfertigung einer Röntgenaufnahme der Wirbelsäule unerlässlich. Die Behandlung richtet sich nach den Winkelmaßen der Skoliose und unterscheidet sich kaum von der Behandlung der typischen Skoliose eines Heranwachsenden. Ab 20–30° sollte eine Korsettversorgung erfolgen, bei höheren Winkelmaßen (>40–45°) ist eine Operation zu diskutieren. Die meisten Skoliosen entwickeln sich im pubertären Wachstumsschub zwischen dem 11. und 14. Lebensjahr. Häufig werden sie spät erkannt. In der Literatur finden sich kritische Stimmen, die von einer Nutzlosigkeit des Korsetts und häufigen Operationen berichten. Wenn eine frühe Diagnose gestellt wird, sehen wir jedoch häufig milde Verläufe mit nur geringer Zunahme der Winkelmaße. Eine Operation ist nur selten erforderlich und dann meistens bei spät erkannten Skoliosen mit hohen Winkelmaßen. Unerlässlich ist eine begleitende krankengymnastische Behandlung.

Atlanto-axiale Instabilität (AAI)

Die Instabilität der oberen Halswirbelsäule (HWS) ist durch die Laxität der Gelenkkapseln, der Membranen und Bänder sowie durch knöcherne Anomalitäten bedingt. Sie ist nicht angeboren, sondern entwickelt sich mit der Zeit.

Bei 10–30 % der Menschen mit Down-Syndrom kann man eine Instabilität zwischen dem ersten (Atlas) und zweiten (Axis) Wirbel finden. Eine AAI definiert sich durch einen zu großen Abstand (AADI) zwischen dem vorderen Atlasbogen und dem Dens des 2. Halswirbels im seitlichen Röntgenbild (>4mm AADI). Symptome entwickeln allerdings nur 1–2 %. Dies geschieht meist im Alter von 5 bis 15 Jahren. So stellt sich die Frage, ob ein Röntgenbild aussagekräftig genug ist, um eine Diagnose zu stellen, die weit reichende Konsequenzen, wie z. B. die operative Verbindung des Kopfes mit den ersten Halswirbeln hat. Auch die Frage nach sportlichen Aktivitäten wird immer wieder gestellt.

Früher wurde die Diagnose AAI nur durch ein Röntgenbild gestellt. Allerdings bietet das Röntgenbild eine schlechte Verlässlichkeit (Reliabilität) und Wiederholbarkeit (Reproduzierbarkeit). Unterschiedliche Werte können an ein und demselben Tag gemessen werden. Weder ein Normalbefund des Röntgenbildes noch eine auffällige Aufnahme kann vorhersagen, ob der Patient eine symptomatische AAI, d. h. eine Myelopathie durch die Einengung des Rückenmarkes entwickeln wird oder nicht. Eine routinemäßige Röntgenaufnahme der Halswirbelsäule ist daher nicht zu empfehlen.

Die Entwicklung neurologischer Symptome geht einer akuten symptomatischen AAI oft wochen- bis jahrelang voraus. Sinnvoll ist daher eine jährlich durchgeführte körperliche und orientierend neurologische Untersuchung in Kombination mit Nachfragen bestimmter Auffälligkeiten. Zu diesen Auffälligkeiten zählen Gangbildveränderungen, verminderte Blasen-/Mastdarmkontrolle, schnellere Ermüdbarkeit, verschlechterter Muskeltonus, Kopfschiefhaltung/Nackensteifheit.

Sind neurologische Symptome vorhanden, sollten Röntgenaufnahmen der Halswirbelsäule angefertigt werden. Ist darauf eine Instabilität zu sehen, sollte zügig eine Vorstellung in der Neurochirurgie erfolgen.

Ein elfjähriger Junge zeigte seit 3 Monaten zunehmende neurologische Symptome. Zunächst fiel eine Gangunsicherheit auf. Der behandelnde Neuropädiater stellte eine Spastik des rechten Beines fest und stellte den Verdacht auf eine AAI. Bei der Vorstellung in unserer Ambulanz bestand bereits ein Fußklonus beidseits sowie eine beginnende Zwangshaltung des Kopfes nach hinten.

Auf den Funktionsaufnahmen war eine deutliche atlanto-axiale Instabilität zu sehen. Zügig wurde der Junge in der Neurochirurgie vorgestellt. Dort wurde er erfolgreich operiert. Die neurologischen Symptome haben sich abgemildert, sind jedoch noch vorhanden.

Je früher eine operative Stabilisierung bei einer neurologischen Symptomatik erfolgt, umso größer sind die Erfolgsaussichten, dass es zu einer Rückbildung der Neurologie kommt.

Ist eine Narkose geplant, sollte ebenfalls eine körperliche Untersuchung mit orientierender neurologischer Untersuchung stattfinden. Routinemäßige Röntgenaufnahmen sind hier nicht zwingend, aber auch nicht abzulehnen.

Sport

Es besteht viel Unsicherheit, welche Sportarten für Menschen mit Down-Syndrom geeignet und welche gefährlich sind. Bereits 1991 hat sich eine Studie mit diesem Thema befasst: Es wurden nur Kinder mit einer im Röntgenbild darstellbaren AAI ohne neurologische Symptome untersucht. Eine Gruppe durfte Sport machen, wie sie wollte, die Kontrollgruppe keine Risiken eingehen. Nach einem Jahr bestand weder neurologisch noch im Röntgenbild ein Unterschied zwischen beiden Grup-

pen. Eine Entwarnung wurde von den großen amerikanischen Gesellschaften trotzdem nicht gegeben.
2010 wurden in einer Analyse mehrere Studien auf ihre Aussagekraft hin überprüft. Es konnte nicht bewiesen werden, dass die Teilnahme an Sportarten mit hohem Verletzungsrisiko für Menschen mit einer asymptomatischen AAI besonders gefährlich sind. Die Entwicklung einer symptomatischen AAI ist eher auf ein wiederkehrendes (tägliches) Trauma als auf ein einzelnes Ereignis zurückzuführen.
Trotzdem ist das Vorgehen weiterhin uneinheitlich. In Amerika herrscht eher das vorsichtige Denken vor, sicherlich auch mit Blick auf eine andere juristische Kultur mit großer Klagebereitschaft als in Europa.
Sportliche Aktivitäten bieten eine Teilhabe und Integration in die Gesellschaft, sie gehören zum Leben dazu. Wer frühzeitig lernt, sich gerne zu bewegen, wird es auch im Erwachsenenalter fortführen. Übergewicht ist ein großes Problem bei Jugendlichen und Erwachsenen mit Down-Syndrom. Durch körperliches Training wird dies nicht nur vermieden, sondern es steigert auch die Leistungsfähigkeit.

Zusammenfassung und Schlussfolgerung

Zusammenfassend ist zu empfehlen, die Kinder und Jugendlichen regelmäßig beim Kinderorthopäden vorzustellen. Auffälligkeiten können so im Verlauf beurteilt werden und, wenn nötig, kann frühzeitig reagiert werden. Wichtig ist ebenfalls die Abstimmung der Therapien, da in unterschiedlichen Entwicklungsstadien unterschiedliche Maßnahmen notwendig sein können. So kann der »Therapieterror« eingeschränkt werden und übersichtlicher bleiben.
Aufgrund der langsameren Gehirnreifung ist eine frühzeitige Einleitung einer Krankengymnastik auf neurophysiologischer Basis zur Bahnung der motorischen Muster empfehlenswert. Eine Dauertherapie ist aber nur selten notwendig.
Ein Röntgenbild des Beckens wird im Alter von 5 Jahren empfohlen, um Auffälligkeiten der Hüften ggf. durch eine Operation zu behandeln oder eben auszuschließen, bevor die Schulpflicht beginnt.
Röntgenbilder der HWS sollten bei neurologisch auffälligen Kindern und ggf. vor einer Vollnarkose angefertigt werden, da bei der Narkose die Überstreckung der Halswirbelsäule die Intubation erleichtert. Alle Kinder im Rahmen eines Screenings zu röntgen wird nicht empfohlen. Der Arbeitskreis der deutschen Down-Syndrom-Ambulanzen ist aber um weitere Klarheit bemüht. In den Leitlinien zur Behandlung von Kindern und Jugendlichen mit Down-Syndrom wird auch darauf eingegangen.
Eine ärztliche Untersuchung sollte immer dann erfolgen, wenn sich etwas verändert. Symptome wie Lauffaulheit, schnelles Ermüden, Gangauffälligkeiten und häufiges Stolpern sollten abgeklärt werden. Hat sich die Fußform verändert oder hat sich ein kindlicher Knickfuß, der normal ist, in einen Knickplattfuß verschlechtert? Stecken Hüftprobleme dahinter? Das Ursachenspektrum ist mit Hüftschnupfen bis zu einer Verrenkung/Instabilität sehr breit. Liegt eine rheumatische Erkrankung vor, die immerhin 1 % der Kinder mit Down-Syndrom betrifft? Oder liegt gar eine Instabilität der oberen Halswirbelsäule zu Grunde oder kann sie ausgeschlossen werden?

12.3 Orthopädische Probleme bei Kindern und Jugendlichen mit Down-Syndrom

Das Ziel der orthopädischen Behandlung sollte eine Verbesserung und/oder der Erhalt der Mobilität sein. Bewegung und Beweglichkeit bedeuten nicht nur selbständige Fortbewegung, sondern auch ständige Lernprozesse und Weiterentwicklung des Gehirns, Teilnahme am sozialen Leben, Selbstbestimmung und Eigenständigkeit.

Literatur

Achermann, S.; Addor, M.-C.; Schinzel, A. (2000): Der Anteil pränatal erfasster Fälle von ausgewählten Fehlbildungen in der EUROCAT-Studie. In: Schweizerische Wochenschrift, 130, 1326–31.
Achilles (2002): »Was macht Ihr Sohn denn da?« Geistige Behinderung und Sexualität. München.
Achilles, I. (2014): Die Situation der Geschwister – Wir behandeln alle unsere Kinder gleich. In: Wilken, U. & Jeltsch-Schudel, B. (Hrsg.): Elternarbeit und Behinderung. Empowerment – Inklusion – Wohlbefinden. Stuttgart, 36–45
Afgan, J. (2012): Babys mit Down-Syndrom stillen. La Leche Liga Deutschland. Troisdorf
Ahrbeck, B. (2014): Inklusion. Eine Kritik. Stuttgart
Albert, M.; Lacasa, M. (2003): Kinder mit schwerer und schwerster Behinderung: ein eingelöstes Versprechen. In: Mitteilungen. Arbeitskreis Down-Syndrom e.v. Nr. 42. Bielefeld, 11–13.
Augste, C.; Bugaj, P. (2015): Kinder und Jugendliche mit Down-Syndrom im Motorik-Test. In: Zeitschrift für Heilpädagogik, 66, 372-378
Aselmeier, L. (2008): Community Care – ein Modell für Gemeinwesenorientierung in der Behindertenhilfe. In: Zeitschrift für Sozialpädagogik. 6. Jg., 4, 373–390.
Aselmeier, L (2014).: Auszug aus dem Elternhaus: Wohnformen mit Assistenz oder wohnbezogene Assistenz. In: Wilken, U., Jeltsch-Schudel, B. (Hrsg.): Elternarbeit und Behinderung. Empowerment – Inklusion – Wohlbefinden. Stuttgart, 166–176.
AWMF online: Leitlinien Down Syndrom im Kindes- und Jugendalter, 2016 Zugriff unter: http://www.awmf.org/leitlinien/detail/ll/027-051.html
Ayres, J. A. (1984): Bausteine der kindlichen Entwicklung. Berlin, Heidelberg.
Bahnsen, U. (2015): Der Test. In: DIE ZEIT. 22.1., Nr. 4, 33
Bartz, G. (2013): Das Persönliche Budget. In: impulse – Magazin der Bundesarbeitsgemeinschaft für Unterstützte Beschäftigung, Ausgabe 64, 01, 22–29.
Bayerisches Staatsministerium für Unterricht und Kultus (2003): Lehrplan für den Förderschwerpunkt geistige Entwicklung. München.
Bayerisches Staatsministerium für Unterricht und Kultus (2007): Lehrplan für die Berufsschulstufe Förderschwerpunkt geistige Entwicklung. München.
Beck, U.; Dworschak; W.; Eibner, S. (2010): Schulbegleitung am Förderzentrum mit dem Förderschwerpunkt Geistige Entwicklung. In: Zeitschrift für Heilpädagogik, 7, 244–54
Beck, U. (1990): Freiheit oder Liebe. In: Beck, U; Beck-Gernsheim, E: Das ganz normale Chaos der Liebe. Frankfurt.
Becker, U. (2015): Die Inklusionslüge. Behinderung im flexiblen Kapitalismus. Bielefeld
Beck-Gernsheim, E. (1989): Mutterwerden – der Sprung in ein anderes Leben. Frankfurt
Beck-Gernsheim, E. (1990): Alles aus Liebe zum Kind. In: Beck, U.; Beck-Gernsheim, E.: Das ganz normale Chaos der Liebe. Frankfurt.
Beckman, P.; Weller, C. (1990): Active independent learning for children with learning disabilities. Teaching exceptional children, 26–29.
Behnecke, R. (2009): Kontinuität und Wandel. In: impulse – Magazin der Bundesarbeitsgemeinschaft für Unterstützte Beschäftigung, Ausgabe 49, 01, 28–31.
Bender, G. (1987): So erlebe ich meine Welt. Bilder und Geschichten eines behinderten Mädchens. Freiburg.
Bentele, V. (2014): Beauftragte der Bundesregierung für die Belange behinderter Menschen. Die Behindertenrechtskonvention. Vorwort. Berlin.
Berlin-Institut für Bevölkerung und Entwicklung (2009): Alt und behindert. Berlin

Bernard-Opitz, V.; Häußler, A. (2013): Praktische Hilfen für Kinder mit Autismus-Spektrum-Störungen, Stuttgart.
Bernard-Opitz, V. (2014): Visuelle Methoden in der Autismus-spezifischen Verhaltenstherapie. Das »Cartoon und Skript-Curriculum«. Stuttgart
Berndt, Ch. (2008): Gen-Analyse ohne Risiko, Süddeutsche Zeitung, 8.10.08
Berry, P. et al. (1984): Mental development of adults with Down syndrome. In: Am. J. Ment. Defic. 89, 252–256.
Binkert, F.; Mutter, M.; Schinzel, A. (1999): Beeinflusst die vorgeburtliche Diagnostik die Häufigkeit von Neugeborenen mit Down-Syndrom? Institut für Medizinische Genetik, Universität Zürich, 18–19.
Bird, G.; Buckley, S. (1994): Meeting the Educational Needs of Children with Down's Syndrome. Portsmouth.
Bird, G.; Buckley, S. (2000): Handbuch für Lehrer von Kindern mit Down-Syndrom. Zirndorf.
Bruyn de, A. (2016): So geht Inklusion. In: Lebenshilfe-Zeitung, Nr.1, 15
Buckley, S. (2013): Biomedizinische Forschung und Down-Syndrom. In: LmDS, Nr.73, 23–28
Buckley, F. und S. (2008): Wrongful deaths and rightful lives – screening for Down-Syndrom. In: Down-Syndrome Research and Practise, Vol.12, October 2008
Buckley, S. (2013): Biomedizinische Forschung und Down-Syndrom. IN: LmDS, Nr. 73, 23–28
Böhm, R. (1996): Erstleseunterricht bei Kindern mit Lernproblemen. In: Baudisch, W.; Schmetz, A.: Schriftspracherwerb und Sprachhandeln im Primar- und Sekundarbereich. Frankfurt/Main.
Bodensteiner, S. (2013): Einfach ein bisschen fröhlicher. In: LmDS Nr.74, 69
Bohnenstengel, A.; Holthaus, H.; Pollmächer, A. (Hrsg.) (2003): Ich bin anders als du denkst. Menschen mit Down-Syndrom begegnen. Würzburg.
Brenner, M.; Walter, J. (1999): Zur Lebenssituation von Eltern mit geistiger Behinderung und ihren Kindern. In: Wilken, E.; Vahsen, F. (Hrsg.): Sonderpädagogik und Soziale Arbeit. Neuwied, Kriftel, Berlin, 223–241.
Bruni, M. (1998): Fine Motor Skills in Children with Down-Syndrome. Bethesda
Bruyn de, A. (2016): So geht Inklusion. In: Lebenshilfe Zeitung, 1/15.
Buckley, S. (1985): Teaching parents to teach reading to teach language. In: Wolfendale, S.; Topping, K.: Parental involvement in childrens reading. Croom Helm.
Buckley, S.; Sacks, B. (1987): The Adolescent with Down's Syndrom. Portsmouth.
Bundesministerium für Arbeit und Soziales (2013): Teilhabebericht der Bundesregierung über die Lebenslagen von Menschen mit Behinderungen. Bonn.
Bundesargentur für Arbeit: httpB://www.berufe.tv/chancen-mit-behinderung/berblicksfilme/unterstuetzte-beschaeftigung-werkstatt-fuer-behinderte-menschen/ Zugriff am 27.8.2015.
Bundesjugendkuratorium (2012): Inklusion: Eine Herausforderung auch für die Kinder- und Jugendhilfe. München
Bundesvereinigung Lebenshilfe für geistig Behinderte e. V. (Hrsg.) (1983): Plastische Chirurgie bei Menschen mit Down-Syndrom. Marburg.
Bundesvereinigung Lebenshilfe für geistig Behinderte e. V. (Hrsg.) (1998): Unser Kind mit Down-Syndrom. Ein erstes Lesebuch mit Informationen für Eltern, für ihre Angehörigen und Freunde. Marburg.
Bundesvereinigung Lebenshilfe für Menschen mit geistiger Behinderung e. V. (Hg.) (1999): Sexualpädagogische Materialien für die Arbeit mit geistig behinderten Menschen. Weinheim.
Burtscher, R. (2015): Die Eltern »erhören« – Empfehlungen für die Praxis. In: Burtscher, R., Heyberger, D.; Schmidt, T.: Die »unerhörten« Eltern. Eltern zwischen Fürsorge und Selbstsorge. Marburg, 115–133.
Bvkm 2009: Die Projektzeitung Fritz und Frida. Düsseldorf
Caffrey, S. (2002): Erwachsen werden und Sexualität. www.down-syndrom.org/ak452.htm.
Candussi, K.; Fröhlich, W. (2005): Nueva. Nutzer(innen) evaluieren Dienste. Evaluation von Dienstleistungen im Wohnbereich für Menschen mit Lernschwierigkeiten. In: Geistige Behinderung. 44. Jg., 3, 204–208.
Canning, C.; Pueschel, S. (2001): What to Expect as Your Child Develops. In: Pueschel, S. A.: Parent's Guide to Down-Syndrome. Baltimore.

Cebular, K.; Wishart, J.: Soziale Kognition bei Kindern mit Down-Syndrom. In: LmDS, Nr.73, 30
Chrismon-Umfrage (2009): Was zählt bei der Arbeit? In: chrismon – Das evangelische Magazin. 08.
Christian, I. (2015): Ärzte schicken jeden fünften Erstklässler zur Therapie. In: HAZ , 21.8., 1
Cronk, C. (1997): Physical Growth. In: Pueschel, S.; Šustová, M.: Adolescents with Down's Syndrome. Baltimore.
Dahlmann, W. (2015): Dicke Probleme. Der dritte Kinder- und Jugensportbericht kritisiert mangelnde Bewegungsangebote in Kitas und Schulen. In: HAZ 15.8., 8
Davies, B. (1996): Auditory Disorders. In: Stratford, B. & Gunn, P.: Approaches to Down-Syndrom. New York.
Detmar, W. u. a. : Entwicklung der Zugangszahlen zu Werkstätten für behinderte Menschen im Auftrag des Bundesministeriums für Arbeit und Soziales. Forschungsbericht Sozialforschung 383. Berlin 2008.
DGfE (2015): Inklusion als Herausforderung für die Erziehungswissenschaft. Aufruf zu einer Debatte. Positionspapier des Vorstandes vom 16.7.2015
Diehl, M. (1999): Aspekte des Zusammenlebens mit einem behinderten Kind – Auswirkungen auf die Geschwister. In: DS InfoCenter: Diagnose Down-Syndrom. Was nun? Lauf, 48–50
Dittmann, W. (1975): Die Häufigkeit des Auftretens von Kindern und Jugendlichen mit Down-Syndrom (Mongolismus) in Sonderschulen für geistig Behinderte. In: Praxis der Kinderpsychologie und Kinderpsychiatrie, 144–149.
Dittmann, W. (1992): Die Beschreibung eines Syndroms. In: Dittmann, W. (Hrsg.): Kinder und Jugendliche mit Down-Syndrom. Bad Heilbrunn.
Dittman, W. (2004): Syndromspezifische Aspekte von Intelligenz und Lernen. In: Wilken, E.: Menschen mit Down-Syndrom. Marburg 2004, 51–64
Dosche, C. (2007): Ein »Schulweg«. In: Kids Nr.15, 19–21
Down, J. (1866): Observations on an ethnic classification of idiots. Clinical lectures and reports. London Hospital 3, 259–262.
Down-Syndrom InfoCenter (2011): Mein Gesundheitsbuch. Lauf
Dunst, C. J. (1988): Stage transitioning in the sensorimotor development of Down's syndrome infants. In: J. Ment. Defic. Res. 32, 405–410.
Eggert, D. (1969): Ein Beitrag zur Sozial- und Familienstatistik von geistig behinderten Kindern. In: Zimmermann, K. W. (Hg.): Neue Ergebnisse der Heil- und Sonderschulpädagogik, Bd. 1. Bonn-Bad Godesberg, 29–46.
Emmelmann, I.; Greving, H. (2019): Erwachsene Menschen mit geistiger Behinderung und ihre Eltern. Vom Ablösekonzept zum Freiraumkonzept. Stuttgart.
Flamm, S. (2015): Eine Pille für Oskar. In: Die Zeit. Dossier, 13-15
Fenner, M. E. et al. (1987): Down's syndrome: intellectual and behavioural functioning during adulthood. In: J. Ment. Defic. Res. 31, 241–249.
Fischer, A. (2001): Vorwort. In: Neumann, H.: Verkürzte Kindheit. Vom Leben der Geschwister behinderter Menschen. Klein Königsförde-Krummwisch, 9–11.
Fischer, E., Molnár-Gebert (2015): Wohnwünsche von Erwachsenen mit geistiger Behinderung im Kontext des Dezentralisierungsprozesses einer Komplexeinrichtung. In: Zeitschrift für Heilpädagogik, 66. Jg., Heft 3, 120–127.
Fraas, C. (1996): Leben mit Hermine. Erfurt.
Fraas, C. (1999): Ich kann schreiben. Zirndorf.
Fredericks, B. (1995): Bildung und Erziehung älterer Kinder und Jugendlicher. In: Pueschel, S. (Hrsg.): Down-Syndrom. Für eine bessere Zukunft. Stuttgart, 127–143.
Fohrmann, P. (2005): Ein Leben ohne Lügen. Swistal.
Friedrichs, M. (2009): Persönliche Mitteilung per Mail.
Gaffney, K. (2016): https://en.wikipedia.org/wiki/Karen_Gaffney *(Zugriff am 9.3.2016)*
Garner, C. (2015): Interview. In: LmDS, Nr. 79, 19–20.
Garotte, A.; Moser Opitz, E.; Ratz, C. (2015): Mathematische Kompetenzen von Schülerinnen und Schülern mit dem Förderschwerpunkt geistige Entwicklung: Eine Querschnittstudie. In: Empirische Sonderpädagogik, Nr.1, 24–40.

Giangreco, M.; Edelman, S; Luiselli, T.; MacFarland, S. (1997): Helping or Hovering? Effects of Instructional Assistant Proximity on Students with Disabilities. In: Exeptional Children, Vol. 64, No 1, 7–18
Gocchi, G. et al. (2011): Die Geburts-Prävalenz von Kindern mit Down-Syndrom – Internationale Trends zwischen 1993 und 2004. In: LmDS, Nr. 66, 34–35
Grampp, G., Triebel, A. (2013): Lernen und arbeiten in der Werkstatt für behinderte Menschen. Köln.
Grieb, C. (1996): Vom Wunsch zur Wirklichkeit. Mimmi. Bundesverband für Körper- und Mehrfachbehinderte. Düsseldorf.
Freudenstein, W.; Haake, D.; Sorge, K.; Wehrum, P. (1999): People First Deutschland. Wir stellen uns vor. In: Die Randschau, Heft 1, S. 11–12.
Halder, C. (1999): Diagnose Down-Syndrom, DS InfoCenter, Lauf
Halder, C. (2009): DS-Babyboom im polnischen Wroclav. In: LmDS, 1, 16
Halder, C. (2011): Down-Syndrom und ich. Was ich schon immer wissen wollte. Hrsg. Deutsches Down-Syndrom InfoCenter, Lauf
Halder, C. (2014a.): Menschen mit Down-Syndrom am Arbeitsplatz. Deutsches Down-Syndrom InfoCenter, Lauf
Halder, C. (2014b): Zu aktiver Freizeitgestaltung ermuntern. In: Wilken, U.; Jeltsch-Schudel, B. (Hrsg.): Elternarbeit und Behinderung. Empowerment – Inklusion – Wohlbefinden. Stuttgart, 154–165.
Hammond, C. ; Millis, E. (1996): Ocular Findings in Children. In: Stratford, B. ; Gunn, P.: Approaches to Down-Syndrom. New York.
Hardt, K.; Rummel, M.-K.; Lelgemann, R. (2008): Die Schule für Körperbehinderte – Geschichte und Gegenwart aus der Perspektive ehemaliger Schulleiter. In: Z. f. Heilpädagogik, 59. Jg., 7 268–277.
Haveman, M. (2007): Entwicklung und Frühförderung von Kindern mit Down-Syndrom. Das Programm »Kleine Schritte«. Stuttgart.
Haveman, M; Stöppler, R. (2004): Altern mit geistiger Behinderung. Grundlagen und Perspektiven für Begleitung, Bildung und Rehabilitation. Stuttgart
Henderson, S. E. (1985): Motor skill development. In: Lane, D.; Stratford, B. (Eds.): Current approaches to Down's Syndrome. London, New York, Sydney, Toronto, 187–218.
Hennemann, J. (2014): Enno – Entscheidung für ein Kind mit Trisomie 21. In: LmDS, 77, 15–17.
Hewitt, K. E. et al. (1985): Ageing in Down's Syndrome. In: Br. J. Psychiatry 147, 58–62.
Hinze, D. (1993): Väter und Mütter behinderter Kinder. Heidelberg.
Hodapp, R. (1997): Cognitive Functioning: Issues in theorie and Practice. In: Pueschel, S.; Šustová, M.: Adolescents with Down's Syndrome. Baltimore, 91–98.
Hömberg, N. (2002): With a little Help from your Friends. Unterstützte Kommunikation im integrativen Unterricht. In: Wilken, E. (Hrsg.): Unterstützte Kommunikation. Stuttgart, 109–130.
Horsch, U.; Roth, J.; Scheele, A.; Werding, S. (200): Topologie des frühen Dialogs. Zu den Zusammenhängen dialogischer Verhaltensweisen von Eltern und Kind im Kontext von Down-Syndrom. In: Zeitschrift für Heilpädagogik 1, 10–20
Irl, M.; Sattler, C.; Hilgner, M. (2014): Einfach Sontje. DS InfoCenter, Lauf
Janßen, C.; Bücker, K. (2005): »Man muss erst verwickelt sein, um sich entwickeln zu können!« Erfahrungen mit einer angeleiteten Angehörigen-Selbsthilfegruppe. In: Geistige Behinderung, Jg. 3, 44, 209–221.
Jeltsch-Schudel, B. (1999): Zur Situation von Menschen mit Down-Syndrom in der deutschsprachigen Schweiz. In: Vierteljahresschrift für Heilpädagogik und ihre Nachbargebiete (VHN), 48–65.
Jeltsch-Schudel, B.: Identität und Behinderung. Oberhausen 2008.
Jensen, J. (2014): Noch einmal schlafen, dann erwachsen! In: KIDS Aktuell, 45-46
Jürgensen, E. (2007): Integration in der Grundschule – für Lea war es nicht der richtige Weg. In: Kids Nr.15, 28-31

v. Kardorff; E., Ohlbrecht, H. (2014): Familie und Familien in besonderen Lebenslagen im Kontext sozialen Wandels – soziologische Perspektiven. In : Wilken, U., Jeltsch-Schudel, B.: Elternarbeit und Behinderung. Stuttgart. S.13-24

Kasten, H. (2001): Geschwister: Vorbilder – Rivale – Vertraute. München.

Kerncurriculum für den Förderschwerpunkt geistige Entwicklung Niedersachsen, 2019. http://www.cuvo.nibis.de

KIDS (2002): Selbsthilfegruppe für Kinder mit Down-Syndrom. Heft 4. Hamburg.

KIDS (2016): »Die super coolen Jungs«, Die Superstar-Katzen. Nr. 33, 41+42. Hamburg.

Kienzle-Müller, B.; Wilke-Kaltenbach, G. (2009): Kinder mit Down-Syndrom: Lächeln, Stützen, Drehen, Krabbeln, Laufen… In: LmDS, 1 , 26–35.

Kiesel, J; Meess, K.; Sarimski, K. (2009): Frühe Kommunikationsentwicklung bei Kindern mit Down-Syndrom: Variabilität der Spiel- und Sprachfähigkeiten und Erfahrungen bei der Anbahnung von Gebärden. In: Frühförderung interdisziplinär, 2, Forschung 1–7.

Kießling, Chr.; Molnár-Gebert, T. (2015): Die subjektive Bewertung des sozialen Wohlbefindens. Teilergebnisse einer empirischen Untersuchung der Situation von Arbeitnehmern mit geistiger Behinderung auf dem allgemeinen Arbeitsmarkt. In: impulse – Magazin der Bundesarbeitsgemeinschaft für Unterstützte Beschäftigung, Ausgabe 72, 1, 28–35.

Klatte-Reiber, M. (1997): Elterliche Vorstellungen zum eigenen Wertewandel und zur schulischen Förderung ihres Kindes mit Down-Syndrom. In: Klöpfer, S. (Hrsg.): Sonderpädagogik praktisch. Reutlingen. S. 187–189.

KMK-Statistik. https://www.kmk.org/dokumentation-statistik/statistik/schulstatistik/sonderpaedagogische-foerderung-an-schulen.html (abgerufen an 20.2.20).

König, K. (1959): Der Mongolismus. Stuttgart.

Krizan, A.; Vossen, A. (2016): Evidenzbasierung in Schulen durch Verzahnung von Wissenschaft und Praxis erreichen. In: Zeitschrift für Heilpädagogik 2, 79–90.

Kraus, J. (2013): Helikopter-Eltern. Schluss mit Förderwahn und Verwöhnung.

Kruse, K. (2015): Berufstätig sein mit einem behinderten Kind. Bundesverband für körper- und mehrfach behinderte Menschen (Hrsg.). Düsseldorf

Konrad Adenauer-Stiftung (2014): Analysen und Argumente, Nr. 139, Januar

Kühl, J. (2012): Spannungsfeld »Exklusion–Inklusion« im Kindesalter: Gesellschaftliche und politische Aspekte. In: Gebhard, B; Henning, B.; Leyendecker, C.: Interdisziplinäre Frühförderung, Stuttgart.

Lambert, J. (2000): Altern und Depression bei Menschen mit einem Down-Syndrom. In: Vierteljahresschrift für Heilpädagogik und ihre Nachbargebiete (VHN), 159–168.

Landschaftsverband Rheinland (2001): Nein, das will ich nicht. Eine Broschüre über sexuelle Gewalt für Frauen mit geistiger Behinderung. Köln.

Lebenshilfe (2011a): Wohnen heute. Berlin

Lebenshilfe (2011b): Arbeiten heute. Berlin

Lebenshilfe-Zeitung, Nr. 1, März 1994. Magazin, 12.

Leben Lachen Lernen – Menschen mit Down-Syndrom heute. Österreichische Elternzeitschrift. Leoben.

Lehrplan für den Förderschwerpunkt Geistige Entwicklung (2013): http://www.isb.bayern.de/foerderschulen/foerderschwerpunkte/geistige-entwicklung

Limbrock, J. (2011): Die Gaumenplatte nach Castillo Morales. In: LmDS, Nr. 66, 1/16–18

Lincoln, A. J. et al. (1985): Neuropsychological correlates of information-processing by children with Down's Syndrome. In: Am. J. Ment. Defic. 89, 403–414.

Leben mit Down-Syndrom (2013): Entwöhnung von der Sonde. Warum soll ich denn essen? Nr. 74, 39–40

Löwe, A. (1984): Gehörlosenpädagogik. Stuttgart.

Luxemburger Deklaration zur betrieblichen Gesundheitsförderung in der Europäischen Union in der Fassung vom Januar 2011. http://www.netzwerk-unternehmen-fuer-gesundheit.de/fileadmin/rs-dokumente/dateien/Luxemburger_Deklaration_Gross_05_11.pdf (abgerufen am 11.8.2015).

Mackenzie, S.; Hulme, S. (1987): Memory span development in Down's Syndrome's, severely subnormal and normal subjects. In: Cognitive neuropsychology, 4, 303–319.

McGuire, D.; Chicoine, B. (2008): Erwachsene mit Down-Syndrom verstehen, begleiten und fördern. Lauf
Mandakini, P.; Ashwin, D.; Faisal, K.; Suraksha, A. (2006): Fertility in men with Down syndrome: a case report. http://www.fertstert.org/article/S0015-028(06)03067-6/abstract
Manske, C. (2004): Entwicklungsorientierter Lese- und Schreibunterricht. Weinheim.
Marcell, M. M.; Armstrong, V. (1982): Auditory and visual sequential memory of Down's Syndrome and nonretarded children. In: Am. J. Ment. Defic. 87, 86–95.
Marcell, M. M.; Weeks, S. L. (1988): Short-term memory difficulties and Down's Syndrome. In: J. Ment. Defic. Res. 32, 153–162.
Martens, D. (2010): Dabei sein ist alles. Der Tagesspiegel. 22.4.2010 http://www.tagesspiegel.de/berlin/schule/dabei-sein-ist-alles/1788022.html?view=print
Medandmore (2016): Down-Syndrom Selbsthilfegruppen in Deutschland. Frankfurt.
Meyer-Eppler, G. (2007): Fiona in der Schule. In: Kids Nr.15, 38–39.
Miller, J.; Leddy, M.; Leavitt, L. (1999): Improving the Communication of People with Down-Syndrome. Baltimore
Morss, J. R. (1983): Cognitive development in the Down's syndrome infant: Slow or different? In: Br. J. educ. Psychol. 53, S. 40–47.
Müller, B. (2011): Therapieterror ... ich will ja das Beste für mein Kind. In: Leben mit Down-Syndrom. Nr. 68, 57–61.
Müller, B. (2012): Planet Willi. Leipzig
Müller, B. (2015): Alles gut? In: a tempo, nr. 181, 1, 11
Müller, B. (2015): Geschwisterkinder – Schattenkinder im Rampenlicht. In: Leben mit Down-Syndrom. Nr. 80, 72–74.
Müller, B. (2015): Mein Sohn Willi besucht eine ganz exklusive Waldorf-Förderschule. In: Behinderte Menschen, Zeitschrift für gemeinsames Leben, Lernen und Arbeiten, Heft 6
Müller-Erichsen, M. (1996): Selbstbestimmt leben in der Familie – aus Sicht einer Mutter. In: Bundesvereinigung Lebenshilfe (Hrsg.): Selbstbestimmung. Marburg, 161–162.
Murken, J.; Dietrich-Reichart, E. (1990): Down-Syndrom, aktuelle Bezeichnung für Mongolismus. Starnberg.
Neumann, H. (2001): Verkürzte Kindheit. Marburg.
Obermann, E. (1998): Das Thema Down-Syndrom im Unterricht. In: Leben mit Down-Syndrom. Nr. 29. S. 45–47.
Oelwein, P. (2003): Kinder mit Down-Syndrom lernen lesen. Zirndorf.
Ohland, A.; Niemzig, R. (2002): Traumziel Vater, Mutter, Kind. In: chrismon, das evangelische Magazin, Monatsbeilage in »DIE ZEIT«, 4, 32–38.
Ohrenkuss (1998): Themenheft Liebe. Nr. 1. Bonn.
Otto, J.; Traar, C. (2014): »Wir gehen aufs Gymnasium!« In: DIE ZEIT, Nr. 31, 59
Orientierung – Fachzeitschrift der Behindertenhilfe (2008): Das Persönliche Budget im Wohnheim. Heft 2, 43–44.
Peterander, F. (2013): Frühförderung – Stillstand statt Entwicklung? In: Frühförderung interdisziplinär 1, 1-2
Philps, C. (1991): Mummy, why have I got Down's Syndrome? Lion Paperback. Oxford.
Pieterse, M.; Treloar, R.; Cairns, S. (2002): Kleine Schritte – Frühförderprogramm für Kinder mit einer Entwicklungsverzögerung. Buch 9: Frühes Lesen. Buch 10: Zeichnen und Vorbereiten auf das Schreiben. Buch 11: Zählen und Zahlen. Lauf a. d. Pegnitz.
Plate, E. (2012): Staff support for inclusion – an international study. University of Kent/Canterbury Christ Church University http://create.canterbury.ac.uk/12105/
Pueschel et al. (1987): Kinder mit Down-Syndrom. Lebenshilfe Marburg.
Pueschel, S.; Šustová, M. (1997): Adolescents with Down Syndrom. Brookes, Baltimore. (In deutscher Übersetzung »Thema Down-Syndrom: Erwachsen werden«, Zirndorf 2002.)
Pueschel, S. (2001): A Parents Guide to Down-Syndrom. Brookes. Baltimore.
Pro Familia, Deutsche Gesellschaft für Familienplanung, Sexualpädagogik und Sexualberatung (2002): Sieh mal an(ders)! Sexualität und Behinderung. Hannover.
Pro Familia (2009): Liebe und so Sachen. Ein Liebesfilm, der aufklärt und Spaß macht. Landesverband Hessen. Frankfurt
Radke, B. (2016): Schulbegleitung. In: Kids Nr. 33, 19–20

Ratz, C. (2013): Do students with Down syndrome have a specific learning profile for reading? In: Research in Developmental Disabilities Vol. 34, 12, 4504–4514
Rauh, H. (1992): Entwicklungsverläufe bei Kleinkindern mit Down-Syndrom. In: Geistige Behinderung 31, 206–221.
Rauh, H.; Schellhas, S.; Müller, B. (1996): Diachromic Development. Assessment of Mentally Handicapped Young Children. In: Brambring, Rauh, Beelmann (Eds.): Early childhood intervention. Berlin. New York.
Rauh, H. (1999): Kognitives Entwicklungstempo und Verhalten bei Kindern mit Down-Syndrom. In: Down-Syndrom Netzwerk Deutschland (Hrsg.): Perspektiven für Menschen mit Down-Syndrom, 1, 1–20.
Rauh, H.; Bahre,S.; Goetze, H. (2013): Der Umgang mit Sexualität und Familiengründungswünschen bei Jugendlichen mit Trisomie 21. Sicht der Jugendlichen selbst und ihrer Eltern. In: Heilpädagogische Forschung, 3, 107–117.
Renko, M.; Brezigar, A. (1998): Die Geschichte meines Lebens. In: Leben mit Down-Syndrom, Nr. 27. Lauf a. d. Pegnitz.
Retzlaff, R. (2010): Familien-Stärken. Behinderung, Resilienz und systemische Therapie. Stuttgart
Röhm, A. (2016): Imitation und Bewegungslernen. In: Zimpel, A.: Trisomie 21. Was wir von Menschen mit Down-Syndrom lernen können. Göttingen.
Rösner, M.; Peiffer, S. (2006): Verlässliche und lebendige Grundlagen für den Alltag. Neue Wohnformen in der Behindertenhilfe. In: Blätter der Wohlfahrtspflege, 153, Heft 1, 19–22.
Rohr, A.; Burr, D. B. (1978): Etiological differences in patterns of psycholinguistic development of children of IQ 39 to 60. In: Am. J. Ment. Defic., 82, 549–553.
Rondal, J.A. (1996): Sprachentwicklung und Sprachgebrauch bei Menschen mit Down-Syndrom. In: LmDS, 22.
Sarimski, K. (2015): Entwicklungsprofil, Verhaltensmerkmale und Familienerleben bei Kindern mit Down-Syndrom – Erste Ergebnisse der Heidelberger Down-Syndrom-Studie. In: Empirische Sonderpädagogik, 1, 5–23
Sarimski, K. (2016): Soziale Teilhabe von Kindern mit komplexer Behinderung in der Kita. München.
Schmetz, D. (1996): Zur Textproduktion im Lernbereich Sprache. In: Baudisch, W.; Schmetz, D.: Schriftspracherwerb und Sprachhandeln im Primar- und Sekundarbereich. Frankfurt/Main.
Schmidt, H. (2016): Life inclusive! – Leben inklusive! Ein Praxisbericht über das Erasmus+ Projekt an der Heinrich-Stötzner-Schule, Hannover. In: Sonderpädagogik in Niedersachsen, 1, 6–12
Schöler, J. (1993): Integrative Schule, Integrativer Unterricht. Reinbek.
Schor, B. (2010): Inklusive Bildung – wenn nicht jetzt, wann dann? In: SchVw NI 5, 147–150
Schröder, C. (2004): Die Selbstbestimmung fördern. Anforderung an die Kommunen zur Einführung persönlicher Budgets – Beispiel Niedersachsen. In: Blätter der Wohlfahrtspflege 151, 4, 143–144.
Seidel, A. (2014): Ärztliche Aufgaben in der Elternarbeit. In: Wilken, U. & Jeltsch-Schudel, B. (Hrsg.): Elternarbeit und Behinderung. Stuttgart, 81–92
Seifert, M. (2006): Pädagogik im Bereich des Wohnens. In: Wüllenweber, E.; Theunissen, G.; Mühl, H. (Hrsg.): Pädagogik bei geistigen Behinderungen. Stuttgart, 376–393.
Speck, O. (1975): Der geistigbehinderte Mensch und seine Erziehung. München, Basel.
Speck, O. (1995): Wandel der Konzepte in der Frühförderung. In: Frühförderung interdisziplinär, 116–130.
Speck, O. (2015): Das schulpolitische Inklusionsdilemma in Deutschland. Die Verabschiedung des Inklusionsgesetzes im Deutschen Bundestag und deren Folgen. In: Heilpädagogische Forschung, 41, 2, 62–69.
Sperling, K. (2007): Epidemiologie des Down-Syndroms. In: Schwinger, E.; Dudenhausen, J.: Menschen mit Down-Syndrom. München, 30–45
Statistisches Bundesamt (2014): www.destatis.de
Stockrahm, S. (2015): »Wir haben unseren Sohn getötet«. In: DIE ZEIT. 22.1., Nr. 4, 35
Straßmeier, W. (2007): Frühförderung konkret. München. Basel.

Stratford, B. (1980): Preferences in attention to visual cues in Down syndrome and normal children. In: J. Ment. Defic. Res. 24, 57–64.
Süddeutsche Zeitung (20. 3. 2015): Bundesinstitut für Bevölkerungsforschung BiB, Wiesbaden
Tatsumi-Miyajima et al. (1997): An Opinion Survey on Maternal Serum Tests for Prenatal Diagnosis of Down Syndrome in Japan, Congenital Anomalies, 37,3, 298.
Tidemand-Anderson, C. (2011): Sind wir Jugendliche oder haben wir Down-Syndrom? Lauf
Thielicke, A. (2005): Welche Unterstützung brauche ich bei meiner Arbeit? Workshop von Unterstützen Arbeitnehmern. In: impulse. Fachzeitschrift der Bundesarbeitsgemeinschaft für Unterstützte Beschäftigung. Ausgabe 29, 5, 32–33.
Tingey, C. (1988): Elementary school experience. In: Tingey, C. (Ed.): Down syndrome. A resource handbook. Boston, Toronto, San Diego, 147–162.
UN-Behindertenrechtskonvention vom 13.12.2006. Resolution 61/106 der Generalversammlung der UNO. In: Beauftragte der Bundesregierung für die Belange behinderter Menschen (2009). Alle inklusive! Die neue UN-Konvention. Bonn: Druckerei des Bundesministeriums für Arbeit und Soziales.
Varnhagen, C. K. et al. (1987): Auditory and visual memory span: Cognitive processing by TMR individuals with Down syndrome or other etiologies. In: Am. J. Ment. Defic. 91, 398–405.
Vihs (Verband Integration an Hamburger Schulen e.V.): Inklusion funktioniert ... anders. http://www.vihs.de/
Voss, S.; Diehl, K.; Sikora, S.; Hartke, B. (2016): Inklusiver Mathematik- und Deutschunterricht im Rügener Inklusionsmodell. In: Zeitschrift für Heilpädagogik, 3, 119–132
v. Voss, H.; Boerste, A.; Toschke, A. (2007): Postnatale Kommunikation mit Eltern von Kindern mit Down-Syndrom und psychosoziale Versorgung von Kindern und Jugendlichen mit chronischen Erkrankungen. In: Schwinger, E.; Dudenhausen, J.: Menschen mit Down-Syndrom. München. 89–100.
Wacker, E.: Soziologische Ansätze: Behinderung als soziale Konstruktion. In: Nußbeck, S.; Biermann, A.: Adam, H. (Hrsg.): Sonderpädagogik der geistigen Entwicklung. Göttingen 2008, 115–158.
Wagner, S.; Sarimski, K. (2013): Entwicklung des Wortschatzes für Gebärden und Worte bei Kindern mit Down-Syndrom im Verlauf. In: uk & forschung, Heft 2, 19–22.
Weber,G.; Rett, A. (1991): Down-Syndrom im Erwachsenenalter. Bern.
Wicki, M. T.; Meier, S. Chr.; Franken, G. (2015): Zwischen Schutz und Selbstbestimmung – Entscheidungen am Lebensende in den Wohnheimen der Behindertenhilfe in der Schweiz. In: Zeitschrift für Heilpädagogik, 66, 8, 379–387.
Wieser, B.: Rechnen lernen mit links und rechts. DVD Institut »Leben, Lachen, Lernen«. Leoben.
Wieser, B. (2013): Rechenprofi 1, »Yes,we can!« Rechenbuch. Leoben
Wilke, U. (2003): »Ich will mein Baby behalten!« Down-Syndrom und Mutterschaft. In: Bohnenstengel, A.; Holthaus, H.; Pollmächer, A. (Hrsg.): Ich bin anders als du denkst. Menschen mit Down-Syndrom begegnen. Würzburg, 81–83.
Wilken, E. (1973): Sprachförderung bei Kindern mit Down-Syndrom. Berlin.
Wilken, E. (1977): Sprachliche Förderung bei Kindern mit Down-Syndrom. Phil. Dissertation. Universität Hannover.
Wilken, E. (1991): Möglichkeiten des integrativen Unterrichts unter besonderer Berücksichtigung der geistig behinderten Schüler. In: Sander, A.; Raidt, P. (Hrsg.): Integration und Sonderpädagogik. St. Ingbert, 232–240.
Wilken, E. (1999a): Elternarbeit als Empowermentprozess. Seminare für Eltern mit behinderten Kindern. In: Wilken, E.; Vahsen, F. (Hrsg.): Sonderpädagogik und Soziale Arbeit. Neuwied, Kriftel, Berlin, 106–131.
Wilken, E. (1999b): Familiensituationen, Entwicklungsverläufe und Kompetenzen von Kindern mit Down-Syndrom heute. In: Perspektiven für Menschen mit Down-Syndrom. Dokumentation der Fachtagung. Bochum.
Wilken, E. (2000a): Ursachen und Ausprägungsformen der geistigen Behinderung bei Schülerinnen und Schülern der Sonderschulen und Tagesbildungsstätten in Niedersachsen. Unveröffentlichte Ergebnisse einer Befragung.

Wilken, E. (2000b): Sprechen lernen mit GuK (Gebärden-unterstützte Kommunikation). Arbeitsmaterial. Lauf a.d. Pegnitz (7. Auflage 2016).
Wilken, E. (2001a): Down-Syndrom – Wir gehören dazu. Ergebnisse der Fragebogenauswertung. In: Leben mit Down-Syndrom, Nr. 38. Lauf a. d. Pegnitz, 7–11.
Wilken, E. (2002a): Geschwister von Kindern mit Down-Syndrom. In: Leben mit Down-Syndrom, 40, 6–9.
Wilken, E. (2002b): Kinder mit Down-Sydrom und ihre Familien. In: Geistige Behinderung, 41, 2, 137–148.
Wilken, E. (2004): Menschen mit Down-Syndrom in Familie, Schule und Gesellschaft. Marburg. (2. Auflage 2009).
Wilken, E. (2008): Ethische Fragen zur Bewertung Pränataler Diagnostik und zum Schwangerschaftsabbruch. In: VHN, 282–287.
Wilken, E. (2014a): Sprachförderung bei Kindern mit Down-Syndrom. Mit ausführlicher Darstellung des GuK-Systems. 12. Auflage. Stuttgart.
Wilken, E. (Hrsg.) (2014b): Unterstützte Kommunikation. 4. Auflage. Stuttgart.
Wilken, E. (2014c): Eltern stärken. Förderung von Empowermentprozessen durch Elternseminare.) In: Wilken, E.; Jeltsch–Schudel, B. (Hrsg.): Elternarbeit und Behinderung. Empowerment – Kooperation – Beratung. Stuttgart, 214–225.
Wilken, E. (2014): Alterungsprozesse und Lebensqualität bei Menschen mit Down-Syndrom. In: Teilhabe, 158-161.
Wilken, E. (2018): GuK mal! Sprechverse und Lieder mit GuK begleiten. DS InfoCenter, Lauf.
Wilken, E. (2019): Kinder mit Down-Syndrom, die sich sehr langsam entwickeln. In: LmDS, Nr. 92, 18–21.
Wilken, E.; Halder, W. (2013): Und nun? Lisa und Tom haben viele Ideen. Ein GuK-Bilderbuch. Lauf.
Wilken, U. (1997): Berufliche Eingliederung von jungen Menschen mit Down-Syndrom. In: Wilken, E. (Hrsg.): Neue Perspektiven für Menschen mit Down-Syndrom. Lauf a. P., 238–249.
Wilken, U. (1999): Selbstbestimmt leben II. Handlungsfelder und Chancen einer offensiven Behindertenpädagogik. 3. Auflage. Hildesheim.
Wilken, U. (2003): Der Beratungsbedarf von Eltern bei der Begleitung und Betreuung ihrer volljährigen behinderten Kinder. In: Wilken, U.; Jeltsch-Schudel, B. (Hrsg.): Eltern behinderter Kinder. Empowerment – Kooperation – Beratung. Stuttgart, 156–172.
Wilken, U. (2012): Humanisierung des Arbeitslebens. Ein Qualitätsmerkmal der Werkstätten. In: Werkstatt:Dialog – Das Magazin für Menschenwürde, 1, 20–23.
Wilken, U. (2014): Sexualerziehung, Partnerschaft und Kinderwunsch – unter Einbezug von Menschen mit Down-Syndrom. In: Wilken, U.; Jeltsch-Schudel, B. (Hrsg.): Elternarbeit und Behinderung. Empowerment – Inklusion – Wohlbefinden. Stuttgart 2014, 177–189.
Wilken, U. (2015): Freizeit für alle – barrierefrei. In: Freericks, R.; Brinkmann, D. (Hrsg.): Handbuch Freizeitsoziologie. Wiesbaden 2015, 467–487.
Wilken, U. (2019): Bewegte Pause – Gelingensbedingungen für die Einführung der Ausgleichsgymnastik in der Werkstatt für behinderte Menschen. In: Zeitschrift für Heilpädagogik, 70. Jg. 5, 246–255.
Wilken, U.; Jeltsch-Schudel, B. (Hrsg.) (2014): Elternarbeit und Behinderung. Empowerment – Inklusion – Wohlbefinden. Stuttgart.
Winders, P. (1997): Gross Motor Skills in Children with Down-Syndrome. Bethesda
Wishart, J. (1996): Avoiding learning styles and cognitive development in young children. In: Stratford, B.; Gunn, P.: Approaches to Down-Syndrom. London.
Witecy, B.; Szustkowski, R.; Penke, M.(2018): Sprachverstehen bei Kindern und Jugendlichen mit Down-Syndrom: Charakteristische Probleme sowie Empfehlungen für den Umgang in Schule und Praxis. In: KIDS aktuell, Nr. 37, Hamburg.
Wunderlich, C. (1977): Das mongoloide Kind. Stuttgart.
Zeitschrift Leben mit Down-Syndrom (1993): Zitat aus einem Elternbrief. Nr. 13. Lauf a. d. Pegnitz.
Zerbin-Rüdin, E. (1990): Genetische und biologische Faktoren. In: Neuhäuser, G.; Steinhausen, H-Ch. (Hrsg.): Geistige Behinderung. Stuttgart, 24–34

Zimpel, A. (2016): Trisomie 21. Was wir von Menschen mit Down-Syndrom lernen können. Göttingen.

Zöbl, M. (2016): Das iPad: Eine Kommunikations- und Lernhilfe für Menschen mit Down-Syndrom In: Leben, Lachen, Lernen, 58, 4, 24–29

Literatur Medizinischer Teil

American Academy of Pediatrics, Bull, M. J. & the Committee on Genetics (2011): Clinical report – Health supervision for children with Down syndrome. In. Pediatr. 128; 393–406

AWMF online: Leitlinien Down Syndrom im Kindes- und Jugendalter, 2016: Zugriff unter: http://www.awmf.org/leitlinien/detail/ll/027-051.html

Gelb, M. J. (2001): Targeted nutritional intervention (TNI) bei Kindern mit Down-Syndrom. Targeted nutritional intervention (TNI) in children with Down's syndrome. In: Pädiatrische Praxis 59; 3, 703. Online verfügbar unter http://www.zbmed.de/ccmedimages/2001/17067.pdf.

Roizen, N.J., Patterson, D. (2003): Down's syndrome. In: Lancet 361, 1281-1289

Roizen, N.J. (2005): Complementary and alternative therapies for Down syndrome. In: Ment Retard Develop Disabil, 11, 149–155

Straßburg, H. M. (2001): Targeted nutritional intervention (TNI) bei Kindern mit Down-Syndrom. In: Pädiatrische Praxis 60, 2, 257. Online verfügbar unter http://www.zbmed.de/ccmedimages/2001/19722.pdf

Salman, M.S. (2002): Systematic review of the effect of therapeutic dietary supplements and drugs on cognitive function in subjects with Down syndrome. In: Eur J Ped Neurol, 6, 213–219

Weijerman M.E.; de Winter J.P. (2010): Clinical practice: The care of children with Down syndrome. In: Eur. J. Pediatr., 169, 1445-1452

Zukunft-Huber B. (2005): Der kleine Fuß ganz groß.

Autorinnen und Autoren

Dr. med. Matthias J. Gelb
Arzt für Kinder- und Jugendmedizin, Arzt für Ernährungsmedizin (DGE)
Systemischer Therapeut. Leiter der Down-Syndrom-Sprechstunde am SPZ Olgahospital Stuttgart

Dr. med. Gerhard Hammersen
Arzt für Kinder- und Jugendmedizin, Neonatologe, Cnopf'sche Kinderklinik, Nürnberg,
Leiter der Down-Syndrom-Ambulanz Nürnberg in Kooperation mit dem Deutschen Down-Syndrom Infocenter

Ruth Kamping
Fachärztin für Orthopädie, Kinderorthopädie
Manuelle Medizin bei Kindern, Orthopädische Down-Syndrom-Sprechstunde, Hannover

Christiane Müller-Zurek
Pressesprecherin der Lebenshilfe Berlin
seit 20 Jahren in der Behindertenhilfe aktiv

Prof. Dr. phil. Etta Wilken
Allgemeine und integrative Behindertenpädagogik
Leibniz Universität Hannover

Prof. Dr. phil. Udo Wilken
Fakultät Soziale Arbeit und Gesundheit
Hochschule für angewandte Wissenschaft und Kunst, Hildesheim

Bildnachweis
Privat: Seite 16, 24, 60, 103, 171, 206
Down-Syndrom Info Center: Seite 13, 120, 184, 207
Lehrfilm: Mit GuK zur Sprache. Universität Konstanz: Seite 47, 81
Hans-Dietrich Beyer: Seite 199
Andreas Reinink: Seite 149, 229